Albert Marx

Geschichte der Juden in Niedersachsen

Albert Marx

Geschichte der Juden in Niedersachsen

**Gefördert durch die
Niedersächsische Lottostiftung**

Die Deutsche Bibliothek – CIP-Einheitsaufnahme

Marx, Albert:
Geschichte der Juden in Niedersachsen/Albert Marx. –
Hannover: Fackelträger-Verl., 1995
ISBN 3-7716-1577-1

Gestaltung: Barbara Frankhuizen · Umschlagentwurf: Liselotte Lüddecke
Satz und Reproduktion: O&S Satzteam, Hildesheim
Druck: Hildesheimer Druck- und Verlagsgesellschaft

Printed in Germany 1995

ISBN 3-7716-1577-1

Inhalt

Für meine Frau

Einleitung

Das vorliegende Buch soll einen Überblick geben über die wichtigsten Entwicklungen auf politischem, wirtschaftlichem und kulturellem Gebiet, welche die jüdische Bevölkerung im Bereich des heutigen Bundeslandes Niedersachsen vom 13. Jahrhundert bis zur Gegenwart mitmachte. Diese siebenhundert Jahre umfassende Zeitspanne konfrontierte die deutschen Juden insgesamt wiederholt mit krisenhaften Veränderungen, die für die Gestaltung ihrer Existenz von fundamentaler Bedeutung waren: Die Entwicklung des mittelalterlichen Rechts, der Kampf zwischen Landesherren und Städten, die Reformation und ihre Folgen, der Ausbau der staatlichen Bürokratie, die langwierige Auseinandersetzung um Toleranz und Emanzipation im 18. und 19. Jahrhundert, der Versuch der Integration der Juden in die bürgerliche Gesellschaft, die damit zusammenhängende innerjüdische Kontroverse um den Preis der Assimilation, die politische Organisation des Antisemitismus, die systematische Vernichtungspolitik der Nationalsozialisten, der mühsame Neubeginn im Nachkriegsdeutschland. – Diese Themenkreise bilden die Grundstruktur auch einer Geschichte der jüdischen Bevölkerung in Niedersachsen. Deren Konkretisierung spiegelt die regionalen Spezifika wider: die Auswirkungen des lang andauernden Vorherrschens landwirtschaftlicher Strukturen, der geringen Anzahl größerer Städte, der konfessionellen und territorialen Besonderheiten, des Fehlens einer Hofhaltung mit überregionaler Bedeutung, der verspätet beginnenden und ungleichmäßig verbreiteten Industrialisierung. Die genannten Faktoren gaben den Ausschlag für Handel und Wandel der niedersächsischen Juden. Sie selbst waren in Hinblick auf ihre Anzahl und ihre Wirtschaftskraft meist viel zu schwach, um aktiv ihre Geschicke mitgestalten zu können. Als – auch im Vergleich zu anderen deutschen Regionen – sehr kleine Minderheit blieben sie Objekt der von der nicht-jüdischen Mehrheit bestimmten Politik, bei der es keineswegs nur um Randfragen, sondern meist um ihre Identität, wenn nicht gar um ihre schiere Existenz ging.

So ist folglich zu untersuchen, wie die niedersächsischen Juden von den aufeinanderfolgenden Obrigkeiten und Regierungen behandelt wurden: von den Landesfürsten, Räten und Magistraten in Mittelalter und früher Neuzeit, von den Machthabern in der Epoche der Französischen Revolution und Napoleons, von den restaurierten Landesherren in der Zeit des Deutschen Bundes, vom preußischen König, von der Weimarer Republik, von den Nationalsozialisten und schließlich von den Regierungen der Nachkriegszeit. Dabei wird es nicht nur um die offizielle Judengesetzgebung gehen, sondern auch um die Einstellung staatlicher Verwaltungs- und Justizorgane gegenüber den Juden im konkreten Alltags- und Geschäftsverkehr. Letzteres ist besonders wichtig für die Untersuchung der tatsächlichen Wirksamkeit der Emanzipationsgesetze nach 1848. In diesen Zusammenhang gehört auch die Frage nach den Reaktionen der Juden auf die mannigfachen Veränderungen der gesetzlichen Rahmenbedingungen, die Frage also nach den ihnen zu Gebote stehenden Möglichkeiten, aber auch nach ihrem Wollen, politisch aktiv zu werden, etwa mittels Eingaben und Petitionen. Eng verbunden mit der Entwicklung der Gesetzgebung und ihrer politischen Auswirkungen ist die Rolle der Juden im niedersächsischen Wirtschaftsleben. Hier wird die Entstehung bestimmter beruflicher Schwerpunkte zu untersuchen sein ebenso wie die Gründe für Kontinuitäten und Diskontinuitäten auf diesem Gebiet. Da vor allem im Bereich von Handel und Gewerbe klischeehafte Vorstellungen über die Juden bis zum heutigen Tage fortwirken, muß ein besonderes Augenmerk auf die tatsächlichen, historisch belegbaren Verhältnisse gelegt werden.

Von durchwegs großer Bedeutung ist die Untersuchung der Entstehung und Verbreitung der antijüdischen Vorurteile. Hier spannt sich der Bogen von den religiös motivierten Vorbehalten im Mittelalter bis zum rassistisch geprägten Antisemitismus in der Gegenwart. Bezüglich dieser Thematik stellt sich die Frage nach Wirkzusammenhängen besonders dringlich. Wirtschaftspolitik, Rechtspolitik und Kultuspolitik beeinflußten sich hierbei gegenseitig und bestimmten zusammen ein mehr oder weniger öffentliches Meinungsbild, das der jüdischen Minderheit fast immer schweren Schaden zufügte. Aufmerksamkeit verdient hier auch die Entwicklung des jüdischen Gemeinde- und Schulwesens, da das Verhalten vornehmlich der Behörden auf diesem Gebiet mitunter besonders deutlich zeigt, inwieweit die Minderheit auf wirkliche Toleranz seitens der Mehrheit zählen konnte.

Das vorliegende Buch baut in erster Linie auf den bislang veröffentlichten Forschungsergebnissen zu diesem Thema auf, vor allem auf lokalhistorischen Studien. Für bestimmte Perioden, besonders für die frühe Neuzeit und das 19. Jahrhundert, waren darüber hinaus auch einige eigene Forschungen nötig. Neben Akten des Niedersächsischen Hauptstaatsarchivs Hannover und des Stadtarchivs Hannover erwies sich die Gemeinde-Berichterstattung der »Allgemeinen Zeitung des Judenthums« hierfür als wichtige Quelle. An dieser Stelle möchte ich schließlich all denen danken, die die Entstehung des Buches ideell und materiell gefördert haben. Angeregt wurde die Arbeit von Herrn Dr. Wolfgang Scheel, dem Direktor der Niedersächsischen Landeszentrale für politische Bildung und Vorsitzenden der Gesellschaft für Christlich-Jüdische Zusammenarbeit Hannover. Mein Dank gebührt außerdem den Damen und Herren in den Archiven, Bibliotheken und Museen für ihr freundliches Entgegenkommen. Vielfach verpflichtet fühle ich mich darüber hinaus Herrn Peter Seifried vom Fackelträger-Verlag, vor allem im Hinblick auf sein Engagement bei der Beschaffung des Bildmaterials. Danken möchte ich schließlich auch meiner Frau, die den Werdegang des Buches mit großer Geduld begleitet hat. Ihr kluger Rat hat mir mehr als einmal sehr geholfen.

Hannover, im Dezember 1994   *Albert Marx*

Die Zeit des Mittelalters

Geschichte des Aaron,
hebr. Bibel; Nordfrankreich, 13. Jahrhundert

9

Erste Spuren jüdischen Lebens

Jüdische Bekleidung,
spätes Mittelalter

Das heutige Niedersachsen kann nicht auf eine so alte und ehrwürdige jüdische Tradition zurückblicken wie etwa das Rheinland, wo Mainz, Worms, Speyer und Köln schon sehr früh jüdische Kaufleute unter ihre Bewohner zählten.[1] Erst um die Mitte des 13. Jahrhunderts kam es zur ersten Ansiedlung von Juden im niedersächsischen Raum. Die ältesten Spuren finden sich in Goslar, Helmstedt und Gandersheim. Von den genauen Umständen dieser Niederlassungen und ihrer Ursachen wissen wir jedoch so gut wie nichts. Aus Goslar ist lediglich überliefert, daß der Rat der Stadt im Jahre 1252 die Juden vor Geldforderungen des Kaisers schützte; aus Helmstedt erfahren wir von der Zuständigkeit des Abtes von Werder für den Schutz der Juden im Jahre 1247, und für Gandersheim scheint nicht mehr als die Existenz jüdischer Einwohner in dieser Zeit festzustehen.[2] In den letzten Jahrzehnten des 13. Jahrhunderts mehren sich dann die Nachrichten von jüdischen Niederlassungen: in Braunschweig sind seit 1282 Juden nachgewiesen, in Einbeck vor 1298, in Göttingen seit 1289, in Hannover seit 1292, in Hameln seit 1277, in Lüneburg und in Osnabrück seit dem späten 13. Jahrhundert.[3] Diese Entwicklungslinie setzte sich im frühen 14. Jahrhundert fort: Im Westen Niedersachsens kamen Bentheim, Bremen, Olden-

burg, Verden, Stade und Wildeshausen hinzu, im Osten, Lüchow, Meinersen, Duderstadt, Wunstorf und – möglicherweise – Northeim.[4]
Was die Anzahl der niedergelassenen Juden betrifft, so verfügen wir für das frühe 14. Jahrhundert nicht überall über genaue Angaben. Doch kann man davon ausgehen, daß mancherorts der jüdische Anteil an der Gesamtbevölkerung höher war als später in der Neuzeit: Im Jahre 1320 wurden in Braunschweig 24 jüdische Haushaltungen gezählt, 1325 etwa 25 in Goslar, 1334 in Göttingen 12, 1327 in Osnabrück 15, 1340 in Hameln 20, und in Duderstadt waren es 1314 wahrscheinlich 10.[5] Die große Vertreibungswelle um 1350[6] bedeutete in demographischer Hinsicht natürlich eine Zäsur, doch erwies sich diese als weniger gravierend denn erwartet, da die Stadtherren schon kurze Zeit später wieder Juden aufnahmen: Osnabrück wies 1350 acht Familien auf, Hildesheim 1380 19 Familien (also immerhin 1,4 % der Gesamtbevölkerung), Braunschweig 1434 wieder 36 Familien (1 % der Bevölkerung), Göttingen etwa 20 (1,5 %) und das kleine Duderstadt ebenfalls ca. 20 Familien, was einem Bevölkerungsanteil von 2,3 % entsprach.[7] Die Goslarer Zahlen belegen die Notwendigkeit, hinsichtlich der Gründe der Bevölkerungsbewegungen

**Jüdisches Ostermahl,
Deutschland, um 1400**

zu differenzieren. Hier hatte kein Pogrom stattgefunden. Dennoch lebten 1420 nur noch halb soviele jüdische Familien in der Reichsstadt wie 100 Jahre zuvor.[8] Aus dem späten 14. Jahrhundert und dem frühen 15. Jahrhundert sind schließlich noch einige Hinweise überliefert, daß vereinzelt Juden auch in Schöningen,[9] Alfeld, Bockenem, Bodenwerder, Dransfeld, Eldagsen, Gronau, Rinteln, Stadthagen, Peine und eventuell Bovenden lebten.[10]

Wie lassen sich der zeitliche und der räumliche Rahmen dieser ersten Niederlassungen erklären? Die wenigen Belege erlauben nur vorsichtige Vermutungen. Die Zuwanderung von Juden könnte im Zusammenhang stehen mit den Vertreibungen aus dem Rheinland. Dort hatten die Juden vor allem während des ersten Kreuzzuges (1096–1099) erhebliche Verfolgungen erdulden müssen. Viele suchten sich diesen Beschwernissen zu entziehen und wichen in andere Regionen aus, möglicherweise auch nach Niedersachsen. Einige überlieferte Namen von Goslarer und Einbecker Juden scheinen auf eine rheinische Herkunft hinzuweisen.[11] Wenn dem so ist, so steht der Beginn der jüdischen Geschichte in Niedersachsen im Zeichen einer Verfolgung, der ersten großen Judenverfolgung auf deutschem Boden.

Was die räumliche Verteilung der jüdischen Siedlungen anbelangt, läßt ein Blick auf die Karte zwei Schwerpunkte deutlich erkennen: der Westen und der Südosten. Dieser Sachverhalt ist wohl im Zusammenhang zu sehen mit signifikanten Entwicklungslinien der niedersächsischen Wirtschaftsgeschichte. Der niedersächsische Westen profitierte im 13. und 14. Jahrhundert vom Ausbau der Handelsbeziehungen zwischen dem Rheinland, Flandern und der Nordsee, der Osten konnte an der Belebung des Verkehrs zwischen Nord- und Südeuropa partizipieren. Die Konzentration jüdischer Niederlassungen an den wichtigsten Handelsstraßen könnte hierin eine Erklärung finden.[12] Bevor jedoch die diesen Zusammenhang begründenden wirtschaftlichen Aktivitäten der Juden untersucht werden, ist eine Klärung ihrer rechtlichen Situation unerläßlich. Die Entwicklung des Rechts war mittlerweile nämlich so weit gediehen, daß Handel und Wandel der Juden immer engeren Restriktionen unterworfen werden konnten.

**Die älteste erhaltene
Judenurkunde
der Stadt Göttingen,
1. März 1289**

**Judeneid,
Osnabrück, um 1300**

Die rechtliche Stellung der Juden

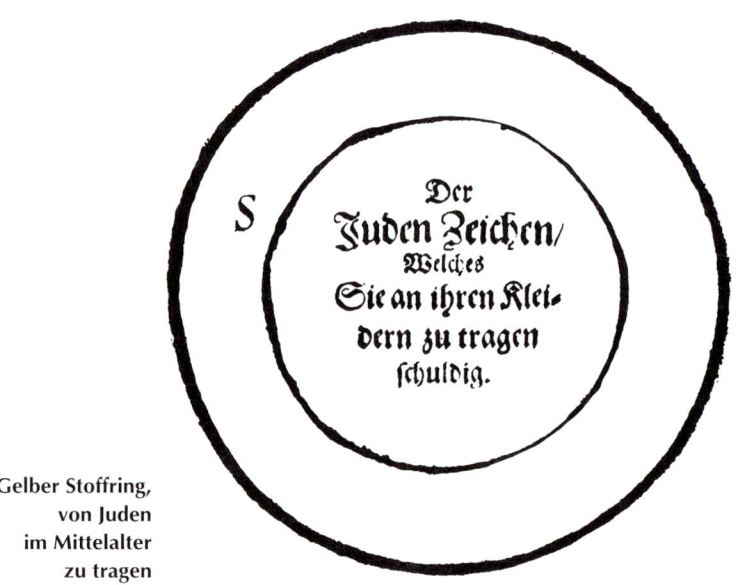

Der
Juden Zeichen/
Welches
Sie an ihren Klei-
dern zu tragen
schuldig.

Gelber Stoffring,
von Juden
im Mittelalter
zu tragen

Die abendländische Rechtstradition, deren späte Frucht der moderne Rechtsstaat ist, erfuhr im Hochmittelalter ihre erste systematische Ausformung in Gestalt des kanonischen Rechts.[13] Die dieses Recht strukturierende systematische Erfassung aller aus kirchlicher Sicht relevanten Bereiche des öffentlichen Lebens sollte in erster Linie der moralischen Verbesserung der Welt dienen.[14] Dieses löbliche Ziel, mit Hilfe eines berechenbaren, da systematischen Rechtswesens »mehr Menschlichkeit« zu erreichen, erwies sich in seinen Auswirkungen jedoch als höchst ambivalent. Zwar wurde der christlichen Nächstenliebe in der Rechtstheorie allmählich ein hoher Stellenwert zuerkannt,[15] doch lag der Schwerpunkt eben auf dem Begriff »christlich«. Eine Ausgrenzung nicht-christlicher Gruppen lag nahe.

Die Juden waren von altersher eine Personengruppe, die sich, als einzige in der mittelalterlichen Gesellschaft, offen zu einer anderen Religion bekannte, und für sie stellten die Konsequenzen der beginnenden systematischen Verrechtlichung der menschlichen Beziehungen tatsächlich keinen Fortschritt dar. Zwar war man bereits seit der Zeit der Kirchenväter von einem minderen – wenn auch erhaltenswerten – Status der Juden in Europa ausgegangen. Die Bedeutung der Juden für den Handel, speziell den Fernhandel, hatte ihnen jedoch lange den Schutz der Herrschenden garantiert und sie mancherorts sogar in privilegierte Positionen aufrücken lassen.[16] Dies begann sich nun zu ändern.

Die kirchenrechtliche Systematisierung bezüglich der Juden fand auf dem IV. Laterankonzil im Jahre 1215 einen ersten Abschluß. Dort wurde der Inhalt der seit 1120 wiederholt verkündeten päpstlichen Bulle *Sicut Judeis* konkretisiert: Den Juden wurden zunächst die Freiheit ihres Kultus und die Unantastbarkeit ihrer religiösen Einrichtungen zugesagt. Allerdings sollte ihnen im Falle überhöhter Wucherzinsen »die Gemeinschaft mit den Christen« entzogen werden.[17] Des weitern hatten sie sich »durch die Art ihres Gewandes« deutlich von den Christen zu unterscheiden. Außerdem wurde ihnen die Zulassung zu öffentlichen Ämtern ausdrücklich untersagt, da sie in keinem Falle Herrschaft über Christen ausüben dürften.[18] Die vormals theologisch gemeinte Vorstellung von der jüdischen »Minderwertigkeit« wurde nun juristisch fixiert, die

Ausgrenzung zu einer Art Rechtsgut erhoben. In der Folgezeit wurden die Rechtsunterschiede zwischen Juden und Christen immer weiter ausgebaut. Die Legalisierung der Diskriminierung konnte auch durch die Tatsache nicht abgemildert werden, daß die Päpste sich mitunter um den Schutz der Juden kümmerten, etwa indem sie Ritualmordbeschuldigungen zurückwiesen.[19]

Die kanonischen Rechtsbestimmungen bezüglich der Juden wurden 1235 von Kaiser Friedrich II. rezipiert und zu seinen Gunsten interpretiert: Der Kaiser erklärte die Juden zu seinen Untertanen.[20] Sie seien die »Sklaven seiner Kammer«, d. h. des Fiskus. Aufgrund dieser sogenannten Kammerknechtschaft stünden die Juden direkt unter kaiserlichem Schutz. Das damit postulierte besondere Verhältnis zwischen Kaiser und Juden bildete die Grundlage der Ausbildung eines Sonderrechts für die Juden im Reich. Die durch das IV. Laterankonzil vorgegebene strikte Trennung der Religionsgemeinschaften wurde hierdurch weiter gefestigt. Darüber hinaus – und diese Konsequenz wog besonders schwer – wurde aus dem nun etablierten besonderen Schutz für die Juden gefolgert, daß diese zur Bezahlung eines entsprechenden Schutzgeldes verpflichtet seien.[21]

Schon kurze Zeit nach den genannten Erlassen gingen die Kaiser dazu über, ihr Schutzrecht, das sogenannte Judenregal, an Reichsvasallen weiterzuverleihen. Der früheste Hinweis dieser Art für Niedersachsen stammt aus Helmstedt. Dort war bereits 1247 der Abt von Werder, dem das Helmstedter Ludgerikloster unterstand, mit dem Judenschutzrecht belehnt.[22] Bis zur Mitte des 14. Jahrhunderts gelangten auch die Herzöge der diversen welfischen Linien, der Graf von Oldenburg, die Bischöfe von Osnabrück und von Hildesheim sowie einige kleinere Dynasten[23] in den Besitz dieses Königsrechts. Die Landesfürsten ihrerseits konnten das Judenregal im Bedarfsfalle weitergeben: So trat der Herzog von Braunschweig-Grubenhagen 1277 dem Rat der Stadt Hameln den Judenschutz ab.[24] All diese Verleihungen sind vor einem finanziellen Hintergrund zu sehen. Wer die Verfügung über den Judenschutz anstrebte, mußte dem Inhaber eine hohe Ablösesumme zahlen oder andere Dienste leisten, da sich mit dem Schutzrecht der Anspruch auf die jüdischen Schutzgelder verband. Für die Juden begann

damit eine lange und entwürdigende Entwicklung. Sie waren nun offiziell und juristisch unangreifbar Objekte fürstlicher bzw. städtischer Finanzpolitik. Die sich auch in Niedersachsen ausbreitende Kommerzialisierung des Judenschutzrechts läßt diesen Verobjektivierungsprozeß besonders deutlich hervortreten. Das Schutzrecht, das sogenannte Vergleitungsrecht, wies für die niedersächsischen Obrigkeiten – wie überall in Deutschland – einen doppelten Aspekt auf. Zunächst stellte es, wie erwähnt, eine Einnahmequelle dar. Darüber hinaus – und diese Funktion wurde als mindestens ebenso wichtig angesehen – war es als Königsrecht deutliches Zeichen für die Teilhabe an der Souveränität. Beide Aspekte machten das Judenschutzrecht interessant, und zwar für den König, die Landesherren und die Städte, in denen sich die Juden niedergelassen hatten. Die Juden im Gebiet des heutigen Niedersachsen mußten grundsätzlich mit mehreren konkurrierenden Schutzansprüchen rechnen. Schon vor 1347 hatte beispielsweise der Bischof von Hildesheim das Judenregal dem Hildesheimer Stadtrat verpfändet.[25] Daraus konnten sich neue Rechtsansprüche entwickeln. Die Goslarer Juden sahen sich wiederholt – neben den städtischen Abgaben – mit Forderungen des Königs bzw. Kaisers konfrontiert.[26] Für die Juden bedeutete die Kommerzialisierung des Regals folglich eher ein Mehr als ein Weniger an Rechtssicherheit.

Die Attraktivität der Verfügung über die Schutzjuden führte für die betroffenen jüdischen Menschen zu einer Situation fortschreitender Diskriminierung. Die von der kanonistischen Systematisierung gelegte Saat ging auf. Die Juden wurden zum Kalkulationsobjekt der Herrschenden. In der Urkunde, die im Mai 1300 den Streit zwischen Bischof Ludolf von Minden und Graf Johann von Wunstorf über Schloß und Stadt Wunstorf schlichtete, wird die Verfügbarkeit über die Juden in einem Zug mit der Verfügbarkeit über Mühle, Münze, Fischerei und Zoll genannt:

»(...) commune habebimus sicut prius Molendinum in fossato cum piscatura iuxta molendinum monetam theloneum, judeos, jura et iurisdictiones (...).«[27]

In der Behauptung des Schutzrechts behielten während der ersten beiden Drittel des 14. Jahrhunderts meist die niedersächsischen Landesherren die Oberhand. Dies galt für die Juden in Lüneburg, Os-

Darstellung eines Schutzjuden (links) im Sachsenspiegel

nabrück, Oldenburg, Braunschweig, Einbeck, Hannover, Göttingen und Wildeshausen.[28] Ähnlich verhielt es sich in Hildesheim, wenn man von der vorübergehenden Pfändung absieht. In Helmstedt, Bremen und Hameln hingegen war es dem Stadtrat gelungen, sich in den Genuß des Schutzregals zu bringen.[29] Die Juden der Reichsstadt Goslar blieben formal dem Kaiser unterstellt. De facto bestimmte jedoch auch hier der Rat. Er wies in der Tat wiederholt – 1252, 1274, 1336 und 1340 – kaiserliche Geldforderungen an »seine« Juden zurück.[30] Auch wenn in diesem Fall die Konkurrenz der Schutzansprüche den Juden zugute kam, so kann doch nicht übersehen werden, daß das Verhalten des Goslarer Rates von Eigennutz bestimmt war und nicht von Rücksichtnahme auf die jüdische Minderheit. Der Rat beanspruchte die Verfügung über das Schutzrecht und die daraus fließenden Einnahmen für sich allein als Zeichen seiner Souveränität.

Das Schutzrecht wurde gewöhnlich in Briefform konkretisiert. Die Schutzbriefe aus dem 14. Jahrhundert werfen ein bezeichnendes Licht auf die wahren Interessen der Landesherren. Im Jahre 1348 bekräftigte z.B. Herzog Ernst sein Schutzrecht im Hinblick auf die Göt-

tinger Juden. Er gestattete ihnen Freizügigkeit in der Stadt *lik anderen usen borgeren darsulves to Gotingen.*[31] Dafür hatten sie pro Jahr 4 1/2 Mark lötigen Silbers zu zahlen. In bezug auf die weitere Entwicklung ist es nicht uninteressant festzuhalten, daß der Herzog sich mit Fragen nach Anzahl der Juden und ihrer Aufenthaltsdauer nicht befaßte. Viel wichtiger war ihm die Regelung der für die Juden zuständigen Gerichtsbarkeit. Der Herzog schränkte die Zuständigkeit der geistlichen Gerichte für die Juden ein. Diese durften Juden erst vorladen, wenn der Landesherr die Klage anerkannt hatte.[32] Auch hierin zeigt sich deutlich, wie sich die kanonistischen Bestrebungen konkret auswirkten. Das Auge der Herrschenden für die Bedeutung der Gerichtsbarkeit war geschärft worden, galt diese doch mittlerweile als zentraler Bestandteil der Souveränität.[33] Für die Juden bedeutete dies einmal mehr die Degradierung zum fremdbestimmten Objekt, da sie selbst keinerlei Mitspracherecht hatten. Das letzte Drittel des 14. Jahrhunderts brachte eine Akzentverschiebung. Die teuren und langwierigen Auseinandersetzungen der niedersächsischen Landesherren, vor allem der Welfen, führten dazu, daß einigen Städten als Gegenleistung für ihre Dienste das Judenschutzrecht übertragen wurde. 1369 erhielt Göttingen das Recht, und wiederum fällt die Bedeutung ins Auge, die dem Gerichtswesen beigemessen wurde. Nun sahen sich die Städte im Besitz des Souveränität signalisierenden Königsrechts. Folglich machten sie – wie Göttingen im vorliegenden Fall – ihr eigenes Stadtrecht zur Grundlage von Handel und Wandel der Juden. Sie bestimmten, wie vorher der Landesherr, daß eine Ladung vor ein geistliches Gericht erst dann erfolgen durfte, wenn sie es erlaubten.[34] Ähnlich verlief die Entwicklung in Braunschweig, Hannover und Hildesheim.[35] Für zahlreiche Juden wurde also der jeweilige Stadtrat zur maßgeblichen Obrigkeit. Die Landesherren traten im Verlauf des 15. Jahrhunderts in den Hintergrund. Es erhebt sich die Frage, wie sich diese Veränderung konkret auswirkte.

Die Räte der Städte waren traditionell mit den eingesessenen Gilden, Innungen und Zünften viel enger verbunden als die Landesherrschaft. Das zwischen diesen und den Juden bestehende Konkurrenzverhältnis war zweifellos nicht dazu angetan, Hoffnungen der Juden auf eine Verbesserung ihrer Rechtsstellung zu wecken. In der Tat sind bereits aus dem frühen 14. Jahrhundert Bestrebungen städtischer Körperschaften überliefert, die auf eine Ausweisung der Juden abzielten: z.B. in Osnabrück und Oldenburg.[36] Im Juni 1371 gestanden die sächsischen Herzöge Albrecht und Wenzel dem Rat Hannovers zu, den einzigen dort lebenden Juden fristlos ausweisen zu dürfen.[37] So weit gingen zwar die anderen Städte noch nicht, und vielleicht nahm auch Hannover schon 1375 wieder Juden auf.[38] Doch läßt es sich nicht abstreiten, daß die Schutzbriefe der Städte zunehmend Bestimmungen aufwiesen, die die jüdische Bewegungsfreiheit stärker einschränkten, als es die Landesherren getan hatten. Der Göttinger Rat regelte 1370 detailliert die Verpflichtungen der Juden gegenüber der Stadt und ordnete erstmals das Pfandleihwesen.[39] Der Hildesheimer Rat sprach – im Gegensatz zum Schutzprivileg des Bischofs von 1439 – im Jahre 1450 nicht mehr allgemein von »den« Juden, sondern zählte die Aufgenommenen namentlich auf, als wolle er ihre Anzahl deutlich beschränken. Außerdem – und das ist zweifellos eine besonders schwerwiegende Neuerung –

befristete er die Aufenthaltsdauer auf sechs Jahre.[40] Diese deutliche Verschlechterung der Rechtsstellung der Juden im Vergleich zum frühen 14. Jahrhundert findet Entsprechungen auch andernorts. Goslar schränkte nach 1350 Freizügigkeit und Pfandrecht ein.[41] In Braunschweig und Hildesheim kam es zu Einschränkungen im Hinblick auf Wohn- und Geschäftslage.[42] Ähnliche Bestrebungen sind aus Hannover überliefert.[43]

Die prekäre Rechtsstellung der jüdischen Minderheit manifestierte sich schließlich besonders deutlich in der Machtlosigkeit, mit der sie die ständig wachsenden Geldforderungen der städtischen Schutzherren hinnehmen mußte.[44] Doch was war der so teuer erkaufte Schutz wert? Die Juden durften sich niederlassen, sie hatten ein befristetes Wohnrecht, sie durften Handel treiben und sie genossen – offiziell – Schutz vor Übergriffen in der Stadt und auf Geschäftsreisen.[45] In Wirklichkeit kam es jedoch auf Gnade und Gewogenheit des Schutzherrn an. Ein allgemein verbindliches Recht existierte für die Juden nicht. Die rechtliche Entwicklung seit dem Hochmittelalter hatte lediglich ihre Außenseiterposition bestätigt und systematisch ausgebaut. Im Rahmen dieser Ausgrenzung nahm die Unsicherheit zu. Die sich im Verlauf des 14. Jahrhunderts erhöhende Mobilität der Juden, deren durchschnittliche Aufenthaltsdauer in den niedersächsischen Städten abnahm, mag dafür ebenso als Beleg gelten[46] wie die große Willkür, mit der Landesherren und Stadträte die Schutzbriefe gestalteten. Es gab Schutzbriefe verschiedenen Inhalts für einzelne Juden, für einzelne Judengruppen und für die Judenschaft insgesamt. Was hier als günstigste Variation bezeichnet werden kann, hängt vom jeweiligen Schutzbriefinhalt ab. Auf jeden Fall konnte sich allmählich ein Sonderrecht im Sonderrecht entwickeln. Um 1330 verfügte z. B. die Hälfte der Goslarer Juden über Privilegien, die sie im Rahmen der Gesamtgemeinde begünstigten: sie waren aufgrund von Pauschalzahlungen von bestimmten Abgaben befreit.[47] Ähnliche Fälle sind aus Hameln und Braunschweig überliefert.[48] Privilegien waren zwar für die mittelalterliche Feudalgesellschaft grundsätzlich typisch, doch wirkten sich solche Maßnahmen für eine Menschengruppe, die nicht zur christlichen Gesellschaft gehörte, ganz anders aus: Die Vergabe von Sonderrechten begründete bei ihnen keinen Rechtsanspruch, sie unterstrich nur ihren Ausnahmecharakter und damit den Willkürcharakter und mußte außerdem Zwiespalt in die jüdische Gemeinde tragen. Darüber hinaus bestand hinfort die Möglichkeit, daß die Regierung die Existenz mehrerer Sonderrechte dazu nutzte, bei künftigen Vereinheitlichungen die für die Juden ungünstigste Regelung zur neuen Norm zu erheben. Vor diesem Hintergrund ist auch die Tatsache zu bewerten, daß mehrere niedersächsische Städte, wie beispielsweise Göttingen und Braunschweig, den Juden den (käuflichen) Erwerb des Bürgerrechts ermöglichten. Es stand stets unter dem Vorbehalt, aus beliebigen Gründen wieder entzogen werden zu können. Von Rechtsgleichheit konnte also keine Rede sein.

Das 15. Jahrhundert brachte den Juden eine weitere Beeinträchtigung, da die Kirche ihre judenpolitischen Maßnahmen reaktivierte. Das Konzil von Basel schuf zwar im Unterschied zum IV. Laterankonzil kein neues Recht, forcierte jedoch die praktische Umsetzung der bestehenden Diskriminierungsartikel. Die Bekehrung der Ungläubigen wurde gefordert und entsprechende Missionspredigten initiiert. Die Ausgrenzung der Juden sollte perfektioniert werden, und zwar durch das Verbot von Mischehen sowie das Verbot, sich als Christ bei Juden zu verdingen. Die alten Bekleidungsvorschriften wurden erneuert.[49] Der Kardinal Nikolaus von Kues begab sich persönlich nach Norddeutschland, um die Baseler Konzilsbeschlüsse einzuschärfen. 1451 erschien er in Hildesheim und sorgte dafür, daß hinfort die Kleidervorschriften eingehalten wurden: Die Männer mußten auf ihren langen Obergewändern einen gelben Ring tragen, die Frauen zwei blaue Streifen an ihren Schleiern.[50]

Am Ende des Mittelalters sehen wir die Juden im heutigen Bereich Niedersachsens als völlig marginalisierte und auch dezimierte Gruppe, deren Handlungsspielraum im Vergleich zum frühen 14. Jahrhundert stark eingeschränkt war. Ihre fortschreitende Verarmung, die mehrere Ursachen hatte,[51] schwächte ihre ohnehin prekäre rechtliche Stellung, vor allem nach 1400. Ein dauerhafter Entzug des obrigkeitlichen Schutzes als Konsequenz dieser Verarmung wurde immer wahrscheinlicher.[52] Die Kommerzialisierung des Judenregals führte mit unerbittlicher Logik zur weitgehenden Entrechtung der Schutzjuden, wenn diese – eben aus kommerziellen Gründen – nicht mehr interessant waren. Dies mußten die Hildesheimer Juden 1457 erfahren: sie wurden ausgewiesen. Den Helmstedtern ging es nach 1479 ähnlich. In manchen Städten genügte auch der finanzielle Druck allein: aus Goslar flohen die Juden ohne formelle Ausweisung.[53] Göttingen verzichtete ebenfalls auf eine förmliche Vertreibung. Dort wurden 1460 die auslaufenden Schutzbriefe einfach nicht mehr verlängert.[54] Eine Möglichkeit, sich gegen diese willkürliche Behandlung zu wehren, bestand kaum. Der theoretisch denkbare Appell an den obersten Schutzherrn, den Kaiser, hätte angesichts der konkreten Machtverhältnisse kaum Aussicht auf Erfolg gehabt. Und so verschwanden zahlreiche, einst blühende jüdische Gemeinden in Niedersachsen nach knapp zweihundertjährigem Bestehen. Gegen Ende des 15. Jahrhunderts sind Juden nur noch in Braunschweig, Duderstadt und Hannover, vielleicht auch – ganz vereinzelt – in Lüneburg, Wildeshausen und Stade belegbar.[55] Der teuer bezahlte Schutz hatte sich als wertlos erwiesen. Die Entwicklung des geschriebenen Rechts bedeutete für die Juden in der Praxis nur die Festschreibung der Rechtlosigkeit.

Jüdisches Paar, 16. Jahrhundert.
Der Mann trägt den gelben Stoffring auf seinem Umhang.

Die wirtschaftliche Entwicklung

Jüdischer Geldverleiher, 16. Jahrhundert

Während der Schilderung der Entwicklung der Rechtslage war bereits mehrmals die Bedeutung wirtschaftlicher Aspekte angesprochen worden. In der Tat sollte sich die Wirtschaftskraft der Juden als die eigentliche Basis ihrer Existenzberechtigung erweisen.

Zum Zeitpunkt der ersten Ansiedlung von Juden in Niedersachsen war eine wichtige Epoche der jüdischen Wirtschaftsgeschichte bereits abgeschlossen. In der zweiten Hälfte des 13. Jahrhunderts waren die Juden aus dem Warenhandel weitgehend verdrängt.[56] Das IV. Laterankonzil hatte ihnen darüber hinaus die Ausübung öffentlicher Ämter verboten, und auch der Zutritt zu den sich allmählich etablierenden städtischen Gilden und Zünften war ihnen verwehrt. Es blieb den Juden also nichts anderes übrig, als die Geschäfte zu betreiben, die den Christen nicht gestattet oder die nicht zünftig organisiert waren. Hier kam zunächst der Handel mit Geld in Frage. Geldverleih gegen Zinsen war den Christen verboten, den Juden hingegen nicht. Sie durften Zinsen nehmen, also »wuchern«. Dieser Begriff, dessen Bedeutung sich bis heute gewandelt hat, bezeichnete im Mittelalter grundsätzlich jeden Zinssatz. Dennoch konnte die

Tatsache, daß die Erhebung von Zinsen – selbst wenn sie sehr niedrig gewesen wären – den Christen als Sünde galt, für die Juden nur negative Auswirkungen haben. Auch die amtliche Erlaubnis ihres »Wuchers« trug zu ihrer Beliebtheit also kaum bei. Zwar fanden sich zahlreiche Ausnahmeregelungen, die auch Christen am Geldgeschäft verdienen ließen, z. B. in Form von Gewinnbeteiligungen, doch blieben diese bezeichnenderweise in der öffentlichen Meinung vor dem Makel geschützt, anderen dadurch zu schaden.[57] Der den Juden erlaubte Zinssatz erscheint aus heutiger Sicht außergewöhnlich hoch. Je nach Kreditierungsfrist lag er im 13. und 14. Jahrhundert zwischen 43 1/3 und 66 2/3 %.[58] Diese Höhe erklärte sich aus der Seltenheit der gehandelten »Ware« und aus den gewaltigen Risiken der Geldverleiher: sie mußten mit – natürlich zinslosen – Zwangsanleihen rechnen, sie hatten Verluste durch Konfiskationen und Vertreibungen einzukalkulieren, und sie standen unter einem Abgabendruck, der den der Christen bei weitem überstieg.[59] Lediglich in Osnabrück verbot der Bischof Engelbert im Jahre 1312, mehr als 1 Pfennig pro Woche Zinsen zu nehmen (entspricht 36,1 % Jahreszins).[60] Der Göttinger Rat unterschied im späten 15. Jahrhundert zwischen Krediten für Bürger und Krediten für Auswärtige. Bürger zahlten zwischen 3 und 6 Pfennigen pro Mark und Woche (144 Pfennige ergaben 1 Mark).[61] Auswärtige hingegen mußten bezahlen, was die Juden verlangten, und zwar ohne Höchstgrenze.[62] Auch wenn die frühen Schutzbriefe aus Niedersachsen oftmals das jüdische Geldgeschäft nicht thematisieren, kann doch davon ausgegangen werden, daß dieses in den dortigen Städten ein wichtiger Wirtschaftsfaktor war. Jeder, vom Bürger bis zum Landesherrn, wandte sich zur Deckung seines Geldbedarfs an die Juden: 1263 der Herzog Johann von Lüneburg, 1282 Herzog Otto von Braunschweig.[63] Der Graf von Oldenburg gestattete mit dem Rat der Stadt zusammen 1348 den Juden ausdrücklich das Geldgeschäft.[64] Einschlägige Aktivitäten der Juden sind auch aus Braunschweig, Hildesheim, Goslar, Lüneburg, Göttingen und Hannover überliefert.[65] Bezeichnenderweise kam es von Anfang an zu heftigen Beschwerden über die Juden. So gab der Osnabrücker Bischof 1312 zu, daß *»judei in christianorum grave dispendium usuras ab ipsis christianis nimias soleant extorquere.«*[66] Die Abneigung gegen die Geldgeber machte sich schon früh in Schuldzuweisungen Luft, die weder Ursachen noch Notwendigkeit des jüdischen Kreditwesens berücksichtigten. Im frühen 14. Jahrhundert wurden die Juden zwar noch vor Verfolgungen durch die Tatsache geschützt, daß die Menschen auf ihr Geld angewiesen waren, doch war der Tag abzusehen, an dem es gefährlich werden würde: dann nämlich, wenn sich andere Kreditquellen finden ließen. Dies war schon bald der Fall. Zunehmender Beliebtheit bei der Geldbeschaffung erfreuten sich neben dem jüdischen Angebot die Renten. Die niedersächsischen Städte pflegten im 14. Jahrhundert ihre steigenden Ausgaben vorwiegend durch Schulden zu finanzieren. Die dazu benötigten Gelder wurden durch Renten »bezahlt«. Diese Kreditierung war auch christlichen Bürgern erlaubt.[67] Wohlhabende Kaufleute entdeckten hierin rasch eine lukrative Geldanlage, die nicht nur von der »öffentlichen Hand«, sondern auch privat genutzt werden konnte. Als Sicherheit für den Gläubiger dienten Grundbesitz und Immobilien. Das Rentengeschäft stellte damit langfristig eine starke Bedrohung des jüdischen Geldhandels dar. In vielen Städten war den

Juden der Erwerb von Grund- und Hausbesitz nämlich verboten, da sie, etwa in Lüneburg und in Hildesheim, kein Bürgerrecht erlangen konnten, an welches das Recht auf Immobilienerwerb im allgemeinen gebunden blieb. Wir müssen jedoch auch hier differenzieren: sowohl in Braunschweig als auch in Goslar lassen sich jeweils zwei Juden als Rentenkäufer belegen.[68] In Hannover wurden von 1289 bis 1294 vier Immobilienpfändungen, von 1311 bis 1335 sogar 21 zugunsten von Juden vorgenommen.[69] Dennoch waren Juden in dieser Art von Geschäften eher die Ausnahme. Wie bedeutend dagegen der Anteil der Christen geworden war, belegen ebenfalls die Zahlen aus Hannover: den vier Juden stehen im gleichen Zeitraum von 1289 bis 1294 63 Christen als Immobilienpfänder gegenüber, von 1311 bis 1335 waren es immerhin 208.[70] Vordergründig betrachtet blieb der unbeliebte Geldverleih noch ein Spezifikum der Juden. Hinter den Kulissen hatte jedoch ihre Verdrängung aus dem Geldgeschäft großen Stils längst begonnen.

Die mehr oder weniger erzwungene Spezialisierung der Juden auf den Geldhandel zog noch andere Konsequenzen nach sich. Wer bei Juden Geld lieh, mußte eine Sicherheit, ein Pfand, stellen. So blieb es nicht aus, daß sich dort zahlreiche Pfänder verschiedenen Wertes ansammelten: Schmuck, Hausrat (vor allem Zinnkannen und Kupferkessel), Handtücher, Decken, Vieh und – vor allem – Kleider. Das Pfandleihgeschäft war genau geregelt: die Pfänder mußten grundsätzlich ein Jahr und einen Tag aufbewahrt werden. Hinzu konnten noch weitere Fristen kommen, die von Stadt zu Stadt variierten: in Goslar waren es sechs Wochen und drei Tage, in Hildesheim 14 Tage.[71] Eine Sonderregelung galt für gestohlene Waren, die als Pfand gestellt wurden. In solchen Fällen gestand man den Juden das sogenannte Hehlerprivileg zu, d. h. sie durften solche Pfänder annehmen. Wurde nun ein Bürger bestohlen, so meldete er dies nicht den ohnehin nur sehr rudimentär vorhandenen öffentlichen Sicherheitsorganen, sondern dem jüdischen Pfandleiher. Kam zu diesem dann der Dieb mit der gestohlenen Ware, so nahm der Jude das Gut für den vierten Teil seines Kaufwertes an. Gegen diese Summe konnte es der Bestohlene dann wieder auslösen. Offenbar kam man auf diese Weise am ehesten wieder in den Besitz seines Eigentums.[72] Diese für die Juden günstige Regelung belegt die Unentbehrlichkeit ihres Pfandleihgeschäfts für das damalige Wirtschaftsleben.[73]

Auf die Bedeutung, die man Fragen der Gerichtsbarkeit in den frühen Schutzbriefen beimaß, wurde bereits eingegangen. Für den Geschäftsverkehr wichtig war in diesem Zusammenhang die Verläßlichkeit der Aussagen im Streitfalle. Falls ein Schuldner die Höhe der Forderungen bestritt, mußte der jüdische Pfandleiher die Summe des ausgeliehenen Kapitals sowie die Zinsforderung beeiden. Leistete dieser den sogenannten Judeneid in der am Ort vorgeschriebenen Form, so glaubte man ihm, wie z. B. in Braunschweig anläßlich eines Prozesses im Jahre 1474.[74] Die mittelalterliche Achtung vor jeder Bindung religiöser Art räumte hier den Juden einen gewisen Rechtsschutz ein.

Die Modalitäten der Eidesleistung zeigten jedoch in aller Deutlichkeit das ganze Ausmaß der sich vornehmlich aus religiöser Verachtung speisenden mittelalterlichen Diskriminierung. In besagter Stadt Braunschweig mußte sich der den Eid leistende Jude im Büßerhemd und mit einem Judenhut auf dem Kopfe einen Strick um den Hals legen und auf eine blutige Sauhaut stellen. Der Schwur selbst begann mit schier endlosen Selbstverwünschungsformeln, um dann schließlich zum eigentlichen Inhalt zu kommen.[75] Immerhin räumten einige Städte den Juden das Recht ein, einen verkürzten Eid ohne das genannte entehrende Beiwerk zu schwören.[76]

Besonders folgenreich gestaltete sich die Verwertung der nicht eingelösten Pfänder. Nach dem Ablauf der Aufbewahrungsfrist durften diese öffentlich verkauft werden. Da die Anzahl der fraglichen Pfänder oft sehr groß war, verfügten die Juden fast ständig über ein stattliches Angebot preisgünstiger Waren. War nun schon der Handel mit Geld kaum dazu angetan, Sympathien zu erwerben, so brachte der Handel mit Pfändern, welcher sich zwangsläufig aus dem Kreditgeschäft ergab, die Juden in ein direktes Konkurrenzverhältnis zu den diversen Kaufmannsgilden, vor allem zu denjenigen, die mit Textilien handelten. Die Braunschweiger Lakenmacher, die eines der wichtigsten Gewerbe der Stadt repräsentierten, setzten schon im frühen 14. Jahrhundert (1312 oder 1322) durch, daß Laken weder in ganzen Ballen noch geschnitten gepfändet werden durften.[77] Diese Intervention ist eine der frühesten Maßnahmen christlicher Konkurrenten gegen den jüdischen Handel in Niedersachsen.

Vielfache Konflikte hatten die Juden auch mit den Gilden der Knochenhauer durchzufechten. Ihre Religion gebot ihnen den Genuß geschächteten Fleisches, d. h. das Fleisch mußte vollständig ausgeblutet sein, was durch eine besondere Schlachttechnik gewährleistet war.[78] Als unrein wurden darüber hinaus bestimmte Teile des Tieres angesehen.[79] Für die Juden stellte sich also das Problem, was mit diesen nicht koscheren, das heißt unreinen Teilen bzw. mit ganzen Tieren, deren Schächtung mißglückt war, zu geschehen hatte. Der Gedanke an einen öffentlichen Verkauf lag nahe, wodurch die Befürchtungen der christlichen Knochenhauer geweckt wurden. Aus rituellen Gründen konnten diese nicht einfach zu Fleischlieferanten der Juden werden und auf diese Weise die Konkurrenz vermeiden. Vielmehr drohten die Juden die christlichen Metzger zu unterbieten, da sie über Fleischmengen verfügten, die für sie selbst völlig unbrauchbar waren und abgesetzt werden mußten. Proteste der Christen blieben nicht aus und sind aus mehreren niedersächsischen Städten überliefert, u. a. aus Braunschweig im Jahre 1339:

»De Knokenhowere beclagheden sek, dat de joden vlesch verkoften den krestenen luden. Des is de Rad also vordere berichtet, dat de joden des to rechte nicht don moghet noch en scholet. Wes aver de joden silven behövet, dat moten se silven wol sniden unde under sek verkopen.«[80]

Damit wurde den Juden der Fleischhandel praktisch verboten.

In Hannover einigte man sich 1499 auf einen Kompromiß. Den Juden wurde das Recht auf Schlachten bzw. Schächten zum eigenen Gebrauch eingeräumt. Das für sie unbrauchbare Fleisch durften sie verkaufen, allerdings nur außerhalb der Stadt.[81]

Abgesehen von Pfandleihgeschäft und Fleischerei finden wir vereinzelt Juden als Goldschmiede für den Synagogenschmuck und als Thoraschreiber.[82] Im eigentlichen Gemeindedienst standen darüber hinaus die »Sangmeister« (Vorsänger im Gottesdienst), die oft auch als Lehrer fungierten, und die Gemeindediener.[83] Ganz selten taucht auch einmal ein jüdischer Arzt auf.[84] Die Bandbreite der jüdischen Berufsmöglich-

Jüdische Eidesleistung, 17. Jahrhundert

keiten war also sehr beschränkt, und diese Beschränkung war religiös bestimmt. Sie ergab sich zwangsläufig aus den Bestrebungen, Juden und Christen streng voneinander zu trennen. Religiös begründet war das Ausweichen der Juden in den Geldhandel, religiös begründet war die Ausübung des jüdischen Schlachter-Handwerks, und religiös begründet war natürlich auch der Gemeindedienst. Die Ausgrenzung der Juden, so vage sie auch in den ersten Schutzverträgen aus dem niedersächsischen Raum formuliert gewesen sein mochte, nahm in der Realität ständig zu. Unter diesen Umständen ist es nicht verwunderlich, daß die Stadträte immer weniger Hemmungen zeigten, wenn es darum ging, die Abgaben der Juden festzulegen. Zunächst mußten die Juden das jährliche Schutzgeld bezahlen: in Osnabrück um 1350 30 Mark für acht Juden,[85] in Göttingen 1348 4 1/2 Mark lötiges Silber,[86] in Braunschweig in der 2. Hälfte des 14. Jahrhunderts 24 Mark.[87] Um eine Vorstellung von der Größenordnung dieser Summen zu erhalten, sei darauf hingewiesen, daß ein Pferd um 1400 7 Mark kostete[88] und daß ein Maurermeister um 1430 etwa 12 Pfennige pro Tag verdiente. 12 Pfennige waren soviel wie ein Schilling, 12 Schillinge ergaben eine Mark.[89]

Die Geldforderungen wurden während des 15. Jahrhunderts kräftig erhöht. In Osnabrück mußten 1413 fünf Familien 7 Gulden 8 Mark und 7 Schillinge abführen,[90] in Göttingen 1444 23 Gulden,[91] in Braunschweig 1443 54 Mark.[92] Die Stadt Hildesheim schraubte allein in den Jahren zwischen 1440 und 1446 ihre Forderungen von 60 Gulden um 100 % in die Höhe.[93] Hannover ließ sich 1499 von vier Familien eine einmalige Zahlung von 20 Gulden zuzüglich einer jährlichen Zahlung von 150 Gulden zukommen.[94] Neben dem Schutzgeld hatten die Juden in den Städten die ortsüblichen Steuern zu zahlen, das Graben- und Wachgeld für Verteidigungszwecke, Abgaben an diverse Gilden, hohe Mieten für die von ihnen bewohnten, jedoch nicht käuflich erwerbbaren Häuser sowie die sogenannten Stolgebühren zugunsten der christlichen Geistlichkeit.[95] Dazu kamen außerdem Sachleistungen wie Ledereimer für den Brandfall, das Stellen von Pferden für militärische Zwecke (in Hameln)[96] und die Lieferung kostbarer Gewürze, wie z. B. Ingwer in Duderstadt.[97] Die ungerechte Ver-

teilung der Lasten zeigte sich besonders deutlich am Beispiel Hildesheims. Dort zahlten die Juden, deren Bevölkerungsanteil 1381 1,4 % betrug, 2,7 % der Schoßabgaben; 1428 war die auf den Juden lastende jährliche Forderung sogar über zehnmal so hoch wie die der Christen.[98] Wenn nun noch außerordentliche Belastungen hinzukamen, etwa seitens des Königs oder Kaisers, so waren die Juden in ihrer Existenz bedroht. Im Jahre 1414 flohen die Goslarer Juden nach Braunschweig, als Pläne König Sigismunds bekannt wurden, eine Sondersteuer zu erheben, der die Einwohner einer Reichsstadt ungeschützter ausgesetzt waren als die einer Landstadt.[99]

Angesichts der oben erwähnten Zahlen stellt sich die Frage, ob die angeblichen Unterdrücker und »Aussauger« der Christen nicht vielmehr die Ausgebeuteten waren. Durch die großen Verluste an Leben und Gut in der Pestzeit bereits schwer angeschlagen, wurden sie durch die enormen Geldforderungen im Verlauf des 15. Jahrhunderts ruiniert. Zwar muß auch hier differenziert werden. Die Existenz wohlhabender Juden ist auch in Niedersachsen für das späte 15. Jahrhundert belegt: in Braunschweig z. B. lebte der wohlhabende Ackiva[100], und die hohen Forderungen Hannovers an seine vier Juden deuten auf entsprechende Mittel hin. Generell kann jedoch von einer Verarmung der Juden gesprochen werden. Mit dieser Verarmung fiel gleichzeitig der wirksamste Schutz des jüdischen Bleiberechts weg. Arme Juden brauchte man nicht, und auch in ihrer einst unverzichtbaren Funktion als Geldverleiher hatte die christliche Konkurrenz die Gewichte neu verteilt. Es gab also kaum noch einen Grund, die ungeliebte Minderheit zu dulden. Die Gemeinden lösten sich auf: 1414 Goslar, 1424 Osnabrück, 1457 Hildesheim, 1460 Göttingen, 1485 Helmstedt. Diese Auflösung vollzog sich entweder als Flucht oder als Vertreibung oder als Nicht-Verlängerung der Aufenthaltsfrist. Ausschlaggebend war in allen Fällen die Wirtschaftspolitik der Städte, die im Zusammenhang zu sehen ist mit den zunehmenden rechtlichen Einschränkungen. Dieser Zusammenhang stellte einen wahren Teufelskreis dar: Rechtliche Beschränkungen der Handelsfreiheit der Juden und die hohen Geldforderungen führten zu einem sich beschleunigenden Verarmungsprozeß, der seinerseits zur Ausweisung führen konnte.

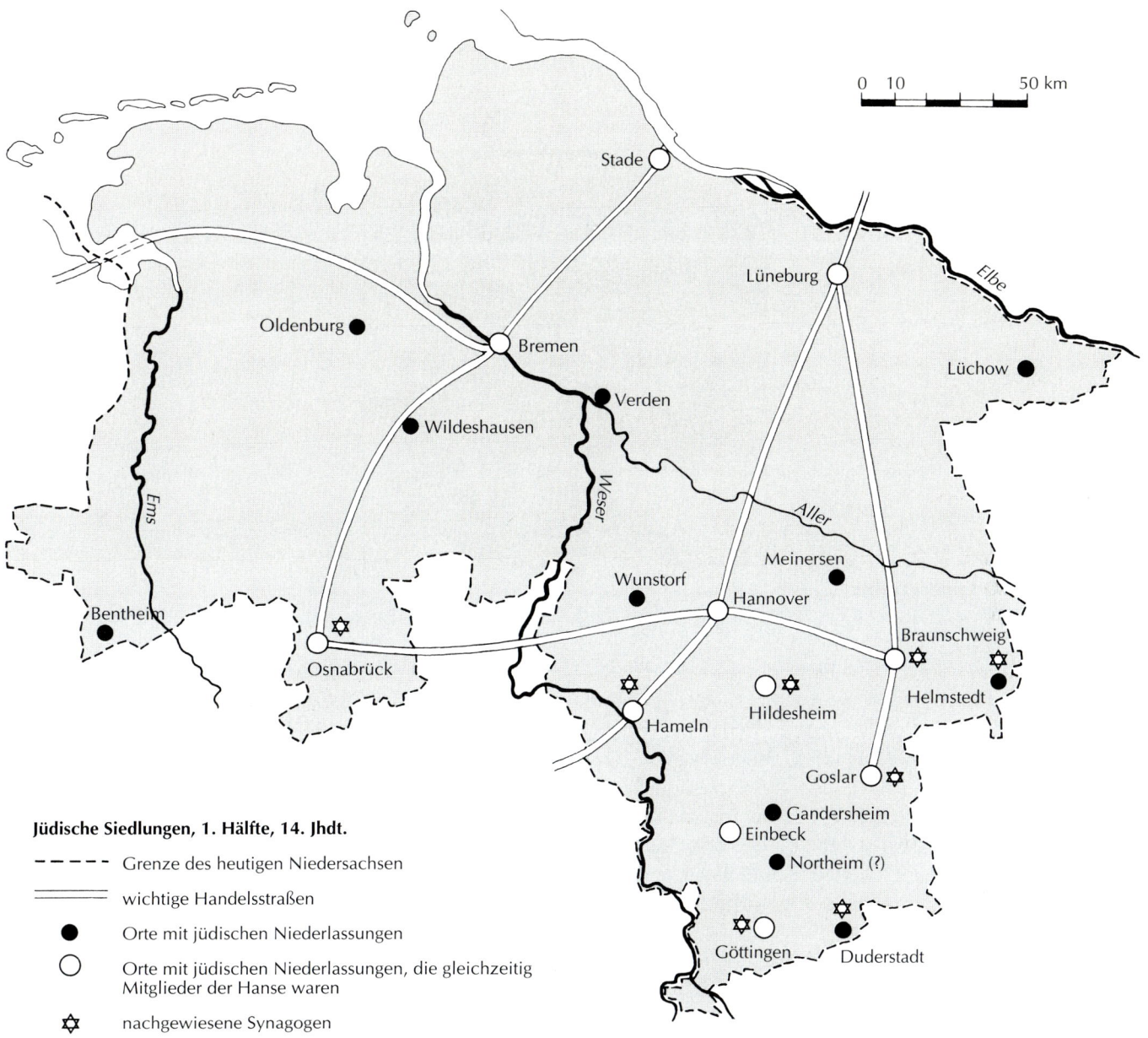

Jüdische Siedlungen, 1. Hälfte, 14. Jhdt.

- - - - - Grenze des heutigen Niedersachsen

══════ wichtige Handelsstraßen

● Orte mit jüdischen Niederlassungen

○ Orte mit jüdischen Niederlassungen, die gleichzeitig Mitglieder der Hanse waren

✡ nachgewiesene Synagogen

Labels on map: Stade, Lüneburg, Elbe, Oldenburg, Bremen, Lüchow, Verden, Wildeshausen, Weser, Ems, Aller, Meinersen, Bentheim, Wunstorf, Hannover, Osnabrück, Braunschweig, Hameln, Hildesheim, Helmstedt, Goslar, Gandersheim, Einbeck, Northeim (?), Göttingen, Duderstadt

Scale: 0 10 50 km

Die jüdische Gemeinde

**Rabbiner,
frühes 16. Jahrhundert**

Das Bedürfnis, auch in der Diaspora die Integrität der angestammten Religion zu wahren, charakterisierte das jüdische Gemeindeleben von Anfang an. Die authentische Überlieferung erforderte besondere Mechanismen, wenn es weder eine flächendeckende Verbreitung noch ein spezielles Lehramt gab. Der einzelne Jude war hier wesentlich mehr gefordert. Dies führte dazu, daß Lesen und Schreiben schon früh hochgeschätzte Fertigkeiten waren. Nur so war die gewünschte Tradierung des jüdischen Gesetzes möglich. Die jüdische Bibel, die hebräischen Gebete und Hymnen, die Segenssprüche und liturgischen Texte mußten in Wort und Schrift beherrscht werden. Gleichzeitig stärkte die Religion das für die Minderheit besonders wichtige Gemeinschaftsgefühl. Die Religion stiftete Identität und spendete Trost und Kraft in Verfolgungszeiten. So ist es erklärlich, daß gerade im Judentum die Achtung vor der Glaubensüberlieferung und vor der (Schul-)Bildung in engem Zusammenhang standen. Die Synagoge wurde im Jiddischen deshalb auch oft als *Schul* bezeichnet.[101] In mehreren niedersächsischen Gemeinden sind schon im 14. Jahrhundert eigene Gotteshäuser bezeugt: in Hildesheim,

Braunschweig, Duderstadt, Goslar, Göttingen, Hameln, Helmstedt und Osnabrück.[102]
Man kann davon ausgehen, daß die genannten Gemeinden über eine für den Gottesdienstbesuch ausreichend große Anzahl männlicher Mitglieder verfügten. Das jüdische Religionsgesetz schrieb die Anwesenheit von zehn Personen vor. Die Gotteshäuser befanden sich meist im Besitz der Städte, z. B. in Hildesheim und Goslar[103] und kosteten einen entsprechenden Mietzins. Wenn die Gemeinde es sich leisten konnte, unterhielt sie einen Schulmeister und/oder einen »Sangmeister« für den Gottesdienst. Hinweise dieser Art sind aus Hildesheim und Braunschweig überliefert.[104] Daneben gab es noch den »Judenknecht«, den Gemeindediener, der die Gemeindemitglieder zum Gottesdienst zu rufen pflegte, indem er mit einem Holzhammer an die Türen bzw. Fensterläden schlug und deswegen auch *Schulklopper* genannt wurde.[105] Zur Unterweisung ihrer Kinder in Lesen und Schreiben hielten sich wohlhabende Juden oft auch Privatlehrer, deren soziales Prestige allerdings gering war: So suchte ein Jude in Duderstadt nach einem »armen Juden«, der ihm zur Hand gehe und

seine Kinder unterrichte.[106] Von Rabbinern im eigentlichen Sinn, also von qualifizierten Schriftgelehrten, hören wir in den mittelalterlichen Gemeinden in Niedersachsen noch nichts. Die Gemeindeleitung wurde »nebenamtlich« von dem ältesten oder anderen wohlhabenden Gemeindemitgliedern wahrgenommen, und zwar oft in Form eines Repräsentativsystems. In Braunschweig standen sechs gewählte Vertreter an der Spitze der Gemeinde, in Hildesheim vier.[107] Daneben berichten einige Zeugnisse von Vertretern der Judenschaft, wenn es um die Regelung der Beziehungen zur weltlichen Obrigkeit ging, ohne daß dabei klar wird, ob es sich um eine institutionalisierte Form der Gemeindeleitung handelte.[108] Die Funktion der Gemeindeleiter, auch *Parnassim* genannt, bestand in der Organisation des Gemeindelebens und der schiedsrichterlichen Regelung innerjüdischer Streitfälle.[109] Im Laufe der Zeit kam die Wahrnehmung weiterer, von der Obrigkeit auferlegter Funktionen hinzu: Die Vorsteher mußten die Abgaben auf die einzelnen Gemeindemitglieder umlegen und einkassieren, was zweifellos nicht immer eine dankbare Aufgabe war. In Braunschweig ging der Rat sogar soweit, den jüdischen Vorstehern die Ausweisung zahlungsunfähiger Glaubensbrüder aufzulasten.[110]

Neben Synagoge und Schule gehörten Friedhof und Frauenbad zu den wichtigen Gemeindeeinrichtungen. Die Friedhöfe befanden sich oft außerhalb des eigentlichen Siedlungsbereiches, wie beispielsweise in Hildesheim, da »*de joden binnen steden unde dorpen by der cristen luden woninge ore grafft nicht hebben mogen.*«[111]

Ähnliches gilt für Einbeck.[112] Die Frauenbäder dienten den Jüdinnen zu den durch das Gesetz vorgeschriebenen rituellen Reinigungen nach Menstruation und Niederkunft. Für Göttingen ist ein solches Bad im Jahre 1409 belegt.[113] Mit Sicherheit existierten ähnliche Einrichtungen auch in anderen Städten, wie vereinzelte Hinweise in den Quellen zeigen.[114]

Die Tatsache, daß die jüdische Gemeinde eine kleine Minderheit in der Diaspora darstellte, legt die Vermutung ausgeprägter und wirkungsvoller Solidarität nahe. Einzelne Zeugnisse scheinen dies zu belegen:

So pflegten die Goslarer Juden zusammen mit ihren Braunschweiger Glaubensgenossen das Laubhüttenfest zu feiern, ein Fest zur Erntezeit, das an die Bewahrung der Israeliten auf ihrem Zug durch die Wüste erinnert.[115] Braunschweig war wohl aus ähnlichen Gründen das Ziel der Flucht der Goslarer Juden im Jahre 1414. Allerdings kam es auch wiederholt zu Zwistigkeiten innerhalb der Gemeinden. In Goslar waren die Juden untereinander so zerstritten, daß der Rat um 1330 für die Einrichtung einer zweiten Synagoge sorgte.[116] Vergleichbares ist aus Hameln überliefert.[117]

In Göttingen kam es wegen religiöser und finanzieller Streitfragen zum Bruch: es war umstritten, ob Juden, die zusammen wohnten, auch zusammen die religiösen Feiertage begehen mußten, ob jeder Familienvorstand sich seinen eigenen Vorsänger halten dürfte und ob der Schächter nicht für alle Juden gegen Entgeld arbeiten sollte.[118] Der Rat der Stadt konnte diese Meinungverschiedenheiten nicht dauerhaft schlichten und verwies die Konfliktparteien 1456 an den nächstwohnenden jüdischen Hochmeister.[119] Die Institution der Hochmeister ging auf Bestrebungen der Könige bzw. Kaiser seit dem frühen 15. Jahrhundert zurück, den ihnen unterstehenden Juden von Reichs wegen eine Ordnung zu geben. Diese Ordnung sollte den römisch-deutschen Herrschern das Judenregal und die damit verbundenen Einkünfte langfristig zurückgeben. Daß solche Intentionen auf den erbitterten Widerstand der Landesherren und Stadtregierungen stießen, die das einmal erworbene Recht nicht wieder herausgeben wollten, liegt auf der Hand. Ein Appell an den Hochmeister in Fragen innerjüdischer Religionsausübung erschien jedoch unproblematisch. Für diesen Bereich interessierte sich ein Stadtrat wie der Göttinger im 15. Jahrhundert nicht. Trotz aller Bestrebungen, ihre Souveränität zu wahren, tasteten die Schutzherren im 15. Jahrhundert das *innerhalb* der jüdischen Gemeinde geltende Gesetz nicht an, was wohl in der Andersartigkeit der Religion begründet war.[120] Goslar hatte die innerjüdische Gerichtsbarkeit 1334 ausdrücklich anerkannt.[121] Diese Autonomie endete allerdings sofort, wenn Juden mit Christen in Streitigkeiten verwickelt waren.

Das Verhältnis zwischen Juden und Christen

Judenverbrennung, spätes 15. Jahrhundert

Das Schnitzwerk das Chorgestühls aus dem ehemaligen Kloster Pöhlde am Harz zeigt eine Frauengestalt mit gebrochenem Nacken. Eine Krone fällt ihr vom Haupt, in der einen Hand hält sie einen zerborstenen Fahnenschaft, in der anderen einen Bockskopf mit langen Hörnern. Dem zeitgenössischen frommen Betrachter wurde somit auf drastische Weise an heiliger Stätte vor Augen geführt, wie weit es – aus christlicher Sicht – mit dem Judentum gekommen war, denn dieses wurde durch die beschriebene Frauengestalt allegorisiert: Eine entthronte Königin, deren Macht von der triumphierenden Kirche besiegt worden war. Der Bockskopf symbolisierte Unkeuschheit und Unglauben und sollte Assoziationen an den Teufel wecken.[122] Vergleichbare Darstellungen waren in Kirchen und Klöstern weitverbreitet. Zweifellos prägten sich diese Bilder tief in das Bewußtsein der gläubigen Christen ein, die in ihrer großen Mehrheit des Lesens und Schreibens unkundig waren und deren Vorstellungswelt viel mehr durch solche Abbildungen beeinflußt war als durch gelehrte, eventuell judenfreundliche Traktate. Das jüdisch-christliche Verhältnis war im Mittelalter geprägt von dem Glauben, im Gegensatz zum jeweils anderen im Besitz der religiösen Wahrheit zu sein, was zu einer scharfen Abgrenzung führte – von beiden Seiten. Die christliche Seite war in diesem Verhältnis ungleich mächtiger. Weiter oben wurde bereits beschrieben, wohin dies auf rechtlichem und wirtschaftlichem Gebiet führte. Jenen »äußeren« Maßnahmen entsprach eine »innere« Einstellung. Sie waren ohne diese gar nicht denkbar. Das Stereotyp vom Juden als dem Feind Christi, dem Feind der Wahrheit, dem Feind der Kirche war vom Beginn an im Christentum angelegt und virulent.[123] Sein Vorhandensein schloß ein jahrhundertelanges friedliches Nebeneinander von Juden und Christen nicht aus.[124] In bestimmten Krisensituationen bot sich das Stereotyp jedoch geradezu an, wenn die Menschen Ventile suchten, um sich von einem auf ihnen lastenden Druck zu befreien.

Die Pogrome des späten 11. und frühen 12. Jahrhunderts tangierten den niedersächsischen Raum noch nicht. Unsere Quellen berichten erstmals im Jahre 1298 von einer größeren Verfolgungsaktion, und zwar in Einbeck. Dort wurden etwa 15 Juden von den christlichen Einwohnern verbrannt.[125] Von den Motiven wissen wir nichts. Ob die antijüdischen Exzesse, die zur gleichen Zeit in Franken vielen hundert Menschen das Leben kosteten, etwas mit den Ereignissen in Einbeck zu tun hatten, ist möglich, aber nicht erwiesen. Die räumliche Entfernung scheint eher dagegen zu sprechen.[126] Von Einbeck abgesehen, erfreuten sich die niedersächsischen Juden bis zur Mitte des 14. Jahrhunderts im allgemeinen eines friedlichen Lebens. Als jedoch Mitteleuropa ab 1348 von mehreren Pestepidemien heimgesucht wurde, war es damit vorbei. Von Süddeutschland ausgehend, rollte eine Pogromwelle bislang unbekannten Ausmaßes über Deutschland hinweg. Die niedersächsischen Gemeinden waren also etwas später betroffen. Wir sind über den Ablauf der Ereignisse dort wesentlich weniger genau informiert, als es für Süddeutschland der Fall ist. Verfolgungen von Juden fanden zwischen März 1349 und Ende 1350 mit Sicherheit in Braunschweig, Duderstadt, Göttingen, Hildesheim, Lüneburg, Osnabrück und Wildeshausen statt. In Einbeck, Hannover und Northeim sind Ausschreitungen möglich, aber nicht erwiesen. Von Pogromen verschont blieben die Goslarer Juden.

Ausgelöst wurden die Verfolgungen von Gerüchten, die den Juden systematische Brunnenvergiftung vorwarfen. Auf Gotland gestand ein zum Tode Verurteilter, daß ein Jude aus Hannover mit dem Namen Aron ihn in Dassel dazu angestiftet habe, die Brunnen in verschiedenen Städten und Dörfern des südlichen Niedersachsens zu vergiften.[127] Diese Behauptung stellte die erste antijüdische Verschwörungsthese dar, die sich nicht theologischer Versatzstücke bediente. Es ist für unseren Zusammenhang nicht in erster Linie wichtig, ob diese absurde Beschuldigung irgendeinen Realitätsbezug aufwies. Viel bedeutsamer ist die Feststellung, daß der Vorwurf weite Verbreitung fand. Ob er wirklich geglaubt wurde, läßt sich im einzelnen kaum nachweisen. Er wurde aber auf jeden Fall benutzt, um den Juden zu schaden. Bezeichnend für die Atmosphäre der damaligen Zeit erscheint die Aufforderung des Rates von Lübeck an die welfischen Herzöge, alle Juden in ihren Gebieten auszurotten.[128] Daraus ergibt sich zweierlei. Zum einen zeigte sich die Wirkkraft des Vorurteils. In Lübeck lebten nämlich überhaupt keine Juden: das Stereotyp wurde zur Wirklichkeit, ohne jeglichen Realitätsbezug. Zum anderen wird deutlich, daß die Obrigkeit aktiv zu Verfolgungen

**Chorstuhlwange
mit allegorischer Darstellung der Synagoge,
Pöhlde, 1284**

29

Judenverbrennung,
Mitte des 14. Jahrhunderts

aufrief, die folglich nicht einfach als Spontanaktionen eines hysterisch gewordenen Pöbels abgetan werden dürfen. Die Braunschweiger Juden zeigten durch ihr Verhalten, daß die Pogrome nicht plötzlich »passierten«, sondern in einer gewissen Weise organisiert gewesen sein müssen: sie sahen die Gefahr, in der sie seit 1348 schwebten, klar voraus und ließen sich 1349 von Herzog Magnus bestätigen, daß bei etwaigen Verbrechen nur der jeweils Schuldige bestraft werden würde, nicht aber auch »die anderen Juden«.[129] Das Wesensmerkmal des Pogroms, in welchem individuelle Schuld bzw. Unschuld keine Rolle spielte, wurde richtig gesehen. Beide Seiten wußten also, worum es ging.

Was nicht überraschend kommt, ist – wenigstens teilweise – kalkulierbar und kontrollierbar. Dies wird durch das Beispiel Goslars belegt. Hier fand keine Judenverfolgung statt. Der Rat nahm seine Schutzverpflichtung offenbar erfolgreich wahr.[130] In Wildes-

hausen hingegen beteiligte sich der Rat anscheinend aktiv an der Vertreibung. Er brachte sich dadurch in den Besitz des jüdischen Hab und Gutes, was ein bezeichnendes Licht auf seine Motive wirft. Anschließend teilten sich Rat und Landesherr, der Bremer Erzbischof, die Beute, und zwar im vollen Bewußtsein der Unrechtmäßigkeit dieses Vorgangs. Der bremische Vogt Liborius stellte fest, daß die Juden »aus einsichtigen Gründen« am 21. Juni 1350 vertrieben worden seien, und sicherte sich folgendermaßen ab: »*Auch für den Fall, daß gegen uns und dieselben Ratleute und Gemeinde wegen dieser Vertreibung und der Inbesitznahme besagten Hab und Gutes oder des Besitzes oder der Weitergabe irgend ein gerichtlicher Schritt oder eine Untersuchung des Rechtes oder des Tatbestandes durch eine beliebige kirchliche oder weltliche Person vor einem beliebigen kirchlichen oder weltlichen Richter unternommen wird, werden wir alsdann im Namen unseres besag-*

Darstellung einer sogenannten Hostienschändung, 1492

Disputierende Juden, 1483

ten erwählten Herren und im eigenen Namen zusammen mit besagten Ratleuten und Gemeinde die gerichtlichen Schritte und Untersuchungen und Streitigkeiten, die gegen uns und dieselben Ratleute und Gemeinde in Gang gesetzt werden sollen, aus Anlaß oben erwähnter Gründe, beständig und getreulich zurückweisen und widerlegen müssen, durch Mühen und Aufwendungen.«[131] Von »offiziellen« Gründen, wie etwa einer Pest, erfahren wir hier nichts. Umso interessanter ist der juristische Aufwand in der zitierten Urkunde, der den Raub sichern sollte.

Offenbar kam es auch zu Exzessen des christlichen Pöbels. In Lüneburg distanzierte sich der Ratsschreiber von dem Morden in seiner Stadt, indem er das Jahr 1350 als »annus mortalitatis pestilencie et magne inhumanitatis beschrieb.«[132] Zweifellos war gerade das 14. Jahrhundert für viele Menschen eine Zeit schwerster Krisen, und zwar in wirtschaftlicher, in sozialer und in religiöser Hinsicht.[133] Der Autoritätsverfall der kirchlichen Hierarchie löste eine Endzeitstimmung aus, die massenhysterischen Phänomenen einen guten Nährboden bot. Die Konfrontation mit der Pest, der man sich völlig hilflos ausgeliefert sah, konnte dieses Syndrom nur verstärken. Die bedrückende Hilflosigkeit ließ die Menschen nach Ventilen suchen, die man dann im Antichristen und seinen »Agenten« zu finden glaubte: in den Hexen, den Magiern, den Ketzern und eben auch den Juden. Letztere eigneten sich für die Rolle des Sündenbocks besonders gut. Sie waren sichtlich »anders«: Sie wohnten anders, sie aßen anders, sie glaubten anders – und all das ohne jede Scheu. Wer entsprechend disponiert war, sah darin eine Provokation. Die jahrhundertealten, zum Klischee verfestigten Klagen der Kirche über die »Verstocktheit«, den »Unglauben« und die »Bosheit« der Juden hatten diese Disposition hinreichend vorbereitet. Persönliche Kontakte, die dieses Feindbild hätten korrigieren können, waren weder üblich noch erwünscht, wie die oben erwähnten Konzilsbeschlüsse belegen. Beziehungen zu Juden nahmen somit fast immer den Charakter von Abhängigkeitsverhältnissen finanzieller Art an. Die Folgen liegen auf der Hand.

Der unterschiedliche Ablauf der Ereignisse in den niedersächsischen Städten sollte vor Pauschalierungen

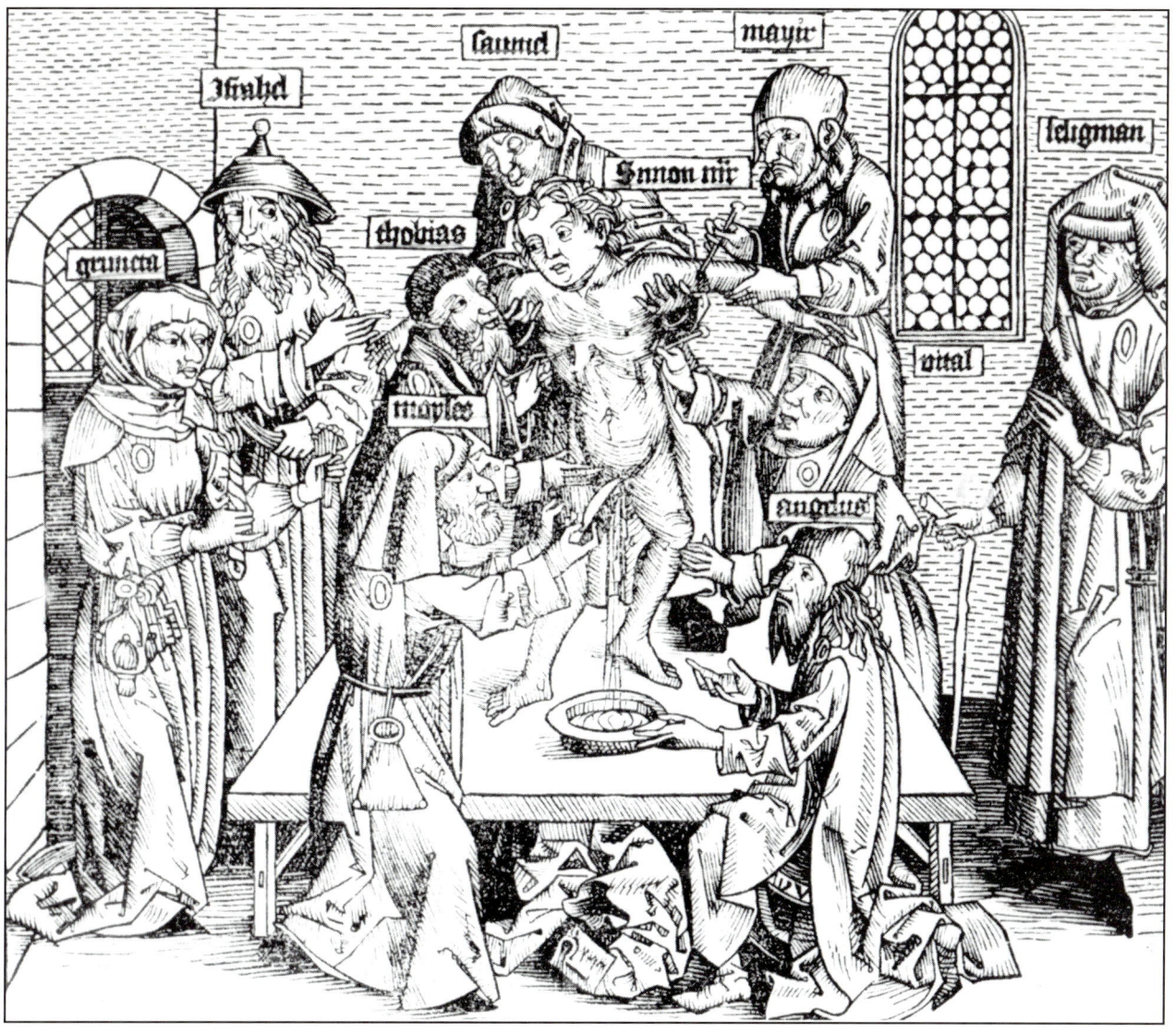

Darstellung eines erfundenen Ritualmordes, angeblich begangen
an Simon von Trient, 1493

warnen. Der wirtschaftliche Niedergang im 14. Jahrhundert betraf die Städte – und hier lebten die meisten Juden – viel weniger als das Land. Allerdings wuchs der städtische Geldbedarf angesichts wachsender Verteidigungsaufgaben in jenen unruhigen Zeiten.[134] Vielleicht sahen die Städte in der Vertreibung der Juden eine Möglichkeit, sich zu bereichern, wie in Wildeshausen geschehen. In den meisten bekannten Fällen profitierte jedoch eher die Landesherrschaft, so in Lüneburg, in Osnabrück und in Hildesheim. Es ist folglich nicht leicht, die Motive für die Judenverfolgungen im einzelnen herauszufinden. Fest steht jedoch, daß die Lokalbehörden offenbar über einen gewissen Spielraum verfügten. Die Juden waren nicht zwangsläufig schutzlos, wie die Beispiele Goslar und auch Braunschweig zeigen, wo immerhin 50 % der Juden überlebten. Die Unzufriedenheit mit den Verhältnissen wird wohl einen immensen Druck ausgeübt haben, doch für die einzige Ursache der Katastrophe kann sie nicht gehalten werden. Kalkül und Interesse spielten zweifellos eine ebenso große Rolle.

Die überlebenden Juden bzw. die Juden, die sich nach der Verfolgung wieder in niedersächsischen Städten niederließen, bekamen rasch zu spüren, wie sehr sich ihre Lebensbedingungen verschlechtert hatten. Die Schwächung, die sie durch die Pogrome erfahren mußten, minderte auch ihre Rechtsstellung, wie bereits beschrieben. Selbst die Städte, in denen man sie verschont hatte, zeigten immer weniger Hemmungen, sie ausschließlich unter dem Aspekt der Rentabilität zu betrachten und zu behandeln. Die meinungsbildenden Kreise, die offiziell den »Schutz« der Juden für sich reklamierten und teuer bezahlen ließen, trugen zu einer Verbesserung der Situation nichts bei. Im Gegenteil: die fortschreitende Marginalisierung der Juden wurde rechtlich fixiert.[135]

Die Dämonisierung der Juden trug auch im 15. Jahrhundert ihre Früchte. 1437 kam es in Braunschweig zu einem Prozeß wegen eines Ritualmord-Vorwurfs.[136] Es ging dabei um die Behauptung, daß Juden zwecks magischer Entsühnung Knaben ermordeten, an denen sie die Passion Christi nachvollzogen hätten.[137] Ähnliche Vorwürfe wurden 1456 auch gegen zwei Bockenemer Juden in Hildesheim erhoben. Die Untersuchungen ergaben, daß zwei totgeborene jüdische Kinder rasch bestattet worden waren. Diesen Vorgang hatten Christen beobachtet und sogleich dem Rat gemeldet.[138] Bezeichnenderweise wurde die Ritualmordbezichtigung sofort ernstgenommen und der Klageweg beschritten. Das Beispiel zeigt deutlich, wie Volksmentalität, Religion und Justiz zusammenwirkten. Die negative Prägung der Vorstellung von den Juden wurde schließlich auch schon zu mittelalterlichen Zeiten durch sogenannte Judenwitze verfestigt. Der Braunschweiger Chronist Hermann Bothe kolportierte beispielsweise Geschichten, die sich über die Achtung der Juden vor dem Sabbat lustig machten.[139] In Anbetracht der Tatsache, daß gerade auf diesem Wege in breiteren Bevölkerungskreisen die Tradierung einer antijüdischen Mentalität gefördert wurde, verdient dieses Einzelbeispiel Erwähnung. Eine Instanz von Gewicht, die diesen Tendenzen entgegengewirkt hätte, existierte nicht.

Von der Reformation zum Dreißigjährigen Krieg

Feier des Passah-Festes, Niederlande, 15. Jahrhundert

Die Politik der Obrigkeit und die jüdische Rechtsstellung

Jüdische Gelehrte,
16. Jahrhundert

Die zeitlich exakte Eingrenzung historischer Epochen ist stets problematisch. Ein Rest von Willkür läßt sich nicht vermeiden. Entsprechend strittig ist das Ende des Mittelalters bzw. der Beginn der sogenannten Neuzeit.[1] Dies wird besonders deutlich, wenn die Geschichte der Juden zu untersuchen ist, die es in den allgemeinen historischen Ablauf einzubetten gilt. Die traditionellen Fixierungslinien, also die Wende vom 15. zum 16. Jahrhundert als Epochenscheide zwischen Mittelalter und Neuzeit, bieten im Hinblick auf die Juden in Niedersachsen kaum Orientierungshilfen. Weder Humanismus noch Renaissance trugen zu einer Verbesserung ihrer äußerst prekären Situation bei. Für sie blieben vielmehr die in den vorausgegangenen Jahrhunderten geprägten Strukturen bestimmend. Dies zeigte sich vornehmlich am Verhalten der Obrigkeit. Die Rahmenbedingungen hatten sich lediglich insofern geändert, als die Anzahl der von den obrigkeitlichen Maßnahmen betroffenen Juden stark zurückgegangen war. Als das 16. Jahrhundert begann, lebte im Bereich Niedersachsens wahrscheinlich nur noch ein Bruchteil der Anzahl, die aus dem frühen 14. Jahrhundert bekannt ist.

Im Jahre 1510 kam es in der Mark Brandenburg zu einem Prozeß gegen 38 Juden, denen Hostienfrevel vorgeworfen wurden. Auf der Folter gestand einer der Angeklagten, daß auch in Braunschweig solche Taten vorgekommen seien. Daraufhin forderte der brandenburgische Kurfürst Joachim den Rat der Stadt Braunschweig dazu auf, seinerseits gegen die Juden vorzugehen und diese zu vertreiben. Und so geschah es dann auch.[2] Diese Vertreibungsbeschlüsse werfen ein bezeichnendes Licht auf die rechtliche Lage der niedersächsischen Juden im frühen 16. Jahrhundert. Sie blieben, wie im Mittelalter, stets von Verfolgungen und Ausweisungen bedroht. Dieser Praxis stand eine Rechtstheorie gegenüber, die im Verlauf des 16. Jahrhunderts wesentlich andere Vorstellungen entwickelte. Das kanonische Recht, das im Mittelalter durch seine Systematisierungstendenzen vor allem der rechtlichen Ausgrenzung der Juden Vorschub geleistet hatte, hatte nämlich auch die Nächstenliebe zur rechtlichen Pflicht aufgewertet. So war – entgegen der Praxis – eine förmliche Ausweisung von Juden im 16. Jahrhundert theoretisch nicht mehr zulässig.[3]

Die Vertreibung der Juden aus Braunschweig im Jahre 1510 hinderte den Rat dieser Stadt nicht daran, bereits 1511 wieder einen Aufnahmevertrag zu schließen. Vertragspartner war der Jude Ackiva, der die Erlaubnis erhielt, sich mit seinen Angehörigen für die Dauer von acht Jahren in Braunschweig niederzulassen. Dafür mußte er den stolzen Preis von 60 Gulden pro Jahr zahlen.[4] Vergleichbares ist auch aus anderen niedersächsischen Städten überliefert: Hildesheim, wo seit 1457 kein Jude mehr gelebt hatte, genehmigte dem reichen Jost von Derenburg, dem Bruder des Hoffaktors Michael von Derenburg, im Jahre 1527 die Aufnahme, allerdings nur für zwei Jahre. Das Schutzgeld betrug 12 Gulden pro Jahr.[5] Der Hoffaktor Michael selbst erhielt etwas später von Herzog Erich II. die spezielle Erlaubnis, in der hannoverschen Neustadt ein Haus zu bauen. Sein jährliches Schutzgeld belief sich auf 8 Gulden.[6] Göttingen nahm 1559 ebenfalls einzelne Juden gegen sehr hohe Schutzgelder befristet auf.[7] Etwas großzügiger verhielt sich lediglich der Rat von Hannover, der 1550 einigen Juden »die Beiwohnung alhi in der Stadt Hanover Schutz und Schirm umb eine benante sum gelts uf ihr Lebzeit verkaufft hatte.«[8] 1568 und 1577 wurde die Bestimmung »auf Lebenszeit« jedoch eingeschränkt.[9] Unter den Juden befand sich der »reiche Isak«.[10] Die angeführten Beispiele belegen, daß die Judenpolitik der niedersächsischen Obrigkeiten immer restriktiver wurde. Wenn Juden aufgenommen wurden, dann suchte man sich wohlhabende aus. Die wirtschaftlich bestimmten Motive liegen auf der Hand. Außerdem wurde die zeitliche Befristung ihres Bleiberechts im Schnitt strenger gehandhabt als im Mittelalter. Mehrere Städte nahmen im fraglichen Zeitraum sogar überhaupt keine Juden auf: Lüneburg, Goslar und Osnabrück sind hier zu nennen.

Neben den beschriebenen Beschränkungen fallen Vorschriften in den Schutzverträgen ins Auge, die in dieser Form weder im 14. noch im 15. Jahrhundert vorkamen. Die seit dem Basler Konzil von kirchlicher Seite wiederholt eingeschärfte Forderung, auf die strikte Trennung von Juden und Christen zu achten, zeigte ihre Früchte. 1530 bestätigte der Braunschweiger Rat ausdrücklich die mittelalterlichen Kleidervorschriften und verbot den Juden, Jesus Christus zu verspotten.[11] 1542 legte derselbe Rat in seinem Aufnah-

mevertrag mit 12 Familien und zwei Witwen fest, daß die Juden keine »stattliche Kleidung« tragen durften: Samt, Seide und Schmuck waren nicht erlaubt. Das Schutzgeld erreichte die Höhe von 400 Gulden, wozu noch die üblichen Abgaben kamen: Wachgeld, Grabengeld, je eine Büchse in jedem der sechs Judenhäuser, 24 Ledereimer für den Fall einer Feuersbrunst und Mietzins für die Judenschule. Darüber hinaus mußte die Gesamtgemeinde für jedes Mitglied haften, das wegzöge, selbst im Falle einer Vertreibung![12] Diese Bestimmungen zeigen, daß auch Sammelschutzbriefe nicht unbedingt für die Juden günstiger waren als Einzelbriefe.[13] Dies gilt umso mehr, als sich der teuer erkaufte Schutz schon nach kurzer Zeit als wertlos herausstellte. Bereits 1546 wurde der Schutz aufgekündigt, und die Juden mußten Braunschweig verlassen.[14] Auch dieser Vorgang findet Parallelen in anderen Städten. Kurze Zeit zuvor waren die wenigen zugezogenen Juden aus Hildesheim wieder vertrieben worden.[15] 1553 erfolgte ein Ausweisungsbefehl für das welfische Fürstentum Calenberg, 1557 ein solcher für Wolfenbüttel.[16] Die stereotype Begründung warf den Juden jedesmal Gotteslästerung und Wucher vor.[17] Die Vermutung liegt nahe, daß die mittlerweile in fast ganz Niedersachsen siegreiche Reformation in einem Zusammenhang mit diesem neuen Höhepunkt antijüdischer Maßnahmen stand. Diese Problematik wird weiter unten zu untersuchen sein.[18]

Die Juden in den welfischen Territorien – und diese machten den Großteil des heutigen Niedersachsens aus – sahen sich also im 16. Jahrhundert mit einer deutlich verhärteten Haltung der Landesherren konfrontiert. Vergleichbar häufige formale Ausweisungsbefehle hatte es im 15. Jahrhundert von dieser Seite nicht gegeben. Allerdings konnten die landesherrlichen Vertreibungen nur dann wirksam werden, wenn die Räte der betroffenen Städte am gleichen Strang zogen. Die Stadtregierungen hatten sich im 14. und 15. Jahrhundert zwar oftmals noch judenfeindlicher geriert als die Landesherren, doch wirkte sich im 16. Jahrhundert die Tatsache zugunsten der Juden aus, daß die auf Souveränität bedachten Magistrate landesherrlichen Befehlen aus Prinzip ablehnend gegenüber standen. So konnten die Juden aus dem Machtkampf zwischen Territorialfürsten und Städten mehrmals ihren Nutzen ziehen. Ob sich Ähnliches über die Juden in den noch nicht direkt dem landesherrlichen Zugriff ausgesetzten Patrimonialgerichten sagen läßt, konnte bislang nicht festgestellt werden. Dort unterstanden die Juden adligen Gerichtsherren, z. B. in Geismar den Herren von Hardenberg.[19] Die Städte gingen jedenfalls recht offensiv vor. Im Jahre 1553 weigerte sich Hannover, dem oben erwähnten Ausweisungsbefehl zu gehorchen. Die Stadt berief sich dabei auf ihre Privilegien von 1375. Auch als Herzog Erich 1574 die Durchführung der Vertreibung anmahnte, widersetzte sich die Stadt.[20] Sie stellte sogar neue Aufenthaltsgenehmigungen aus. Am 30. Januar 1577 vergleitete sie die Juden Phibus und Jobst »Brunnekes Söhne«[21], nahm sie also in ihren Schutz auf.

Den beiden Brüdern kam offenbar zugute, daß sowohl ihr Großvater als auch ihre Mutter in Hannover bestens bekannt waren. »*Umb ihrer getreuen Dienste willen*« erhielten sie eine Aufenthaltserlaubnis für 14 Jahre. Das Schutzgeld sollte eigentlich 12 Gulden jährlich betragen, konnte jedoch gegen die Zahlung von 200 Gulden erlassen werden. Dafür erhielten sie Schutz zugesagt »*gleich unsern geschworenen Bürgern (...) gegen menniglliche Vortretter und Vorbitten.*« Das Geldgeschäft wurde geregelt, ebenso das Pfandleihgeschäft: »*gestolen gut mit Vorsatz und wißentlich*« durften sie nicht annehmen. Das »Hehlerprivileg« wurde also eingeschränkt. Es fehlte auch die mittlerweile obligatorische religiöse Ermahnung nicht. Phibus und Jobst mußten darauf achten, daß sie »*wider Unsern christlichen Glauben und wahre Religion Unser Stadtkündigungen und Recht heimlich oder öffentlich kein ergernißen geben oder anrichten, sondern In der Stille nach judischen geprauche sich gehorsamblich erzeigen und halten.*«[22] Die jüdischen Brüder wurden wohl vom Rat vornehmlich aus finanziellen Erwägungen aufgenommen. Dennoch läßt es sich nicht leugnen, daß der Inhalt des Schutzbriefes in diesen für Juden wieder recht gefährlichen Zeiten eher großzügig wirkt. Sogar der jüdische Gottesdienst wurde nicht gänzlich untersagt. Dem Rat ging es lediglich um die Vermeidung öffentlichen Ärgernisses.

Die Vergleitung der Juden Phibus und Jobst geschah also gegen den ausdrücklichen Willen des Landesherrn. Ähnliches ist aus Göttingen überliefert.[23] Es kam sogar zu einem Briefwechsel zwischen Göttingen,

Thora-Rolle,
**Geschenk der Stadt Magdeburg
an Herzog Julius von Braunschweig, 1573**

39

Hannover und Hameln wegen dieser Frage. Die Städte waren sich darüber einig, daß die fürstlichen Ausweisungsdekrete unzulässige Eingriffe in ihre Befugnisse darstellten.[24] Göttingen und Hameln beugten sich jedoch 1591 nach einem erneuten Vertreibungsbefehl der landesherrlichen Gewalt. Die Juden mußten gehen.[25] Komplizierter gestalteten sich die Verhältnisse in Hannover. Hier verhielt sich der Rat in einer Art und Weise, als wolle er den Landesherrn geradezu herausfordern. 1578 hatte Herzog Julius von Braunschweig die Vergleitung von Juden wieder gestattet. Doch nun schwenkte der hannoversche Rat um. Am 3. Mai 1588 verbot er alle »Contracte undt Commercia« zwischen Juden und Christen, was folgendermaßen begründet wurde: die Juden hätten »viel unser armen Bürger zum eußersten und biß uf den gradt ausgesogen und durch ubermeßigen großen wucher sonderlich hochbeschwerlich belastet.«[26] Gleichzeitig blieb jedoch offenbar einigen Juden, darunter dem oben erwähnten Phibus (Heilbott), der Handel weiterhin gestattet, was nach dem Ausweisungsdekret von 1591 vom Landesherrn wiederum verboten war.[27] Das Ausmaß der Rechtsunsicherheit, die sich für die betroffenen Juden aufgrund der ständigen Kehrtwendungen in der Judenpolitik der Obrigkeit ergab, zeigte die Auseinandersetzung um den besagten Phibus besonders deutlich. Dieser geriet nämlich in den 1590er Jahren in große wirtschaftliche Schwierigkeiten. Er konnte seine Gläubiger nicht mehr zufriedenstellen und wurde deswegen 1598 in Hannover eingekerkert und etwas später ausgewiesen.[28] Dies wiederum rief Befürchtungen der Gläubiger hervor. Sie baten den Rat, Phibus Heilbott weiterhin in der Stadt wohnen und handeln zu lassen, um ihm die Gelegenheit zu geben, seine Schulden zu bezahlen. Als das nichts nutzte, wandten sie sich an den Landesherrn, damit dieser Druck auf Hannover ausübte. Die Gläubiger beriefen sich dabei u. a. auf allgemeine zivil- und völkerrechtliche Argumente: der Rat müsse »den Itzigen ihren eingewohnenen Und schuzverwanten Juden, ihre versprochenen Jahre so Ihnen per modum contractus einstmahlß bewilligt, eingeraumbt und nachgegeben, wertiglich (halten) tam ex iure naturali quam gentium et civili.«[29] Offenbar lieferte die Rechtstheorie bereits genügend Argumente für eine rasche Beendigung der würdelosen, da völlig willkürlichen Behandlung der

Juden. Daß die Gläubiger des Phibus Heilbott sie so wortreich ins Feld führten, lag jedoch weniger an ihrem Gerechtigkeitssinn als an ihrer Angst um ihr Geld. Das gaben sie auch verklausuliert zu, indem sie darauf hinwiesen, daß der Rat schließlich in erster Linie »pro civium suorum commodis laborare müsse.«[30] Der Rat weigerte sich jedoch beharrlich einzulenken. Seine dem Landesherrn 1602 dargelegten Gründe machen deutlich, daß es ihm dabei um den nun bereits im fünften (!) Jahr im Ungewissen schwebenden Phibus Heilbott überhaupt nicht ging, sondern vielmehr um die Abwehr landesfürstlicher Einmischung. Der Rat berief sich auf den Reichstagsabschied von 1577, der die Zinshöhe festgelegt hatte, auf den Gandersheimer Landtagsabschied von 1601, der die Ausweisung aller Juden aus den welfischen Landen bekräftigt hatte, und auf ihr überkommenes Recht auf eine eigene Judenpolitik. Der Magistrat von Hannover könne nur das tun, was »ohn verlezung obgedachter unser Sehligen vorfaren ausgegebener Brief und Siegel«[31] möglich sei. Die eigene Rechtstradition wurde also den Edikten des Landesherrn ausdrücklich übergeordnet.

Phibus Heilbott appellierte daraufhin wiederholt an den Herzog, der schließlich im Jahre 1603 dessen landesherrliche Vergleitung in und um Hannover erklärte, damit Phibus »daselbst mit seinen Creditores und Debitores Rechnung (...) leggen« könne.[32] Der Landesherr war offenbar nicht willens, sich von der Stadt Hannover länger hinhalten zu lassen. Herzog Heinrich Julius beendete den Streitfall, »damit Wir uf unserer fürstlichen Rhatstube mit weiteren Verdrießlichen anlauffen verschonet pleiben mugen.«[33]

Der Rat von Hildesheim profitierte im späten 16. Jahrhundert zunächst noch von der Zurückhaltung der Fürstbischöfe in Judenfragen. Er zeigte seine judenfeindliche Haltung, als 1591 viele aus den welfischen Landen vertriebene Juden nach Hildesheim flohen, indem er seinen eigenen Schutzjuden die Aufnahme von Flüchtlingen verbot.[34] 1595 wies er den erst 1587 aufgenommenen bischöflichen Hofagenten Nathan Schay auf Druck des protestantischen Superintendenten Heinrich Heßhusius aus.[35] Schay wandte sich darauf an den Landesherrn, wodurch eine Auseinandersetzung begann, die an die oben geschilderten Vorgänge in Hannover erinnert. Bischof und Rat ging es

Schutzbrief
des Herzogs Heinrich Julius von Braunschweig
für Nathan Schay, 1608

dabei vor allem um das Judenregal. Schay strengte nun einen Prozeß am Hofgericht Kaiser Rudolfs II. an. Er berief sich dabei auf die Privilegien, die Kaiser Karl V. als oberster Schutzherr allen Juden im Reiche gewährt hatte. Im Jahre 1601 einigte man sich schließlich auf einen Kompromiß. Die Juden zogen die Klage zurück, zahlten 1200 Goldgulden, versprachen Achtung vor den Privilegien der Gilden und kehrten nach Hildesheim zurück.[36]

Es sei an dieser Stelle vermerkt, daß auch schon im späten 16. Jahrhundert wiederholt niedersächsische Juden an den Kaiser als ihren offiziell obersten Schutzherrn appelliert hatten, so z. B. 1570, als sie die Unterstützung Kaiser Maximilians II. erbaten. Es ging ihnen um die Aufhebung des Dekrets von 1557, das ihnen u. a. die Durchreise durch die welfischen Territorien untersagte. Die anschließende projüdische Stellungnahme Maximilians II. mag dazu beigetragen haben, daß Herzog Julius 1578 die besagten Dekrete tatsächlich zurücknahm.[37] Auch wenn diese Rücknahme nicht von Dauer war, so wird doch deutlich, daß Fortschritte in der Rechtstheorie mitunter auch praktische Konsequenzen haben konnten.

Ähnlich umstritten war um die Wende zum 17. Jahrhundert auch das Judenregal in Ostfriesland. Bis 1595 hatten die Landesherren aus dem Grafenhaus der Cirksena unangefochten seinen Besitz behauptet. Lediglich der Landadel in den ostfriesischen Herrlichkeiten trat mitunter ebenfalls als Schutzherr der seit kurz vor der Mitte des 16. Jahrhunderts in Ostfriesland nachweisbaren Juden in Erscheinung.[38] Die Schutzbriefe wurden zunächst nur an einzelne Personen gegeben, ab Anfang des 17. Jahrhunderts kamen sogenannte Generalprivilegien für die gesamte Judenschaft in Gebrauch.[39] Im späten 16. Jahrhundert kam es – wie in den genannten anderen niedersächsischen Territorien – zu heftigen Konflikten zwischen den Landesherren und der nach Unabhängigkeit strebenden Stadt Emden, und wieder stand die Schutzmacht über die Juden im Mittelpunkt der Auseinandersetzung. Der Emder kalvinistische Kirchenrat, hinter dem die Handwerker der Stadt standen, hetzte die Bürger gegen die Juden auf, so daß wiederholt – 1589, 1591 und 1593 – die Vertreibung gefordert wurde. Graf Edzard von Ostfriesland lehnte dies jedoch ab. Als sich der Rat von Emden 1595 von der Landesherrschaft weitge-

Urkunde des Grafen Edzard v. Ostfriesland zwecks Ausübung des Handelsberufes, 1592

hend befreien konnte und damit auch die Verfügung über das Judenregal gewann, verließen mehrere Juden von sich aus die Stadt. Sie wollten einer Vertreibung zuvorkommen. Dieses Verhalten zeigt deutlich die völlige Abhängigkeit der Schutzjuden vom Wohlwollen der jeweils Mächtigen. Deren Willkür manifestierte sich besonders anschaulich in Emden nach 1595. Nachdem der Rat einmal die Herrschaft errungen hatte, gab er sich – für die Juden überraschend – sofort deutlich großzügiger. Von einer Ausweisung war nun keine Rede mehr. Erst 1611, als radikale Judengegner im Rat die Mehrheit gewannen, wurde ein Vertreibungsbefehl erlassen. Dieser kam jedoch nicht zum Tragen, da sich schon bald wieder gemäßigtere Kräfte im Magistrat durchsetzten. 1613 gewährte die Stadt den Juden schließlich ein – zunächst auf fünf Jahre befristetes – Aufenthaltsrecht.[40] Die turbulente Entwicklung in Ostfriesland stellt sich als weitere Variation des gleichen Themas dar: die Juden waren ein rechtloses Objekt der Willkür der Obrigkeiten, die, wie im Mittelalter, das Schutzrecht als Einsatz in ihren Machtkämpfen benutzten, ohne auf die betroffenen Menschen auch nur im geringsten Rücksicht zu nehmen.

Nicht weniger bedrückend war die Willkür in Staaten, in denen die Auseinandersetzungen zwischen Fürst und Stadt keine vergleichbare Rolle spielten. In der Grafschaft Schaumburg (-Lippe), in der seit 1402 Juden aufgenommen wurden, benutzte Graf Ernst wiederholt die Drohung mit der Ausweisung, um aus seinen Schutzjuden höhere Abgaben herauszupressen. 1601 wurde ihnen der Aufenthalt in den Ämtern Stadthagen, Schaumburg, Rodenberg, Hagenburg und Lauenau verboten. Gegen ein »Geschenk« der Betroffenen nahm der Graf seinen Befehl jedoch wieder zurück.[41]

Was konnten die Juden in einer solchen Situation tun? Den Rechtsweg zu beschreiten – wie im Fall des Nathan Schay gesehen – wagten nur besonders privilegierte Personen. Meistens blieb ihnen nur die Spekulation auf das Wohlwollen eines Schutzherrn. In den welfischen Territorien fanden sich immer wieder Ortschaften, die trotz der Ausweisungsbefehle Juden – natürlich aus Kalkül – aufnahmen. Neben dem bereits erwähnten Hannover kann hier z. B. auch Northeim genannt werden, das 1556 einen Juden namens Abraham aufnahm. Er sollte die städtische Münze mit Silber beliefern. Dafür wurde sein Pfandleihgeschäft detailliert reglementiert, ebenso der Fleischverkauf.[42] Man kann sich unschwer vorstellen, daß ein einzelner Jude in einer Stadt den obrigkeitlichen Repressalien noch schutzloser ausgesetzt war, als es bei einer Gruppe der Fall gewesen wäre. Abraham hatte allerdings Glück, als 1568 Herzog Erich II. einen Lieferanten auch für seine fürstliche Münze benötigte. Trotz des Ausweisungsbefehls von 1557 wurde Abraham nun auch von der Regierung vergleitet, so daß er das Recht auf Handels- und Zollfreiheit auch außerhalb der Stadt Northeim erhielt.[43] Wenn die Juden gebraucht wurden, so fanden sie offensichtlich auch einen Schutzherrn. Dessen Gunst kann jedoch keinesfalls als Grundlage für auch nur ein Minimum an Rechtssicherheit angesehen werden. Das belegt der abrupte Wechsel von Vertreibung und Wiederaufnahme im 16. Jahrhundert.

In diesem Zusammenhang erhebt sich die Frage, wohin die augewiesenen Juden gingen. Aufgrund der sich aus den skizzierten unterschiedlichen Interessen ergebenden Uneinheitlichkeit der Verhältnisse in den niedersächsischen Territorien fanden einige jüdische Flüchtlinge eine neue Bleibe in der Nähe ihres vormaligen Aufenthaltsortes. Die Hildesheimer begaben sich in den Schutz des benachbarten Mauritiusklosters auf dem Moritzberg.[44] 1578 gestattete Herzog Julius einigen Juden die Niederlassung in Melverode vor den Toren Braunschweigs.[45] Sicher waren solche Ausweichquartiere allerdings nicht. Unmittelbar nach dem Tod Herzog Julius 1589 befahl der Hofrat, in Melverode »*noch heut den Tempell vernagelln und zuschließen*« zu lassen: ein weiterer Willkürakt, der sich aus einem Thronwechsel ergab. Vereinzelt finden wir auch Juden in kleinen Gemeinden, z. B. Lamspringe und Rinteln.[46] Andere gingen nach Emden, wieder andere in den Osten.[47]

Als das 16. Jahrhundert endete, war die rechtliche Stellung der niedersächsischen Juden, vor allem in den welfischen Gebieten, auf einem neuen Tiefpunkt angelangt. Dort blieb auch die Anzahl der Juden außerordentlich gering. Die durch das Edikt des Herzogs Heinrich Julius von 1591 verfügte letzte große Vertreibung, die die Juden von Göttingen, Hannover, Melverode, Weende, Wunstorf und Hameln betraf,

wirkte sich langfristig aus. Daß derselbe Herzog kurze Zeit später aus wirtschaftlichen Erwägungen wieder Juden aufnahm, änderte nur wenig. Die Juden waren und blieben ein Spielball in der Hand der Mächtigen, die sie aufnahmen, wenn sie sie brauchten, und auswiesen, wenn sie es wünschten. Diese Willkür stand jedoch im Gegensatz zu den Fortschritten auf dem Gebiet der Rechtstheorie. Vertreibungen wurden als nicht mehr statthaft angesehen. Das spielte zwar offensichtlich in der Praxis noch kaum eine Rolle, war jedoch immerhin ein ausbaufähiger Ansatzpunkt, der in Prozessen von Fall zu Fall tatsächlich die vorherrschende Willkür einschränken konnte. Das beschriebene Beispiel des Nathan Schay ist dafür ein Beleg. Eine dauerhafte Besserung der Verhältnisse war allerdings nur dann zu erwarten, wenn die Regierenden die Überzeugung von einer ebenso dauerhaften Notwendigkeit der Juden gewannen.

Die gesamtwirtschaftliche Entwicklung im frühen 17. Jahrhundert gestaltete sich in einer Weise, die das Augenmerk vornehmlich der Landesherren in der Tat wieder verstärkt auf die Juden richtete. Die Kredit- und Überproduktionskrisen jener Zeit, die die Kapitalmärkte belastete und die Reichsregelung der Zinssätze völlig unrealistisch werden ließ – lediglich 5 % waren vorgesehen[48] –, machten die traditionellen jüdischen Geldgeber wieder interessant. Nathan Schay aus Hildesheim ist in diesem Kontext ein aufschlußreiches Beispiel. Der Landesherr sah sich auf seine Kreditmöglichkeiten angewiesen und stellte sich folglich hinter ihn, als die Stadt Hildesheim seine Ausweisung betrieb. Der dringende Geldbedarf der welfischen Dynasten – allein im Herzogtum Braunschweig-Wolfenbüttel wurden um 1620 32 Münzstätten gezählt[49] – verhalf dort einigen Juden zu einem neuen Bleiberecht. Gegen den erbitterten Widerstand der Stände, die sich 1601 auf dem Landtag von Gandersheim für die Fortdauer des Ausweisungsdekretes von 1591 aussprachen, sowie gegen denjenigen der betroffenen Städte erzwangen die Landesherren die Aufnahme von Juden in Göttingen 1606[50] und in der Neustadt Hannovers 1615 und 1624.[51] Offenbar konnten die Juden allmählich etwas beruhigter in die Zukunft sehen als noch im 16. Jahrhundert. Die Herzöge stimmten zwar stets den einschlägigen Landtagsabschieden zu – so noch einmal 1614 in Alfeld –, doch fanden die beschlossenen Vertreibungen tatsächlich nicht statt.[52] Die Machtverhältnisse bezüglich des Judenregals begannen sich wieder der Situation im frühen 14. Jahrhundert anzugleichen: Die Landesherren gewannen im Verlauf des 17. Jahrhunderts erneut die Oberhand. Ähliches gilt für das Fürstbistum Hildesheim. Der Landesherr nahm auch hier verstärkt Einfluß. So setzte Fürstbischof Max Heinrich mehrere judenfreundliche Maßnahmen gegen den Widerstand der Hildesheimer Gilden durch.[53] Zu Konflikten um die Ausübung des Judenregals kam es nun eher zwischen dem Bischof und dem Kloster auf dem Moritzberg.[54] Lediglich Ostfriesland weicht hier von der allgemeinen Tendenz ab. Die Stadt Emden behauptete mit Erfolg ihr Schutzrecht gegen die Ansprüche der Grafen in Aurich.[55] Dasselbe gilt natürlich für die Reichsstadt Goslar. doch auch in den beiden genannten Städten konnten sich die Juden wieder etwas sicherer fühlen als im 16. Jahrhundert. Den Ausschlag gaben hier – wie in den Fürstentümern – wirtschaftliche Erwägungen. Die Juden wurden von neuem gebraucht: In Goslar stieg die Anzahl der ausgestellten Schutzbriefe von 0 im Jahre 1600 auf 11 im Jahre 1610.[56]

Die bis in den 30jährigen Krieg hinein wieder etwas günstigeren Rahmenbedingungen für die niedersächsischen Juden sollen jedoch nicht darüber hinweg täuschen, daß Willkürmaßnahmen seitens der Regierungen nach wie vor an der Tagesordnung waren. In Emden mußte der Stadtrat wiederholt Rücksicht auf die Forderungen der Gilden nehmen und Handelsbeschränkungen verkünden. 1633 erfolgte eine Zwangssenkung der Zinssätze.[57] Nach 1611 stellte der Erzbischof von Bremen kapitalkräftigen portugiesischen Juden außergewöhnlich großzügige Privilegien für Stade aus, die ihnen freien Handel, freien Geldwechsel und eine begrenzte Selbstverwaltung gestatteten.[58] Daß es sich hierbei ebenfalls um eine – wenn auch positive – Willkürmaßnahme handelte, zeigen die 1613 für die deutschen Juden erlassenen Schutzbestimmungen: Wie üblich, wurde der Handel genau reglementiert, die Zinshöhe auf 13 % für langfristige und 27 % für kurzfristige Kredite festgelegt, das Halten offener Läden verboten und die Lektüre des Talmuds nicht gestattet.[59] Die willkürliche Schlechterstellung der deutschen Juden in Stade ist symptomatisch für die Behandlung, die die Juden im 17. Jahrhundert durch die Obrigkeit erfuhren. Die fürstliche Gunst war umso größer, je mehr von den Juden in finanzieller Hinsicht erwartet werden konnte. Arme Juden hatten nur selten die Chance, überhaupt in den Schutz aufgenommen zu werden. Sie waren die eigentlichen Benachteiligten, und sie blieben es auch dann noch, als die Vertreibungswellen im niedersächsischen Raum verebbt waren.

Wirtschaftliche Entwicklung

Bin nicht vmb sonst ein Jüd genannt/
Ich leih nur halb Gelt an ein Pfand/
Löst mans nit zu gesetztem Ziel/
So gilt es mir dennoch so viel/
Darmit verderb ich den loßn hauffn/
Der nur wil Feyern/Fressn vnd Sauffn/
Doch nimpt mein Handel gar nit ab/
Weil ich meins gleich viel Brüder hab.

Die wirtschaftliche Entwicklung Norddeutschlands verlief ab der 2. Hälfte des 16. Jahrhunderts, wie bereits angedeutet, recht ungünstig. Die ökonomische Bedeutung der Städte ging zurück, die Grundnahrungsmittel verteuerten sich und der Konkurrenzkampf wurde härter.[60] Geld wurde knapp und entsprechend teuer. Diese krisenhaften Symptome beeinflußten auch das Wirtschaften der Juden. Die städtischen Handwerkerkorporationen waren mehr denn je an der Verhinderung jeglicher Konkurrenz interessiert, was ihre ohnehin antijüdische Einstellung verschärfen mußte. Es sollte jedoch an dieser Stelle auch darauf hingewiesen werden, daß nicht nur Juden betroffen waren. Der Gildebrief der Fleischer von Wolfenbüttel schrieb z. B. vor, daß das in Wolfenbüttel zu verkaufende Fleisch bereits am Abend vor dem jeweiligen Markttag geschlachtet sein mußte, um jeden auswärtigen Schlachter abzuhalten.[61] Da die Wirtschaft insgesamt aber Kapital dringender denn je benötigte, nahmen die Landesherren auf die Klagen der Handwerker zunehmend weniger Rücksicht. Sie begannen mit ersten flächendeckenden ordungspolitischen Maßnahmen.[62] Diese Haltung kam den Juden zugute, deren Anzahl langsam wieder wuchs. Seit 1597 beschäftigte Herzog Heinrich Julius, allen Austreibungsbefehlen zum Trotz, mit Abraham Simon einen jüdischen Faktor.[63]

Die Situation der im Brennpunkt widersprüchlicher Bestrebungen stehenden Juden wird recht gut illustriert durch eine Anfrage Herzog Friedrich Ulrichs von Braunschweig, die dieser 1629 an seine Landesuniversität in Helmstedt richtete. Der an der Förderung der Wirtschaft interessierte Landesherr wollte wissen, ob es nicht besser sei, Juden zu dulden, als Bergwerke zugrunde gehen zu lassen. Das Harzer Blei fände nämlich nur aufgrund jüdischer Fernhandelskaufleute einen nennenswerten Absatz.[64] Friedrich Ulrichs Anfrage zeugte zwar in ihrer Argumentation keineswegs von Toleranz, doch konnten seine vergleichsweise modernen wirtschaftspolitischen Ansätze in der Praxis den Juden nur zugute kommen. Die Gelehrten in Helmstedt setzten jedoch völlig andere Schwerpunkte. Ihre sich aus überkommenen Klischees speisenden Vorbehalte erwiesen sich in diesem Zusammenhang als Hemmschuh für eine gedeihliche Entwicklung des Handels.

Der Dreißigjährige Krieg machte deutlich, wie relativ die neuentdeckte Großzügigkeit wenigstens kapitalkräftigen Juden gegenüber war. Der kriegsbedingt ständig wachsende Geldbedarf der betroffenen Städte – vor allem Hildesheim scheint hier ein typisches Beispiel zu sein – sicherte den Juden zwar einerseits ein verläßlicheres Bleiberecht, belastete sie jedoch andererseits in einem bislang unbekannten Ausmaß. Das Anwerben von Söldnern und andere Verteidigungsausgaben veranlaßten den Rat von Hildesheim – zuzüglich aller üblichen Abgaben – im Jahre 1622, von den 13 Judenfamilien eine Sonderkontribution von 10 000 Talern zu verlangen. Dazu kam eine Forderung des Landesherrn, des Fürstbischofs Ferdinand, der 5 000 Taler beanspruchte. Diese Belastungen zu zahlen, sahen sich die Hildesheimer Juden außerstande. 1628 erklärten sie ihren Bankrott.[65] Nicht viel besser erging es den Emder Juden. Die Liste ihrer finanziellen Verpflichtungen ist lang: 1629 zahlten sie (als Judenschaft) 180 Gulden Schutzgeld im Jahr, 200 Gulden *torffgeld* und etwa 2 000 Gulden diverser Verbrauchssteuern, insgesamt also 2 580 Gulden. Dazu kamen Mietzins, Heiratsgelder, außerordentliche Abgaben in Notzeiten und die Abgaben an den Landesherrn: 4 Gulden Schutzgeld pro Haushalt plus 150 Reichstaler Antrittsgeld.[66] Da sich gleichzeitig die Erwerbsmöglichkeiten der Juden jedoch nicht verbesserten, ist es nicht verwunderlich, daß die ersten Jahrzehnte des 17. Jahrhunderts einen Verarmungsprozeß einleiteten, der an das frühe 15. Jahrhundert erinnert. Zur Konkretisierung der Größenordnung der Belastungen sei darauf hingewiesen, daß ein Maurer in der 2. Hälfte des 16. Jahrhunderts 40–50 Gulden im ganzen Jahr verdiente.[67]

Die niedersächsischen Juden blieben auch im Zeitalter des 30jährigen Krieges an die Berufe gebunden, die ihnen im Hochmittelalter mehr oder weniger aufgezwungen worden waren. Der Handel, vornehmlich derjenige mit Geld, blieb ihre hauptsächliche Erwerbsquelle. Die mehrfach erwähnte Kreditkrise ließ die Zinsen im 17. Jahrhundert steigen. Der Bischof von Hildesheim gestattete den Juden einen Zinsfuß von 14 %,[68] der Rat von Emden gar 24 %.[69] Diese Situation suchten auch Christen auszunutzen. So übergab der Braunschweiger Bürger Philipp Schmidt dem Juden Wolf Marpurgk eine höhere Summe, damit dieser sie für ihn auf dem Kapitalmarkt gewinnbringend anlegte.[70] Auf diese Weise wurden Beziehungen und Kenntnisse der Juden ausgenutzt, ohne daß sich der christliche Anleger kompromittiert hätte. Er profitierte von den verhaßten Wucherzinsen, machte sich selbst aber offiziell die Hände nicht schmutzig.

Auf die besondere Bedeutung der im frühen 17. Jahrhundert in Niedersachsen so zahlreichen Münzstätten wurde schon kurz hingewiesen. Der allgemeine Geldbedarf führte dazu, daß viele dieser Münzen zur Verschlechterung des Geldes benutzt wurden. Wertvolle Edelmetalle wurden den Geldstücken in immer geringer werdenden Mengen beigegeben, so daß deren Wert entsprechend sank, und zwar in einem höchst bedenklichen Ausmaß. Wer in Braunschweig im Jahre 1600 150 Taler verlieh, erhielt 1620 18 3/4 Taler in schlechtem Kupfer zurück.[71] Man kann also durchaus von hyperinflationären Entwicklungen sprechen[72], deren Konsequenzen die breite Masse der Bevölkerung bald zu spüren bekam. Die als Kipper- und Wipperzeit bezeichnete Epoche führte zu Wut und Erbitterung, worunter wiederum die Juden zu leiden hatten.

In vielen Schutzverträgen des 16. und 17. Jahrhunderts wurde ausdrücklich festgelegt, daß die Juden die fürstlichen bzw. städtischen Münzen mit Edelmetall, vor allem Silber, zu beliefern hatten. Oft erfüllten die Juden diesen Auftrag, indem sie über Land fuhren und den Menschen Schnallen, Becher, Löffel u. ä. aus Silber abkauften.[73] Bezahlten sie mit schlechten Münzen, traf sie naturgemäß die Wut der Bevölkerung als erste, obwohl sie als Händler für die Münzverschlechterung strenggenommen nicht verantwortlich waren. Die meisten Münzmeister waren nämlich Christen. In Peine z. B. betrieb der Amtmann Rittersbach eine blühende Kipperei[74], und selbst die Landesherren hielten sich auf diese Art schadlos. Diese Kreise taten jedoch nichts dagegen, wenn sich die Empörung gegen die Juden richtete. Deren berufsmäßiger Umgang mit größeren Geldsummen prädestinierte sie zu Sündenböcken in der Kipperzeit. In typischer Verkehrung von Ursache und Folge wurden beispielsweise in Hildesheim Hausdurchsuchungen zwecks Aufstöberung gehorteten Silbers vorgenommen. 1620 wurde man bei den Juden fündig. Da diese mit Silberlieferungen beruflich zu tun hatten, war dies nicht

Pogrom in Frankfurt, 1614

weiter verwunderlich. Dennoch wurde der Fund zum Anlaß genommen, die Juden mit 100 Talern Strafgeld zur Kasse zu bitten.[75]

Wesentlich bedrohlicher gestalteten sich die Verhältnisse in Elbingerode im Amt Osterode. Im Oktober 1621 bat der Jude Mattias von Marzen den Braunschweiger Herzog um militärischen Schutz vor den Einwohnern von Elbingerode. Tumulte und Plünderungen drohten.[76] In Wernigerode waren sogar Ausschreitungen »unter dem gemeinen Pobell erstanden, derogestalt daß etzliche heuser derer so mitt dem Kippen Umgangen oder deswegen in Verdacht gezogen gesturmet unde Unterschiedliche daruber erschoßen worden.«[77] Das Amt in Osterode befürchtete, daß es »wegen der eingerißenen teuerung, uff etzlicher Leute

anstifften Zum Uffstand« kommen würde. Daß die fürstliche Münze schuld sei, wurde abgestritten. Die Teuerung sei »lengst zuvor ehe solche Muntz dahie kommen fast allenthalben leider eingeschlichen.«[78] Die tatsächlich Schuldigen wurden also nicht beim Namen genannt. Der traditionellen Schuldzuweisung stand nichts im Wege. In Schaumburg-Lippe, wo Graf Ernst offenkundig schlechtes Geld prägen ließ, gab die Gräfin Hedwig 1622 den Juden die Schuld: sie brächten wertloses Geld ins Land.[79] Nun ist nicht auszuschließen, daß auch Juden an diesen finanziellen Manipulationen beteiligt waren. Doch sollten in diesem Zusammenhang immer die genaueren Umstände mit berücksichtigt werden. In Harburg z. B. war die Münze tatsächlich an drei Juden verpachtet. Wenn man sich jedoch die Höhe der von ihnen verlangten Pacht ansieht – sie betrug in den ersten beiden Monaten 150 Taler pro Woche, ab dem dritten Monat sogar 200 Taler[80] – so verwundert es nicht, daß sie ihrerseits darauf aus sein mußten, auf ihre Kosten zu kommen.

In bemerkenswertem Kontrast zu den Ausschreitungen in Krisenzeiten steht der alltägliche, friedliche Geschäftsverkehr zwischen Juden und Christen. Über die Art und Weise, wie sie miteinander ins Geschäft kamen, wissen wir wenig. Lediglich im Bistum Hildesheim wurde 1614 verfügt, daß ein Geschäftsabschluß von einem Richter bezeugt werden mußte.[81] Im allgemeinen kann wohl davon ausgegangen werden, daß Juden und Christen wußten, daß sie aufeinander angewiesen waren. Ihre normalen Kontakte verliefen diskret und wohl nicht ohne Vertrauensbasis. Als der bereits mehrfach erwähnte Hannoveraner Phibus Heilbott seine Rechnungen offenlegen mußte, zeigte sich, wieviele hannoversche Bürger ihm Geld und Waren anvertraut hatten. 20 »Creditores« meldeten anläßlich des Zusammenbruchs der Firma Heilbott ihre Ansprüche an. Aus einer Rechnung geht hervor, daß Phibus Heilbott von den Bürgern 575 Taler erhalten hatte, wofür er Waren liefern sollte. Wenn man bedenkt, daß der Wochenlohn eines Maurermeisters im 17. Jahrhundert bei etwa 2 Reichstalern lag, kann man sich die Größenordnung der obenerwähnten Geschäfte vorstellen.[82] Die hannoverschen Gläubiger des Phibus stellten in ihrer Schadensersatzforderung vom 1. April 1598 übrigens klar, daß der Jude unverschuldet ins Verderben gestürzt war:

»*Wie nun gemelte Juden* (Phibus und sein Bruder, d. V.) *auf solche erlangte concessiones und darauf erfolgte fürstliche Confirmationes nit allein alhi in der Statt, sondern auch mit außlendischen, in allerhand negociationes, commercia et contractus gerhaten und bei denselben geschüzt und vortretten, alß sein sie auch an unß kohmen, diesergestalt das sie unß etzliche Kauffmannswahren, die wir sonsten menniglichen zu feilen Kauff gehabt umb pillichen werdt und Kaufgelt zu ansehnlichen hohen Kosten abgekaufft und an sich bracht, und sich dagegen zu schuldigen geburlicher betzahlung verfüglich vorpflichtet haben (…) Ob es nun woll mehrgedachten Juden eine gute Zeit in zimblichen wohlstande gewesen, als das dieselben ein Jeden, mit denen sie negotyrt, glauben gehalten und wir uns nicht anders vorsehen, alß das sie in solchem Credit geblieben sein solten, so hat sich doch verwegter Zeit zugetragen, daß gemente Juden, nachdem sie auch inß Königreich Polen, mit Ochßen, gewandt und anderen Handlung getrieben, und deß orts von andern uf ein ansehnliche sumb geltes betrogen wurden (…) dadurch sie entlich in außersten verterb und Schaden gerhaten.*«[83]

Offenbar nutzten die christlichen Geschäftsleute die weiträumigen Handelsbeziehungen der an große Mobilität gewöhnten Juden gerne mit, auch wenn diese – wie im Wirtschaftsleben üblich – nicht immer frei von Risiken waren. Von dieser Seite hören wir jedenfalls nur wenig Klagen über die Juden. Auch die Landesherren unterstützten den jüdischen Handel seit dem frühen 17. Jahrhundert durch das Ausstellen von Reisepässen. Wenn diese Handelserlaubnis allerdings zu einer Konkurrenz in der Stadt selbst führte, dann erhob sich wieder der hinlänglich bekannte Protest. Der Fernhandel wurde gern zum Mitverdienen genutzt, der Nahhandel hingegen sollte die unbestrittene Domäne der Christen bleiben. Fürstliche Handelskonzession und städtisches Geschäftsinteresse garantierten jedoch nicht unbedingt eine reibungslose Abwicklung des jüdischen Fernhandels. Die Landesbediensteten in den kleineren Städten und Gemeinden betrieben nämlich mitunter eine Judenpolitik auf eigene Rechnung. In Northeim z. B. erhöhte der Zöllner das Wegegeld aus eigener Machtvollkommenheit: Die Juden mußten nun einen Groschen in Northeim und vier Pfennige in Weende zahlen. Dazu kamen Probleme mit den Torwachen, die die Juden und ihre Waren nur gegen ein »kleines Trinkgeld« passieren lassen wollten.[84] Entsprechenden Beschwerden der Juden wurde jedoch nicht stattgegeben, da sie nicht beweisen konnten, daß es jemals anders gewesen sei in Northeim. Dieses Verfahren zeigt, welchen Willkürakten die Juden unter Umständen ausgesetzt sein konnten, wenn die kaum zu kontrollierende Verwaltung es darauf anlegte.

Antijüdische Darstellung gegen die sogenannten Kipper, 1622

Das Gemeindeleben der Juden

Frauen in der Synagoge

Die zahlreichen Einschränkungen, denen die Juden im 16. und 17. Jahrhundert ausgesetzt waren, blieben nicht ohne Auswirkungen auf das innerjüdische Gemeindeleben. In den welfischen Territorien waren die Einrichtung von Synagogen und das Abhalten jüdischer Gottesdienste im frühen 16. Jahrhundert zunächst noch erlaubt. In Hannover ist 1533 eine Synagoge nachgewiesen.[85] Das änderte sich im Zusammenhang mit den Ausweisungsdekreten um 1590. Die von den Braunschweiger Juden benutzte Synagoge in Melverode wurde, wie erwähnt, geschlossen. Als 1608 einige Juden in Hannover eine Synagoge neu einzurichten versuchten, wurde dies mit Gewalt unterbunden.[86] Die Landeskonsistorien überwachten im 17. Jahrhundert streng die Einhaltung der Verbote.[87] Die Verbotspolitik der Obrigkeit wirkt umso kleinlicher, je klarer man sich über die geringe Anzahl der Juden in dieser Zeit wird. Meistens kam in den Gemeinden die für einen jüdischen Gottesdienst vorgeschriebene Anzahl von zehn religionsmündigen Männern gar nicht zusammen.

Trotz ihrer verschwindend kleinen Anzahl und trotz der Verbote versuchten die Juden alles, was in ihrer Macht lag, zu tun, um ihre Religion zu bewahren. In der feindlichen Umwelt garantierte sie allein Trost und Beistand und war damit der wichtigste Faktor der Stabilisierung der jüdischen Identität. So kam es immer wieder vor, daß die Juden in Privaträumen kleine Synagogen einrichteten. Zu deren Einrichtung gehörte im 17. Jahrhundert folgendes, wie sich aus einer aus Celle überlieferten Auflistung ergibt:

1. *Ein Schapp mit zwei offenen Flügeln, in undt außwendig blau undt mit weißen sternen bemahlen, worinnen die Bücher – die 10 Gebote und die Gesangbücher – undt das Horn, worauf Sie geblasen.*

2. *An deß Schapps ieden seiten 1 Brett 1½ Viertel Breit, worauff 7 riege Nagel gestecket da die Liechter auf gestanden.*

3. *Ein tisch, war wie ein Altar, viereckig und etwas schrecht gemacht, auch vermahlt und mit daran gewesener Schmiedearbeit, worauf ein bret lag, so mit langen, bunten vermahleten linnen, so einer handt breit undt einer windeln gleich, behenget.*

4. *Eine Krone mit Liechtern.*

5. *4 Pulten, undt hetten nach undt nach, wie sie hier zu wohnen kommen, ein ieder eines vor sich machen laßen und bezahlet.*

6. *war die Cammer in der mitten, – mit einem hölzernen Gitter – durchgeschehret, daß alßo die Manns Persohnen ihren standt allein, undt daß Frauen Volk auch ihren standt allein gehabt, weil beide in ihrer Schuele separiret sein müßten.*

7. *war an der seiten, wo die Mannes Persohnen ihren standt gehabt, Ein vermahletes linnen tuch – An der Frauenvolk seite deßgleichen.*

8. *waren Cräntze von Kräutern zusammengebunden, undt lagen auff den Schapp.*

9. *So hatten sie auch eine Osterfladen an der Wand hangen, worinnen viele Löcher wahren.*[88]

In Hildesheim verlief die Entwicklung etwas anders. Hier hatten sich zu Beginn des 17. Jahrhunderts wieder 13 Familien niedergelassen. Ein ordnungsgemäßer Gottesdienst war also möglich. Der Fürstbischof genehmigte ihn auch, allerdings nur in Privaträumen. 1615 wurde ein solcher Betraum angelegt.[89] Die Moritzberger Juden verfügten schon seit 1582 über eine eigene Synagoge.[90] Im Jahre 1607 gab Fürstbischof Ernst der jüdischen Gemeinde sogar eine Verfassung. Er erkannte die Rechte der Gemeindevorsteher an und gestattete die Wahl eines Rabbiners.[91] Der Rabbiner hatte die untere Gerichtsbarkeit in innerjüdischen Streitfällen, vor allem in Ehe- und Kulturfragen.[92] Die Hildesheimer Gemeindeordnung konnte zu einer Stabilisierung der jüdischen Gemeinschaft beitragen. Sie wurde zum Vorbild für die spätere hannoversche Landrabbinatsverfassung.
Die Maßnahmen des Fürstbischofs erfolgten jedoch nicht nur aus philosemitischer Großzügigkeit. Sie stehen vielmehr in bemerkenswertem Kontrast zu seiner Judenpolitik auf Reichsebene. Ernst war eine der treibenden Kräfte in der gleichzeitig stattfindenden Auseinandersetzung um eine reichsweite Organisation der Juden. In diesem Konflikt tat er alles, um den Aufbau einer Reichsordnung der deutschen Juden zu verhindern. Die 1603 in Frankfurt am Main versammelten jüdischen Rabbiner und Gemeindevorsteher strebten nämlich die Errichtung jüdischer »Landschaften« an, die den deutschen Territorien entsprechen sollten. Gegen die territorialstaatliche Organisation als solche hatte der Hildesheimer Landesherr nichts einzuwenden, wie seine landespolitischen Maßnahmen zeigen. Wohl aber war er gegen eine von den Juden selbst ausgehende Ordnung, in der noch dazu die einzelnen Landschaften miteinander verbunden waren. Der Bischof beschuldigte in seinem Kampf gegen das Unternehmen die Juden einer reichsweiten Verschwörung und der Majestätsbeleidigung.[93] In der Tat kam die Reichsordnung dann auch nicht zustande.

Werfen wir noch einen Blick auf die anderen Territorien. Die Reichsstadt Goslar gestattete den Juden freie Religionsausübung und im Jahre 1610 den Bau einer Synagoge.[94] Der ostfriesische Graf Ulrich II. sicherte 1645 seinen Schutzjuden das Recht zu, »nach jüdischer Ordnung« leben zu dürfen.[95] Die Stadt Emden erlaubte 1639 die Bestellung eines Rabbiners.[96] In Schaumburg-Lippe war 1635 der Bau einer Synagoge geplant.[97] Die Obrigkeiten in den nicht-welfischen Gebieten begannen also, sich allmählich in religiösen Fragen großzügiger zu zeigen. Inwiefern diese Großzügigkeit wirtschaftlich motiviert war oder in einem Nachlassen des Interesses an religiösen Fragen gründete, muß im Einzelfall offen bleiben. Die Bevölkerung war jedenfalls nicht unbedingt bereit, eine ähnliche Großzügigkeit an den Tag zu legen, wie noch zu zeigen sein wird.

Das Verhältnis zwischen Juden und Christen

Urbanus Rhegius

Die immer wieder vorkommenden Behinderungen der jüdischen Religionsausübung deuten darauf hin, daß das jüdisch-christliche Verhältnis nach wie vor nicht nur von wirtschaftlichen Motiven bestimmt war, sondern auch von religiösen. Zu Beginn des 16. Jahrhunderts schien es zunächst so, als ob die Reformation zu neuen Weichenstellungen führen würde. Martin Luthers erste Stellungnahme zum Judentum, die 1523 publizierte Schrift *Daß Jesus Christus ein geborener Jude sei,* war in ihrem Ansatz judenfreundlich.[98] Andere reformatorisch-humanistische Denker wie Andreas Osiander und Johannes Reuchlin stellten öffentlich die Ritualmord- und Hostienschändungslegenden in Frage und forderten eine Intensivierung der Hebräisch-Kenntnisse, was bei einer dem Wort Gottes besonders verpflichteten Konfession nicht verwundern dürfte.[99] Als jedoch offenkundig wurde, daß die Juden an einen Übertritt zum Christentum nach wie vor nicht interessiert waren, obgleich dieses doch nun – nach Luthers Überzeugung – von allen abschreckenden Verformungen gereinigt war, wurde die Haltung des einflußreichsten deutschen Reformators immer judenfeindlicher. In seinem 1543 erschienenen Werk

Von den Juden und ihren Lügen forderte er die Einäscherung der jüdischen Synagogen und Schulen, die Zerstörung ihrer Häuser, die Vernichtung des Talmuds, das Lehrverbot für Rabbiner, den Entzug des freien Geleits, das Verbot des Wuchers, d. h. des Zinsnehmens und die Verurteilung der jüngeren Juden zu Zwangsarbeit in der Landwirtschaft.[100] Mit diesem sehr konkreten Maßnahmenkatalog verfestigte Martin Luther das in langen Jahrhunderten gebildete Stereotyp des Juden, der in jeder Situation und bei jedem Kontakt den Christenmenschen gefährlich war. Entsprechende Auswirkungen ließen nicht lange auf sich warten.

Fast das gesamte heutige Niedersachsen wurde im Verlauf des 16. Jahrhunderts evangelisch. Zunächst kam noch ab und zu Luthers ursprüngliche Judenfreundschaft zum Tragen, wenn auch stets mit dem Ziel der Judenmission. Urbanus Rhegius, der für Celle und Hannover die neue evangelische Kirchen- und Schulordnung entwarf, disputierte noch 1533 mit Juden in deren Synagoge in Hannover.[101] 1539 setzte er sich dafür ein, daß sich der Rabbiner Samuel in Braunschweig niederlassen durfte. Er sollte dort die

Titelblatt von Luthers antijüdischer Schrift von 1543

Streitgespräch mit Juden, 16. Jahrhundert

hebräische Sprache lehren.[102] Ähnliche Vorkommnisse sind aus Hildesheim überliefert.[103] In der zweiten Hälfte des 16. Jahrhunderts häuften sich jedoch die Hetzpredigten evangelischer Geistlicher. So warfen die Pastoren der Kreuz- und der Marktkirche in Hannover dem Rat der Stadt eine zu große Duldsamkeit den Juden gegenüber vor. Der beschuldigte Rat holte daraufhin Gutachten ein bei der theologischen und juristischen Fakultät in Helmstedt. Während die Juristen vergleichsweise gemäßigte Antworten zurückschickten, äußerten sich die Helmstedter Theologen in einem extrem judenfeindlichen Sinn: Christen und Juden dürften überhaupt keinen Kontakt miteinander haben, und der Rat müßte alle Schutzbriefe kassieren.[104] Wir finden auch in anderen niedersächsischen Städten Pastoren als treibende Kräfte gegen die Juden, z. B. in Braunschweig der Superintendent Martin Chemnitz,[105] in Hildesheim sein Kollege Heinrich Heßhusius,[106] in Emden der reformierte Kirchenrat, vor allem der Theologe Menso Alting.[107] Immer wieder stellten sie eine Verbindung zwischen den Juden und dem Teufel her.

Die Wiederauflage der religiös motivierten antijüdischen Vorurteile – diesmal unter protestantischen Vorzeichen – wurde in mehrfacher Hinsicht politisch relevant. Zunächst dienten sie als Argumente für eine restriktive Judenpolitik bis hin zur Ausweisung. Kaum war der Braunschweiger Rat lutherisch geworden, beschloß er die Schließung der Synagoge und das Verbot jüdischer Feste sowie die Verringerung der Anzahl der jüdischen Einwohner.[108] Regelmäßig kehrten die Verbote vor allem privater Kontakte zwischen Juden und Christen wieder, was mit der stets drohenden Gefahr jüdischer Gotteslästerung begründet wurde.[109] Auch in den herzoglichen Ausweisungsbefehlen der 1550er Jahre tauchen vergleichbare religiöse Stereotype auf:

»(...) Demnach nicht allein bey weinigen Wochen offenbahr worden und an lichten Tag kommen ist, welchergestalt durch Hilff und Befördernis eines guten teils der Juden, gantzem gemeinen Besten zum höchsten Betrug, Schaden und Beschwernüs, das (...) gesagt wird, dass unsers wahren Christlichen Glaubens und Nahmens Erb-Feind, der Türcke, alleine von den Juden aus der Christenheit (...) alle Kundschafft bekomme (...).«[110] Die Juden waren und blieben der

»böse Feind« der Christen, der sich mit anderen Feinden gegen sie verbündete.

All diese Gesichtspunkte waren qualitativ nichts anderes als das, was wir aus den mittelalterlichen Konzilsbeschlüssen bereits kennen. Dennoch wirkten sich die »neuen« Beschlüsse anders aus: rascher und effektiver erfolgten konkrete Maßnahmen. Der Rat von Hannover hatte bis kurz vor der Wende zum 17. Jahrhundert noch Juden geduldet. Danach verhärtete sich seine Haltung. Die religiösen Begründungen antijüdischer Maßnahmen spielten offenbar eine wesentlich größere Rolle als in vorausgegangenen Jahrhunderten. Eine weitere wichtige Folge der reformatorischen Agitation gegen die Juden betraf die Unterrichtsanstalten. Universitäten und Schulen, Professoren, Lehrer und Studenten werden in Anbetracht der Bedeutung der Theologie zur damaligen Zeit bewußt oder unbewußt für eine weitere Verbreitung und Verfestigung der antijüdischen Klischees gesorgt haben. Die einschlägigen Gutachten der theologischen Fakultäten lassen nur erahnen, wie das Thema »Juden« im alltäglichen Lehrbetrieb des 16. und 17. Jahrhunderts behandelt worden sein wird.

Es sei an dieser Stelle auch darauf hingewiesen, daß sich die katholisch gebliebenen Landesherren zunächst keineswegs judenfreundlicher verhalten haben, wie es die Politik des Bischofs Valentin von Tretleben in Hildesheim zeigt.[111] Offenbar wirkte sich die Spaltung der Christenheit für alle Konfessionen so aus, daß das Bedürfnis nach Stabilisierung der eigenen Identität mit einer scharfen Abgrenzung gegenüber allem Fremden und Anderen einherging. Davon waren wiederum die Juden besonders betroffen. Ihr Anderssein war bekannt und von altersher den Christen als Gefahr eingeschärft worden.

Die Reformation vergrößerte also die Spannungen zwischen Juden und Christen nicht unerheblich. Gleichzeitig bestand der wirtschaftlich bedingte Konkurrenzneid fort. In akuten Krisenzeiten konnte es nicht ausbleiben, daß die Theologen den aus wirtschaftlichen Gründen Unzufriedenen Artikulationshilfen gaben. Ein besonders deutliches Beispiel ist hierfür aus Emden überliefert: Im Verlauf des Dreißigjährigen Kriegs, der die Bevölkerung auch der Stadt Emden mit einer Fülle von Problemen konfrontierte, wuchs die Judenfeindschaft erneut an. 1631 verlangte der Prediger Johann Placius die Bekanntmachung aller Namen derjenigen Personen, die »den Juden gelder uf wucher gethan hätten.« Sie sollten nach der Kirchenordnung streng bestraft werden, derzufolge jeder Kontakt zwischen Juden und Christen verboten war.[112] Dem Bedürfnis nach der Benennung angeblich Schuldiger kamen in diesem Fall die Theologen nur allzugern nach, woran man die enge Verquickung religiöser und wirtschaftlicher Motive unschwer erkennen kann.

Es kam jedoch auch vor, daß religiöse und wirtschaftliche Argumente zugunsten der Juden gebündelt wurden. Die hannoverschen Bürger, bei denen der bereits öfter erwähnte Phibus Heilbott verschuldet war, zeigten sehr deutlich, daß Christen nicht zwingend so antijüdisch eingestellt waren, wie übereifrige Theologen es wünschten. Die Hannoveraner wandten sich 1608 noch einmal an den Rat, um von diesem die Niederlassungserlaubnis für Nathan Schay zu erlangen, der bereit war, für die Schulden Heilbotts zu bürgen. Sie beriefen sich dabei zum einen auf das Entgegenkommen des Landesherrn, zum anderen aber auch auf die Bibel. Sie riefen die durch »herbe Straffpredigten« aufgefallenen Geistlichen zu »gebürlicher Bescheidenheit« auf, »weil die Juden anderen Zum exempell wiewoll zerstreuet und ohne regiment sollen und mußten bleiben, biß an den Jüngsten tagk und end der Welt wie der Herr Christus Luca 21 sagt, dieß geschlecht soll nicht vergehen biß ans Ende.«[113] Selbst auf Luther und frühere Theologen in Hannover wurde verwiesen. Die Juden seien aufgenommen worden. Probleme habe es deswegen keine gegeben, so daß sich die Bürger fragten, warum dies nun nicht mehr möglich sein sollte. Die genannten Argumente wurden allerdings nicht aus Liebe zu den Juden vorgebracht: Es sei ihnen »mehr weinig daran gelegen, ob hier Juden wohnen oder nicht.« Wichtiger sei für sie lediglich die rasche Rückzahlung ihrer Außenstände.[114] Es ist jedoch bedeutsam festzuhalten, daß die Bibel für die unterschiedlichsten Zwecke instrumentalisiert wurde, vor allem dann, wenn wirtschaftliche Interessen im Spiel waren.

Weder Humanismus noch Renaissance und schon gar nicht die Reformation trugen also zu einer Verbesserung des jüdisch-christlichen Verhältnisses in Niedersachsen bei. Die gesellschaftlich einflußreichen Gruppen, die eher das Gegenteil bewirkten, waren zunächst die Theologen, deren Einfluß auf breite Bevölkerungsschichten nicht unterschätzt werden darf. Außerdem sind hier, ähnlich wie in mittelalterlichen Zeiten, die städtischen Führungsschichten zu nennen. Allerdings muß im letztgenannten Fall differenziert werden. Das Beispiel Hannovers hat gezeigt, daß die dortigen Bürger den Juden etwas großzügiger begegneten, wenn sie an deren Fernhandelsgeschäften partizipieren konnten. Ausschlaggebend war offenbar das unmittelbare persönliche pekuniäre Interesse. Es ist also von Fall zu Fall zu entscheiden, was allerdings bedeutet, daß von einer menschenfreundlichen Haltung generell nicht gesprochen werden kann. Das Bild, das sich die christlichen Einwohner Niedersachsens von den Juden machten, blieb das dämonisierte Klischee, das uns schon im 14. Jahrhundert begegnete: der teuflische Blutsauger, dem man alles, einschließlich großangelegter Verschwörung mit den Türken, zutraute, ja sogar zutrauen mußte. So hörten es jedenfalls die Gläubigen von den Kanzeln. Da jeglicher privater Kontakt mit Juden verboten war, war ein Abbau der Vorurteile durch persönliches Kennenlernen von vornherein ausgeschlossen. Und so verwundert es nicht, daß wir hin und wieder von Ausschreitungen unterschiedlichen Ausmaßes hören. Es kam vor, daß Juden von Jugendlichen mit Steinen beworfen wurden[115], es konnte aber auch zu schwererwiegenden Übergriffen kommen, die auch die Behörden alarmierten, wie beispielsweise in Weende in der Mitte des 16. Jahrhunderts[116] oder im Amt Osterode im frühen 17. Jahrhundert.[117] Die Bewertung dieser Vorfälle ist nicht einfach. Einerseits ist man versucht, sie angesichts des langen Zeitraums als Einzelfälle abzutun. Andererseits ist gerade der angesprochene zeitliche Rahmen ein Indiz dafür, daß auch lange »störungsfreie« Perioden noch recht wenig über den tatsächlichen Abbau antijüdischer Vorurteile aussagen. Die Tatsache, daß in bestimmten Situationen die Volksmeinung dann doch wieder gegen die Juden gerichtet war, stimmt jedenfalls bedenklich.

Vom Dreißigjährigen Krieg
bis zum Ende des 18. Jahrhunderts

Thora-Wimpel, Norddeutschland, 1821

Nach dem Ende des Dreißigjährigen Krieges, in der zweiten Hälfte des 17. Jahrhunderts, begann für die Juden im niedersächsischen Raum eine fast zweihundert Jahre umfassende Epoche, an deren Ende ihre staatsbürgerliche Emanzipation stand. Ausschlaggebender Faktor für ihr Wohl und Wehe waren in diesem Zeitraum – mehr noch als bisher gewohnt – die Landesherren. Diese bauten ihre Machtstellung in einem bislang unbekannten Ausmaß weiter aus. Zur Durchsetzung ihres absolutistischen Regierungssystems benötigten sie eine effizient arbeitende Bürokratie. Diese wiederum – eben im Interesse besagter Effizienz – beanspruchte immer weitergehende Kompetenzen und dehnte ihre Kontrollmechanismen auch auf Bereiche aus, die bisher dem staatlichen Zugriff entzogen waren. Im folgenden soll nun untersucht werden, wie sich diese für gewöhnlich mit dem europäischen Absolutismus in Zusammenhang gebrachte Politik speziell auf die niedersächsischen Juden auswirkte.

Die Entwicklung der Rechtsstellung
in den Territorien

**Kurfürst Ernst August,
Herzog von Braunschweig-Lüneburg**

Herzogtum/Kurfürstentum Braunschweig-Lüneburg

Im hier interessierenden Zeitraum bildeten die welfischen Fürstentümer Calenberg, Göttingen, Grubenhagen und Lüneburg-Celle (seit 1705) das 1692 zum Kurfürstentum erhobene Herzogtum Braunschweig-Lüneburg, auch Kurhannover genannt. Mit den 1720 hinzugewonnenen Bistümern Bremen und Verden umfaßte es einen Großteil des heutigen Bundeslandes Niedersachsen. Im Verlaufe des 17. Jahrhunderts war es den welfischen Herzögen gelungen, die noch vorhandene Autonomie der zu ihren Territorien gehörenden größeren Städte weitgehend zu beseitigen. 1632 brachten sie Lüneburg unter ihre Botmäßigkeit, 1636 Hannover und 1690 Göttingen.[1] Damit hatten sie sich auch ihrer bedeutendsten Konkurrenz auf dem Gebiet der Judenpolitik entledigt. Die seit dem 16. Jahrhundert nachweisbaren Bestrebungen der Landesherren, sich wieder in den ungeteilten Besitz des Judenregals zu bringen, wurden 1687 von Erfolg gekrönt. In diesem Jahr verkündete Herzog Ernst August per Erlaß, daß

sich in seinen Landen nur solche Juden niederlassen dürften, die einen herzoglichen Schutzvertrag besäßen.[2] Dagegen konnten die ehedem so mächtigen Stadträte nun kaum mehr etwas unternehmen. Indirekte Einflußmöglichkeiten bestanden allerdings immer noch. Nachdem die Landesherren ihre Kompetenzen grundsätzlich geklärt hatten, kamen sie mehr als einmal den Wünschen der in den Landständen vertretenen Körperschaften nach. Und diese Wünsche zielten fast immer auf eine Einschränkung des jüdischen Handels ab. Die antijüdische Einstellung der Landstände, auf die bereits im vorausgehenden Kapitel kurz eingegangen wurde, wies eine beachtliche Kontinuität auf: der Landtag von Elze verlangte 1614 die Vertreibung aller Juden, der Landtag von Hannover 1639 ebenfalls, und 1717 und 1722 forderten die Landstände die Beschränkung des jüdischen Handels.[3] Die Regierung setzte in der ersten Hälfte des 18. Jahrhunderts eine Reihe von Gesetzen und Erlassen in Kraft, die recht tief in öffentliche und private Lebensbereiche der Juden eingriffen: 1701, 1721 und 1724 wurde das Hausieren eingeschränkt, 1732 schließlich ganz verboten. 1718 erfolgte das Verbot des Immobilienerwerbs, wovon lediglich die Schutzjuden in Harburg ausgenommen blieben.[4] 1730 wurde eine Verordnung publiziert, derzufolge die Juden an die christlichen Geistlichen ihrer Wohnorte die sogenannten Stolgebühren zu entrichten hatten. Dabei handelte es sich um Gelder, die die Geistlichen von den Gläubigen für bestimmte religiöse Dienstleistungen erhielten. Auf diese Gelder waren die Geistlichen dringend angewiesen, da das heutige Versorgungssystem noch nicht existierte. Ob allerdings die Argumentation der Pastoren stichhaltig war – sie behaupteten, daß ihnen Gelder verloren gingen, wenn Juden in Wohnungen lebten, in denen sonst Christen wohnen würden –, muß wohl sehr bezweifelt werden. Fest steht jedoch, daß die Juden bis 1850 in den welfischen Landen die Kirchen und ihr Personal mitfinanzierten, obwohl sie deren Dienste weder in Anspruch nehmen wollten noch durften.[5] 1733 regelte die Regierung Aufenthalt, Anzahl und Handlung der jüdischen Dienstboten, 1738 die Heiratsbedingungen und wiederholt, zwischen 1713 und 1735, das Schicksal der sogenannten Betteljuden, auf die noch weiter unten genauer einzugehen sein wird.

Von besonderer Bedeutung unter all den genannten Reglementierungsbestrebungen war das Edikt von 1723, das den jüdischen Handel bis weit ins 19. Jahrhundert hinein regelte. Es erscheint typisch für die Art und Weise, wie in Hannover judenpolitische Maßnahmen zustandekamen. Die Geheimen Räte, die den Kurstaat nach dem Wegzug des Hofes nach London 1714 regierten, wurden fast nie selbst aktiv, sondern reagierten auf Anstöße von außen. Eine kohärente Konzeption bezüglich der ihnen unterstellten Juden war offenbar nicht vorhanden. Als im Jahre 1723 »Klagden und Beschwerden« der Kramer und Kaufleute die Regierung erreichten, die Juden böten – im Gegensatz zu den streng reglementierten Kaufmannsgilden – sehr verschiedene Waren an, wurde verordnet, daß die Juden zwar »geziemende Nahrung und zuläßigen Handel« treiben dürften, sie aber keine »offenen Boutiquen« haben und nur bestimmte Waren verkaufen könnten. Hierbei handelte es sich um Nesseltuch, Canten, Canivas, Schiertücher,

Linnen und wollene Bande, um inländischen Drell und Leinwand, Parchen, Gaze und Flor. Der Handel mit neuen Waren, die nach Ellen oder Gewicht verkauft wurden, war ihnen verboten, ebenso der mit Seiden- und Galanteriewaren. Den Handel mit »Hooken-Waaren«, also Lebensmittel, war den Juden nur dann auf dem Lande gestattet, wenn es keine christlichen Hökner gab. Grundsätzlich räumte die Regierung den Privilegien der christlichen Händler also einen Vorrang ein.[6] Die Geheimen Räte in Hannover akzeptierten wohl die Niederlassung von Juden in den Kurlanden, waren aber sonst zu keiner weiterreichenden Neuerung bereit. Zwar griff die Regierung wesentlich häufiger und detaillierter in das jüdische Wirtschaftsleben ein als noch im 17. Jahrhundert. Doch können diese Verordnungen kaum als ordnungspolitische Steuerungsmaßnahmen zur Verbesserung der wirtschaftlichen Situation des Gesamtstaats bezeichnet werden, wie wir sie in Ansätzen in anderen Staaten feststellen. Dort wies der klassische Maßnahmenkatalog der etatistisch-merkantilistischen Wirtschaftspolitik die Einrichtung von Manufakturen ebenso auf wie die Begünstigung von Handel, Verkehr und Gewerbe sowie die Peuplierung, d. h. die Vermehrung der steuerzahlenden und gewerbetreibenden Bevölkerung durch die Förderung der Einwanderung entsprechender Personen. All diese Maßnahmen hätten sich auf die Lage der Juden nur positiv auswirken können. Gerade der wirtschaftlich rückständige niedersächsische Raum, in dem nach wie vor die Landwirtschaft die Hauptrolle spielte und Handelsplätze von überregionaler Bedeutung fehlten, bot flexiblen und risikobereiten Unternehmern ein weites Betätigungsfeld, und die zwangsweise besonders an Flexibilität und Risikobereitschaft gewöhnten Juden hätten hier möglicherweise für einen Modernisierungsschub sorgen können.[7] Die Regierung in Hannover jedoch beschränkte sich auf einige wenige Einzelmaßnahmen, die sich stets im vertrauten Rahmen von Privilegierungen, also Ausnahmeregelungen, bewegten. So durften die Nachkommen des Hoffaktors Hertz Behrens ihre Handelsprivilegien behalten. Sie blieben also von dem genannten Edikt von 1723 ausgenommen.[8] Den Harburger Juden wurde 1718 – ebenfalls ausnahmsweise – der Immobilienbesitz gestattet.[9] Auf die Erlaubnis zur Einrich-

No 78.   1723 ⅖ April.

Georg / von GOttes Gnaden / König von Groß-Britannien / Franckreich und Irland / Beschützer des Glaubens / Hertzog zu Braunschweig und Lüneburg / des Heil. Röm. Reichs Ertz-Schatzmeister und Churfürst.

Achdemmaln von denen in Unserm Chur-Fürstenthum und Landen angesessenen Kramern und Kauf-Leuten viele Jahre her gar bewegliche Klagden und Beschwerden geführet worden / daß ihnen von denen Juden grosser Eintrag und Verhinderung in ihrer Nahr- und Handelung geschehe / indem unterm Vorwand eines aus Unserm Geheimten Rahts-Collegio am 18. Januar. 1710. ergangenen/ und in denen Schutz-Brieffen ratihabirten Refcripti, dieselbe allerhand Waaren ohne Unterscheid feil haben/ dahingegen sie/ die Christlichen Kauf-Leute und Kramer sich an gewisse Species nach Anweisung jeden Orts/ Amts- und Gilde-Ordnung binden müsten/ und keine andere Waaren verkauffen dörfften ; Mit allerunterthänigster Bitte/ daß Wir ein gewisses Reglement und Verordnung/ was die in obgedachtem Unserm Chur-Fürstenthum und Landen mit Schutz-Briefen versehene Juden vor Waaren führen/ und zu verkauffen befugt seyn sollen/ publiciren möchten ; Und Wir dann solches um so mehr nohtwendig finden/ als die Erfahrung giebet/ daß derer Kramer und Kauf-Leute Beschwerde nicht ohne Grund und zu besorgen sey/ daß die Juden den grössesten Theil der entzelnen Handelung endlich an sich ziehen/ und denen Kramern wenig oder gar nichts übrig bleiben werde: Unsere gesamte Landschafften auch / und insonderheit die Calenbergische mehrmaln Erinnerung und unterthänigste Instantz gethan/ denen Juden in der Handelung ein gewisses Ziel und Maaß zu setzen ; Wegen des Schlachtens derer Juden zum feilen Kauf nicht minder viele Beschwerde geführet worden ; Und dann die mehreste denen Juden ertheilte Schutz-Brieffe/ absonderlich in denen Fürstenthümern Calenberg und Grubenhagen um letzt-verwichenen Michael. ein Ende genommen;

So setzen/ ordnen und wollen Wir hiemit/ daß zufoderst in Unserer Stadt Hannover es bey der dem verstorbenen Hof- und Cammer-Agenten Hertz Behrens ertheilten Resolution, vermöge deren ihm und einem seiner Kinder/ so sich allda besetzet/ concediret worden/ allerhand Waaren in ihrem Hause zu verkauffen/ auch wann sie von Unsern Bedienten und Fremdden gefodert werden/ in deren Häuser zu gehen/ und allda ihre Waaren zu verkauffen/ bleiben solle.   Es bleibet weniger nicht bey dem Special-Handlungs-Privilegio, welches Unseres in GOtt ruhenden Herrn Vaters Gnaden/ denen sämtlichen zu Hannover wohnenden Schutz-Juden unterm 7. April. 1697. gegeben/ und Wir unterm 16. Jun. 1707. confirmiret.   Wie dann auch sonst alle diejenige Schutz-Juden/ welche speciale Concessiones, der Handelung halber/ von Uns erlanget/ oder etwa noch erlangen möchten/ dabey gelassen werden sollen.

Verordnung zur Regelung des jüdischen Handels
in Braunschweig-Lüneburg, 1723
(Auszug)

tung von Manufakturen wird noch an anderer Stelle einzugehen sein.

Ein Blick auf die weitere Verordnungspraxis der Regierung bis zum Ende des Kurstaats macht den Grad ihres Konservativismus deutlich. Jeder Neuerung stand sie grundsätzlich mißtrauisch gegenüber. Die Harburger Juden, deren Privilegien eigentlich als Wirtschaftsförderung gedacht waren, konnten 1730 keine eindeutige Regelung erreichen, die den Handel mit Luxusgütern geordnet hätte, obwohl eine entsprechende Kramergilde am Ort noch gar nicht existierte.[10] 1764 führten die Geheimen Räte nach entsprechenden Klagen der Kaufleute für alle Juden, die Jahrmärkte besuchen wollten, den Paßzwang ein. Diese Einschränkung war bislang unbekannt gewesen.[11] Offenbar fanden die alten städtischen Korporationen bei der Regierung, die noch ganz in ständischen Kategorien dachte, stets ein offenes Ohr. Angesichts der Tatsache, daß die Juden seit 1723 keinen offenen Laden führen, nach 1731 keinen Hausierhandel betreiben durften und nach 1764 auch zu den Jahrmärkten nur noch bedingt zugelassen wurden, sie jedoch nach wie vor fast ausschließlich vom Handel zu leben gezwungen waren, waren ständige Konflikte zwischen Juden und christlichen Kaufleuten vorprogrammiert. Eine Reform im Sinne der Aufklärung wurde von der hannoverschen Regierung nicht angestrebt. Im Gegenteil: die beschriebenen Verordnungen zementierten die ohnehin erstarrten Strukturen der Zünfte und Korporationen. Das äußerste, das die Regierung zu gewähren bereit war, bestand in dem Regulativ von 1801. Nach Anträgen der Juden auf Ausweitung ihrer Handelsmöglichkeiten hatten die Räte in Hannover die betroffenen christlichen Kaufleute nach etwaigen negativen Auswirkungen befragt und dann – nach mehrjährigen Beratungen – die Liste der seit 1723 erlaubten Handelswaren etwas verlängert. Das war zwar ein Zugeständnis an die Juden, doch kann dieses Entgegenkommen nur kümmerlich genannt werden, wenn man die gleichzeitig stattfindenden rasanten Veränderungen in anderen Staaten, etwa in Frankreich, hiermit vergleicht.[12]

Die reaktionäre Einstellung der hannoverschen Regierung konnte sogar noch im späten 18. Jahrhundert dazu führen, daß Schutzjuden wieder – wie im 16. Jahrhundert – um ihr Bleiberecht fürchten mußten.

1796 erreichte die Stadt Göttingen, in der 1790 elf jüdische Familien gezählt wurden, die Begrenzung von deren Anzahl auf drei, d. h. acht Familien mußten die Stadt verlassen.[13] Diese Ausweisung blieb zwar ein Einzelfall, doch zeigte sie deutlich die geringe Rechtssicherheit der Juden auch im Zeitalter der Aufklärung.

Betrachten wir den hannoverschen Staat in seiner Gesamtheit, so stellen wir eine zwar streng kontrollierte, aber doch unleugbare allmähliche Zunahme der jüdischen Bevölkerung fest. Offenbar war die Regierung eher als im frühen 17. Jahrhundert dazu bereit, einzelnen jüdischen Familien die Niederlassung zu gestatten. Diese Bereitschaft wurde auch durch die üblichen Proteste der ansässigen Kaufleute kaum beeinträchtigt. Mitunter siedelte die Regierung sogar bewußt Juden an, um die christlichen Kaufleute zu einem besseren Preis-Leistungsverhältnis zu zwingen.[14] Die obigen Erläuterungen der restriktiven Verordnungspraxis machen jedoch klar, daß es sich hierbei nur um punktuelle Maßnahmen handelte, die eher den Eindruck einer in sich widersprüchlichen Regierungspolitik vermitteln, als daß sie auf Judenfreundlichkeit schließen lassen. Und so bleibt als einer der wenigen Fortschritte in der hannoverschen Judenpolitik die schlichte Tatsache festzuhalten, daß am Ende des 18. Jahrhunderts mehr Juden im Kurstaat leben durften als hundert Jahre zuvor.

Im Jahre 1700 wurden in den hannoverschen Landesteilen 73 Schutzjuden gezählt.[15] Genaue Angaben über die weitere demographische Entwicklung sind kaum zu machen, da eine landesweite Zählung offenbar nicht mehr stattfand. Jedenfalls sind keine entsprechenden Angaben erhalten. Wir verfügen nur über Einzelerhebungen, die darüber hinaus nicht aus demselben Jahr stammen. Die Überraschung der Behörde über die Existenz von vier Juden in Ritterhude im Jahre 1734 macht deutlich, daß die Regierung offenbar nicht imstande war, die genaue Anzahl festzustellen.[16] Wir müssen uns folglich mit Annäherungswerten begnügen. Werfen wir zunächst einen Blick auf die wichtigsten Städte des Kurfürstentums. In Hannovers Neustadt – die Altstadt blieb Lutheranern vorbehalten – lebten 1746/47 44 jüdische Familien, 1776/77 waren es 61.[17] In Göttingen wurden 1753 neun Familien gezählt, 1790 elf.[18] In Celle lebten um

1750 32 Familien (2 % der Bevölkerung).[19] In Osterode waren es 1754 16 Familien,[20] in Hameln gegen Ende des 18. Jahrhunderts 12,[21] in Wunstorf 1768 sechs,[22] in Nienburg 1768 ebenfalls sechs,[23] in Dannenberg 1796 fünf.[24] Eine ähnliche Größenordnung kann für Einbeck und Harburg angenommen werden.[25] In vielen Gemeinden schwankte die Anzahl der jüdischen Familien während des 18. Jahrhunderts von zwei bis vier: Ohne Anspruch auf Vollständigkeit seien hier Lüneburg,[26] Osterholz,[27] Burgdorf,[28] Neustadt am Rübenberge,[29] Moringen,[30] Bleckede,[31] Rotenburg[32] und Syke,[33] genannt. Zahlreiche Ortschaften, wie z. B. Achim, Stade, Bederkesa und Bremervörde, wiesen lediglich eine Schutzjudenfamilie auf.[34] Wieviele Orte es insgesamt waren, konnte bislang noch nicht ermittelt werden. Die restriktive Ansiedlungspolitik der Regierung wirkte sich vor allem auf dem Lande aus. Dort fand eine größere Anzahl von Juden allenfalls dann eine Wohnstatt, wenn es sich um Orte in adligen Gerichten handelte. In Adelebsen z. B. betrug der jüdische Bevölkerungsanteil zu Beginn des 19. Jahrhunderts mit 107 Personen immerhin 10 % der Gesamteinwohnerschaft.[35] Die relativ starke Zunahme der hannoverschen Gemeinde erklärte sich wohl z. T. durch die Präsenz mehrerer wohlhabender und einflußreicher Hoffaktorenfamilien. Autobiographische Berichte fränkischer Juden belegen, daß Hannover im 18. Jahrhundert den Ruf genoß, gute Zukunftsaussichten zu bieten: dort »liege das Geld auf der Straße«.[36] Wagen wir eine Schätzung, so wird sich die Anzahl der kurhannoverschen Schutzjuden zwischen 1700 und 1800 mindestens verdreifacht haben. Der Chef des Calenberger Polizeidepartements, Friedrich Arnold Klockenbring, erwähnte in einem Aufsatz aus dem Jahre 1787, daß der jüdische Bevölkerungsanteil im Kurfürstentum 0,5 % betrüge,[37] ohne diese Angabe zu belegen. Geht man davon aus, daß 1790 870 000 Menschen in Kurhannover lebten,[38] so hätten über 4300 Juden dort gewohnt. Angesichts der restriktiven Ansiedlungspolitik der Regierung sowie der bislang ermittelten Daten erscheint diese Zahl als zu hoch, zumindest im Hinblick auf die Schutzjuden.

Festzuhalten bleibt jedoch in jedem Fall, daß es einen großen Zuwachs gegeben hat, welcher allerdings sehr ungleichmäßig über das Land verteilt war. Die Hauptstadt sowie einige adlige Gerichte wiesen die größten

Schutzbrief für Salomon Ruben in Barsinghausen, 1702 (Auszug)

Zuwanderungszahlen auf. Ausschlaggebend waren im Einzelfall die wirtschaftliche Attraktivität des Ortes, bereits vorhandene, u. U. einflußreiche jüdische Familien und schließlich die Stärke des Widerstandes der christlichen Bürger.

Die Juden in Kurhannover konnten also im späten 17. und im 18. Jahrhundert wenigstens auf ein sichereres Wohnrecht hoffen als in den Zeiten vor dem Dreißigjährigen Krieg. Die Betonung muß jedoch auch dann noch auf das Wort »hoffen« gelegt werden. Einen Rechtsanspruch hatten die Juden nach wie vor nicht. In den hannoverschen Landen – mit Ausnahme von Bentheim – existierte keine Judenordnung, die die Verhältnisse der Judenschaft in ihrer Gesamtheit geregelt hätte und die dadurch – zumindest theoretisch – einen gewissen Rechtsschutz vor allzu willkürlichen Maßnahmen hätte bewirken können. Neben den oben genannten Erlassen und Gesetzen blieb der aus mittelalterlichen Zeiten bekannte, individuell ausgestellte Schutzbrief die wichtigste rechtliche Basis der jüdischen Existenz.

Die Schutzbriefe sicherten einen begrenzten, ungestörten Aufenthalt zu – meist für sechs Jahre, in Bremen-Verden für drei Jahre.[39] Diese Frist konnte verlängert werden. Die Regierung sicherte den Schutz von Leben, Freiheit und Eigentum der Juden zu, sie gestattete freie Religionsausübung und regelte den Handel.[40] Sie bestimmte zunächst den Wohnort, der den antragstellenden Juden zugewiesen wurde. Die lokale Behörde fungierte dann auch meist als erste gerichtliche Instanz. Die zweite Instanz war die Justizkanzlei in Hannover. Des weiteren wurde der Zinsfuß festgelegt. In einem Wunstorfer Schutzbrief aus dem Jahre 1712 erlaubte die Regierung 8 % auf Summen über 30 Talern, auf kleinere Summen einen Goslarschen Pfennig wöchentlich. Die Pfandleihe wurde reglementiert, wobei »verdächtige Güter« nur »mit Unseres Stadt Voigts Vorbewust« angenommen werden durften. Hier waren Reste des Hehlerprivilegs erhalten geblieben. Schlachten für den Eigenbedarf und der Verkauf unbrauchbarer Fleischstücke am Wohnort wurden ebenfalls gestattet. Schließlich wurde die Befreiung vom Leibzoll ausgesprochen. Für all diese Bestimmungen hatte der einzelne Jude vier Taler pro Jahr zu bezahlen.[41] Der Inhalt macht deutlich, wie wenig sich seit dem 16. Jahrhundert geändert hatte.

Zu den Strukturelementen der fürstlichen Regierungsweise in jener Zeit der sozialen Ungleichheit gehörte die mehr oder weniger willkürliche Vergabe von Privilegien und Sondergenehmigungen. Auf diese Weise kamen manche Juden in den Genuß eines Schutzes, der wesentlich länger dauern konnte als die genannten sechs Jahre.[42] Auch wurde recht häufig wohlhabenden Juden trotz des seit 1718 geltenden Verbots, Immobilien zu besitzen, der Erwerb von Häusern in ihren Wohnorten gestattet, z. B. in Hannover, in Bremervörde, in Osterode, in Münden und in Ebergötzen.[43] Es sei an dieser Stelle allerdings noch einmal ausdrücklich betont, daß die so bevorzugten Juden keinen Rechtsanspruch hatten. Die Regierung gewährte gnädig besondere Vergünstigungen und behielt sich ansonsten alle Kontrollmöglichkeiten vor. In der Tat bemühten sich die Geheimen Räte in Hannover während des gesamten 18. Jahrhunderts intensiv um eine genaue Kontrolle ihrer Schutzjuden, wenn auch mit zweifelhaftem Erfolg. Wiederholt verschickten sie Fragebögen an die einzelnen Ämter im Land. 1748 wollten sie wissen, wieviele Schutzjuden in den Ämtern lebten, wie lange sie dort wohnten, wieviel Familienmitglieder bzw. Gesinde sie hatten und ob ihre Schutzbriefe noch gültig seien.[44] 1762 wurde die Frageliste ausgedehnt. Die Regierung erkundigte sich nun auch detailliert nach den Vermögensverhältnissen der Juden und nach etwaigen Beschwerden gegen ihr Handelsgebaren.[45] 1786 kam dann noch die Frage hinzu, ob die Juden »wohl gar einen Concurs erreget« hätten.[46] Die Fragen zielten zweifellos darauf ab, die Anzahl der Juden, vor allem der weniger bemittelten, zu beschränken. Die niedergelassenen Juden, die pünktlich zahlten und keinen Anstoß erregten, lebten recht sicher. Ihre Aufenthaltsgenehmigung wurde meist anstandslos verlängert und nach ihrem Ableben oft auf den ältesten Sohn übertragen, so daß in vielen hannoverschen Gemeinden bis in die Zeit des »Dritten Reiches« hinein jüdische Familien lebten, die auf eine Tradition von mehreren Jahrhunderten zurückblicken konnten. Dennoch hatte sich die Regierung auch hier alle Möglichkeiten offengehalten. Sie war zu einer »Übernahme« der nachfolgenden Generation nicht verpflichtet. Für den nachfolgewilligen Sohn mußte um die Übernahme in den Schutz Hannovers erst nachgesucht werden.[47]

Weit größere Probleme hatten die nachgeborenen Söhne. Wollten sie einen eigenen Haushalt gründen und sich selbständig machen, so mußten sie ihren Heimatort meist verlassen.[48] Da die Regierung darüber hinaus noch über das Recht verfügte, Eheschließungen zu genehmigen, konnte sie die demographische Entwicklung der jüdischen Bevölkerung in ihrem Territorium wirkungsvoll kontrollieren. Für die betroffenen Juden bedeutete dies eine weitere empfindliche Einschränkung ihrer Lebensumstände. Verarmte eine Familie, so daß die Schutzgeldzahlungen stockten, drohte grundsätzlich die Ausweisung. Allerdings wurde diese Drohung nicht immer wahrgemacht. Im Amt Wildeshausen beispielsweise setzten sich die dortigen Beamten mitunter für verarmte Juden ein, um ihnen wenigstens einen Ernährer zu erhalten.[49] Von einer gesicherten Existenz konnte jedoch noch lange nicht die Rede sein.

Die Zählebigkeit mittelalterlicher Traditionen zeigte sich auch an der Beibehaltung des sogenannten Judeneides. Die maßgeblich werdende Eidordnung, die 1712 in Celle gedruckt wurde, schrieb für eine Eidesleistung von Juden die Anwesenheit eines christlichen Geistlichen, eines Rabbiners und mehrerer jüdischer Zeugen vor. Der Schwörende mußte liturgisch bedeutsame Gewänder, wie z. B. den Gebetsmantel, sowie die Gebetskapseln, die *Teffilin*, tragen. Während des Schwurs hatte er sich nach Osten, also gegen Jerusalem, zu wenden. Geschworen wurde auf die Bibel.[50] Zwar entfiel manches entwürdigende Beiwerk, das wir aus dem Mittelalter kennen, wie etwa die blutige Sauhaut, doch war die ganze Zeremonie in ihrem Wesen unverändert. Sie sollte den Christen durch ihren Aufwand signalisieren, daß ein jüdischer Eid mit größter Vorsicht zu behandeln sei.

Die Bestrebungen der hannoverschen Regierung, möglichst alle Schutzjuden umfassend zu kontrollieren, führten nach der Ausschaltung der Städte zu manchem Konflikt mit den einzig noch verbliebenen Konkurrenten bei der Aufnahme in den Schutz, den adligen Gerichtsherren. In den Gerichtsbezirken Adelebsen, Ahlbeshausen, Imbshausen, Hardenberg, Waacke, Geismar u. a. verfügten die Gerichtsherren auch über das Recht, Schutzjuden aufzunehmen. Als die Regierung die »Wegschaffung der Juden aus den geschlossenen adligen Gerichten«[51] plante, regte sich

dort Widerstand. Der betroffene Adel pochte auf sein *ius recipiendi judaeos*. Es ging ihm dabei nicht um die Juden, sondern um seinen Besitz. Er fürchtete, daß »der geringe Überbleibsel von denen juribus statuum noch weiter verringert werde«.[52] Ausführlich protestierte der Herr von Bodenhausen (Ahlbeshausen):

»Mich wundert übrigens gar sehr, daß das königl. Ministerium in dem Rescripto vom 8ten Oct die Sache nicht bloß auf den Fuß Landesherrlicher Macht und Gewalt genommen, sondern die infine befindliche commination mit vielen Argumenten theils ex utilitate publica, theils iure provinciali nostro depromtis begleitet, und wie ich fast dafür halte, daß man gegen dieses bey bewandten Umständen und der finaldrohung ohngeachtet höflige Rescript vieles obloquieret werden solte, wie eine frantzösische Parlamentsresolution, und daneben woll gar dieses risquiren: daß das bishero bey denen Adelichen Gerichten hergebrachte Judenschutzgeld tamquam consuetudo irrationabilis aboliret werde; wofern ich wegen der vorseyenden Vorstellung meine geringe Meinung sagen solte, (...), daß man bloßerdings bey königl. Ministerio dahin Vorstellung thäte, daß man hoffen wolte, es würde ein Jeder auf den Fall, daß die von den Geheimen Räthen offerierte Vorsprache wegen Duldung der jetzo im Lande befindlichen Juden Platz finden, oder künftighin wegen toleranz derselben Ihre königl. Majestät dero jetzige Allerhöchste Willens Meinung ändern solten, bey seinem wohlhergebrachten Rechte der zu erhebenden Schutzgelder gelaßen werden solle (...).«[53]

Dem niedersächsischen Adel ging es, ganz wie den wohl nicht zufällig zitierten französischen Parlamenten, um die Sicherung der Feudalrechte und der daraus fließenden Einkünfte. Wie im Mittelalter wurden die Juden als Objekte, als Besitztitel betrachtet. Die Regierung setzte sich übrigens gegen den Adel nicht durch. Mehrere Gerichtsherren reagierten überhaupt nicht auf die Aufforderung aus Hannover.[54] Andere protestierten, wie beschrieben, mit Erfolg. Bis zur Auflösung der Patrimonialgerichte im 19. Jahrhundert blieb alles beim alten.[55]

Überblicken wir die Entwicklung der Rechte der hannoverschen Juden im 18. Jahrhundert und fragen nach etwaigen Fortschritten im Vergleich mit früheren Zeiten, so müssen wir feststellen, daß sich recht wenig geändert hatte. Zwar war die Sicherheit vor willkürlichen Vertreibungen gewachsen, und eine entsprechende Zunahme der jüdischen Bevölkerung erfolgt, doch blieb der Rechtsstatus der Juden mittelalterlich. Die Schutzbriefe waren auch im 18. Jahrhundert das, was sie schon im Mittelalter gewesen waren: Zeichen für den permanenten Ausnahmezustand, in dem die Juden zu leben gezwungen waren. Die Regierung gewährte sie wie Privilegien. Nun kennzeichnete die Ständegesellschaft des Ancien Régime zwar grundsätzlich das Privilegienwesen, doch dürfen wir nicht vergessen, daß es bei den Schutzbriefen für Juden um die gnädige Gewährung schon allein der Existenzberechtigung ging. Die zahlreichen Verordnungen und Kontrollmaßnahmen der hannoverschen Regierung spiegeln einerseits den in vielen damaligen Staaten zu beobachtenden Ausbau der Bürokratie wider, der gern als Schritt in Richtung auf den modernen Staat gedeutet wird. Andererseits verrät der Inhalt der Dekrete jedoch das geringe Interesse der regierenden Geheimen Räte an einer Ausweitung der Möglichkeiten des jüdischen Wirtschaftens, was durchaus im Sinne einer Modernisierung gewesen wäre. Juden wurden nur dann aufgenommen und geduldet, wenn sich kein allzu großer Protest erhob oder wenn man ihre Anwesenheit für nützlich hielt. Das Motiv war also keine Menschenfreundlichkeit, sondern Opportunität. Für die Juden war dies nichts Neues. Sie waren daran gewöhnt, nicht um ihrer selbst willen toleriert zu werden. Bereits im Mittelalter hatten die Ausweisungen immer dann zugenommen, wenn man die Juden aus wirtschaftlichen Gründen nicht mehr „brauchte".

Die Folgen dieser regierungsamtlichen Politik liegen auf der Hand. Zum einen kam von dieser Seite kein Impuls, der eine neue Behandlung der jüdischen Bevölkerung eingeleitet hätte und dementsprechend auf die öffentliche Meinung hätte einwirken können. Zum andern mußte die grundsätzlich immer noch restriktive Aufnahmepraxis zur Vermehrung des Massenelends unter den nichtaufgenommenen Juden führen. Seit dem Ende des 17. Jahrhunderts breitete sich das Phänomen des Betteljudentums in ganz Deutschland aus. Die Repressionen und Verdrängun-

gen wirkten sich in Massenarmut und Massenobdachlosigkeit aus. Die meist aus Polen einwandernden Juden hatten keinerlei Aussicht auf einen Schutzbrief.[56] Die einschlägigen hannoverschen Verordnungen sprechen eine deutliche Sprache. Betteljuden durften das Land nicht betreten. Wurden sie aufgegriffen, drohten ihnen Gefängnisstrafen von 14 Tagen, im Wiederholungsfall die Brandmarkung und beim dritten Mal der Strang.[57] Lediglich zahlungsfähige Durchreisende wurden für mehrere Tage geduldet. Doch auch ihnen drohten Strafen zwischen 10 und 15 Talern, wenn die Fristen überschritten wurden. An Denunzianten hatten sie noch einmal 5 bis 10 Taler zu zahlen.[58] All diese Maßnahmen waren nicht dazu geeignet, Vorurteile abzubauen. Die Regierung zeigte damit, daß die Juden eigentlich unerwünscht waren. Das von vergleichbaren Maßnahmen mitverursachte Elend der Betteljuden führte gar in einen Teufelskreis. Die armen Juden durften sich nirgendwo niederlassen. Sie waren also zur permanenten Wanderschaft gezwungen. Diese Tatsache verstärkte wiederum das Stereotyp des „Ewigen Juden", der heimatlos, rastlos, fremd und manchem biederen Bürger gefährlich erschien.[59]

Herzogtum Braunschweig-Wolfenbüttel

Nach allgemein herrschender Rechtsauffassung hatten im Herzogtum Braunschweig die Austreibungsedikte von 1553 und 1591 ihre Gültigkeit nie verloren, d. h. Stadt und Land waren für Juden verboten. Die Herzöge nahmen sich jedoch häufiger das Recht, jüdische Familien anzusiedeln, und zwar mittels besonderer Privilegien. So kam es nach 1690 zu Niederlassungen einzelner Juden in Wolfenbüttel[60] und in Seesen.[61] Im Jahre 1707 durfte mit Alexander David auch erstmals wieder ein Jude in die Stadt Braunschweig ziehen.[62] Die genannten Sondergenehmigungen kamen nicht von ungefähr. Die betreffenden Juden waren wohlhabende Kaufleute, von deren Geschäften der Hof zu profitieren gedachte, wie weiter unten im Zusammenhang mit dem Hoffaktorentum noch zu untersuchen sein wird.
Wie im benachbarten Hannover regelten auch im Herzogtum Braunschweig die individuell ausgestellten

Schutzbriefe Handel und Wandel der jüdischen Bevölkerung. Eine landesweit geltende Judenordnung wurde zwar wiederholt angestrebt, nämlich 1749 und 1766, kam aber nicht zustande.[63] Die Schutzbriefe befristeten die Verweildauer im allgemeinen auf sechs Jahre, legten die Höhe des Schutzgeldes fest, das sich aus dem jeweiligen Vermögen ergab, bestimmten den Zinsfuß – normalerweise 6 % – und regelten die Gewerbemöglichkeiten.[64] Nach 1736 wurden auch Bestimmungen aufgenommen, die an das 16. Jahrhundert erinnern: Die Juden durften nichts Anstößiges gegen die christliche Religion vorbringen, und auswärtige Juden wurden nicht mehr zum Besuch jüdischer Gottesdienste zugelassen.[65] Neben den Schutzbriefen wurden durch mehrere Edikte die jüdischen Erwerbsmöglichkeiten eingeschränkt, wie beispielsweise durch das Hausierverbot im Jahre 1740.[66]

Die erwähnten Maßnahmen gleichen denjenigen der Geheimen Räte in Hannover. Ähnlich restriktiv verhielt sich die Braunschweiger Regierung auch in Fragen der Vermehrung jüdischer Zugezogener. 1735 legte Herzog Karl von Braunschweig die Anzahl der Wolfenbütteler Schutzjuden auf zwei fest. Für jede Niederlassungserlaubnis wurde ein Vermögen von 1000 Reichstalern verlangt, ab 1785 sogar eines von 2000.[67] In der Stadt Braunschweig fanden dennoch immer mehr Juden einen Wohnort. 1760 lebten 15 Familien (86 Personen) dort, 1786 waren es 41 Familien.[68] In Holzminden lebten 1781 12 Familien.[69] Auch auf dem Lande durften sich Juden niederlassen. 1749 konnte ein Kaufmann im Dorf Bornhausen bei Seesen Wohnung nehmen, da es am Ort keinen Ellenwarenhandel gab. Die Einwohner mußten ihren Bedarf im benachbarten Groß-Rhüden decken, also im Ausland. Aus wirtschaftlichen Erwägungen wurde also in diesem Falle eine jüdische Ansiedlung gefördert.[70] Immerhin erhöhte sich die Anzahl der Schutzjuden im Amt Seesen bis 1801 auf 12 Familien,[71] woraus zu ersehen ist, daß in Braunschweig, wie in Hannover, wenigstens für die Schutzjuden die Existenzgrundlagen im 18. Jahrhundert etwas sicherer geworden waren.

Dennoch kann wohl nicht davon ausgegangen werden, daß die Braunschweiger Regierung immer über ein klares Konzept hinsichtlich ihrer Judenpolitik verfügte. Einmal begünstigte sie die Ansiedlung von Juden, wohl aus merkantilistischen Interessen, auch gegen den Protest der einheimischen Zünfte und Gilden.[72] Ein anderes Mal behinderte sie jedoch offenkundig den jüdischen Handel. So hob sie 1787 die Befreiung von Gebühren für den Besuch der Braunschweiger Messe auf, die bis dahin den Wolfenbütteler Juden zugestanden worden war.[73] Überhaupt achtete sie in Wolfenbüttel genau auf die Beschränkung der Anzahl von Schutzjuden. Selbst Kinder von Hofjuden fanden keine Aufnahme, wenn bereits zwei Zulassungen erteilt worden waren.

Einige Maßnahmen der Regierung aus dem späten 18. Jahrhundert deuten jedoch darauf hin, daß im Herzogtum Braunschweig eher und wirkungsvoller über eine Verbesserung der Rechtsstellung der Juden nachgedacht wurde als in Hannover. Zunächst wurde das Verbot des Immobilienerwerbs durch Juden gelockert. Die Regierung tadelte die hartnäckige Verweigerungshaltung des Braunschweiger Magistrats in dieser Frage sogar ausdrücklich als »unaufgeklärt«.[75] 1788 wurde dann, nach Protesten des Hoffaktors Herz Samson, der Judeneid reformiert. Die Regierung orientierte sich dabei an den Verhältnissen in Preußen, dessen Eidrecht von Moses Mendelssohn mitgestaltet worden war.[76] Die bekannten Diskriminierungen entfielen nun weitgehend. Im Jahre 1803 schließlich schaffte die Regierung den Leibzoll ab, den Juden bei Betreten oder Verlassen des Landes entrichten mußten und der sie, wie im Mittelalter üblich, auf dieselbe Stufe stellte wie eine zu verzollende Ware.[77] Auch wenn die Regierung meistens auf Anträge und Beschwerden einflußreicher Juden reagierte, also selbst selten aktiv wurde, brachten die geschilderten Maßnahmen den Schutzjuden erfreuliche Fortschritte. Wer allerdings nicht zu dem privilegierten Kreis der Schutzjuden gehörte, sah sich auch im vergleichsweise aufgeklärten Braunschweig genauso benachteiligt wie im konservativeren Hannover. Gegen nichtvergleitete Durchreisende ging die Braunschweiger Regierung genauso unerbittlich vor wie die Geheimen Räte in der Leinestadt.[78] Und das strenge Edikt gegen die Betteljuden aus dem Jahre 1712 und entsprechende Folgeerlässe relativierten die erwähnten Fortschritte doch in nicht unerheblichem Maße.[79]

Fürstbistum Hildesheim

Für die Juden im Hochstift Hildesheim änderte sich im Vergleich mit dem 16. Jahrhundert wenig. Der alte Gegensatz zwischen Regierung und Hildesheimer Stadtrat wirkte sich auch noch im 18. Jahrhundert auf die dortigen Juden aus, während dieses Phänomen in Hannover keine Rolle mehr spielte. Die Hildesheimer Juden benötigten folglich eine doppelte Vergleitung: sie mußten sich einen Schutzbrief der Stadt sowie einen des Landes besorgen. Die größere Selbstbeständigkeit des Stadtrats mag im Zusammenhang stehen mit der Tatsache, daß der Bischof sich nur sehr selten im Stift aufhielt, da er gleichzeitig meist auch über größere Territorien regierte, wie Kurköln und Münster.

Der Landesherr pflegte im hier interressierenden Zeitraum einen Generalschutzbrief für alle Juden des Stiftes auszustellen. 1662 bestimmte Fürstbischof Max Heinrich, daß die Juden 50 Reichstaler Schutzgeld zu zahlen hatten. Dafür durften sie zunächst zehn Jahre lang bleiben. Für sie waren die Bestimmungen »des Heiligen Römischen Reiches publicierter gemeiner und dehnen Juden aufgegebener privatordnung« gültig.[80] Ihre Berufe wurden nur recht allgemein angesprochen: »dieses ohrts gewohnliche nahrung und handtierung« war ihnen gestattet, sie durften das für sie unbrauchbare Fleisch verkaufen, Synagoge und Schule ungestört benutzen und sich einen Rabbiner halten.[81] Vom Leibzoll waren sie befreit. Der Generalschutzbrief des Bischofs Josef Klemens aus dem Jahre 1719 erhöhte das Schutzgeld auf 500 Gulden, beließ aber ansonsten fast alles beim alten. Lediglich den auch hier, wie in den Nachbarterritorien, zunehmenden Wanderungswellen wurde Rechnung getragen. Fremde Juden mußten sich bei der Rentkammer melden, und die Judenvorsteher hatten sich zu ihnen zu äußern. Grundsätzlich durften fremde Juden nicht hausieren, einheimische also offensichtlich wohl.[82] 1726 kamen weitere Bestimmungen hinzu. Die Regierung kontrollierte hinfort Eheschließungen mit Fremden, die Regelung des Nachlasses erbenlos Verstorbener und die Umlagen für die Synagogen. Außerdem wurden die schon aus Hannover bekannten Stolgebühren eingeführt.[83] Insgesamt kann auch für die Hildesheimer Regierung festgestellt werden, daß ihre

Kontrollbestrebungen zunahmen. Dennoch erscheinen die Schutzbriefbestimmungen im allgemeinen großzügiger als in Hannover und in Braunschweig. Vergleichen wir die Generalschutzbriefe mit den Schutzbriefen der Stadt Hildesheim, so fällt sogleich das Fortwirken mittelalterlicher Traditionen ins Auge. Die Stadt war und blieb judenfeindlich. Ihr Sammelbrief von 1708 begann bezeichnenderweise mit der Klage über die Überzahl an Juden, die »ambt und Gilden allerhand einpaß und abbruch gethan« hätten.[84] So wurde – im Gegensatz zu den bischöflichen Bestimmungen – ihre Anzahl auf 49 Familien beschränkt. Sie durften zwar »bey ihrer religion ohne einige hinderniß und zwang verbleiben«, hatten sich aber jeder Schmähung Jesu Christi zu enthalten.[85] Weiterhin wurde das Pfandgeschäft geregelt. Die Juden durften nichts gegen Ämter und Gilden unternehmen, nicht mehr als einen Pfennig Zins pro Taler und Woche nehmen, nur abgetragene Kleidung verkaufen und sonn- und feiertags die Bürger nicht »beunruhigen«.[86] Die Stadt bewahrte sich also ihr Recht auf eine eigene Judenpolitik länger als die vergleichbaren Städte in den Nachbarstaaten. Sie sicherte sich auch einen Anteil an der Strafgerichtsbarkeit über die Juden. Als der Bischof 1695 zwecks Regelung jüdischer Streitfälle einen bischöflichen Hof- und Judenkommisar einsetzte, protestierte die Stadt und klagte mit Erfolg ihre Rechte aus den Jahren 1418 und 1530 bei Kaiser Leopold I. in Wien ein. Der Magistrat behielt seine Funktion als erste Instanz, der bischöfliche Kommissar wurde die zweite. Auch in bezug auf die Wander- und Betteljuden erließ die Stadt eigene Verordnungen.[87]

Den sich seit 1650 verstärkenden Zuzug von Juden nach Hildesheim konnte jedoch auch der Rat nicht nach seinen Vorstellungen beeinflussen. Vor allem jüdische Flüchtlinge aus Polen kamen in das Stift. 1662 lebten in Hildesheim und auf dem Moritzberg insgesamt 36 Familien, im Amt Peine 5.[88] 1688 waren es 46 in Hildesheim und auf dem Moritzberg und 12 in Peine,[89] im Jahre 1724 in Hildesheim 49, auf dem Moritzberg 8, in Peine 43 und in den übrigen Ämtern 25 Familien.[90] Am Ende des Ancien Régime, im Jahre 1800, lebten im gesamten Stift 212 Familien.[91] Die Vermehrung ging, wie gesagt, zum großen Teil auf Einwanderungen zurück. Neben Polen sind hier vor allem

Hessen und Franken als Herkunftsländer zu nennen.[92] Abgesehen von der Stadt Hildesheim hatte sich das Kloster auf dem Moritzberg das Privileg der Judenvergleitung erhalten können. Es übte für seine Schutzjuden auch die niedere Gerichtsbarkeit aus.[93] Die Landjuden unterstanden ausschließlich der Hofkammer. Diese wies den antragstellenden Juden nach der Überprüfung ihres Leumunds und ihres Vermögens die Wohnorte zu.[94]

Trotz einiger zögerlicher Ansätze, das Verordnungswesen demjenigen der Nachbarstaaten anzugleichen, kann doch für das Stift Hildesheim festgestellt werden, daß die mittelalterlichen Konstellationen spürbarer erhalten blieben. Sogar der Kaiser wurde noch einmal als Schlichter in den Konflikten um die Feudalrechte angerufen. Dieser Mangel an »Modernität« wirkte sich jedoch auf die Juden nicht unbedingt negativ aus, vor allem in Anbetracht der bischöflichen Judenpolitik, die weniger kleinlich wirkt als diejenige in Hannover.

Grafschaft/Herzogtum Oldenburg

Die Grafschaft Oldenburg wurde von 1667 bis 1773 von Dänemark aus regiert. Für das 17. Jahrhundert verfügen wir nur über einige sporadische Nachrichten über Juden: 1659 wurden zwei reisende Handelsjuden in Oldenburg erwähnt, 1667 gehörte ein Jude als Marketender zur Oldenburger Kompanie im Türkenkrieg.[95] Erst 1692 erteilte der dänische König zwei Juden die Erlaubnis, sich in Oldenburg niederzulassen,[96] 1695 durften zwei weitere Juden nach Delmenhorst ziehen.[97] Im Jahre 1703 konnte der Handelsmann Meyer Goldschmidt sogar das Bürgerrecht in Oldenburg erwerben. Auch in der Grafschaft Oldenburg erwies sich also die Regierung großzügiger als die Städte, die stets gegen die Aufnahme von Juden protestierten. So wollten die Delmenhorster 1708 von der Aufnahme eines dritten Juden in ihrer Stadt nichts wissen, da sie davon den »größeren Abgang in der Nahrung« befürchteten.[98] Die Oldenburger wehrten sich sieben Jahre lang gegen die 1732 erteilte Aufenthaltsgenehmigung, die der König dem Sohn des erwähnten Meyer Goldschmidt zugesagt hatte.[99] 1774 kam es zu einem offenen Konflikt zwi-

schen der neuen herzoglichen Regierung unter Friedrich August von Gottorp und der Stadt Oldenburg, als sich Goldschmidts Schwiegersöhne dort niederlassen wollten. Die Stadt wünschte nur eine jüdische Familie. Der Herzog sprach jedoch den Bürgern jedes Mitspracherecht ab und erzwang die Aufnahme der Juden. Ähnliches ereignete sich in Delmenhorst, wo die Regierung die Niederlassung eines Hamburger Juden durchsetzte: Für das Publikum sei dadurch nämlich kein Schaden zu erwarten. Im Gegenteil. Angesichts der »Schlafsucht« des einheimischen Handels täte Konkurrenz nur gut.[100] Bis 1780 konnten sich auf diese Weise 23 jüdische Familien im gesamten Land ansiedeln.[101] Diese Anzahl erschien der Regierung jedoch als ausreichend, und sie begann nun ihrerseits mit einer härteren Politik. Sie verbot die Beherbergung »fremden Judengesindels«, erlaubte als Knechte von Schutzjuden nur »eingeborene Juden« und verlangte von Auswärtigen den Nachweis eines Vermögens von mindestens 1000 Reichstalern.[102]

In bemerkenswertem Kontrast zu den konkreten Maßnahmen der Regierung, die sich kaum von denjenigen der Nachbarstaaten unterschieden, stehen die aufgeklärten Ansichten des Herzogs Peter (1785–1829). Wohl unter dem Einfluß der 1781 entstandenen Schriften des preußischen Beamten Christian von Dohm *Über die bürgerliche Verbesserung der Juden* reflektierte der Herzog die Situation der Juden in seinem Land. Er verfaßte ein langes Memorandum, in dem er zu interessanten Schlußfolgerungen kam. Er betrachtete die jüdische Religion als Grundlage der christlichen und zweifelte nicht an der Notwendigkeit, ihr mit Toleranz zu begegnen. Allerdings hielt er, wie viele seiner aufgeklärten Zeitgenossen, die Juden für ein »verdorbenes« Volk. Die Ursachen für die von ihm so genannten Fehlentwicklungen sah er im historischen Umfeld begründet. Folglich müßte man die Juden umerziehen. Sie dürften nicht so bleiben, wie sie seien. Der Staat habe die Aufgabe, sie in ihren Pflichten zu unterweisen, damit sie zu Bürgern werden könnten.[103] Wichtig für den Erziehungsprozeß sei die Einrichtung eines Konsistoriums der Juden, das Lehrer und Rabbiner examinieren würde, damit sie im Sinne der Aufklärung wirken könnten.[104] Das Ziel, die bürgerliche Gleichstellung, sah der Herzog jedoch noch in weiter Ferne. So schloß er die Juden vorläufig vom Militärdienst aus und hielt auch am Verbot jüdisch-christlicher Mischehen fest.[105] Praktische Auswirkungen hatten die bemerkenswerten Pläne des Herrschers also noch nicht. Die ausdrückliche Kritik am derzeitigen Entwicklungsstand der Oldenburger Juden rechtfertigte vielmehr in den Augen auch einer aufgeklärten Regierung manche Unterdrückungsmaßnahme. Und somit konnte die Kammer 1780 erklären, daß es nicht empfehlenswert sei, »die Anzahl (der Juden, d. V.) *wachsen zu lassen, solange diese Nation nicht eine ganz andere sittliche und politische Bildung annimmt.*«[106]

Grafschaft Schaumburg-Lippe

In der Grafschaft Schaumburg-Lippe existierte keine landesweit gültige Judenordnung. Maßgeblich waren hier – wie in den bislang betrachteten Territorien – die einzelnen Schutzbriefe. Sie regelten den Handel, die finanziellen Lasten, das Schlachten und die Strafen.[107] Darüber hinaus wurden im Verlauf der Zeit mehrere Gesetze erlassen, die in der Reglementierung des jüdischen Lebens z. T. weiter gingen als die der anderen niedersächsischen Landesherren. Vergleichbar waren zunächst die Bestimmungen von 1684, die den jüdischen Gottesdienst duldeten, jedoch »geheim ohne Aufwand«,[108] und von 1785, die die Juden zu Stolgebührzahlungen zwangen.[109] 1719 gefiel es dem Grafen, eine Trauerverordnung zu erlassen, die ohne Rücksicht auf das jüdische Gesetz den Juden vorschrieb, in welcher Form sie ihre Verstorbenen zu beklagen hätten, z. B. durch das Tragen schmuckloser Kleidung.[110] Der in der Grafschaft gültige Judeneid erinnerte mit seinen langwierigen, entwürdigenden Zeremonien an mittelalterliche Verhältnisse. Das Verhalten der Obrigkeit während der ersten Hälfte des 18. Jahrhunderts schien ebenfalls an die unglückseligen Traditionen jener Epoche anzuknüpfen: Im Jahre 1717 wurden die Juden aus der Grafschaft ausgewiesen, ein Vorgehen, das zu dieser Zeit im niedersächsischen Raum einzigartig dasteht.[111] Die Tatsache, daß die Grafen schon kurze Zeit später Juden wieder aufnahmen, zeigt nur umso deutlicher, wie sehr die Juden hier der Willkür und den Launen der jeweils Herrschenden ausgesetzt waren. Das änderte sich erst, als

1764 Graf Wilhelm den Thron zu Bückeburg bestieg. Dieser aufgeklärte Herrscher, der mit Moses Mendelssohn persönlich verkehrte, nahm großzügig Schutzjuden auf: während 1761 12 Familien in der Grafschaft gelebt hatte, waren es 1777 40 und 1799 50.[112] Noch großzügiger wurden die Schaumburg-Lipper Juden unter der Regentschaft der Gräfin Juliane behandelt. Die „eingesessenen" durften unbehelligt am Ort ihrer Geburt leben. Die Nachkommen neu zu vergleitender Juden erhielten keine Handelserlaubnis, sondern hatten sich »bürgerlichen Professionen" zuzuwenden. Wenn dies gelang, wurden sie von der Zahlung des Schutzgeldes befreit. Ihre finanziellen Verpflichtungen dem Staat gegenüber wurden denjenigen der christlichen Untertanen angeglichen.[113] Diese Maßnahme suchte in ganz Niedersachsen ihresgleichen. Hier wurde nicht nur über Verbesserungen der jüdischen Position reflektiert, sondern auch gehandelt. Allerdings blieben auch die schaumburg-lippischen Reformen an Vorleistungen geknüpft, die von den Juden zu erbringen waren, nämlich die Änderung ihrer Berufe. Offenbar sah man auch in Bückeburg keinen Widerspruch darin, die mittelalterlichen Schutzbriefvorschriften zu lockern, gleichzeitig aber den Judeneid und den entwürdigenden Leibzoll beizubehalten. Letzterer wurde erst 1808 abgeschafft.[114] Und auch in der Behandlung der besonders hilfsbedürftigen Betteljuden stand die gräfliche Regierung ihren Kollegen in den Nachbarstaaten nicht nach. Noch 1785 wurde den Juden eingeschärft, keine fremden Juden aufzunehmen. Turnusmäßig stattfindende „Visitationen" sorgten dafür, daß diese Verordnung nicht nur Papier blieb.[115]

Grafschaft Bentheim

In der zweiten Hälfte des 17. Jahrhunderts finden wir erstmals ganz vereinzelt Juden in der Grafschaft Bentheim: seit 1650 in Bentheim selbst, seit 1677 in Schüttorf und 1685 in Neuenhaus.[116] 1694 sind 5 Familien nachgewiesen.[117] Die geldbedürftigen Grafen handelten stets gegen den Willen der Gemeinden, wenn sie Juden in ihren Schutz aufnahmen. Zunächst regelten ausschließlich die Schutzbriefe die Rechtsstellung der jüdischen Einwohner. Sie waren relativ großzügig: die

Graf Wilhelm von Schaumburg-Lippe

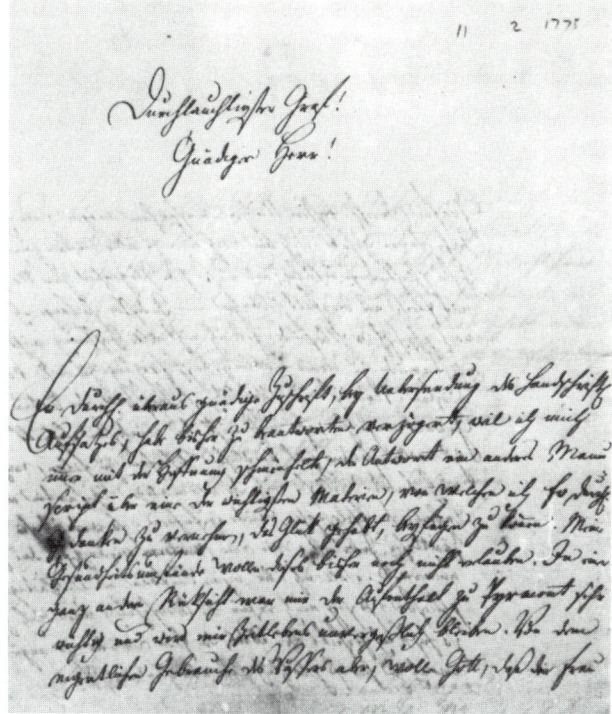

Briefwechsel des Grafen Wilhelm
mit Moses Mendelssohn (Auszüge)

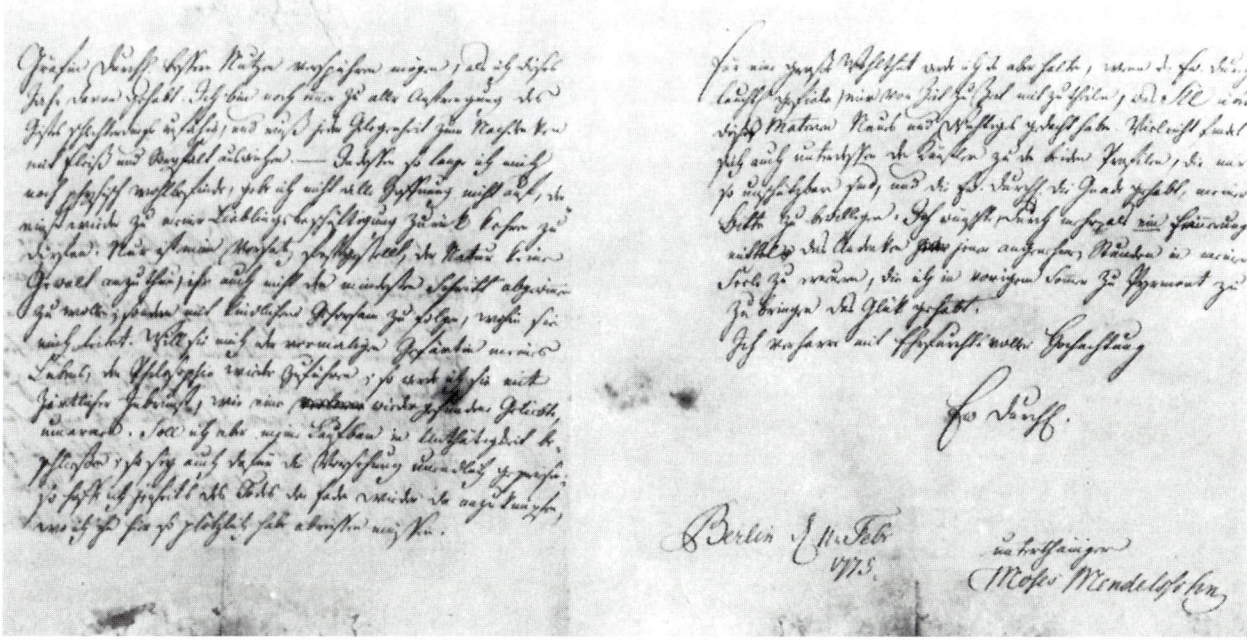

Juden durften ungestört ihre Gottesdienste halten, und sie waren von allen städtischen Abgaben befreit. Die Regierung verlangte dafür vier Taler Schutzgeld.[118] Zinsvorschriften existierten zunächst nicht. Erst 1715 wurden die münsterschen Bestimmungen übernommen.[119] 1723 lebten bereits 16 Familien in der Grafschaft. Deren relativ freie Lebensgestaltung wurde jedoch in der zweiten Hälfte des 18. Jahrhunderts empfindlich eingeschränkt. 1752 fiel Bentheim durch einen Pfandvertrag an Hannover. Die neue Regierung führte 1763 eine Judenordnung für die Grafschaft ein, deren detaillierte Bestimmungen zahlreiche Restriktionen mit sich brachten. Haus- und Grundbesitz wurden grundsätzlich verboten, Betteljuden durften das Land nicht betreten, Heiraten waren nur zwischen Einheimischen erlaubt, der Zinssatz wurde auf 5 % für Kredite über 100 Gulden, auf 8 % für Kredite unter 100 Gulden festgelegt.[120] Nicht einmal die ältesten Söhne durften nach ihrer Heirat zu Hause bleiben. Sie mußten die Grafschaft binnen 14 Tagen verlassen.[121] In einzelnen Fällen ging die Regierung in Hannover sogar noch weiter. Als sich 1776 die Schustergilde des Gerichts Velthausen gegen den jüdischen Handel mit Kuhhäuten wandte, verboten die Geheimen Räte den Fellhandel für Juden, obwohl die Judenordnung ihn gestattete.[122] Dennoch lebten gegen Ende des 18. Jahrhunderts etwa 27 Familien in der Grafschaft. Die größten Gemeinden wiesen Bentheim (6 Familien), Schüttorf (5 Familien) und Nordhorn (5 Familien) auf.[123]

Grafschaft Ostfriesland

In der Grafschaft Ostfriesland konnte sich zunächst die Stadt Emden im Besitz des Judenschutzrechts behaupten. Ein Streitfall zwischen den Emder Juden Levi und Jonas Goldschmidt und dem Ehepaar Kramer aus Norden entfachte den Kampf um das Regal aufs neue. Die Grafen hielten sich in diesem Konflikt für zuständig, die Stadt wünschte hingegen nicht, daß die Goldschmidts vor ein gräfliches Gericht zogen.[124] Allmählich gewann die gräfliche Regierung an Boden, so daß nach 1728 viele Emder Juden auch wieder einen (zweiten) Schutzbrief, nämlich einen gräflichen, erwerben mußten.[125] Im übrigen Ostfriesland bestimmte ohnehin die Regierung. In einem Generalgeleit des

Grafen Ulrich hatte sie bereits 1645 den Juden zugesichert, nach ihrer Ordnung leben zu dürfen. Eine gewisse Großzügigkeit legte sie auch dadurch an den Tag, daß sie den Juden in Norden – dort bestanden 1660 22 jüdische Haushaltungen – den Immobilienerwerb gestattete.[126] Auch dort, wo sich die Grafen mit dem eingesessenen Adel in den sogenannten Herrlichkeiten, wie etwa in Gödens, das Schutzrecht teilten, erfreuten sich die Juden relativ großer Bewegungsfreiheit. So durften sie, gemäß einem Schutzbrief, der 1729 in Neustadtgödens ausgestellt wurde, außergewöhnlich lange bleiben, nämlich 20 Jahre lang, ihre Reisen innerhalb Ostfriesland waren uneingeschränkt erlaubt, und das Recht auf eigene Synagogen und Friedhöfe wurde ihnen zugestanden.[127]

Im Jahre 1744 starb das ostfriesische Herrscherhaus der Cirksena aus. Das Land fiel an Preußen. Der neue König, Friedrich II., der bis zum heutigen Tag in den Schulbüchern als Prototyp des aufgeklärten Regenten präsentiert wird, zeigte mit seinem 1750 verkündeten Generalprivileg für die Juden, daß diese Qualifizierung für seine Judenpolitik nicht gelten kann. Die ostfriesischen Juden erlebten Einschränkungen, wie sie sie bisher nicht von der Regierung, ja nicht einmal vom Emder Rat gewöhnt waren. Die Preußen wünschten zunächst die Anzahl der Juden zu beschränken. In Emden sollten z. B. statt der 1741 gezählten 98 Familien nur noch 30 zugelassen werden. Gleichzeitig sollte jedoch das Judenregal höhere Einnahmen bringen. Von den Kindern jüdischer Eltern erhielt nur noch der erstgeborene Sohn die Niederlassungserlaubnis. Zusätzlich mußte er ein Vermögen von 1000 Reichstalern nachweisen. Alle Abgaben wurden stark erhöht: die Heiratserlaubnis kostete nun 60 Taler anstatt der drei zur Cirksena-Zeit. Die Antrittsgelder wurden von 150 auf 200 Taler erhöht, die Schutzgelder von 83 auf 120.[128] Darüber hinaus wurden die Erwerbsmöglichkeiten drastisch eingeschränkt.[129] Das Ziel der Regierungspolitik war nun offenbar die Verdrängung der Juden, besonders der armen. Tatsächlich gingen einige aus Emden weg, meist nach Holland. Doch wurde die angestrebte Verminderung des jüdischen Bevölkerungsanteils nicht erreicht. 1779 lebten immerhin 109 Familien in Emden.[130] Vor direkten Vertreibungen schreckte die Regierung offensichtlich zurück. Auch die Reduzierung der 1748 gezählten 167 Familien in Ostfriesland (außer Emden) auf 139 fand nicht statt.[131] Dafür traten andere Einschränkungen in Kraft: der Erwerb von Immobilien wurde verboten.[132] Das städtische Judenregal Emdens und die Rechte der Adelsfamilien in den Herrlichkeiten wurden aufgehoben. Immerhin hatten besonders letztgenannte stets großzügig Juden aufgenommen, so daß z. B. allein in Gödens von 522 Einwohnern 1737 46 Juden waren.[133] Darüber hinaus wurde in Preußen ein System eingeführt, das zwischen privilegierten ordinären Schutzjuden, die den Schutz vererben konnten, und den extraordinären Schutzjuden, die den Schutz auf Lebenszeit genossen,[134] unterschied. Die preußische Regierung tat also nicht nur nichts, um die Rechtsgleichheit anzustreben, sie ging mit dieser bislang unbekannten Differenzierung sogar noch hinter mittelalterliche Verhältnisse zurück. Modern war lediglich der Ausbau der Kontrolle. Alle drei Monate (!) ließ sich die Kammer in Aurich über die Entwicklung der Judensachen informieren.[135] Daß es sich hierbei um reine Willkürmaßnahmen handelte, zeigte das Verhalten der preußischen Regierung den portugiesischen Juden gegenüber. Die Ansiedlung dieser wohlhabenden Fernhandelskaufleute nach 1749 in Emden war der Regierung großzügige Privilegien wert, »da sie den dasigen Handel zu befördern helfen.«[136] 1769 kam eine weitere Einschränkung hinzu: die ostfriesischen Juden wurden gezwungen, Porzellanwaren aus der Berliner Manufaktur zu kaufen.[137] Erst unter dem Nachfolger Friedrichs II., Friedrich Wilhelm II., konnten die ostfriesischen Juden wieder mit etwas größerem Entgegenkommen rechnen.[138]

Reichsstadt Goslar

In der Reichsstadt Goslar, die im Mittelalter eine der blühendsten jüdischen Gemeinden beherbergt hatte, lebten im späten 17. und im 18. Jahrhundert nur wenige Schutzjuden. Im Jahre 1700 wurden zwei Familien gezählt, 1781 waren es vier.[139] Sie durften zwar jeweils ein Haus besitzen, doch waren die Grenzen ihres Berufslebens noch enger gezogen als in den anderen Territorien. Lediglich der Geldverleih und das Pfandgeschäft waren ihnen gestattet. Außerhalb der Stadt und während der Jahrmärkte durfte auch Handel

getrieben werden.[140] Die beengten Verhältnisse ließen die Juden verarmen, so daß sie schon bald ihren finanziellen Verpflichtungen kaum mehr nachkommen konnten. Immerhin kam ihnen die Obrigkeit soweit entgegen, die Schutzgeldforderungen 1796 von 10 auf 5 Reichstaler jährlich zu reduzieren.[141]

Die übrigen Territorien

Die anderen für unseren Zusammenhang relevanten Territorien wurden meist von Fürsten regiert, deren Residenz außerhalb der Grenzen des heutigen Niedersachsens lagen. Zunächst ist hier das Fürstbistum *Münster* zu nennen, zu dem die heutigen Kreise Vechta, Cloppenburg und Meppen gehörten. Die Fürstbischöfe verfolgten im 17. und 18. Jahrhundert eine ähnliche Judenpolitik wie ihre Amtsbrüder in Hildesheim. Es galt die 1662 von Fürstbischof Christoph Bernhard erlassene Judenordnung, die ursprünglich von einer Zunahme nichtvergleiteter Juden im Fürstbistum veranlaßt worden war. Der Bischof verordnete nicht deren Ausweisung, sondern gestattete denjenigen »welche durch diesen unseren stift ihrer gescheften halber zu gehen oder bey unseren vergleideten Juden zu tun haben werden oder sich sonsten darein auff einige zeit zu treibung ihrer handtierung aufhalten wollen, wan sich nur friedt- und unaergerlich bezaigen«, die freie Fahrt, wenn sie sich bei den Amtsrentmeistern Pässe besorgten.[143] Die vergleiteten Juden mußten sich der »gotteslästerung und schmähung oder veracht der catholischen religion« enthalten, sie durften »keinen Christen zu ihrer Judenschaft mit worten oder wercken verleiten«, sie durften nicht in der Nähe einer Kirche wohnen, von Gründonnerstag bis Ostern durften sie sich nicht auf der Straße blicken lassen. Christliche Saugammen und christliches Gesinde waren ihnen ebenfalls verboten. Ansonsten regelte die Ordnung das Pfandleihgeschäft – verdächtige Güter, Kirchengerätschaften und für die Bauern wichtiges Ackergerät – durften nicht beliehen werden. Der Zinssatz lag bei 10 % für Beträge bis 20 Talern, bei 8 % für Beträge bis 50 Talern. Immobilienerwerb war möglich. Die Jurisdiktionsgewalt lag beim Landesherrn.[144] 1763 revidierte Fürstbischof Max Friedrich die Judenordnung, indem die religiösen Bestimmungen gestrichen wurden. Dafür erfolgte eine detailliertere Regelung der Anstellung von Knechten: pro Haushalt war nur einer erlaubt. Ausdrücklich räumte die Regierung den Juden ein Beschwerderecht ein, wenn sie sich von den Gemeindelasten zu hart bedrängt fühlten. Alle drei Jahre durfte die Judenschaft einen Vorsteher wählen, der die Verbindung zur Obrigkeit herstellte. Strafsachen und Nachlaßverwaltungen kamen zunächst an ihn.[145] All diese Bestimmungen galten in den drei Ämtern Vechta, Meppen und Cloppenburg nur für wenige Juden. Die ersten Ansiedlungen überhaupt fallen in das frühe 18. Jahrhundert: 1708 finden wir einen Schutzjuden in Meppen,[146] 1709 einen in Vechta und 1713 einen in Cloppenburg.[147] Die individuellen Schutzbriefe galten für zwölf Jahre, die Schutzübertragung auf den ältesten Sohn war möglich, kostete aber 800 Taler.[148] Bis zum Ende des 18. Jahrhunderts wuchs die Anzahl der vergleiteten Juden langsam an. 1795 lebten im Amt Meppen 13 Familien (davon in Meppen 4 und in Haselünne 3), im Amt Cloppenburg 6 und im Amt Vechta ebenfalls 6 Familien.[149]

Die Grafschaft Schaumburg mit ihren Ämtern Schaumburg und Rodenberg sowie die Herrschaft Plesse bei Göttingen wurden im 18. Jahrhundert von den Landgrafen von *Hessen-Kassel* regiert. Die Anzahl der Juden ist nicht genau überliefert, war aber wohl eher gering. Wir verfügen nur über Angaben aus verschiedenen Jahren. In Rinteln lebten 1747 etwa 3 Familien, in Obernkirchen waren es 1782 4, in Oldendorf 1770 2 bis 3, in Rodenberg immerhin 13 (ohne genaue Zeitangabe).[150] In Bovenden in der Herrschaft Plesse wurden 1788 41 jüdische Personen gezählt.[151] Auch wenn die Landgrafen von Hessen-Kassel offenbar grundsätzlich zur Aufnahme von Juden in den genannten Gebieten bereit waren, so bemühten sie sich doch generell um eine Beschränkung ihrer Anzahl. 1716 wurde dem Adel befohlen, keine Juden mehr aufzunehmen, die ihr Schutzgeld nicht bezahlen konnten. Bereits wohnhafte sollten das Land verlassen.[152] 1731 erging ein Befehl an alle Betteljuden, das Land binnen vier Wochen zu verlassen, und zwar »wegen deren stets treibenden Wuchers«.[153] Diese Begründung finden wir in hessischen Verordnungen auffällig häufiger als in denen der Nachbarstaaten. Das Klischee, demzufolge die Juden »die

Unterthanen durch ihren Wucher und Juden-Griffe außsaugen«[154] traf allerdings gerade auf die Betteljuden überhaupt nicht zu. Verwendet wurde es trotzdem. Die Judenordnung des Landgrafen Friedrich aus dem Jahre 1739, erlassen für »das Beste Unserer Christlichen Unterthanen« und um eine »excessive Aufnahme der Juden« zu unterbinden, regelte in 33 Artikeln die gesamte Existenz der hessischen Schutzjuden in einer Gründlichkeit, die ansonsten in Niedersachsen nicht wieder vorkam. Neue Gesichtspunkte tauchten nicht auf, doch wirkt die Einschärfung mittelalterlicher Vorschriften, wie etwa das Verbot, christliche Säugammen anzustellen, im 18. Jahrhundert mehr als anachronistisch, vor allem angesichts der Tatsache, daß selbst die geistlichen Staaten im Begriffe waren, diese Bestimmungen fallen zu lassen.[155] Immer wieder wurde der Befehl wiederholt, keine Juden dort aufzunehmen, wo auch bislang keine gelebt hatten. Doch ging die Kasseler Regierung noch weiter. 1772 bestimmte sie, daß kein Viehverkauf ohne amtliche Zeugen getätigt werden dürfe, als ob den Juden grundsätzlich betrügerische Absichten unterstellt werden müßten.[156] Insgesamt gesehen waren die hessischen Schutzjuden besonders restriktiven Rahmenbedingungen unterworfen. Zwar konnten sie ihre Religion frei ausüben und im allgemeinen den für sie üblichen Handelsberufen nachgehen, doch fällt in diesem Territorium die ungewöhnlich judenfeindliche Diktion der zitierten Ordnung auf, eine Diktion, die eher in das 16. Jahrhundert gepaßt hätte. Daß sie auch in ihrem Inhalt realitätsfern war, ergibt sich aus den vielen Klagen der Regierung über die Nicht-Einhaltung der Bestimmungen in den Ämtern.[157]

Noch reaktionärer als die Landgrafen von Hessen-Kassel gerierten sich die Fürsten von *Anhalt-Zerbst*, die seit 1667 in der Herrschaft Jever regierten. Seit 1714 erließen sie mehrere Verbote, die auswärtigen Juden das Betreten des Landes untersagten, da sie »*durch ihre Schacherey und Hausieren denen dasigen Unterthanen ihre Handlung und Nahrung zu entziehen suchten*«.[158] 1734 und 1735 wurde bestimmt, daß sie keine Synagogen einrichten, ja noch nicht einmal ihren Kindern Schulunterricht erteilen lassen durften.[159] Betroffen von diesen harten Erlassen waren 10 Judenfamilien (im Jahre 1770).[160] Erst 1776 wurden die Bestimmungen von Friedrich August von Anhalt-Zerbst, dem

Bruder der Zarin Katharina II. von Rußland, aufgehoben. Hinfort erfreuten sich auch die Juden in Jever der freien Religionsausübung.[161]

Weiterhin sei noch kurz auf das Amt Ritzebüttel eingegangen, das zur Hansestadt *Hamburg* gehörte. Seit 1750 wurden im Amt, vor allem in der Stadt Cuxhaven, einzelne jüdische Familien aufgenommen. Erst nach 1795 stieg ihre Anzahl merklich an, so daß zu Beginn des 19. Jahrhunderts ca. 16 Familien im Amt lebten. Auf bereits 1752 und 1757 vorgebrachte Ausweisungswünsche seitens der christlichen Kaufleute ging die Regierung nicht ein.[162] Obwohl den Hamburger Juden offiziell der Erwerb von Häusern verboten war, nahm sich der Ritzebütteler Amtmann 1786 die Freiheit zu Ausnahmeregelungen, allerdings erst, nachdem er »sich unter der Hand bey den Eingesessenen« erkundigt hatte, ob sie dagegen waren.[163] Die Obrigkeit verhielt sich also relativ großzügig, und von restriktiven Maßnahmen, wie sie aus den Nachbargebieten bekannt waren, hören wir ebenfalls nichts.

Einige wenige Juden sind schließlich auch seit 1693 in Lingen nachgewiesen, das seit 1702 preußisch war.[163a]

Am intolerantesten von allen Obrigkeiten verhielten sich *Osnabrück* und *Duderstadt*. Beide Städte duldeten überhaupt keine Juden. Diese Einstellung wurde auch von den Regierungen respektiert. Der Duderstädter Landesherr, der Kurfürst von *Mainz*, dachte zwar im späten 18. Jahrhundert an die Zulassung von Juden, beugte sich jedoch der ablehnenden Haltung der Stadt.[164]

Betrachten wir die Entwicklung der Rechtslage der Juden im 18. Jahrhundert und ziehen ein Fazit, so müssen wir festhalten, daß sich an den mittelalterlichen Rahmenbedingungen im Grunde nichts geändert hat. Zwar ist die Variationsbreite der Einzelbestimmungen entsprechend der Vielzahl der niedersächsischen Territorien recht groß. Sie reicht von dem generellen Aufenthaltsverbot in Osnabrück bis zur Aufhebung des Schutzgelds in Schaumburg-Lippe. Dennoch blieb in jedem Falle der Priviliencharakter der gewährten Rechte Strukturelement der Judenpolitik. Die Juden waren nach wie vor eine Sondergruppe, die unter einem Ausnahmerecht stand. In der Mehrzahl der einschlägigen Erlasse wurde auch stets sorgfältig unterschieden zwischen Juden einerseits und Untertanen andererseits. D. h. die Juden gehörten nicht zu den »normalen« Einwohnern der Städte und des Landes. Der Ausbau des absolutistisch-bürokratischen Staates wirkte sich meist ungünstig aus, erhöhte er jedoch in erster Linie – auch im Vergleich mit dem Mittelalter – die staatliche Kontrolle über die Juden, wodurch deren Sonderrolle eher noch verstärkt wurde.

Wirtschaftliche und soziale Entwicklungen

**Jüdisches Paar
in vorgeschriebener Kleidung,
1703**

Trotz der Beharrungskraft mittelalterlicher Vorstellungen im Bereich von Recht und Gesetz nahm die Anzahl der Juden im niedersächsischen Raum während des 17. und 18. Jahrhunderts kontinuierlich zu. Offenbar erschien ihr Dasein wieder eher nützlich und wünschenswert. Da hierfür, wie im vorigen Kapitel gezeigt, wohl kaum die reine Menschenfreundlichkeit verantwortlich war, müssen andere Gründe vorliegen. Die Erfahrungen aus der Zeit des Mittelalters verweisen auf die große Bedeutung wirtschaftlicher Belange, und so sollen im folgenden die Funktionen der Juden im Wirtschaftsleben des 18. Jahrhunderts untersucht werden.

Die Hoffaktoren

Die soziale Spitze der deutschen Juden in der Berichtszeit wurde von einer sehr dünnen Oberschicht repräsentiert. Aufgrund ihrer großen Vermögen wurde sie von den Fürsten bevorzugt als Geldgeber herangezogen und ermöglichte diesen dadurch nicht selten die Realisierung auch größerer politischer Pläne.[165] Die bedeutende Position, die diese jüdischen Hoffaktoren – so ihre übliche Bezeichnung – im Wirtschaftsleben der Staaten einnahmen, definierte auch ihren gesellschaftlichen Rang. Durch ihr Auftreten und durch den Kontakt mit den regierenden Kreisen wurde deutlich, wie unwichtig eine jüdische Herkunft unter bestimmten Umständen sein konnte. Sie lebten nach Maßstäben, die von denen der Durchschnittsjuden stark abwichen. Ihre Nähe zum Zentrum der Macht drückte sich in einer stattlichen Reihe von Privilegien aus. Sie führten beeindruckende Titel – wir finden die Bezeichnungen Hofagent, Hofkommissar, Kammeragent, Oberhoffaktor – und bezogen Gehälter und Pensionen. Die Grundlage ihres Einflusses bildete ihr Vermögen bzw. ihre Fähigkeit, jederzeit Geld beschaffen zu können. Über ihre tatsächliche Bedeutung in den niedersächsischen Territorien soll nun berichtet werden.

Im Herzogtum und Kurfürstentum Braunschweig-Lüneburg kommt dem »Hoff- und Cammeragenten« Leffmann Behrens 1634–1714 exemplarische Bedeutung zu.[166] Er stellte der welfischen Dynastie über 40 Jahre lang seine umfänglichen unternehmerischen

Aktivitäten zur Verfügung: er besorgte Luxusgüter, organisierte Finanzgeschäfte und stieg in Produktion und Handel von Manufakturwaren ein. Leffmann Behrens lieferte Tapeten, Möbel, Baumaterialien. Er gab dem Herzog Kredite in verschiedener Höhe: 1671 1000 Taler, 1678 12100 Taler.[167] Die Subsidienzahlungen Frankreichs – immerhin Beträge zwischen 20 000 und 40 000 Talern – gingen durch seine Hände. 1694 besorgte er die enorme Summe von 200 000 rheinischen Gulden, um den Kaiser in Wien für die Verleihung des Kurhutes an die Welfen zu bezahlen.[168] Die Verzinsung war mit 6 % allerdings vergleichsweise niedrig, durften die Juden doch nach Reichsgesetz von 1693 je nach Laufzeit zwischen 12 % und 30 % nehmen. Selbst die strengere hannoversche Regelung räumte jüdischen Kreditoren einen Spielraum von bis zu 9 % ein.[169] Offenbar konnten auch ansonsten unentbehrliche Hoffaktoren ihre Interessen nicht immer durchsetzen.

Neben diesen Geldgeschäften ist das Engagement Behrens' im produzierenden Gewerbe hervorzuheben. Die Wirtschaft des Kurstaats blieb auch im 18. Jahrhundert noch stärker agrarisch geprägt als die anderer Staaten. Die Bemühungen der Regierung in Hannover um die Verbesserung des Manufakturwesens und der Infrastruktur waren kaum der Rede wert.[170] Textilmanufakturen gab es zu Anfang des Jahrhunderts lediglich in Hameln, Göttingen, Einbeck, Celle, Harburg, Uelzen, Nienburg und Osterode.[171] 1691 gründete Behrens zusammen mit seinem Sohn eine Tuchfabrik in Lüneburg, die Uniformstoffe für Hof und Armee herstellte. Er wurde damit zu einem wichtigen Arbeitgeber in der vom wirtschaftlichen Niedergang betroffenen Stadt.[172] 1698 kam noch eine Tabakfabrik in der Celler Neustadt hinzu.[173] Seine expansive Unternehmenspolitik ließ ein kleines Geschäftsimperium entstehen, dessen Bedeutung über die Grenzen der welfischen Lande hinausging. Auch die Grafen von Schaumburg-Lippe zählten zu Leffmann Behrens' Gläubigern.[174]

Die Position, die sich Behrens in Hannover erkämpft hatte, verdankte er in erster Linie – wie bereits angedeutet – seiner Fähigkeit, zu jeder Zeit die Wünsche seiner Kundschaft erfüllen zu können. Dies setzte eine für damalige Zeiten ungewöhnliche Flexibilität und Risikobereitschaft voraus. Die ständig wechselnden Moden von Hof und Adel konnte das in seinen Traditionen erstarrte zünftige Handwerk kaum mehr befriedigen, und somit kann man die Firmen der Hofagenten, die an die mittelalterlichen Vorschriften nicht gebunden waren, durchaus als Prototypen moderner Unternehmen bezeichnen, die sich vor allem an den Bedürfnissen des Marktes orientieren. Eine unmittelbare Breitenwirkung blieb diesem Phänomen allerdings versagt. Der Tätigkeit der Hofagenten waren doch engere Grenzen gezogen, als man auf den ersten Blick vermuten könnte.

Wenn wir hinter die glänzende Fassade schauen, so wird rasch deutlich, warum die Bedeutung jüdischer Hoffaktoren nicht überbewertet werden darf. Ihr Einfluß beruhte, wie bereits angedeutet, auf ihrer Fähigkeit, stets größere Mittel zur Verfügung stellen zu können. In Anbetracht der hohen Summen blieb es nicht aus, daß Behrens selbst Gelder aufnehmen mußte, so z. B. bei dem bekannten christlichen Bankier Duve aus Hannover.[175] Dadurch wurden neue Abhängigkeitsverhältnisse geschaffen. Darüber hinaus ist zu berücksichtigen, daß längst nicht alle von Behrens gewährten Kredite pünktlich zurückgezahlt wurden, wie etwa die 50 000 Gulden, die ihm der Herzog von Sachsen-Gotha schuldete. Mit dem Domherrn Otto von Kraft gen. von Schmising kam es wegen allzu großer Säumigkeit sogar zu einem Prozeß vor dem Reichskammergericht.[176] Die Geschäfte der Hofjuden waren folglich recht riskant und bedurften der Absicherung. Die stereotypen Vorstellungen des erpresserischen Wucherers greifen also grundsätzlich viel zu kurz, zumal den Hoffaktoren die Zinssätze oftmals vorgeschrieben wurden. Außerdem wird das dämonisierte Bild, mit dem noch die Nationalsozialisten in dem Film *Jud Süß* Propaganda machten, durch die Einordnung der jüdischen Geldgeber in den Gesamtzusammenhang der hannoverschen Haushaltspolitik im 18. Jahrhundert korrigiert. Von den 1 745 743,16 Reichstalern, die der Kurstaat im Haushaltsjahr 1770/71 einnahm, bestanden 192 910,13 Taler (etwas über 11 Prozent) aus Schulden, die nur zu einem kleinen Teil bei Juden aufgenommen wurden.[177] Die Kammer selbst verlieh übrigens auch Gelder, und zwar an Adlige, an Konsistorialräte, an Bauern.[178] Vor einseitigen Schuldzuweisungen im heiklen Geldgeschäft ist also grundsätzlich zu warnen.

Die Verwandtschaftsbeziehungen der Hoffaktorenfamilien (nach Gronemann)

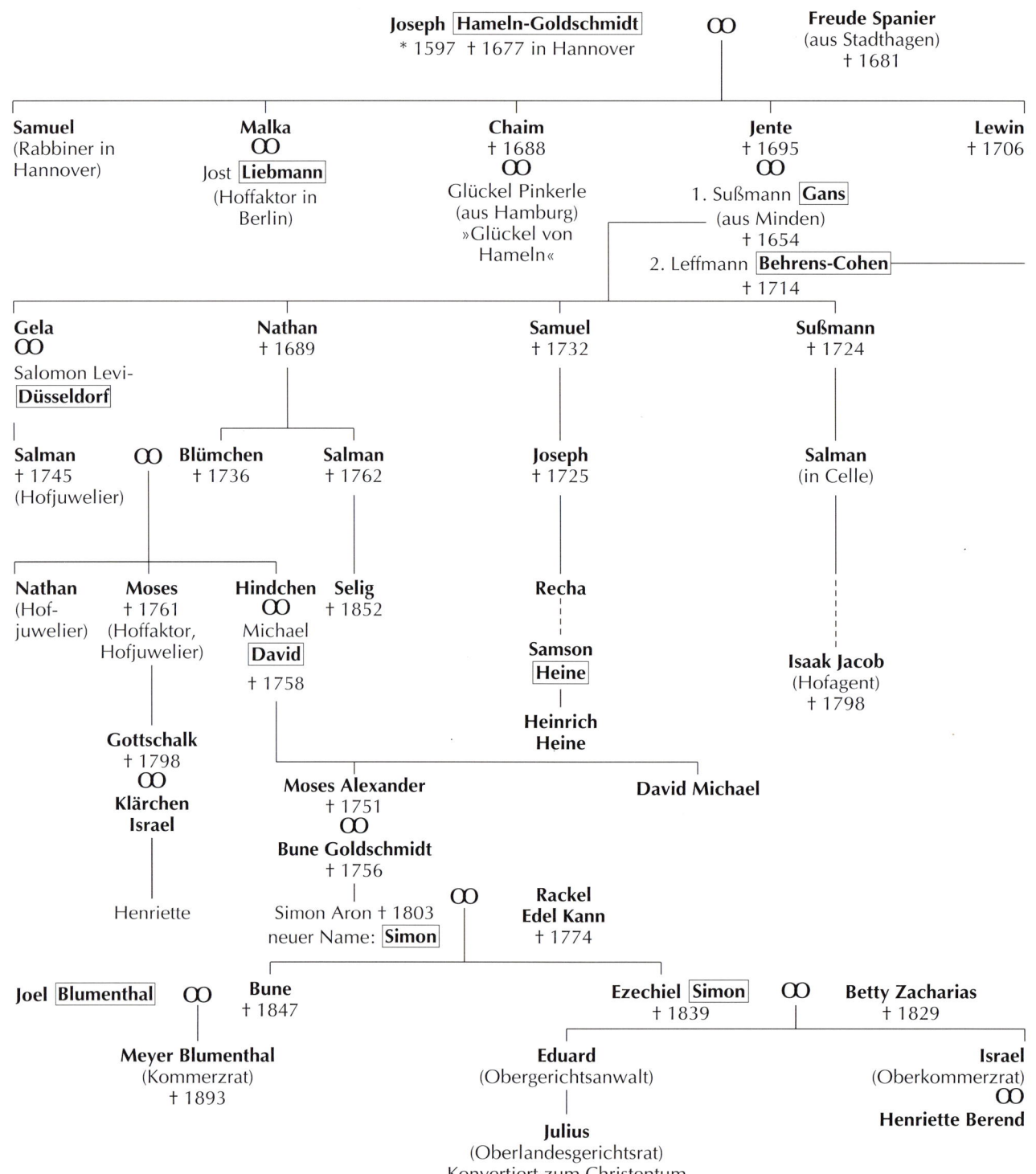

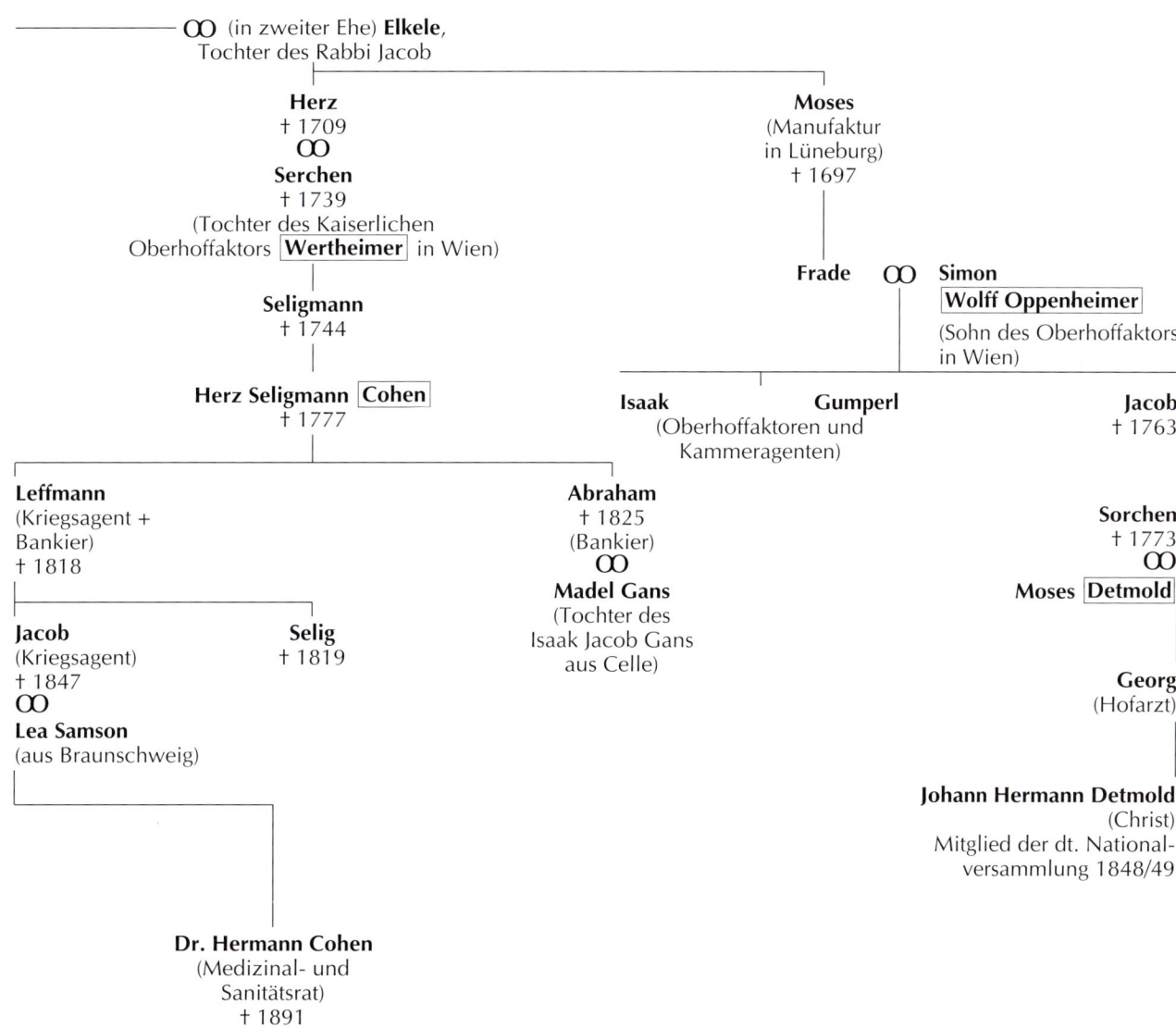

∞ (in zweiter Ehe) **Elkele**,
Tochter des Rabbi Jacob

Herz
† 1709
∞
Serchen
† 1739
(Tochter des Kaiserlichen
Oberhoffaktors Wertheimer in Wien)

Moses
(Manufaktur
in Lüneburg)
† 1697

Seligmann
† 1744

Frade ∞ **Simon**
Wolff Oppenheimer
(Sohn des Oberhoffaktors
in Wien)

Herz Seligmann Cohen
† 1777

Isaak **Gumperl**
(Oberhoffaktoren und
Kammeragenten)

Jacob
† 1763

Leffmann
(Kriegsagent +
Bankier)
† 1818

Abraham
† 1825
(Bankier)
∞
Madel Gans
(Tochter des
Isaak Jacob Gans
aus Celle)

Sorchen
† 1773
∞
Moses Detmold

Jacob
(Kriegsagent)
† 1847
∞
Lea Samson
(aus Braunschweig)

Selig
† 1819

Georg
(Hofarzt)

Johann Hermann Detmold
(Christ)
Mitglied der dt. National-
versammlung 1848/49

Dr. Hermann Cohen
(Medizinal- und
Sanitätsrat)
† 1891

Was die Manufakturen betrifft, so tragen auch deren Bilanzen zur Relativierung des jüdischen Einflusses bei. Die Lüneburger Tuchfabrik erwies sich nach 1707 als Verlustgeschäft. Die Ausgaben, deren größter Posten die Lohnkosten darstellten, betrugen pro Jahr 8000 bis 9000 Taler,[179] so daß die Fabrik auf die Dauer nicht zu halten war. Die Hoffaktoren, so flexibel und risikobereit sie auch sein mochten, waren weniger die Herren der Lage, sondern vielmehr abhängig von den Entwicklungen der Wirtschaft und der Gunst der Fürsten. Dies wurde vollends offenbar, als der Hof 1714 nach London zog. Die Nachfolger Leffmann Behrens, der im gleichen Jahr starb, konnten nur noch sechs Jahre lang die Geschäfte weiterführen. Sie sahen sich mit von interessierter Seite erhobenen Anklagen wegen Betrugs konfrontiert, wurden verhaftet und gefoltert und schließlich 1726 wieder freigelassen, da die Vorwürfe nicht haltbar waren.[180] Daß während dieser Zeit die Firma ihren Bankrott erklären mußte, ist nicht weiter verwunderlich. Vom Ende des Unternehmens profitierte mancher prominente Schuldner, wie z. B. der Graf von Schaumburg-Lippe, dessen Schulden in Höhe von 25 000 Reichstalern die Nachfahren Leffmann Behrens' zu langwierigen Prozessen zwangen, die sie bis vor das Reichskammergericht in Wetzlar führten.[181] Nach dem Ruin des Hauses Behrens übernahm Michael David die Funktionen des Hofjuden, dessen Nachkommen unter dem Namen Simon bis zum Ende der Welfenherrschaft in Hannover eine bedeutende Rolle spielen sollten.[182]

Die angeführten Vorbehalte gegen eine Überbewertung der Rolle der Hoffaktoren schließen nicht aus, daß diese wiederholt zugunsten ihrer Glaubensbrüder Einfluß nehmen konnten. So sorgte Leffmann Behrens dafür, daß sich mehrere jüdische Familien in Hannover und in anderen Städten niederlassen durften. Oftmals handelte es sich dabei um Verwandte. So gehörten 1712 von den 12 hannoverschen Schutzjuden sechs zur Großfamilie Behrens.[183] Umgekehrt konnten die Hoffaktoren in Schaumburg-Lippe einmal eine drohende Ausweisung abwenden.[184] In Hannover wiederum waren ihrem Einfluß die Errichtung des Landrabbinats 1687 und der Neubau einer Synagoge im Jahre 1703 zu verdanken, wie noch zu sehen ist.[185] Doch muß auch in diesem Zusammenhang darauf hingewiesen werden, daß die Herrscher nicht gezwun-

gen waren, auf die Vorstellungen ihrer Hofjuden einzugehen. Die Verhinderung einer Ausweisung bedeutete nicht, daß die Juden nun grundsätzlich sicher waren, wie die Vorgänge in Schaumburg-Lippe zeigten.[186]

Die Verhältnisse an den anderen Höfen in Niedersachsen gleichen denjenigen in Hannover. In Aurich, der Residenz der Grafen von Ostfriesland, kam es nach 1635 überhaupt erstmals zur Niederlassung jüdischer Familien, weil Graf Ulrich II. an Geld- und Warenlieferungen durch jüdische Hoffaktoren interessiert war.[187] Die Grafen nahmen die Dienste des Abraham Calmans und nach dessen Tod 1660 die seines Sohnes Meyer Calmans für alle erdenklichen Zwecke in Anspruch: die Lieferung von Luxusgütern, die Quartierbeschaffung für Gäste, die Anstellung von Personal, die Bereitstellung von Pferden und selbstverständlich die Abwicklung von Finanzierungsgeschäften. So mußten die Calmans 100 000 Reichstaler beschaffen, mit denen der Fürst von Liechtenstein für seinen Verzicht auf seine Erbansprüche auf das Harlinger Land abgefunden wurde.[188] Offenbar waren die Hofjuden auch in kleinen Residenzen sehr wichtig. Allerdings erwies sich die landesherrliche Schuldenpolitik als ausgesprochen riskant. Der steigende Geldbedarf führte dazu, daß die Sicherheiten für die Kreditoren – normalerweise die Verpfändung staatlicher Einnahmen – kaum noch etwas wert waren. Die Hoffaktoren hatten keine Druckmittel zu ihrer Verfügung. In Ostfriesland zeigte sich das besonders deutlich im Jahre 1744, als das Herrscherhaus ausstarb und Friedrich II. von Preußen die Regierung übernahm. Der Dynastiewechsel bedeutete für den damaligen Auricher Hofjuden Aaron Abraham Beer den finanziellen Ruin.[189]

Die Herzöge von Braunschweig nahmen, wie bereits in anderen Kapiteln erwähnt, schon früh die Dienste von Hoffaktoren in Anspruch.[190] Im hier interessierenden Zeitraum sind zunächst Moses Gumpel Ben Fulda zu nennen, der 1698 einen Schutzbrief für Wolfenbüttel erhielt, und Abraham David, der sich 1707 in Braunschweig niederließ. Letzterem kam die Empfehlung seines hannoverschen Verwandten Leffmann Behrens zugute, woraus ersichtlich wird, wie wichtig die familiären Verbindungen auch für das Geschäftsleben waren. Mitarbeiter und Gehilfen Davids finden wir schon bald auch in Seesen, Bockenem und Elze.[191] Die Beschaffung der von den Höfen gewünschten Waren machte ein solches Filialnetz erforderlich. Besondere Bedeutung kam im späten 18. Jahrhundert dem Hofbankier Philipp Samson aus der Wolfenbütteler Faktorenfamilie Gumpel zu. Er errichtete auf seinem Grundstück die Wolfenbütteler Synagoge und gründete 1786 die später überregional bekannte Samson-Schule.[192] Sein Einfluß reichte jedoch nicht soweit, das 1767 dem Herzog Karl gewährte Darlehen von 4000 Reichstalern zurückgezahlt zu erhalten. Es stand bis 1825 aus.[193]

Wir finden an fast allen Höfen im niedersächsischen Raum jüdische Hofagenten. In Hildesheim wirkte bereits im 16. Jahrhundert der schon mehrfach zitierte Nathan Schay, im 18. Jahrhundert dann Herschel Isaak Oppenheimer, der seit 1732 gleichzeitig als Rabbiner fungierte, und Wolff Hertz.[194] Für Oldenburg sind die Angehörigen der sephardischen Familie Mussaphia zu nennen, die im Dienste der Könige von Dänemark und auch in geschäftlichen Beziehungen zu den welfischen Faktoren standen.[195] In Bückeburg schließlich spielte die Familie Heine eine wichtige Rolle. Sie diente der Dynastie von 1682 bis 1856.[196] Aus ihr ging übrigens der Dichter Heinrich Heine hervor.[197]

Die Liste der mit den Höfen zusammenarbeitenden Juden ist in der Tat lang und eindrucksvoll. Allein für die welfischen Fürstentümer sind für die Zeit zwischen dem 16. und dem frühen 19. Jahrhundert über 120 Namen überliefert.[198] Die Höfe bedienten sich ihrer als Faktoren im allgemeinen Sinne oder als spezialisierte Lieferanten, etwa als Hofjuweliere oder als Hofschlächter.[199] Typisch sind auch die mit der Armeeversorgung zusammenhängenden Tätigkeiten. In Kriegszeiten kam es auf die besonders rasche Erledigung von Proviant- und Pferdelieferungen an. Den jüdischen Hoffaktoren kamen hierbei ihre großräumigen Verbindungen zugute. Wie die beigefügte Stammtafel zeigt, waren viele Faktorenfamilien miteinander verwandt. Dieses Filialnetz – hier treffen wohl alle Bedeutungsinhalte dieses Wortes zu – erlaubte die prompte Bedienung der Aufträge.

Soll aus all dem Gesagten ein Fazit gezogen werden, so fällt die Bewertung der Rolle der jüdischen Hoffaktoren in Niedersachsen nicht leicht. Zum einen

Alexander David,
Braunschweiger Hoffaktor

Philipp Samson (1743–1805)

**Jüdischer Trödler,
spätes 18. Jahrhundert**

muß festgehalten werden, daß sie eine durchaus wichtige Funktion für das Wirtschaften der Herrschenden in Krieg und Frieden hatten. Sie brachten alle Voraussetzungen mit, die eine Modernisierung der Wirtschaft ermöglicht hätten: Flexibilität, Erfahrung, weitläufige Beziehungen, Mut zum Risiko. Allerdings wurden diese Fähigkeiten hauptsächlich für die Deckung des sich kurzfristig ergebenden Bedarfs der Höfe genutzt. Eine zukunftsorientierte Reform der Wirtschaftsstrukturen fand mit ihrer Hilfe nirgendwo statt. Die Regierungen blieben weitgehend in mittelalterlichen Denkvorstellungen gefangen: die ständische Ordnung, das Zunftwesen und die Privilegien bestimmten nach wie vor die Wirtschaftspolitik. Fürsten, Adel, Stände und Patrizier hatten und behielten das Sagen, und nicht die Hofjuden. Diese waren zwar privilegiert, doch blieben auch sie letztlich – wie die anderen Schutzjuden – Objekte und Werkzeuge der Obrigkeit, die sich ihrer bediente, wenn sie es brauchte, und die sich ihrer entledigte, wenn kein Bedarf mehr bestand.

Auch wenn die Hoffaktoren wohl kaum »dem Gesamtjudentum die staatsbürgerliche Gleichberechtigung erkämpft« haben, wie man in der älteren Forschung lesen kann,[200] so haben sie doch ihren Glaubensbrüdern manchen wertvollen Dienst geleistet. Ohne die jüdischen Bankiers und Kammeragenten hätte es in vielen niedersächsischen Gemeinden keine jüdischen Niederlassungen gegeben. Auf ihre Fürsprache hin und aufgrund ihrer Interessen kam es zu entsprechenden Ansiedlungen in Hannover, Braunschweig, Wolfenbüttel u. a. Mit Erfolg protestierten sie gegen Diskriminierungen, z. B. in Braunschweig[201] und Sarstedt.[202] Schließlich kam ihr Vermögen oft auch dem Aufbau von religiösen Einrichtungen zugute. Doch auch hierbei ist stets zu berücksichtigen, daß die Hoffaktoren allein wenig auszurichten vermochten. Sie brauchten für jede Vergünstigung eine gnädige Regierung, die den Wünschen zu entsprechen bereit war.

Die Juden in den Städten und Landgemeinden

Die Bedeutung der Schutzjuden in den niedersächsischen Städten hinsichtlich der Wirtschaft steht in engem Zusammenhang mit ihrer weiter oben geschilderten Rechtsstellung. Grundsätzlich war ihnen von der jeweiligen Obrigkeit mehr oder weniger detailliert vorgegeben, was sie wirtschaftlich zu leisten hatten. Hierbei sind im folgenden verschiedene Funktionen zu unterscheiden.

Die erste Funktion des Schutzjuden bestand in allen Territorien darin, durch seine Abgaben die Finanzkraft des ihn aufnehmenden Staates zu stärken. Dies galt für Stadt- wie für Landjuden. Es wurde bereits darauf hingewiesen, daß die meisten Obrigkeiten folglich bevorzugt wohlhabende Juden aufnahmen. In der Tat kann der auf den Schutzjuden lastende Abgabendruck als enorm bezeichnet werden. In Braunschweig zahlten die Hofjuden 30 bis 60 Taler Schutzgeld jährlich, die »regulären« Schutzjuden zwischen 6 und 12 Talern, je nach Vermögen.[203] Schutzgeldnachlässe waren bei Zahlungsunfähigkeit zwar möglich, doch hatten die ärmsten Juden mit 2 Talern immer noch doppelt soviel zu zahlen wie die ärmsten Christen.[204] Um eine Vorstellung von der Größenordnung der Beträge zu vermitteln, sei hier das Jahreseinkommen eines Knechtes im Raum Hameln um 1750 genannt: es betrug im Schnitt 10 Reichstaler![205] Auf die Verarmung der Juden während des Dreißigjährigen Krieges wurde von Seiten der Regierungen keine Rücksicht genommen. Die Schutzgeldforderungen in Hildesheim stiegen von 65 Talern für die Gesamtjudenschaft des Stiftes im Jahre 1674 auf 70 Taler 1683 und auf 330 Taler 1719.[206] In Schaumburg-Lippe verlangten die Grafen 1665 10 Reichstaler pro Person und Jahr, 1766 waren es 24. Dazu kam dann noch die sogenannten Prinzessinnen-Steuer, die 10 % des Schutzgeldes betrug.[207] In Emden wuchsen die Schutzgeldforderungen auf 280 Gulden an, die Erneuerung des Schutzbriefes kostete 500 Reichstaler.[208] Im Verlauf des 18. Jahrhunderts verfünffachte sich die Belastung des einzelnen Schutzjuden in dieser Stadt.[209] Die Celler Juden zahlten 276 Reichstaler pro Jahr.[210]

Neben den genannten Abgaben, die an die Landesherrschaft, die Stadträte und die Standesherren gingen, hatten die Schutzjuden die üblichen städtischen

Jüdischer Straßenhändler, um 1800

Steuern zu entrichten: das Wachgeld, das Grabengeld, das Wegegeld, das Dinggeschoß. Des weiteren kamen diverse Mieten, Heiratsgebühren (12 Taler in Hildesheim, in Emden 60 Taler)[211], Recognitionsgelder an Gilden und Stolgebühren an Geistliche hinzu.[212] Lokale Besonderheiten konnten darüber hinaus zu neuen Belastungen führen. In Nienburg wurde z. B. eine Nahrungssteuer erhoben, die 33 % höher war als das Schutzgeld und die Juden doppelt so stark traf wie die Christen.[213] In Hildesheim wurde eine Knabensteuer auf die Erstgeburt erfunden sowie auf Veranlassung des Syndicus des Dompropstes eine Sonderabgabe beim Amtsantritt eines neuen Dompropstes.[214] Die von Emden bis 1744 behauptete Unabhängigkeit zog schließlich für die dortigen Juden die kostspielige Konsequenz nach sich, zwei Schutzbriefe bezahlen zu müssen: einen für den Rat und einen für den Landesherrn in Aurich.[215] Ähnliches galt für die ostfriesischen Juden in den Herrlichkeiten. Hinzu kamen die ruinösen Verpflichtungen, Silber zu liefern und der königlich preußischen Porzellanmanufaktur mehr oder weniger unverkäufliche Ware schlechter Qualität abzunehmen.[216] In Goslar verlangte der Rat zusätzlich zu den üblichen Abgaben ein Neujahrsgeld von 23 Reichstalern.[217] Und wenn ein Staat in einen Krieg verwickelt war – hier ist besonders an den Siebenjährigen Krieg gedacht – kamen auf die Juden stets Forderungen nach beträchtlichen Sonderkontributionen zu.[218]

Angesichts dieser mannigfachen Belastungen liegt die Frage nach den Vermögensverhältnissen der Juden nahe. In den meisten Städten lebte eine Reihe wohlhabender Juden, die die Forderungen verkraften konnten, doch stellten sie nicht unbedingt die Mehrheit. In Emden trugen um 1750 von den 98 Schutzjudenfamilien 45 zwei Drittel der Lasten, 20 ein Drittel der Lasten, und 33 waren zu arm für jegliche Abgaben.[219] Konjunkturelle Veränderungen, wie etwa der Wirtschaftsaufschwung Emdens im späten 18. Jahrhundert, führten auch zu einem Anstieg des wohlhabenden Teils der jüdischen Bevölkerung. 1806 besaßen 65 Juden mehr als 500 ostfriesische Taler, 1750 waren es nur 45 gewesen.[220] Da von diesen jedoch nur 10 Personen der Oberschicht zuzuzählen sind – sie besaßen mehr als 1000 Taler –, kann man die Emder jüdische Gemeinde in ihrer Gesamtheit nicht als reich

bezeichnen.[221] In Braunschweig finden wir eine relativ breite Streuung. 1805 waren etwa 50 % der 47 Familien wohlhabend bis reich, 17 % konnten auskömmlich leben, 33 % waren arm.[222] Auch die kleine Nienburger Gemeinde galt als nicht sehr arm.[223] In Hannover wohnte immerhin ein Drittel der dortigen Schutzjuden in eigenen Häusern, zwei Drittel zur Miete.[224] In den meisten jüdischen Gemeinden herrscht jedoch der Eindruck sehr beengter finanzieller Verhältnisse vor. In Hildesheim waren 1776 von 55 Familien 30 bettelarm.[225] In Goslar mußte 1796 das Schutzgeld um 50 % reduziert werden, da die Schutzjuden verarmt waren.[226] In Göttingen konnte sich die Gemeinde erst in der 2. Hälfte des 18. Jahrhunderts Personal für den Kultus leisten,[227] und in Celle führte die Verarmung dazu, daß kein Lehrer mehr beschäftigt werden konnte.[228] Die Bescheidenheit der Vermögensverhältnisse tritt noch deutlicher hervor, wenn man die Sonderstellung der reichen Hoffaktoren berücksichtigt. In Braunschweig verfügte eine Familie über ein Vermögen von 400 000 Reichstalern. Sie besaß damit mehr als doppelt soviel wie alle anderen 27 Familien zusammen.[229] Ähnliche Vermögensunterschiede finden wir auch in anderen Städten. In Emden machten sechs Schutzjuden zwischen 1691 und 1720 Kreditgeschäfte in der Höhe von ca. 36 500 Gulden. Davon entfielen allein auf eine Person 32 471 Gulden.[230] Die Existenz einiger weniger sehr reicher Juden mit entsprechend bekannten Namen – in Braunschweig die Samsons, in Emden die Goldschmidts – darf folglich nicht zu der leider allzu oft gezogenen falschen Schlußfolgerung führen, daß *die* Juden alle reich waren. Das Gegenteil trifft eher zu. Das Stereotyp des verschlagenen Juden, der aus der Übervorteilung der armen Christenmenschen großen Profit zu ziehen verstand, läßt sich historisch nicht belegen. Dagegen sprechen zum einen die vielen sehr armen Juden, zum anderen die oben genannten hohen Belastungen, die einen kontinuierlichen Vermögensaufbau sehr erschwerten und in einigen Städten sogar zu einer weiteren Verarmung führten. Schließlich muß auch beachtet werden, daß die Gemeinden mit mehrheitlich bemittelten Juden ihre Existenz der restriktiven Niederlassungspolitik – vor allem der hannoverschen Regierung – verdankten und nicht dem freien Spiel der Kräfte im Wirtschaftsleben.

Jüdische Eheurkunde, 18. Jahrhundert

Neben ihrer Funktion, staatliche »Einnahmequelle« zu sein, kam den Schutzjuden in den Städten die wichtige Aufgabe zu, den Handel zu beleben. In den welfischen Gebieten war dieser Wirtschaftssektor lange vernachlässigt worden. Erst 1786 konnten sich die konservativen Geheimen Räte in Hannover, die, wie bereits mehrfach erwähnt, an einer Strukturreform der Wirtschaft nicht interessiert waren, dazu durchringen, ein »Kommerzkollegium« für Handelsfragen zu gründen.[231] Entsprechende Maßnahmen waren dringend nötig, da zahlreiche Städte mit großen wirtschaftlichen Schwierigkeiten kämpfen mußten: Lüneburg verlor im 18. Jahrhundert seine Absatzmärkte für Salz, Celle litt unter dem Wegfall einer eigenen Hofhaltung, in Göttingen mußten 1792 wegen mangelnder Nachfrage die ersten Gilden geschlossen werden.[232] Die Rückständigkeit zeigte sich auch darin, daß es in Hannover im 18. Jahrhundert noch keine Bank gab und weder Wechsel- noch Handelsrecht geordnet waren.[233] Im benachbarten Braunschweig zeigte sich die Regierung, vor allem unter Herzog Karl, aktiver. Sie förderte das Hütten- und Manufakturwesen. Doch kam auch hier der Handel zu kurz.[234] In beiden welfischen Staaten kam es zu Versuchen, mit Hilfe von Juden die Wirtschaft zu beleben. Über die wenig erfolgreichen Manufakturen der Hoffaktoren wurde bereits berichtet. In Braunschweig wurden alle Juden, die sich zwischen 1755 und 1765 dort niederzulassen wünschten, dazu verpflichtet, sogenannte Fabriken zu betreiben.[235] Unter einem Fabrikanten verstand man im 18. Jahrhundert einen nicht-zünftigen Handwerker, der aufgrund eines herzoglichen Privilegs ein Gewerbe ausübte. Fast alle Unternehmungen dieser Art scheiterten. Ähnliche Ergebnisse zeitigte die Vorschrift, daß die Juden im Lande hergestellte Waren abzusetzen hatten. Die schlechte Qualität der Produkte – es handelte sich meist um Seidenbänder und Textilien – konnte nur zu einem Mißerfolg führen.[236] In den welfischen Landstädten blieben die Schutzjuden folglich auf den Warenhandel verwiesen, wie er in den oben erwähnten Gesetzen und Verordnungen geregelt war. Wir finden sie als Altkleiderhändler, als Händler für Bijouteriewaren und als Händler für Schnitt- und Ellenwaren.[237] Es kommen Lotterie-Einnehmer, Steinschleifer und, vor allem auf Messen, Garköche vor.[238] Da die Juden seit dem 17. Jahrhundert Medizin studieren durften, wurde auch ihre Niederlassung als Ärzte möglich: 1762 eröffnete Dr. Peter Samson in Braunschweig die erste Praxis eines Juden.[239] Sieht man von den Ärzten ab, so ist die Beharrungskraft mittelalterlicher Traditionen bezüglich der jüdischen Berufsmöglichkeiten unverkennbar: Altkleiderhandel, Lose-Verkauf und Kochen waren nichts anderes als Nischen, die die herrschenden Zünfte und Gilden nicht interessierten und die deswegen den Juden offenstanden. Die dirigistischen Maßnahmen der Regierung, welche die Juden an die Manufakturen binden sollten, scheiterten fast alle und eröffneten somit auch keine neuen Karriereperspektiven.[240] Gleichzeitig kam es immer wieder zu kleinlichen Sondervorschriften, die die Restriktion weiter verschärften. So durften die Celler Juden nur in Celle gefertigte Kleider anbieten.[241] Festgelegt blieben die Juden auch auf die traditionellen Edelmetall-Lieferungen an die staatlichen Münzen. Die Wolfenbütteler Juden mußten die Braunschweiger Münze mit Silber beliefern. Als sie wegen des Siebenjährigen Krieges diesen Verpflichtungen nicht nachkommen konnten, nahm die Regierung keinerlei Rücksicht und trieb den Schutzjuden Meyer Gumpel dadurch in den Ruin.[242] Reglementierend griff die Regierung auch in den ebenfalls traditionell für die Juden wichtigen Fleschereibetrieb ein. In Göttingen wurde 1709 festgelegt, daß die Juden pro Jahr nur 4 Stück Großvieh und 12 Stück Kleinvieh schlachten dürften.[243] In kleineren Städten wie Wunstorf und Nienburg hingegen benutzte die Regierung die Zulassung von Juden zum Metzgereibetrieb gerade als Druckmittel, um die christlichen Schlachter zu einem aktiveren Geschäftsgebaren zu motivieren.[244]

Wie unzeitgemäß und unproduktiv die zahlreichen kleinlichen Handelsbeschränkungen waren, stellten die Regierenden oftmals selbst unter Beweis, allerdings wohl ohne sich der Widersprüchlichkeit des eigenen Verhaltens bewußt zu sein. Wenn es nämlich um die Jahrmarktsordnung ging, wirkte sich die traditionelle Judenfeindschaft fast kaum mehr aus. Auf Jahrmärkten und auf Messen durften die Juden Handel treiben wie alle anderen auch, wenn man von dem 1764 für Hannover eingeführten Paßzwang einmal absieht. Der Grund hierfür ist in der Unentbehrlichkeit des jüdischen Handels zu suchen. Die Bedeutung der genannten Warenumschlagplätze war für Städte und Gemeinden in solch strukturschwachen Regionen wie dem damaligen Nordwestdeutschland außerordentlich hoch. Entsprechend wichtig waren die an Mobilität und Flexibilität gewöhnten Juden. Die Grafen von Schaumburg-Lippe trugen dieser Tatsache Rechnung, indem sie Markttermine verlegten, wenn sie sich mit jüdischen Feiertagen überschnitten.[245] Ein Wegzug jüdischer Händler zog fast immer große Schwierigkeiten nach sich. Als die Juden 1717 vorübergehend aus Schaumburg-Lippe ausgewiesen wurden, brach die Fleischversorgung der Bevölkerung zusammen.[246] Ähnliche Konsequenzen ergaben Beschränkungen des jüdischen Warenangebotes auf nur 15 Artikel, welche von den christlichen Kaufleuten in derselben Grafschaft durchgesetzt worden waren. Die Regierung mußte diese Maßnahme im Interesse der Bevölkerung rasch wieder zurücknehmen, da die Christen nicht imstande waren, ein vergleichbares Warenangebot bereitzustellen. Sie stellte fest, »dass unsere Leute nicht zum Handel taugen«.[247]

Aufgrund ihrer Verwandtschaftsbeziehungen und anderer angestammter Geschäftskontakte konnten die Juden überall verhältnismäßig billig gute Waren anbieten, zum Ärger der Konkurrenz. Einen anschaulichen Einblick in die Art und Weise, wie solche innerjüdischen Handelsgeschäfte abliefen, gibt uns die mit Leffmann Behrens verwandte Glückel von Hameln. Vielfach wurden zwischen Juden sogenannte Kompaniegeschäfte abgeschlossen. Ein solches Geschäft kam zwischen Juda Berlin und Glückels Mann Chaim Hameln zustande:

»So hat nun Juda wieder mit uns geredet und uns die besten Vorschläge gemacht. Ich sagte darauf zu ihm: ›Alles, was du redest, ist ganz gut und recht; aber du siehst wohl die große Haushaltung und die schwere Last, die wir haben; wir brauchen jedes Jahr mehr als 1000 Taler in unserer Haushaltung außer dem, was wir zu unserm Geschäft an Zinsen und anderen Ausgaben nötig haben, und ich sehe nicht, woher das Geld kommen soll.‹ Juda antwortete: ›Sorgst du dich darum? Das will ich euch schriftlich geben: wenn nicht wenigstens 1000 Taler Banko jedes Jahr verdient werden, so sollt ihr die Macht haben die Vereinigung aufzulösen.‹ Solcherlei Versicherungen hat er noch viel mehr gege-

ben, daß es zu viel wäre alles zu schreiben. Ich habe nun mit meinem Manne geredet und ihm gesagt, was ich mit Juda besprochen und welch großer Stücke er sich gerühmt habe. Darauf sagte mein sel. Mann zu mir: ›Mein liebes Kind, das Sagen ist alles gut, aber ich habe große Ausgaben, ich sehe nicht, wo das bei der Verbindung mit Juda herkommen soll.‹ Schließlich sagte ich zu meinem Manne: ›Man kann es ja ein Jahr lang versuchen. Ich will einmal ein kleines Schriftstück aufsetzen und will es euch sehen lassen, wie es euch gefällt.‹ Also habe ich mich nachts allein hingesetzt und einen Vertrag aufgesetzt. Juda hat in einem fort gedrängt und gesagt, wir sollten uns keine Sorge machen und nur alle unsere Geschäfte ihm überlassen; denn er kenne solchen Weg und Steg, daß er genügend Geschäfte für uns wüßte, um damit zurechtzukommen. Ich sagte: ›Wie können wir alle unsere Geschäfte Euch überlassen?‹ Darauf sagte Juda: ›Ich weiß wohl, daß ihr für viele tausend Taler Juwelen habt; die werdet ihr nicht wegwerfen. Also wollen wir es so machen, daß ihr diese Juwelen verkaufen oder vertauschen möget, so gut ihr könnt und wollt.‹ Dieses ist der eine Punkt. Zweitens soll das Kompagniegeschäft zehn Jahre dauern und man soll jährlich Abrechnung halten. Wenn dann in dem Kompagniegeschäft nicht alle Jahre wenigstens 2000 Reichstaler verdient werden, so hat mein Mann das Recht die Geschäftsgemeinschaft aufzusagen. Ohne diese Bestimmung wollten wir keine Gemeinschaft mit ihm machen. Wenn das gemeinsame Geschäft aufhört, soll alles verkauft werden, damit ein jeder sein Geld bekommt. Drittens soll mein Mann ein- oder zweimal mit Juda nach Amsterdam reisen und ihn über alles unterrichten, wie man einkauft, und Juda soll alle Waren in Händen haben und verkaufen. Viertens: Mein Mann soll zum Beruf der Geschäftsführung 5 bis 6000 Reichstaler hinlegen und Juda soll 2000 dazulegen und soll alle Juwelen und sonstigen Waren, die mein Mann hat, so gut als möglich verkaufen oder vertauschen.

Hierauf ist ein fester Vertrag gemacht und auf alle Weise wohl gesichert worden.«[248]

Wie sich bald herausstellte, blieb das Geschäft nicht ohne Risiko. Juda Berlin konnte seine Verpflichtungen nicht erfüllen. Da er jedoch das ihm von Chaim

Hameln gegebene Geld und die Waren nicht zurückgab, entwickelte sich eine langwierige Auseinandersetzung, die – nach jüdischer Sitte – von Rabbinern geschlichtet wurde, und zwar durch einen für die Familie Hameln kostspieligen Vergleich.[249]

Werfen wir einen Blick auf den Wirtschaftssektor, der neben dem Warenhandel den zweiten Schwerpunkt des jüdischen Berufslebens darstellte und der mit noch weit mehr Klischees verbunden ist: der Geldhandel. Die Formulierungen der Schutzbriefe machen deutlich, daß das Geldgeschäft so selbstverständlich wie in mittelalterlichen Zeiten als Sache der Juden angesehen wurde. Auf die besondere Rolle der Hoffaktoren wurde bereits eingegangen. Doch auch die anderen Schutzjuden betätigten sich als Geldverleiher. Allerdings ist bei der Behandlung dieses vorurteilsbehafteten Themas auf größtmögliche Differenzierung zu achten. So pflegte der Nienburger Schutzjude Isaac Aron für Darlehen über 30 Gulden 8 % Zinsen zu nehmen. Dies entsprach den Bestimmungen seines Schutzbriefes.[250] Jüdische Kaufleute mußten natürlich, wie andere Kaufleute auch, ihrerseits Kredite aufnehmen, um ihre Betriebe aufrechterhalten zu können. So auch Isaac Aron. Er verschuldete sich und geriet in große Schwierigkeiten, als seine christlichen Schuldner nicht mehr zahlten.[251] In Stade, wo Leffmann Behrens 1704 ein öffentliches Leihhaus eröffnete, kam es zum Streit um den Zinssatz. Die Regierung schrieb 6,25 % vor, Behrens bestand auf 12,5 %, und zwar mit der Begründung, daß er selbst zu diesem hohen Zinssatz Kredite aufnehmen müßte. Daraufhin gab die Regierung die Zinshöhe frei.[252] Niedrige Zinsen waren zwar populär, doch entsprachen sie nicht unbedingt den wirtschaftlichen Notwendigkeiten. Mit Übervorteilung hatten hohe Zinsen jedenfalls nicht unbedingt etwas zu tun. Im täglichen Geschäftsverkehr wurde diese Tatsache offenbar auch allgemein akzeptiert. Der Wuchervorwurf tauchte zwar noch hin und wieder in amtlichen Stellungnahmen auf,[253] doch finden wir in den welfischen Landen kaum konkrete Klagen oder gar Prozesse in dieser Hinsicht. Die Realität entsprach dem Klischee nicht. In Braunschweig, wo zwecks Bekämpfung des angeblichen jüdischen Wuchers ein herzogliches Leihhaus im Jahr 1765 eröffnet wurde, wandten sich Kreditsuchende im Zweifelsfall

doch eher an die Schutzjuden, da deren Zinsen niedriger waren![254]

Betrachten wir die Stadtjuden in den anderen Territorien, so ergeben sich zahlreiche Parallelen zu den Verhältnissen in Braunschweig und Hannover. Waren- und Geldhandel standen überall im Mittelpunkt der jüdischen Berufspraxis. Allerdings zogen lokale Besonderheiten bestimmte Schwerpunktsetzungen nach sich. In der Handelsstadt Emden fällt die Bedeutung jüdischer Metzger ins Auge. 1687 finden wir dort 18 jüdische Metzger und nur 11 christliche. 1729 hatte sich die Anzahl der jüdischen Fleischer auf 25 erhöht.[255] Der Emder Rat behinderte dieses Gewerbe offenbar nicht, wie es die welfischen Regierungen zu tun pflegten. Für ihn zählte vielmehr die Tatsache, daß die Juden in der Lage waren, Fleisch billiger anzubieten.[256] Entsprechend bedeutend war auch der Viehhandel. Die überregionalen Verbindungen jüdischer Kaufleute spielten darüber hinaus für den Im- und Export von Getreide aus den Ostseegebieten eine wichtige Rolle und kamen dem Emder Handel zugute.[257]

Ansonsten finden wir den üblichen Klein- und Kleiderhandel, einen Pergamentmacher und einen Petschierstecher.[258] Die eher armen Hildesheimer Juden lebten ebenfalls überwiegend vom lokalen Kleinhandel.[259] In den anderen kleineren Städten des Hochstifts, vor allem in Peine, betrieben Schutzjuden auch überregionale Handelsgeschäfte. Sie bereisten die Messen von Lübeck, Leipzig und Braunschweig und deckten sich dort mit Waren ein: Pelze, Seidenstoffe, Spitze, Ellenwaren, Leinen, Wolle, Leder und Metallwaren waren die bevorzugten Güter. Für diese wurden Lager angelegt, und anschließend erfolgte der Weiterverkauf.[260] Die Mobilität und Flexibilität dieser Handelsjuden erregte zwar immer wieder das Mißfallen der Konkurrenz, kam aber den Bedürfnissen der Konsumenten entgegen. Auch der Geldverleih spielte nach wie vor eine wichtige Rolle. Wenn es wegen dieser Geschäfte einmal zu einer gerichtlichen Auseinandersetzung kam, so lag es nicht unbedingt am zweifelhaften Verhalten des jüdischen Gläubigers; die Zahlungsunwilligkeit des Schuldners konnte eine ebenso große Bedeutung haben. Im Jahre 1732 hatte der Schutzjude Levi Simon in Goslar dem Buchbinder Johann Heinrich Lamprecht 112 Reichstaler geliehen.

Hof eines koscheren Schlachthauses, 18. Jahrhundert

Unklarheiten bezüglich der verschiedenen kursierenden Münzsorten führten zu Problemen mit der Rückzahlung. Dennoch verurteilte der Rat der Stadt Goslar 1736 Lamprecht zur pünktlichen Bedienung seines Kredits. Dieser antwortete nun mit einer Gegenklage, indem er den Sohn Levi Simons in den Prozeß hineinzog, obwohl dieser mit dem 112-Reichstaler-Kredit gar nichts zu tun hatte. Der Stadtrat bekräftigte dessenungeachtet 1738 seinen Zahlungsbefehl. Erst 1741 lenkte Lamprecht ein und schlug jährliche Zahlungen in Höhe von 15 Talern vor. Das war Levi Simon zu wenig. Er verlangte 20-Taler-Raten und erhielt Recht. 1744 gingen dann die ersten Zahlungen ein, 1745 blieb Lamprecht seine Rate wieder schuldig. Nun wandte sich Levi Simon an das Reichskammergericht in Wetzlar, das am 17. April 1747 den Zahlungsbefehl an Lamprecht bestätigte.[261] Der jüdische Geldgeber mußte also 15 Jahre lang warten. In Emden schützte auch das große Vermögen der Familie Goldschmidt nicht vor den Folgen wiederholter Zahlungsunwilligkeit von Schuldnern. Wegen nicht zurückgezahlter Kredite machte sie bankrott.[262] In Seesen forderte der Jude Hirsch 1774 einen Wechsel aus dem Jahre 1758 (!) ein. Der Schuldner – in diesem Fall kein geringerer als der Magistrat – beglich die Restschuld, allerdings ohne Zinsen zu zahlen.[263] Die geschilderten Fälle machen deutlich, wie groß das Risiko des jüdischen Geldverleihers war und wie vorsichtig man mit Bezichtigungen in bezug auf angeblich »typisch jüdisches« Geschäftsgebaren sein sollte. Im Verlauf des späten 18. Jahrhunderts scheint die Bedeutung des jüdischen Geldverleihs dann zurückgegangen zu sein. Vor: den Emder Juden betrieben 1765 3,8 % dieses Geschäft, 1800 war es keiner mehr.[264] In der Tat ist der Geldverleih unvollständig beschrieben, blendet man die Rolle der Christen aus. Zwischen 1571 und 1750 sind 119 Geldgeschäfte Emder Juden überliefert: 71 Kredite wurden an Christen und 18 an Juden gewährt. Immerhin 30 Kredite gaben Christen an Juden.[265] Daneben sei noch einmal an die Kreditvergaben staatlicher Institutionen erinnert. Ein anschauliches Beispiel für die komplexen Vorgänge ist aus dem Stift Ilfeld überliefert, das Gelder bei Juden und Christen anlegte. 1791 kündigte das Stift eine dem Kriegsagenten Cohen geliehene Summe von 6 000 Reichstalern. Offenbar war man mit dem Zinssatz von 2 %

nicht zufrieden. Das Geld wurde nun für drei Jahre gegen eine jährliche Verzinsung von 4 % bei Michael David »gelegt«.[266] Das Verzeichnis der Obligationen des Stiftes weist eine Reihe klangvoller Namen auf: die Grafen von Stolberg-Wernigerode sind ebenso vertreten wie die Fürsten von Schwarzburg-Rudolstadt und die Calenbergische Landschaft.[267] Von Vorurteilen, wie sie von altersher jüdischen Geldgebern anhingen, hören wir jedoch den genannten christlichen Instituten gegenüber nichts.

Die vergleichsweise geringe wirtschaftliche Bedeutung der meisten niedersächsischen Städte sowie die recht bescheidenen Vermögensverhältnisse ihrer jüdischen Einwohner lassen vermuten, daß der Unterschied zwischen diesen Landstadtjuden und den Dorfjuden nicht sehr groß gewesen war. In der Tat finden wir überwiegend gleiche berufliche Tätigkeiten: die Landjuden betrieben Kleinhandel, Altkleiderhandel, Textilhandel und Viehhandel.[268] Ähnliches gilt für die regionalen Handelsschwerpunkte. Wie in der Stadt Emden gingen auch in den ostfriesischen Landgemeinden überproportional viele Juden dem Schlachterhandwerk nach. In Wittmund waren von elf jüdischen Familien im Jahre 1714 10 Schlachter, in Neustadtgödens waren es 1737 9 Schlachter – gegenüber nur vier Altkleiderhändlern –, 1749 sogar 15 Schlachter.[269] Juden handelten mit Geld,[270] auf dem Lande wie in der Stadt, und sie waren ebenfalls den hinlänglich bekannten Vorschriften unterworfen. So mußten die Schöninger Juden Waren aus der Braunschweiger Seidenfabrik beziehen und für den Weiterverkauf sorgen.[271] Auch im Raum Syke finden wir überdurchschnittlich viele Schlachter und Viehhändler.[272] Ein wichtiger »Folgeberuf« des jüdischen Altkleiderhandels war das Lumpensammeln. Juden sammelten unbrauchbare Stoffreste und verkauften sie an Papiermühlen, die daraus Papier herstellten.[273] Schließlich tauchen auch auf dem Lande immer wieder jüdische Lotterieeinnehmer auf.[274] Ein Grund hierfür mag in der schon erwähnten Tatsache zu suchen sein, daß weder für das Lumpensammeln noch für das Lotterieeinnehmen zünftige Bestimmungen existierten, und somit den Juden eine Nische offenstand. Bei allen Gemeinsamkeiten von Stadt- und Landjuden in Niedersachsen muß wohl davon ausgegangen werden, daß dem jüdischen Handel auf den Dörfern eine noch größere

Bedeutung zukam als demjenigen in den Städten. Die Juden waren oftmals die wichtigsten, wenn nicht gar die einzigen Träger des ländlichen Handels. Der öffentliche Handel in Lüthorst und Portenhagen begann überhaupt erst wieder nach dem Dreißigjährigen Krieg mit der Niederlassung eines jüdischen Händlers im Jahre 1716.[275] Und so verwundert es nicht, daß sich die Juden, wenn immer es möglich war, in Ortschaften ansiedelten, die sich für ihre Handelsgeschäfte eigneten. Neben den oben erwähnten Städten waren dies vor allem Gemeinden in Grenznähe. Von daher erklärt sich auch die große Anzahl jüdischer Einwohner in Neustadtgödens[276] und in Hornburg.[277]

Die Bedeutung der Juden für den ländlichen Handel erkannten auch die Regierungen. Im Hochstift Hildesheim durften die Juden hausieren und waren von den üblichen Zollabgaben befreit.[278] In Goslar galt gleiches für den Handel in den Bergstädten des Oberharzes und für die Jahrmärkte in der Nachbarschaft.[279] Die oldenburgische Regierung siedelte Juden bewußt an, um abgelegene Ortschaften und Einzelhöfe mit Waren versorgen zu können.[280] Der von den städtischen Zünften so bitter bekämpfte Hausierhandel war auf dem Land eher willkommen. Umso restriktiver müssen die in den welfischen und hessen-kasselschen Territorien geltenden allgemeinen Hausierverbote gelten. Sie zeigen besonders deutlich die Widersprüchlichkeit der Judenpolitik der Obrigkeit im 18. Jahrhundert.

Die große Anzahl verschiedener Territorien, die für die bereits beschriebene Uneinheitlichkeit der Rechtsstellung verantwortlich war, wirkte sich auch auf die Landjuden aus. So erhielt 1749 ein Jude die Niederlassungserlaubnis für Bornhausen bei Seesen, da im ganzen Dorf kein Ellenwarenhandel vorhanden war. Der Jude mußte allerdings 12 Reichstaler Schutzgeld zahlen, doppelt soviel wie im benachbarten Seesen verlangt wurde.[281] In Adelebsen hingegen finden wir den Juden Hertz als Besitzer eines Kothofes von 8 Morgen. Er gehörte damit zur bäuerlichen Gemeinde, was sehr selten vorkam.[282] Die Spezialisierung der Juden auf die Beschaffung von Waren und deren Absatz über größere Entfernungen hinweg konnte in Kriegszeiten dazu führen, daß nicht nur Hoffaktoren, sondern auch Landjuden zu einschlägigen Geschäften herangezo-

gen wurden. Während des Siebenjährigen Krieges wurde der Bremervörder Schutzjude Hein Levi mit der Versorgung des dortigen französischen Kriegsgefangenenlagers beauftragt.[283] Daß er dabei viel verdiente, muß bezweifelt werden. Die Lieferung von Brot, Fleisch und Feuerung (Torf) für zeitweilig über 600 Gefangene war teuer, und Hein Levi wurde – wie viele seiner Glaubensbrüder – nicht pünktlich bezahlt.[284] In Anbetracht der tatsächlichen Bedürfnisse der ländlichen Bevölkerung erscheinen die Bestrebungen der schaumburg-lippischen Regierung, die Juden verstärkt landwirtschaftlichen Berufen zuzuwenden, nicht sehr realistisch. Das durchweg negativ besetzte Klischee des handeltreibenden Juden erreichte hier eine anachronistisch anmutende Wirksamkeit. Gerade in Schaumburg-Lippe, wo sich die Unentbehrlichkeit der kaufmännischen Aktivitäten der Juden besonders klar gezeigt hatte, wird deutlich, daß die Versuche, die Juden durch Erziehungsmaßnahmen vom Handel abzubringen und dem Zuckerrohranbau (!) zuzuführen, ideologisch motiviert waren und weder etwas mit den wirklichen Bedürfnissen der Bevölkerung noch etwas mit der tatsächlichen wirtschaftlichen Entwicklung zu tun hatten.[285]

Werfen wir einen Blick auf die Vermögensverhältnisse der Landjuden, so zeigt sich – ähnlich wie in den Städten –, daß die Unverzichtbarkeit der Juden keineswegs großen Reichtum präjudizierte. Im Gegenteil: In den hannoverschen Bistümern Bremen und Verden lebten 1768 22 Schutzjudenfamilien, von denen acht als mittellos galten, sechs über Mittel zwischen 100 und 500 Talern verfügten, zwei 800 Taler besaßen, einer hatte 1250, einer 2 500 und einer immerhin 10 000 Taler.[286] Vermögende Juden kamen also auch in ländlichen Regionen vereinzelt vor. Im Amt Ritzebüttel konnte sich der Kaufmann Samuel Abraham Friedländer sogar mit den Hofjuden vergleichen.[287] Dennoch waren reiche Juden auf den Dörfern noch seltener als in den Städten. Die meisten Landjuden waren arm, und im Zweifelsfall waren sie auch zu arm für Kompagnie-Geschäfte, wie sie Glückel von Hameln überlieferte. Sie werden sich mehr schlecht als recht von ihrem kümmerlichen Hausierhandel ernährt haben. Entsprechend klein war auch der Maßstab, mit dem der ländliche Geldhandel zu messen ist. Die Landjuden verliehen meist Groschenbeträge. So hatte Hertz Meyer Levi zu Echte 1745 mehrere Forderungen in der Höhe von 10 gr, 32 gr, 13 gr, 17 gr, 27 gr usw.[288] Die Schuldner waren dörfliche Handwerker, Gärtner und Mägde.[289] Trotz dieser bescheidenen Verhältnisse milderte die Regierung den auf den Landjuden lastenden Abgabendruck genauso selten wie den der Stadtjuden. Die Kopfsteuerveranlagung für Calenberg und Göttingen von 1689 zeigt, daß von den Juden mit meistens zwei Reichstalern durchschnittlich wesentlich mehr verlangt wurde als von Christen.[290] Diese schon andernorts festgestellte höhere Besteuerung relativiert etwaige Schutzgeldreduktionen, die die Regierung in Einzelfällen armen Juden gewährte.

Zum Schluß sei noch kurz auf die sogenannten unvergleiteten Juden eingegangen. Bei den Juden, von denen bislang die Rede war, handelte es sich um Schutzjuden, also um solche Juden, die durch einen Vertrag, den Schutzbrief, in den Schutz einer Regierung genommen, d. h. vergleitet, waren. Die unvergleiteten Juden besaßen keinen eigenen, auf ihre Person ausgestellten Brief. Zu dieser Menschengruppe zählten zunächst die Ehefrauen und Kinder der Schutzjuden. Normalerweise erhielt nur der älteste Sohn nach dem Ausscheiden des Vaters aus dem Berufsleben einen eigenen Brief, d. h. ihm wurde der väterliche Schutzbrief übertragen. Lediglich in Hildesheim war auch die Aufnahme des zweiten Sohnes vorgesehen. Diese kostete allerdings 800 Taler.[291] Ehefrauen konnten als Witwen den Schutz behalten, wenn sie eine Firma weiterführten.[292] Die nachgeborenen Kinder mußten als unvergleitete Knechte im Haushalt des Vaters leben oder sich an einem anderen Ort um einen eigenen Schutzbrief bemühen.[293] Sie waren in einer wenig beneidenswerten Position, da sie mit ihrem Schutzgesuch auf zahlreiche Widerstände stießen, nämlich die restriktive Regierungspolitik, die Proteste der lokalen Kaufleute und durchaus auch die Abwehrhaltung schon niedergelassener Juden, welche die bereits vorhandene antijüdische Stimmung nicht weiter nähren wollten.[294] Neben den zur Unselbständigkeit verurteilten Söhnen sind die Knechte der Juden zu nennen, deren Botendienste und Besorgungen für einen reibungslosen Ablauf der Geschäfte oft unerläßlich waren. Sie zählten ebenfalls zu den Haushaltungen der Schutzjuden. Schließlich gehörten

zu den unvergleiteten Juden auch die Gemeindebediensteten, also die Rabbiner, Vorsänger und Schullehrer. Sie durften keinen Handel treiben, waren also völlig von der sie bezahlenden Gemeinde abhängig. Entsprechend gering war ihr Sozialprestige. Wir wissen nur sehr wenig über die unvergleiteten Juden, da sie viel seltener in den amtlichen Akten auftauchten als die Schutzjuden. So kann man über ihre Gesamtanzahl nur Vermutungen anstellen. In den Fürstentümern Calenberg und Göttingen wohnten in den 1689 bekannten 75 Haushaltungen 68 Knechte, Mägde und sogenannte Jungen (z. B. Pferdejungen),[295] zu den 22 Schutzjuden in den Bistümern Bremen und Verden sind für das Jahr 1768 21 Mitglieder des Gesindes hinzuzuzählen.[296] Diesen Angaben zufolge wäre also die Anzahl der Schutzjuden zu verdoppeln. Die recht große Gruppe der unvergleiteten Juden war besonders benachteiligt. Viele Schutzjuden waren zwar auch bettelarm, doch verfügten sie durch ihren Schutzbrief wenigstens über einige, wenn auch befristete Rechte. Die unvergleiteten Juden besaßen weder Vermögen noch Rechte. Sie waren durch die Abhängigkeit vom Wohlwollen ihrer Glaubensbrüder sozial gesehen die unterste Schicht der seßhaften Juden. Da sie aber immerhin über einen festen Wohnsitz verfügten, standen sie nicht auf der untersten Stufe des sozialen Elends. Dort befanden sich die Betteljuden.

Ziehen wir ein Fazit, so ist zunächst festzustellen, daß die Juden für die niedersächsische Wirtschaft des 18. Jahrhunderts eine wichtige Funktion wahrnahmen, nämlich die Bereitstellung von Waren und Geld. Diese allgemeine Feststellung gilt für alle Regionen und alle Stadttypen in Nordwestdeutschland, für die einzig verbliebene Reichsstadt Goslar ebenso wie für die Residenzstädte (Bückeburg, Hannover, Wolfenbüttel), die Messe- und Fernhandelsplätze (Emden, Braunschweig), die anderen kleineren, vom örtlichen Handel lebenden Städte (Hildesheim, Celle), die Universitätsstadt Göttingen und die vielen Marktflecken. Da keiner dieser Städte und Gemeinden eine größere, überregionale Bedeutung zukam und da die Juden überall dem gleichen Rechtsstatus unterworfen und folglich überall zur Ausübung der mehr oder weniger gleichen Berufe gezwungen waren, ist es nicht verwunderlich, daß ein Vergleich zwischen den jüdischen Einwohnern in den genannten Orten keine großen Unterschiede zu Tage bringt. Lediglich die Art der gehandelten Ware weist regionale Schwerpunkte auf. Entsprechendes gilt für die soziale Differenzierung innerhalb der Judenheit. Auch hier ist in erster Linie zwischen erfolgreichen und weniger erfolgreichen Kaufleuten zu unterscheiden. Das Handelsverbot für die unvergleiteten Juden unterstreicht die Bedeutung dieses Berufsfeldes für das Sozialprestige zusätzlich. Versuche der Regierungen, die Juden vom Handel abzubringen und sie zu Landwirtschaft und produzierendem Gewerbe hinzuführen, hatten keinen dauernden Erfolg und konnten diesen auch nicht haben, da weiterreichende Reformen ausblieben. Die Gestaltung der Rahmenbedingungen der Wirtschaft lag nach wie vor in den Händen von Standesvertretern, die ein Aufbrechen der mittelalterlichen Strukturen nicht wünschten. Für einen erfolgreichen Merkantilismus, der den Idealen der Zünfte und Gilden nicht mehr entsprach, sind die niedersächsischen Territorien jedenfalls kein überzeugendes Beispiel. Dennoch waren die Tage der alten Wirtschaftsordnung gezählt. Vorbereitet wurde die Entwicklung, die zu den kapitalistischen Marktstrukturen des 19. Jahrhunderts führte, von Außenseitern, d. h. von Unternehmern, die nicht zur alten zünftigen Ordnung gehörten.[297] Die Regierungen erkannten mitunter deren Bedeutung: so erklärt sich das Entgegenkommen, das den portugiesischen Juden in Emden und Stade erwiesen wurde,[298] und so erklärt sich auch die gelegentlich vorkommende Ansiedlung jüdischer Familien in strukturschwachen Gebieten. Diese punktuellen Maßnahmen blieben jedoch ohne größere Wirkung. Das Reformpotential wurde nicht genutzt, obgleich die jüdischen Kaufleute – auch im kleinen, auf die kleinstädtisch-ländlichen Marktverhältnisse in Niedersachsen bezogenen Maßstab – alle günstigen Voraussetzungen mitbrachten. Sie waren zwangsweise, als Außenseiter, in den zukunftsorientierten Geschäftsmethoden erprobt: Werbung, vielfältiges Warenangebot, niedrige Preise, Orientierung an den Bedürfnissen der Konsumenten zeichneten ihre Geschäfte von altersher aus. Dennoch erwiesen sich die Interessen der Korporationen und die von diesen kolportierten Zerrbilder als einflußreicher. Zu Strukturveränderungen kam es im 18. Jahrhundert nicht mehr, auch nicht mit Hilfe der Hoffaktoren. Die wirtschaftliche Situation der Juden blieb abhängig von der allgemeinen Lage – und nicht umgekehrt: In der in ihren Traditionen erstarrten, im vollen wirtschaftlichen Niedergang befindlichen Reichsstadt Goslar ging es den Schutzjuden entsprechend schlecht, der Aufschwung in Emden um 1800 führte hingegen zu einer vergleichbaren wirtschaftlichen Verbesserung der dortigen Juden, Krisensituationen in Göttingen veranlaßten hingegen wiederum eine Vertreibungsaktion. In bezug auf Anzahl, Rechtslage und Wirtschaftskraft waren die niedersächsischen Juden viel zu schwach, um selbst gestaltend in das Geschehen eingreifen zu können. Sie blieben auch im 18. Jahrhundert das, was sie schon vorher gewesen waren: Objekte einer von einer mehr oder weniger feindlich eingestellten Umwelt bestimmten Politik.

Die Betteljuden

Die restriktive Politik der Landesherren grenzte bewußt und gewollt die armen Juden aus. Sie trug damit in erheblichem Maße zur Verschärfung eines Problems bei, das seit dem späten 17. Jahrhundert in ganz Mitteleuropa zu beobachten war und auf das bereits im Zusammenhang mit der Untersuchung der jüdischen Rechtsstellung eingegangen worden ist: das Problem der Betteljuden. Diese Juden besaßen weder Schutzbrief noch Paß, sie hatten keinen festen Wohnsitz und keine legale Erwerbsmöglichkeit. Von der Forschung als »Sub-Subsistenzgruppe« bezeichnet,[299] vegetierten sie am Rand der Gesellschaft. Der Verarmungsprozeß, den auch die seßhaften Juden nach dem Dreißigjährigen Krieg erfuhren, traf die Betteljuden um so härter und vergrößerte ihre Zahl. Wieviele es im niedersächsischem Raum waren, läßt sich nicht feststellen. Sie gehörten zu keiner Gemeinde und unterstanden keiner Obrigkeit, so daß also ihre Anzahl nirgendwo registriert wurde. Erwünscht waren sie nirgendwo. Fast jede Obrigkeit in Niedersachsen verbot den Betteljuden den Aufenthalt, wie bereits gesehen. Selbst Osnabrück, wo keine Juden lebten, erließ am 7. Dezember 1720 ein Edikt zwecks Fernhaltung fremder Betteljuden.[300] Lediglich Schaumburg-Lippe zeigte ein gewisses Entgegenkommen. Dort nahm man Rücksicht auf den Sabbat. Eine Abschiebung sollte in

Unter Sr. Durchl. Unsers gnädigsten Herzogs
und Herrn, höchster Approbation, und auf
Dero gnädigsten Specialbefehl.

Anno 1775.   5tes Stück.

Braunschweigische Anzeigen.

Mittwochs, den 18. Januarius.

Serenissimi gnädigste Verordnung,
das Einführen fremder Bettel-Juden betreffend.

d. d. Braunschweig, den 8. Decemb. 1774.

Von GOttes Gnaden, CARL, Herzog zu Braunschweig und Lüneburg 2c. 2c. Demnach Wir mißfällig vernehmen müssen, daß, unerachtet der von Unsern in GOtt ruhenden Vorfahren, wegen der Betteljuden unterm 31. Aug. 1712, 20. May 1717. und 20. Oct. 1719. erlassenen und von Uns unterm 24. Aug. 1743. erneuerten und geschärften Verordnungen, sich dennoch selbige wieder häufig einfinden, und die hiesige Judenschaft äuserst beschweren, wie denn ihnen, der geschehenen Anzeige nach, oft ganze Familien, worunter sich nicht selten Kranke befinden sollen, die gar leicht eine epidemi-

sche Krankheit einschleppen könnten, von fremden Orten her auf Wagen zugeführet worden: Wir aber diesem Unwesen ernstlich gesteuret wissen wollen, so wiederholen und erneuern Wir hiemit aus Landesherrlicher Macht und Gewalt obige Verordnungen dahin, daß von nun an überall kein Betteljude weiter in hiesige Lande eingelassen werden solle, und werden die sämmtliche Obrigkeiten in den Städten und auf dem Lande, besonders die Fürstl. Beamte, Obrigkeiten und Gerichte an den Grenzen und Pässen hiemit nachdrücklich, und bey namhafter Strafe, als welche Wir Uns deshalb vorbehalten wollen,

Verordnung gegen Betteljuden, Braunschweig 1775
(Auszug)

diesem Fall erst einen Tag später erfolgen.[301] Die ständige Wiederholung der Betteljuden – und Vagabundenedikte – in Hildesheim sind solche aus den Jahren 1763, 1770, 1779 und 1781 überliefert[302] – deutet allerdings darauf hin, daß die Regierung die Wanderungsbewegungen, die meist von Osteuropa ausgingen, kaum steuern konnte. Gleichzeitig unterstreichen sie die andauernde Not der betroffenen Menschen. Ein Bericht aus dem Raum Wolfenbüttel um 1790 mag das illustrieren:

». . . Von Gotteslager, einem kleinen Weiler etwa zehn Minuten vor der Stadt, an, bis an das Kayser-Thor, lagen gegen zwanzig arme jüdische Familien, zigeunerartig wandernd, mit schmutzigen Betten, alten Kleidern, Kisten und Kasten, sie selbst in zerrissenen Gewändern, Männern, Frauen und Kinder, zum Theil krank und abgezehrt im Freien, wartend auf den Glockenschlag Neun, bei welchem der Vorsänger ankommen sollte, um ihnen im Namen des einzigen reichen Mannes, der in Wolfenbüttel wohnte, Almosen zu verabreichen, damit sie vor Eintritt des Sabbath noch einen Ruhepunkt erreichen könnten. Keiner dieser Unglücklichen durfte die Stadt betreten. . .«.[303]

Die Lebensumstände der Betteljuden drängten manche von ihnen in die Kriminalität ab. Unklar ist, wieweit sie mit den in Niedersachsen operierenden Gaunerbanden des Theodor Unger und des Erdmann in Kontakt standen.[304] Fest steht jedoch, daß das Phänomen der vagabundierenden Betteljuden irrationale Ängste in der nichtjüdischen Bevölkerung schürte und alte Stereotype festigte. Seit den Zeiten des jüdischen Hehlerprivilegs hatte sich in den Köpfen der Menschen die Vorstellung ausgebildet, daß Juden und Diebe etwas miteinander zu tun haben konnten. Diese Klischees konnten nun verstärkt werden. Die Betteljuden, deren elende Existenz ja eine Folge der christlichen Judenpolitik war, steigerten die alten Antipathien und erschwerten somit langfristig den für eine wirkliche Emanzipation notwendigen Umdenkungsprozeß. Eine den Bedürfnissen der Menschen gerecht werdende Abhilfe wurde jedenfalls bis weit ins 19. Jahrhundert hinein nicht geleistet. Die jüdischen Armenkassen in den Städten, wie z. B. in Braunschweig[305] und im oben erwähnten Wolfenbüttel, konnten mit ihren Almosen an der strukturbedingten Misere nur wenig ändern. Die Betteljuden wurden weiter hin- und hergeschoben, wie folgendes Beispiel zeigt: Aus Minden ausgewiesene Juden flüchteten sich nach Schaumburg-Lippe. Von dort erfolgte die Ausweisung nach Hannover. Die dortigen Behörden nahmen sie aber nicht auf. Dieser Teufelskreis endete erst im 19. Jahrhundert mit der Industrialisierung.

Gemeindeleben und Gemeindeorganisation, Synagoge und Schule

Darstellung einer Beschneidung, 18. Jahrhundert

Trotz mancher fortbestehender Einschränkungen der jüdischen Religionsausübung traten für die Juden in Niedersachsen während der zweiten Hälfte des 17. Jahrhunderts allmählich einige positive Veränderungen ein. In mehreren Staaten, wie etwa in Ostfriesland, wurde ihnen ausdrücklich das Recht zugestanden, nach ihrem eigenen Religionsgesetz zu leben.[306] Grundsätzlich mischte sich die Obrigkeit in innerreligiöse Angelegenheiten der Juden kaum ein. Allerdings war sie sehr daran interessiert, eine Art Oberaufsicht über die Judenschaft ihres jeweiligen Territoriums auszuüben. Im Herzogtum Braunschweig-Lüneburg behielt sich die Regierung das Recht vor, die Einrichtung neuer Synagogen von ihrer Genehmigung abhängig zu machen, und sie scheute auch nicht davor zurück, im Bedarfsfall ihre Macht zu zeigen. In Celle wurde 1693 bekannt, daß die dortigen Juden in einem Betraum heimlich Gottesdienst hielten:

»Hat auch der hiesige Ambtswächter Hinrich Klingessorn angemeldet, daß wie Er vor etwa 2 Jahren ohngefehr in der Juden Ihre Kirche, da Sie eben Ihren Gottesdienst verrichtet, gekommen. Er gesehen hette, daß ein frömbder Jude, welcher einen großen bartt gehabt, mitten in der Kirchen vor einen pult gestanden undt in einem Buche bald vor bald hinten gelesen, undt einen wunderlichen laut von sich gegeben, daß Er deß lachens sich nicht enthalten können, undt hetten die andern Juden, welche auch ein jeder ein pult vor sich stehen undt auch ein buch for sich liegen gehabt, mit einen närrischen gelaut nachgemurmelt undt mitgeruffen (. . .)«[307]

Das Zeugnis des Amtswächters zeigt die tiefverwurzelte Abneigung und gibt gleichzeitig ungewollt Aufschluß über eine ihrer wichtigsten Ursachen: die strikte Abgrenzung, die zu einer völligen Unkenntnis der jüdischen Religion und des jüdischen Gottesdienstes führen mußte. Diese Unkenntnis äußerte sich in Spott und Hohn. Die Aussagen des Wächters blieben nicht folgenlos. Die Regierung ließ das Bethaus und seine Einrichtung völlig zerstören.[308] Danach erlaubte sie nach dem entsprechenden offiziellen Antrag die Wiederherstellung, womit den Juden unmißverständlich

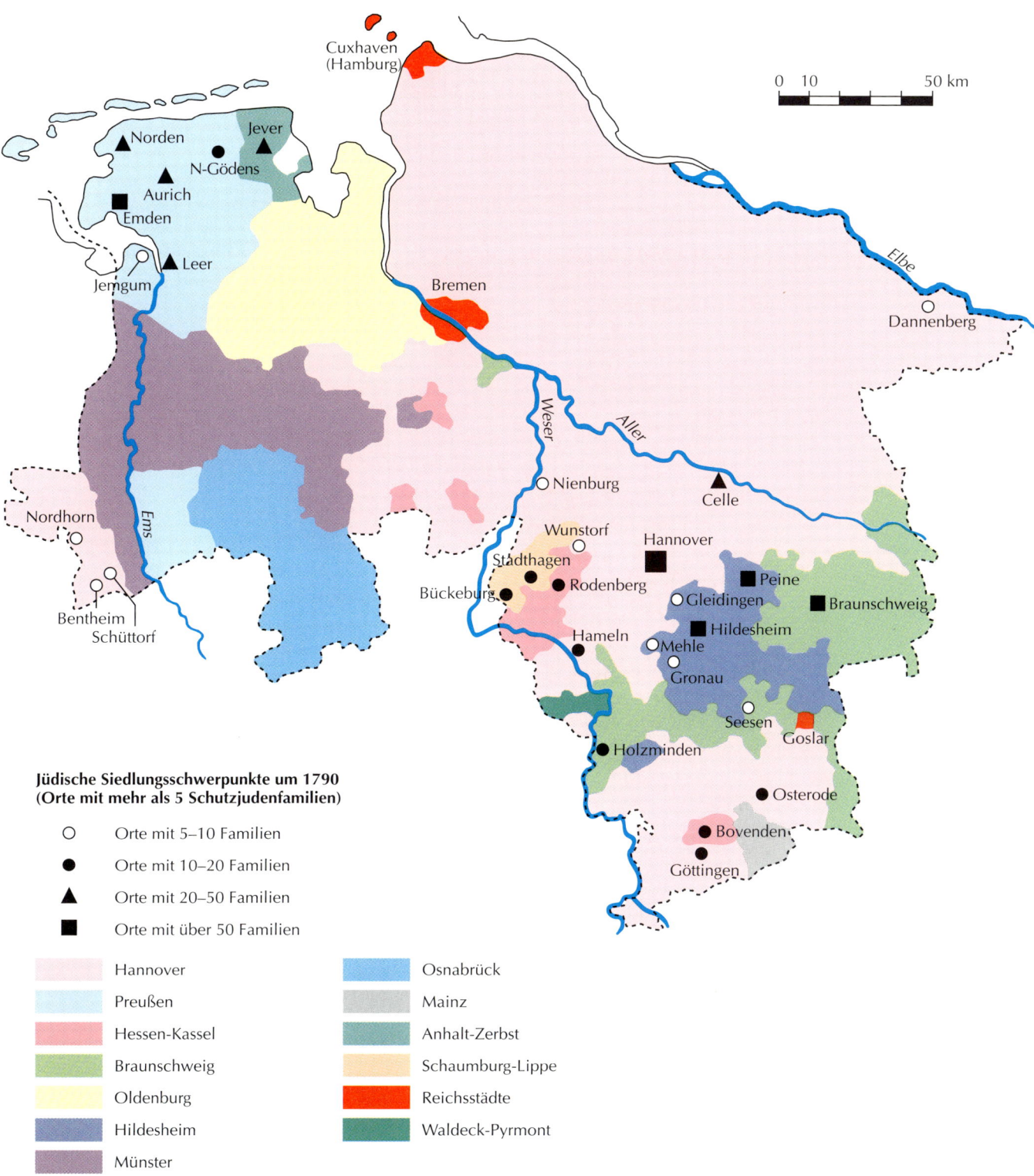

**Jüdische Siedlungsschwerpunkte um 1790
(Orte mit mehr als 5 Schutzjudenfamilien)**

- ○ Orte mit 5–10 Familien
- ● Orte mit 10–20 Familien
- ▲ Orte mit 20–50 Familien
- ■ Orte mit über 50 Familien

Hannover	Osnabrück
Preußen	Mainz
Hessen-Kassel	Anhalt-Zerbst
Braunschweig	Schaumburg-Lippe
Oldenburg	Reichsstädte
Hildesheim	Waldeck-Pyrmont
Münster	

Map labels: Cuxhaven (Hamburg), Jever, Norden, N-Gödens, Aurich, Emden, Leer, Jemgum, Bremen, Elbe, Dannenberg, Weser, Aller, Nienburg, Celle, Wunstorf, Hannover, Stadthagen, Rodenberg, Peine, Bückeburg, Gleidingen, Braunschweig, Hameln, Hildesheim, Mehle, Gronau, Seesen, Goslar, Holzminden, Osterode, Bovenden, Göttingen, Nordhorn, Ems, Bentheim, Schüttorf

אִישׁ
פַּרְשַׁנְדָּתָא
דַּלְפוֹן
אַסְפָּתָא
פּוֹרָתָא
אֲדַלְיָא
אֲרִידָתָא
פַּרְמַשְׁתָּא
אֲרִיסַי
אֲרִדַי
וַיְזָתָא

וְאֵת
וְאֵת
וְאֵת
וְאֵת
וְאֵת
וְאֵת
וְאֵת
וְאֵת
וְאֵת
וְאֵת

**Detail der Esterrolle,
Jever, 18. Jahrhundert**

verdeutlicht wurde, wie sehr sie auf die gnädige Gesinnung der Herrschenden angewiesen waren. Nichts durfte ohne deren Erlaubnis geschehen.[309] Folglich hatten die Celler Juden auch für die Feier des Laubhüttenfestes im September 1693 um eine amtliche Genehmigung nachzusuchen.[310]

Innerhalb der einzelnen jüdischen Gemeinden existierten ursprünglich keine schriftlich fixierten Statuten, die das Gemeindeleben geregelt hätten. Die Juden lebten grundsätzlich nach dem mosaischen Gesetz, wie es in der Thora verzeichnet war. Die Gemeindeleitung oblag traditionell dem ältesten männlichen Mitglied, und diese Regelung behielt wohl in den vielen niedersächsischen Ortschaften noch lange ihre Gültigkeit, in denen nur ein oder zwei Familien jüdischen Glaubens lebten. In den ländlichen Gemeinden wurde selten die für einen ordnungsgemäßen Gottesdienst erforderliche Anzahl von zehn religionsmündigen männlichen Juden erreicht. Dort war man darauf angewiesen, sich mit Juden aus benachbarten Orten zusammen zu tun. Die Räumlichkeiten für den Gottesdienst waren oft sehr bescheidene Zimmer in Privathäusern oder gar Teile von Scheunen oder Ställen. Aus der kleinen Ortschaft Ritterhude ist die Beschreibung einer solchen »Cammer« überliefert: Sie war *»inwendig mit Kalck geweißet und von 2 Fenstern, eines gegen Osten, das andere gegen Norden erleuchtet. (. . .) In dieser Cammer (. . .) vor der Thür stehet ein breites palpet mit grünem halbwollenem Zeuge bedecket, worauff die Thora ausgebreitet wird. Vor der Wand gegen Osten stehet ein schmales Tannengehäuse, ohngefähr 2 Fuß breit und 5 Fuß hoch mit einer Thür und vor derselben eine bunte sticker Gardine, worauf 2 weiß-rothe Fransen. An der Wand umbher hingen 2 Abbildungen der Thora (. . .) ingleichen einige Lampen, wie dann auch gegen Süden legen auff einer Borth ethliche Windeln, worin Kinder bey der Beschneidung gewickelt gewesen. Neben dem Tannengehäuse eine Maschine stunde, worauff verschiedene Lichter gesetzet werden können. Vor der Cammer, so eigentlich der Tempel seyn soll, war ein Raum, woselbst die Weibesleute während Gottesdienstes stunden. In der Ecke deßelben lag ein kleiner Backofen, wobey sie berichten, daß darin die ungesäuerte Brodte gebacken würden.«*

Vom Gottesdienst selbst wurde folgendes berichtet: *»Die versammelte Juden (. . .) stellten sich in dem Tempel rund umbher. Ein schwarz gekleideter Schulmeister aber, der den Halstuch gleich einem Priester Böffke eingebunden und eine Decke übergehänget, setzte sich vor den Schrank des Thora und fing an laut singend zu lesen, die anderen respondirten (. . .).«* Anschließend folgte die Versteigerung der Funktion, die Thorarollen aus dem Schrank zu nehmen: *»(. . .) und wurde anfänglich 1 Sch. (Schilling), dann 2 Sch., endlich 4 Sch. gebothen, dem plus-offerent wurde dieses zugestanden. Da dann dieser eine Decke überhing und sich dem Schrank der Thora nahete, den Vorhang vorzog, die Thür öffnete und das Thora heraus und in seine Arme nahm. Folgendes erst küßete und damit links umb vor die an der Wand stehenden langsam herumbging, jedweder dem das Thora vorbey paßirte, küßte dasselbe (. . .) Nachdem der Jude mit der Thora vor das palpet getreten, zogen der Schulmeister und andere (. . .) Männer die Kleidung davon, wickelten es auseinander und fing der Schulmeister an ein Stück daraus laut zu lesen. Wie dann noch 2 bis 3 demselben folgeten und jedweder etwas weniger laut lese. Bald aber etwas zwischendurch singend und die übrigen alle mit einstimmten. Hierauf ward das Thora wieder zusammengerollt mit einer Windel, worauf hebräische Buchstaben und allerhand Charakteres gemahlet, umbwunden und mit der Bekleidung bedeckt. Folgendes von dem der sie gebracht aufgehoben, geküßet, denen an der anderen Seite stehenden Leuten zum Kusse gleichfallß dargereicht und so wieder in den Schrank gesetzt, folgend die Thür davor zugemachet und der Vorhang davor gezogen. Hiernach setzte sich der Lector vor den Schrank abermahls nieder, sang von neuem und reponirte die übrigen bis zum Ende des Gottesdienstes, welcher überhaupt 3 Stunden gewähret.«*[311]

In den größeren Ortschaften und in den Städten konnten sich leichter jüdische Gemeinden konstituieren. Die in den Residenzstädten lebenden Hoffaktoren waren oft für solche Gründungen verantwortlich. Ihre Anwesenheit zog zum einen die Niederlassung anderer Juden nach sich, so daß die erforderliche Anzahl männlicher Gemeindemitglieder eher erreicht wurde als auf dem Land. Zum anderen sorgten sie für die Errichtung von Bethäusern, was ihnen umso leichter fiel, da sie meist

mit dem Privileg des Immobilienbesitzes ausgestattet waren. In Hannover entstand auf Initiative Leffmann Behrens' 1688 eine kleine Synagoge, die 1704 erneuert wurde.[312] 1728 entstand eine Synagoge in der Hildesheimer Neustadt,[313] 1781 eine in Wolfenbüttel.[314] Auch in Braunschweig wurde auf Kosten des Hoffaktors Alexander David eine Synagoge gebaut.[315]

Die Hoffaktoren sorgten auch dafür, daß in einigen Territorien landesweit geltende Rabbinatsverfassungen verordnet wurden. Im Fürstbistum Hildesheim existierte eine solche Ordnung bereits seit dem frühen 17. Jahrhundert, wie weiter oben berichtet. 1687 richtete Herzog Ernst August von Braunschweig-Lüneburg auf Antrag des Leffmann Behrens das hannoversche Landrabbinat ein, damit die Juden in Streitfällen nicht mehr auswärtige Rabbiner konsultieren müßten.[316] Ähnlich wie in Hildesheim kam dem neuen Landrabbiner in Hannover die Jurisdiktion in innerjüdischen Konflikten zu. Von eventuell zu verhängenden Strafgeldern flossen 50 % in die landesherrlichen Kassen. Eidesleistungen von Juden erforderten die Gegenwart des Landrabbiners, dessen Zuständigkeitsbereich zunächst Calenberg, Göttingen und Grubenhagen umfaßte, nach 1737 auch Diepholz, Hoya und Lüneburg.[317] Die Juden im hannoverschen Staat sahen sich durch diese Bestimmungen mit einer Ordnung konfrontiert, wie sie sie bisher nicht gekannt hatten: es wurde eine Hierarchie eingeführt. Dem Landrabbiner kamen Aufsichtsfunktionen zu, die ihrerseits von der weltlichen Obrigkeit abgesichert waren. Dadurch konnte die Regierung verstärkt Einfluß nehmen. Die Umstände der Rabbinatsgründung führten zu einem Ausbau der Macht der Hoffaktoren innerhalb der Gemeinde. Der erste Landrabbiner in Hannover, Joseph ben Meschullam, war mit Leffmann Behrens verschwägert. Er amtierte bis 1703.[318] Erst nach dem Tode von dessen Nachfolger Joseph Meyer Friedberg 1735 kam es zu einer Wahlordnung, die die Gemeinden stärker beteiligte. Nach 1735 kamen alle Gemeindevorsteher und vier ausgeloste Mitglieder der Gemeinde Hannover zusammen und wählten drei Kandidaten. Diese mußten Probevorträge halten. Anschließend wählten die Juden einen zum Rabbiner. Die Regierung hatte dann das Bestätigungsrecht. Die weiteren Landrabbiner des 18. Jahrhunderts, Joseph Karo (1737–1755), Abraham Meyer Cohen

Hornburger Synagoge

Deckengemälde der Hornburger Synagoge

(1755–1758), Levi Josua (1761–1789) und Behrend Josua (1789–1802) machten Hannover zu einem Zentrum der talmudischen Gelehrsamkeit.[319]

Ähnliche Rabbinatsverfassungen finden wir in der Grafschaft Ostfriesland, wo seit 1662 eine eigene jüdische Gerichtsbarkeit und seit 1708 ein Rabbinat bestand,[320] und im Weserbezirk des Herzogtums Braunschweig-Wolfenbüttel, wo in den 1760er Jahren Wolf Isaac und anschließend Herz Samson als Rabbiner fungierten.[321]

Die Existenz der Landrabbinate konnte bei entsprechend fähigen Amtsinhabern das jüdische Gemeindeleben stabilisieren. Allerdings kam es während des 18. Jahrhunderts immer wieder zu Klagen seitens der Juden. Vielfach fühlten sie sich bevormundet. Gleichzeitig waren sie mit den Kosten, die das neue Amt verursachte, unzufrieden.[322] Darüber hinaus kam es nach wie vor zu Auseinandersetzungen in den Gemeinden, so daß immer öfter eigene Gemeindestatuten ausgearbeitet wurden. Diese Auseinandersetzungen, an denen auch ein Landrabbiner nichts ändern konnte, entzündeten sich meist an Geldfragen. Folglich waren die Gemeindestatuten des 18. Jahrhunderts in erster Linie um die Regelung dieser Probleme bemüht. Typisch hierfür erscheint die Ordnung der Celler Gemeinde aus dem Jahre 1738. Sie umfaßte 27 Artikel, von denen allein 12 die kostenträchtige Armenkasse betrafen. Die Armenfürsorge war den Juden eine heilige Pflicht, so daß der Sicherung der entsprechenden Einkünfte besondere Dringlichkeit beigemessen wurde. Die Ordnung legte die Beitragsquoten der einzelnen Gemeindemitglieder fest, die, je nach Vermögen, zwischen 1 und 13 Reichstalern lagen. Wer nicht zahlte, wurde dem Landrabbiner gemeldet. Wenn Geld fehlte, mußte der Armenkassen-Vorsteher einspringen. Eine weitere wichtige Einnahmequelle bestand im Verkauf religiöser Zeremonien. Wer Segenssprüche über die Thora sprechen wollte, mußte dafür zahlen, so wie wir es aus dem Bericht über den Gottesdienst in Ritterhude kennen. Damit nicht immer dieselben (wohlhabenden) Juden in den Genuß der religiösen Funktionen kommen sollten, wurde festgelegt, daß man sich abwechseln mußte: wer am Neujahrstag ein Gebet gesprochen hatte, durfte es am Ver-

söhnungstag nicht mehr tun. Schließlich sollten der Armenkasse die Hälfte der Strafgelder zufließen, etwa wenn ein fremder Jude erwischt wurde, der in Celle Handel trieb.[323]

Die Celler Bestimmungen zeigen, wo die Hauptprobleme der jüdischen Gemeinden lagen. Die Armen- und Krankenkasse und ihre Finanzierung standen im Vordergrund des Interesses. Hierum hatte sich der Gemeindevorstand – den man wohl treffender als Kassenvorstand bezeichnen würde – zu kümmern. Wir finden auch bei den anderen überlieferten Gemeindeordnungen fast immer die gleichen Ursachen, wie sie in Celle vorlagen: dies gilt für Ritzebüttel-Cuxhaven und wohl auch für Aurich, die sich im späten 18. Jahrhundert Gemeindeordnungen gaben.[324] In Hannover wurde 1801 ein *Regulativ* ausgearbeitet, in dem es jedoch hauptsächlich um Kompetenzfragen bezüglich des dort residierenden Landrabbiners ging.[325]

Die Judenordnungen in den einzelnen Gemeinden zeigen zunächst, daß die Existenz eines Landrabbinats tatsächlich konsolidierende Wirkungen hatte, etwa wenn es um das Vorgehen gegen säumige Beitragszahler ging. Daneben wird aber durch die auffällige Schwerpunktsetzung deutlich, wie sehr die Juden gegenüber den Christen in Fragen der Religionsausübung benachteiligt waren, selbst wenn ihnen das Recht auf den eigenen Gottesdienst in eigenen Synagogen nicht mehr abgesprochen wurde. Im Gegensatz zu den Christen mußten die Juden alles selbst finanzieren. Dieser strukturelle Nachteil zwang sie zu solch entwürdigenden Maßnahmen wie die Versteigerungen der Synagogenplätze und den Verkauf von Segenssprüchen. Daran änderte auch der Reichtum der Hoffaktoren wenig. Die Landjuden konnten von diesen kaum profitieren. Die ursprünglich großzügige Einrichtung einer Synagoge durch wohlhabende Familien konnte sich vielmehr langfristig als zweischneidiges Schwert erweisen. In Osterode beanspruchten z. B. die Erben des Synagogenstifters Lazarus Herz noch Jahrzehnte nach dem Bau die besten Synagogenplätze für sich.[326] Der sich daraus ergebende Streit sowie die häufigen Querelen wegen anfallender Reparaturkosten im Gotteshaus machen die Auswirkungen des – im Vergleich mit den christlichen Kirchen – ungerechten Finanzierungssystems, zu dem der jüdische Kultus gezwungen war, deutlich.

Gleichzeitig werfen sie ein Licht auf die Probleme der Selbstverwaltung, wie sie in den Gemeinden üblich war. Wurde die traditionelle Autonomie höher bewertet als das neue Landrabbinat, so mußte man auch eigene, womöglich längere Zeit beanspruchende Konfliktlösungen suchen. Immer wieder hören wir von Abspaltungsbestrebungen von Gemeinden, die offenbar solche Schwierigkeiten in Kauf nahmen. Peine und der Moritzberg z. B. wünschten die Trennung vom Hildesheimer Rabbinat. In der Tat erhielt Peine 1785 einen eigenen Rabbiner zugewiesen.[327] Die Kosten, die eine übergeordnete Instanz verursachte, schreckte viele Gemeinden ab und ließ sie im Zweifelsfall die nicht minder problematische Zersplitterung vorziehen.

Die Selbstverwaltung der jüdischen Gemeinden wies vergleichsweise demokratische Strukturen auf. Grundsätzlich wurden die wichtigen Vorstandsämter durch Wahlen besetzt, an denen die Familienväter gleichberechtigt teilnahmen. Wie aus den mittelalterlichen Gemeinden bekannt, gab es in den größeren Gemeinden meist mehrere Vorsteher, in Braunschweig z. B. drei.[328] Mitunter wurden mit der Kandidatur zu den Ämtern bestimmte Bedingungen verknüpft, etwa ein Gelehrtentitel wie in Hildesheim.[329] Wichtig war in jedem Fall ein bestimmtes Vermögen, da der Vorstand im Bedarfsfall Finanzierungslücken füllen mußte. Auf den damit zusammenhängenden großen Einfluß der Hoffaktoren wurde bereits hingewiesen. Neben der oben beschriebenen Funktion der innergemeindlichen Organisation kam den Vorstehern, auch *Parnassim* genannt, die Aufgabe zu, die Verbindung der Gemeinde mit den Landesherren herzustellen. In Braunschweig wurden die Vorsteher seit 1784 von der Verwaltung herangezogen, wenn es um Neuaufnahmen von Juden ging.[330] Besonders wichtig für die Regierung waren jedoch die ebenfalls mit den Parnassim vorgenommenen Schutzgeldabrechnungen.

Die Diskrepanz zwischen der Armut der meisten jüdischen Gemeinden im niedersächsischen Raum und dem hohen Rang, der der *Zedaka*, der sozialen Gerechtigkeit und Wohltätigkeit im Judentum zukam, wurde, wenigstens zum Teil, durch zahlreiche Stiftungen ausgeglichen, die die vorhandenen Armenkassen ergänzten. In Emden wurde bereits 1661 ein »Brüderschaftsverein« gegründet, der sich u. a. um die Krankenpflege kümmerte.[331] In Hildesheim entstand 1668 der »Wohltätigkeitsverein«.[332] 1762 wurde in Hannover ebenfalls ein Wohltätigkeitsverein gegründet.[333] Die Vereinsvorsteher waren meist Mitglieder einflußreicher und wohlhabender Familien. In Hannover spielte in diesem Zusammenhang vor allem die Familie David eine wichtige Rolle. Sie rief auch eine Stiftung für Thora-Gelehrte ins Leben und war an der Gründung der Schule in Hannover maßgeblich beteiligt.[334]

Vom Beginn der jüdischen Geschichte in Niedersachsen an war der Schule für die Gemeinden eine große Bedeutung zugekommen. In einer feindlichen, andersgläubigen Umwelt war die Religion das identitätstiftende Band, das die Juden zusammenhielt. Möglichst jedes Kind mußte also wenigstens Lesen und Schreiben lernen, um die Bibel studieren zu können. Folglich bemühten sich auch arme Gemeinden um die Anstellung von Lehrern. In Celle entstand eine Schule wohl schon vor dem Synagogenbau, jedenfalls wird 1723 ein Lehrer erwähnt.[335] Ähnliches gilt für einige größere Städte wie Hildesheim[336] und Göttingen.[337] Auch in kleineren Gemeinden, z. B. in Bovenden[338] und in Osterode[339] finden wir eigene Schulen. Angesichts der vielen Gemeinden, die höchstens aus zwei Familien bestanden, wird jedoch davon ausgegangen werden können, daß der Schulunterricht, wenn überhaupt, zu Hause von Hauslehrern erteilt wurde. Die Grenzen zwischen diesem Hausunterricht und einem »öffentlichen« Unterricht, an dem dann zwei bis drei Kinder mehr teilnahmen, waren wohl allerdings fließend. In vielen Fällen kamen die Lehrer aus Polen, so in Nienburg,[340] Gleidingen[341] und Bremervörde.[342] Im Gegensatz zur Hochschätzung der Bildung als solcher zählten die Lehrer zu den sozial Verachteten. Sie waren ungeleitet und bezogen ein Gehalt, das noch unter den Durchschnittslöhnen der Knechte lag: In Osterode erhielt der Lehrer 1772 sieben Reichstaler.[343] Die Lehrer waren darüber hinaus oftmals dazu verpflichtet, Vorsänger- und Schächterfunktionen auszuüben, da sich die Gemeinden meist nur einen Angestellten leisten konnten. Und so konnte es geschehen, daß – wie in Aurich – ein Koscherschlachter ohne einschlägige Vorbildung Schulunterricht erteilte.[344]

Sabbathlampe, 18. Jahrhundert

Anzünden der Sabbathlampe,
Holzschnitt, 18. Jahrhundert

Den z. T. recht unbefriedigenden Verhältnissen in vielen Gemeinden stehen einige Schulgründungen gegenüber, die die Reputation jüdischer Bildung bis ins 20. Jahrhundert hinein förderten. Nach dem Vorbild der von D. Friedländer 1778 in Berlin gegründeten Freischule, d. h. einer schulgeldfreien Schule für unbemittelte Kinder, entstanden 1786 in Wolfenbüttel eine Talmud-Thora-Schule, nach ihrem Stifter später Samson-Schule genannt,[345] 1799 in Hannover eine ähnliche Anstalt[346] und 1801 die Jacobsonsche Erziehungsanstalt in Seesen.[347] Der spätere Mitbegründer der Wissenschaft des Judentums, Leopold Zunz, war Schüler der Samson-Schule und gibt in seinen Erinnerungen einen guten Einblick in den Unterrichtsalltag um 1800:

»Im Jahre 1803, Sonntag mittag, den 5. Juni kam ich mit meinem Oheim und begleitet von einem Soldaten – vom Thore an – vor das Lokal des Bethhammidrasch[a] auf dem Zimmerhofe an. Der Soldat verließ uns, als Herr Ruben (Polli) uns in Empfang nahm (Polli war meiner Großmutter leiblicher Vetter, also meines Oheims Gliedgeschwisterkind) und in die Wohnung des Ph. Samson gegenüber brachte. Dort bekam ich etwas zu essen, es war brauner Kohl. Herr Samson hielt über mich Revue, und gegen zwei Uhr marschierten wir nach der Harzstraße vor das alte Bethhammidrasch. Herr Kalman (geb. 1733, glaube ich) stand vor der Türe, eine graue Mütze über der weißen usw. Vom folgenden Tag an ging nun das Talmudlernen los; da ich noch nicht 9 Jahre alt war, so blieb ich mit dem ›Leinen‹ verschont. Auch nachmittags waren wir bis 5, im Winter bis gegen 4 beschäftigt. Nur Freitag vormittag war dem Chumesch[b] gewidmet. Herr Kalman hatte Mendelssohns Bibelübersetzung vor sich; außerdem gab Herr Benlevy aus Sandersleben (jetzt in Hildesheim) zwei Stunden jüdisches Schreiben (bis April 1804; später Polli), G. Bertrand (ein Romanschriftsteller, gestorben anno 1811) vier oder fünf Stunden wöchentlich deutsch Schreiben, Lesen, Rechnen. Der andere oder Höhere Rabbi, der eine Treppe höher wohnte, war R. Lik aus Burg-Ebrach (bei Bamberg), der in Polen studiert, sich daher polnisch

a jüdisches Lehrhaus;
b 5 Bücher Mose;

trug, ein sanfter Mann, aber mit einem Satan namens Mirjam verheiratet. Er war ein Kabbalist[c], blieb länger als alle übrigen in der Synagoge und saß vormittags bei dem Talmud-Unterricht in Tallis[d] und Tefillin[e]... Es gab keine Schulgesetze, kein Protokoll, gewissermaßen keine Pädagogik. Freitag nachmittag lasen wir die Bohnen und Erbsen aus; in unseren Spielen und Raufereien waren wir uns selber überlassen. Nur daß der Rabbi zuweilen mit uns nach Hartmanns Garten ging. Lektüre und dergleichen gab es nicht; es kümmerte sich auch niemand um uns; wir waren die verpflichteten Schulgänger, Leichenbegleiter, und Mazze[f]-Gehülfen und bekamen drei bis vier Mal jährlich jeder einen halben Thaler an (den) Jahrzeiten aus der Samsonschen Freischule. Diese steckte Herr Samson jedem in die Hand, wenn er aus der Schule i. e. Synagoge kam. Als dann pflegte ihn auch derjenige von uns anzupacken, der ein Hemd, eine Hose und dergleichen haben wollte. Ich trug kurze lederne Hosen und Schuhe mit Schnalle. Außer Bertrand – in dessen Stunden er allein entblößten Kopfes saß – und einer Frau, die mich kämmte, kannte ich keinen Christen. Die erwachsenen Bachurim[g] übten nicht selten eine tyrannische Gewalt über die kleineren aus ... Damals begann ich ein hebräisch gereimtes Tagebuch

zu schreiben und lernte aus dem großen Hemeling die ersten Ausdrücke der Algebra – nachdem bereits eine Meile von mir fünf Jahre vorher Gauss seine Disquisitiones geschrieben!

Jeden Mittag wurden einige Paragraphen aus dem Schulchan Aruch[h] Orach Chajim gelernt; zwischen Pessach und Schowuaus[i] betete man abends Maarif.[j] Vorher wurde Mischna[k] gelernt; (. . .)

Freitag nachmittags oder abends präparierten wir uns auf Peschutim (Bibelerklärungen) aus kleinen Büchern, die Sabbath mittag auswendig als Uebung des Scharfsinns hergesagt werden mußten. Nur am Nachmittag des Sabbath hatten wir Ruhe. Außer Hemelings kleinem Rechenbuche hatte ich bis Ende 1805 kein deutsches Buch gelesen; das erste war: Philadelphias Kunststücke. In demselben Jahre in der Selichot[l]-Woche las ich Tausend und Eine Nacht in jüdischen Lettern.«[348]

Schließlich sei noch die ebenfalls in der 2. Hälfte des 18. Jahrhunderts gegründete Talmudschule in Stolzenau erwähnt. Hier wirkten die Rabbiner Hildesheimer und Samuel Levi, deren Ruf Schüler aus einem weiten Einzugsbereich anzog, der sich bis Detmold und Kassel erstreckte.[349]

---

c Anhänger der Kabbala, der jüdischen Mystik;
d Gebetsmantel;
e Gebetskapseln;
f Mazza: ungesäuertes Brot;
g Talmudstudent;

h Kompendium, von Josef ben Efraim Karr (1575) verfaßt;
i Wallfahrtsfest, 50 Tage nach Pessach;
j Abendgebet;
k Sammlung von Lehrsätzen der mündlichen Thora;
l Selicha = Gebete um Vergebung

Das Verhältnis zwischen Juden und Christen

**Moses empfängt
das Gesetz
auf dem Berg Sinai,
18. Jahrhundert**

Weder Humanismus noch Reformation hatten im niedersächsischen Raum die Ausgrenzung der Juden gemildert. Würde das 18. Jahrhundert daran etwas ändern? Immerhin verbreiteten die Philosophen der Aufklärung die Ideen des Rationalismus und der naturrechtlich begründeten Menschenrechte, deren Logik der Diskriminierung bestimmter Personengruppen zutiefst widersprach.

Die rechtlichen Rahmenbedingungen der Gestaltung des jüdisch-christlichen Verhältnisses waren, wie gesehen, in Niedersachsen Angelegenheit der Obrigkeit. Zu Beginn des 18. Jahrhunderts mochte es in der Tat so scheinen, als ob der Geist der frühen Aufklärung auch im hannoverschen Kurstaat zur Wirkung gelangen sollte. Kurfürst Georg Wilhelm ließ im Juli 1704 auf Anregung seines Hoffaktors Leffmann Behrens in den Gemächern seiner Mutter Sophie ein Religionsgespräch führen zwischen einem getauften Juden und dem Rabbiner Joseph Samson aus Stadthagen. Der Kurfürst gab sich während des über drei Stunden dauernden Dialogs unvoreingenommen und bescheinigte

im Anschluß dem Rabbiner sogar die größere Überzeugungskraft.[350] Man sollte allerdings diesem Streitgespräch keine allzu große Bedeutung beimessen. Konkrete Folgen für die hannoverschen Juden hatte es nämlich nicht, zumal es ein Einzelfall blieb. Derselbe Herrscher hielt nämlich gleichzeitig an dem Erlaß von 1689 fest, demzufolge alle Juden des Kurstaats einmal jährlich vor dem protestantischen Pastor ihres Wohnortes zu erscheinen hatten, um in die Grundlagen des Christentums eingeführt zu werden.[351] Auf die anderen judenfeindlichen Maßnahmen in Hannover wurde bereits hingewiesen. Und selbst wenn die Regierung die Niederlassung von Juden auch gegen den Widerstand der örtlichen Kaufmannschaft durchsetzte, tat sie es nicht aus Gründen der Toleranz oder Gerechtigkeitsliebe, sondern um sich selbst wirtschaftliche Vorteile zu verschaffen.

Dem Herzogtum Braunschweig gab im Jahrhundert der Aufklärung das Wirken Lessings Ehre und Glanz. Lessing wußte genau, daß die Lebensumstände der Juden aus einer jahrhundertealten christlichen Politik resultierten, und er setzte sich mit einer auch im Kreise seiner aufgeklärten Kollegen seltenen Konsequenz für Toleranz und Menschenliebe ein. Seine dramatischen Werke *Die Juden* und *Nathan der Weise* zeugen davon.[352] Immerhin fielen seine Ideen am Braunschweiger Hof nicht auf gänzlich unfruchtbaren Boden. Die Regierung berief sich bei der bereits erwähnten Reform des Judeneides 1788 ausdrücklich auf den im Königreich Preußen wirkenden Philosophen Mendelssohn sowie den aufgeklärten Staatsbeamten Dohm, dessen Schrift *Über die bürgerliche Verbesserung der Juden* von 1781 die Grundlagen einer fortschrittlichen Judenpolitik beschrieb: »*Den Juden als die verworfenste und nichtswürdigste Creatur zu behandeln, um ihn dadurch zur Treue gegen uns (d. h. die Braunschweiger Regierung, d. V.) zu inspirieren, ist ebenso unvernünftig als schädlich.*«[353] Über die ebenfalls von Mendelssohn bzw. Dohm beeinflußten Regenten Oldenburgs und Schaumburg-Lippes wurde schon berichtet. Wie sind nun diese neuen Entwicklungen zu bewerten? Zunächst muß daran erinnert werden, daß die konkreten Verbesserungen der jüdischen Position sehr dürftig ausfielen. Eine geistreiche Konversation von Fürst und Philosoph über Toleranz und Menschenrechte bedeutete noch lange nicht das Ende des mittelalterlichen Schutzstatus. Bezeichnendes Beispiel für diese Diskrepanz ist das Verhalten Friedrichs II. von Preußen als Herrscher in Ostfriesland. Allerdings darf an dieser Stelle nicht verschwiegen werden, daß auch Friedrichs berühmter Gesprächspartner Voltaire konkrete antisemitische Vorurteile hatte.[354]

Die Bedeutung der Aufklärung für eine Neubewertung des jüdisch-christlichen Verhältnisses wird darüber hinaus dadurch relativiert, daß auch die Schriften der Befürworter der Toleranz, wie z. B. Dohm, von der Vorstellung geprägt waren, daß die Juden ein tief gesunkenes Volk seien, welches sich seine bürgerliche Emanzipation erst verdienen müßte. Die deutsche Aufklärung forderte also ein Erziehungsprogramm zwecks Verbesserung der Juden. Im Gegensatz zu Frankreich, wo zwar viele judenfreundliche Politiker von ähnlichen Voraussetzungen ausgingen, die »Erziehung« aber letztendlich doch dem gesellschaftlichen Leben überließen,[355] wurde in Deutschland an den Staat als Erzieher gedacht. Dies brachte mancherlei Gefahren mit sich, wie etwa »*das Umsichgreifen des rechthaberischen Raisonnements des ›biederen‹ und ›wohlmeinenden‹ Mannes, das permanente Belehrenwollen über nützliches Handeln und sichere Wege zur Glückseligkeit, die stete Bevormundung derjenigen, die noch aufgeklärt werden sollen.*«[356] Wenn der Staat als Kontrolleur der Emanzipationsfähigkeit der Juden auftrat, konnte diese nur verzögert werden. Es war eine Emanzipation, die von Anfang an nur unter Vorbehalt gewährt wurde. Dieser Vorbehalt belastete die deutsche Variante des Integrationsversuchs der Juden in die bürgerliche Gesellschaft sehr schwer. Die Bedingung, die den Juden gestellt wurde, war ihre »Verbesserung«, d. h. nicht mehr und nicht weniger als die völlige Veränderung ihrer bisherigen Identität. Und dieser Prozeß sollte vom Staat überwacht werden, wodurch das überkommene Mißtrauen den Juden gegenüber erst recht legitimiert schien.

Werfen wir einen Blick auf die anderen für die Meinungsbildung relevanten Bevölkerungsgruppen. Ambivalent war die Haltung des niedersächsischen Adels. Naturgemäß zeigte er sich an einer Änderung des durch Privilegien und Ausnahmeregelungen charakterisierten Systems der herrschenden Ungleichheit kaum interessiert. Auf den Landtagen in Kurhannover, Braunschweig-Wolfenbüttel und Hildesheim im 17. und 18. Jahrhundert kamen stets Beschlüsse zustande, die eine Ausweisung aller Juden verlangten.[357] Andererseits waren es gerade die adligen Standesherren, die, wann immer sie konnten, in den ihnen unterstehenden Ortschaften recht viele Juden aufnahmen: in Hannover die Freiherren von Hardenberg, die Herren von Bodenhausen und von Steinberg,[358] in Hildesheim die Herren von Rheden und von Frentz, in Ostfriesland die Grafen von Wedel.[359] Diese Großzügigkeit war allerdings finanziell motiviert. Dem Adel ging es um die Schutzgelder, die die Juden auch an ihn zu zahlen hatten. Allerdings brachte er auch Politiker hervor, die später andernorts, in Preußen, entschiedene Befürworter der Judenemanzipation waren, wie vor allem der Freiherr Karl August von Hardenberg. Sein berühmter Standesgenosse, der Freiherr Adolph Knigge, galt ebenfalls als Vertreter einer auf-

Adolph Freiherr Knigge

geklärten Einstellung. Seine Gedanken über die Juden jedoch, die er in seinem vielgelesenen Werk *Über den Umgang mit Menschen* publizierte, weichen von den üblichen Klischees nicht ab. Knigge bezeichnete zwar die Verachtung gegenüber Juden als unverantwortlich, beschrieb sie dann aber in den unmittelbar folgenden Sätzen als ein Volk, dem man zutiefst mißtrauen müßte:

»*Sie sind unermüdet da, wo etwas zu gewinnen ist, und machen, durch ihren engen Zusammenhang in allen Ländern, und dadurch, daß sie sich durch keine Art von Behandlung und Zurückweisung abschrecken lassen, fast ohnmögliche Dinge möglich. Man kann sie daher unter der Hand zu den wichtigsten Verhandlungen brauchen, nur muß man ihre Dienste gut bezahlen.*
Sie sind verschwiegen, wo sie Interesse dabey finden, vorsichtig, zuweilen zu furchtsam, doch für's Geld bereit das Aergste zu wagen, verschlagen, witzig, originell in ihren Einfällen, Schmeichler im höchsten Grade, und finden also Mittel, sich ohne Aufsehn in den größten Häusern Einfluß zu verschaffen und durchzusetzen, was man ohne sie schwerlich erlangen würde.
Sie sind mißtrauisch. Haben wir sie aber einmal von unsrer Pünctlichkeit im Bezahlen und von der Heilighaltung unsers Worts überzeugt; haben sie oft Geschäfte mit uns gemacht und wissen, daß wir mit unsern Finanzen nicht ganz übel stehen; so kann man auch bey ihnen Hülfe finden, wenn alle christlichen Wucherer uns in Stiche lassen.
Bist Du aber ein schlechter Wirth, oder sind Deine Vermögens-Umstände in einer zweydeutigen Lage; so wird niemand dies leichter gewahrwerden, als der Jude. Rechne dann nicht darauf, daß er Dir Geld vorschiessen werde, oder mache Dich gefasst, ihm, wenn er es auf Speculation daran wagt, Dich zu so übertriebenen Procenten und zu solchen Clauseln verbindlich machen zu müssen, daß dadurch Deine Lage gewiß noch unglücklicher wird!
(. . .)
Bey dem Handel mit Hebräern gemeiner Art rathe ich die Augen oder den Beutel zu öffnen. Es ist sehr natürlich, daß ein Christ sich auf ihre Gewissenhaftigkeit, auf ihre Betheuerungen nicht verlassen darf. Sie wer-

Gotthold Ephraim Lessing (stehend), Johann Caspar Lavater (rechts sitzend) und Moses Mendelsohn.
Eine fiktive Begegnung; Stich nach einem Gemälde von Moritz Oppenheim, 1856

den Euch Kupfer für Gold, drey Ellen für vier, alte Sachen für neue verkaufen, überleichte Louisd'or für vollwichtige, falsche Münze für ächte geben, wenn Ihr es nicht besser verstehet.«[360]

Knigges Ausführungen dürften die inneren Widersprüche der deutschen Aufklärung in ihrem Verhältnis zu den Juden hinlänglich illustrieren.

Von noch größerer Bedeutung für die weitere Gestaltung des jüdisch-christlichen Verhältnisses als der Adel war das Bürgertum. Die allgemein vorherrschende Geisteshaltung im frühen 18. Jahrhundert

ließ für Toleranz wenig Spielraum. Auch die christlichen Konfessionen standen sich äußerst feindselig einandergegenüber. Die Stadt Hannover bekämpfte 1709 entschieden Pläne, Jesuiten und andere »päbstliche Zeloten« anzusiedeln. Nicht-lutherische Gottesdienste sollte es grundsätzlich nicht geben, »*alldieweil nun dieses für uns undt unsere posterität ein Hauptsachliches unglück sei*«.[361] Allmählich begann jedoch eine Hinwendung zu den neuen Ideen der Aufklärung. Die Bedeutung der traditionell judenfeindlichen Theologie ging zurück, die althumanistischen Bildungseinrichtungen bekamen die Abneigung des Publikums zu spüren, das sich für moderne, eben »aufgeklärte« Wissensinhalte interessierte.[362] Es wurde viel und gern gelesen, Bibliotheken und gelehrte Lesegesellschaften entstanden.[363] Wie wirkte sich diese Entwicklung auf die Einstellung zu den Juden aus? Es erscheint fraglich angesichts der oben gemachten Ausführungen, ob Autoren wie der nachweislich gerade in den Lesegesellschaften populäre Knigge einen wirklichen Sinneswandel bewirkten. Doch wurde das Thema Judentum offenbar wenigstens immer häufiger von den Gebildeten diskutiert. Die Celler Kirchen-Ministerial-Bibliothek, die im 18. Jahrhundert auch die Funktion einer öffentlichen Stadtbibliothek hatte, wies in ihren Beständen mehrere Schriften auf, die sich mit den Juden befaßten. Die älteren Titel stammten überwiegend von Juden, die zum Christentum konvertiert waren, hatten also missionarischen Charakter. Allerdings tauchten in der 2. Hälfte des 18. Jahrhunderts auch Werke auf, die sich um eine sachlichere Information über das Judentum bemühten und damit sicherlich auch zur Aufklärung beitrugen.[364]

Umstritten waren die Schriften Dohms, und dies gilt vor allem für die Universitätsstadt Göttingen. Der dortige Orientalist Johann David Michaelis wandte sich 1782, also unmittelbar nach dem Erscheinen von Dohms Hauptwerk, gegen jede bürgerliche Verbesserung der Juden. Sein Kollege Meiners, Professor für Philosophie, verkündete, daß für ihn Juden und Zigeuner von allen Menschenrassen den Tieren am nächsten stünden.[365] Diese Ansichten, die von einem sehr frühen Rassismus zeugen, wirkten weiter. Meiners' Schüler Grattenauer schrieb bereits 1803 in seiner Schrift *Wider die Juden*: »Um das deutsche, christliche Volk, um die Welt und die Menschheit zu retten, muß der jüdische Affenmensch, diese Monstrosität aus finsterer Vorzeit, ausgerottet werden«.[366] Selbst wenn es sich hierbei nur um Einzelfälle handeln mag, muß doch festgehalten werden, daß bereits im 18. Jahrhundert neuartige, nämlich rassistische Vorurteile entstanden. Hier wurde nicht mehr in erster Linie religiös argumentiert. Der allgemeine Bedeutungsverlust der Theologie, der langfristig dem Stereotyp des »Gottesmörders« an Gewicht nahm, wurde durch pseudowissenschaftliche Thesen aus dem Bereich der Biologie ausgeglichen. Diesem Phänomen kommt umso größere Bedeutung zu, als es sich bei Göttingen um die Landesuniversität des größten niedersächsischen

Territoriums handelte. Hier wurde der Nachwuchs der Richter, Anwälte, Lehrer und Verwaltungsbeamten ausgebildet. Der Senat der Universität gehörte jedenfalls zu den Haupturhebern der Ausweisung mehrerer Göttinger Judenfamilien noch im Jahre 1796.[367] Der Geist, der an diesem niedersächsischen Zentrum der Gelehrsamkeit wehte, verhieß wenig Gutes.

Auch in Hannover wurden die Reflexionen Dohms nicht unbedingt begrüßt. Friedrich Arnold Klockenbring, der u. a. Redakteur der hannoverschen Anzeigen und des Magazins war, rezensierte Dohms Schrift 1787. Er ging zwar differenzierter auf diese ein, als es in Göttingen geschah. Doch lehnte auch er eine Emanzipation als unrealistisch ab, da die Juden angeblich weder ein Handwerk noch Ackerbau betreiben wollten.[368] Die mittelalterlichen Stereotype erwiesen sich offenbar immer noch als stärker als die von Kant gestellte Forderung nach der Selbstbefreiung der Vernunft. Die Aufklärung änderte weiterhin nichts an der ablehnenden Haltung der Kaufleute und Handwerker, und dies galt für alle Gemeinden, sowohl für die Städte als auch für die Dörfer. Seit dem ersten Auftauchen der Juden in Niedersachsen hatten sich die Zünfte und Gilden aus Konkurrenzneid heftig gegen entsprechende Niederlassungen gewehrt. Diese Proteste nahmen im 17. und 18. Jahrhundert sogar noch zu. Aus fast jedem betroffenen Ort in Niedersachsen sind Beschwerden überliefert: aus Celle[369], aus Oldenburg[370], aus Syke[371], aus Holzminden[372], aus Bentheim[373], aus Nienburg[374], aus Lüneburg[375], aus Walsrode[376] etc. etc.

Als besonders typisch für die haßerfüllte Diktion der Petitionen sei hier die Eingabe der Braunschweiger Kramer aus dem Jahre 1708 zitiert. Diese beklagten sich bitter darüber, daß nun schon der zweite (!) Jude in Braunschweig Aufnahme finden solle, obgleich doch »das gotteslästerliche Judengesindel an keinem Orte was guts gestiftet« habe. Die Juden seien Betrüger, die nichts anderes im Sinne hätten, als christliche Händler an den Bettelstab zu bringen.[377]

Nun könnte man den Kaufleuten zugute halten, daß ihre wirtschaftliche Situation im 18. Jahrhundert tatsächlich schwierig zu nennen war. Gleiches galt auch für die Handwerker. Diese protestierten grundsätzlich gegen jede Lockerung der Zunftbestimmungen. In Göttingen konnten sich die 174 Meister und 26 Mei-

»Schau dieses blinde Volk …«
Frontispiz zu: Anton Margaritha, Der ganze jüdische Glaube, Kupferstich, 1705

Thora-Finger, Silber, Ulm um 1725

sterwitwen der Schuhmachergilde kaum ernähren, in Braunschweig kamen Ende des 18. Jahrhunderts auf vier Meister drei Gesellen.[378] Diese Verarmungstendenzen führten zum Kampf gegen jeden Konkurrenten, auch den nicht-jüdischen, also z. B. den »fremden« Schuhmacher aus dem nächsten Dorf. Dennoch dürfen die Ausfälle speziell gegen die Juden nicht verharmlost werden. Sie müssen vielmehr im Zusammenhang gesehen werden mit der jahrhundertealten, über alle Konjunkturschwankungen hinweg erhalten gebliebenen antijüdischen Einstellung der Gilden und Zünfte. Sie müssen weiterhin im Zusammenhang gesehen werden mit den ebenso tief sitzenden religiösen Vorurteilen, selbst wenn diese allmählich ein neues ideologisches Gewand bekamen. Diese halfen, die wahren Motive, d. h. den Konkurrenzneid, zu verbrämen. Das Sündenbockmotiv ist hier mit beiden Händen zu greifen, zumal die Realität die Angaben der Kramer und Handwerker widerlegte: da ist zum einen die geringe Anzahl der angeblich so bedrohlichen Juden zu nennen; zum anderen ist auf einige aufschlußreiche Vorkommnisse zu verweisen, die zeigen, daß die Kaufleute nicht davor zurückschreckten, durch kriminelle Machenschaften die Wirklichkeit nach ihren Wünschen zu verfälschen. Im Jahr 1791 täuschten Mitglieder des Nienburger Krameramtes bei Juden, die sich auf der Reise von Hamburg nach Minden befanden, Kaufabsichten vor. Die Juden wurden dazu verführt, ihre Waren auszupacken. Daraufhin bezichtigten die Kaufleute die Juden des unerlaubten Hausierens und erhoben Anklage beim Magistrat.[379] Auch wenn in diesem Fall die Intrige keinen Erfolg hatte, so wird doch deutlich, daß die Kaufleute und Handwerker eines der stärksten Potentiale des Widerstandes gegen jede Form der Gleichberechtigung der Juden waren.

Wenden wir uns den konkreten Auswirkungen der Aufklärung auf die Juden zu, so sind zunächst keine Veränderungen im Vergleich zu den vorausgegangenen Jahrhunderten feststellbar. Nach wie vor mußten die Juden damit rechnen, als Sündenböcke für ungelöste Probleme ihrer christlichen Zeitgenossen herhalten zu müssen, auch wenn fast alle gegen sie angestrengten Prozesse mit einem Freispruch für die Juden endeten. In gänzlich traditionellen Bahnen bewegten sich Übergriffe und Anpöbelungen, die unter religiö-

sen Vorzeichen, vornehmlich auf dem Lande, vorkamen. In Cloppenburg z. B. war es üblich, nach einer Prozession, die in der Nacht von Gründonnerstag auf Karfreitag stattfand, die Häuser der Schutzjudenfamilien mit Steinen zu bewerfen, bis die Fenster und Türen zu Bruch gingen.[380] Als der zuständige Dechant von Cloppenburg daraufhin die Prozession verbieten ließ, wurde auch ohne diese randaliert.[381] In Goslar wurde 1670 die Synagoge geschlossen, da man das Schlittenfahren eines jüdischen Jungen am Neujahrstag als Gotteslästerung auslegte.[382] Aus Celle, Göttingen und Hildesheim sind Schändungen jüdischer Grabstätten überliefert.[383] All diese Vorfälle lassen auf eine offenbar tief in der Mentalität vieler Menschen verwurzelte Disposition schließen, eigene Unzulänglichkeiten durch solche Aktionen auszugleichen. Die Klischees saßen abrufbereit in den Köpfen, und oft bedurfte es nur eines Vorwandes, also z. B. der Feier eines christlichen Festes, um loszuschlagen. Daß die religiösen Vorurteile oft nur ein Vorwand waren, ist nicht neu. Wirtschaftliche Interessen waren schon in den Zeiten der Pest im 14. Jahrhundert mindestens ebenso relevante Motive. Auch daran hatte sich nichts geändert, wie die antijüdischen Ausschreitungen in Neustadtgödens zeigten. Dort drohten einige Bauern aus den benachbarten jeverschen Ämtern am Jahrmarktstag, dem 5. Mai 1782, die jüdischen Häuser zu stürmen.[384] Es ging ihnen um die Bestrafung der Juden, die angeblich ihr Purims-Fest dazu benutzten, den christlichen Messias zu verhöhnen. Die Juden baten um militärischen Schutz bei der Kammer in Aurich, der ihnen auch gewährt wurde. Trotz der Patrouillen kam es aber tatsächlich zu pogromartigen Ausschreitungen in Gödens. Das Hauptmotiv für diese Tumulte war jedoch wirtschaftlicher Art. Den Juden neidete man ihre monopolartige Stellung im Vieh- und Pferdehandel.[385] Es ist bezeichnend für die Einstellung der von der preußisch-ostfriesischen Regierung konsultierten Regierung in Jever, daß letztere die Vorfälle zwar bedauerte, aber den Juden die Schuld zuschrieb: hätten sie nicht den Viehhandel »an sich gezogen«, wäre wohl wenig passiert.[386] Die Opfer wurden also zu Tätern gemacht. Daß der Viehhandel dank der Politik der christlichen Obrigkeiten in jüdischer Hand war und daß diese Tatsache angesichts der starren Strukturen des ländlichen Handels der Bevölkerung sehr zugute kam, wurde völlig ausgeblendet. Und so verwundert es nicht, daß die polizeilichen Untersuchungen nur sehr mühsam vonstatten gingen und letztendlich zu keinem Ergebnis führten. Die Kammer in Aurich erklärte im November 1782 die Angelegenheit für nicht aufklärbar und schloß die Akten.[387] Die den Juden entstandenen nicht unerheblichen Schäden glaubte man durch einen einmaligen Schutzgeldnachlaß für das Jahr 1783 in Höhe von 44 Reichstalern behoben zu haben, zumal der Graf von Wedel, der die Herrschaftsrechte in der Herrlichkeit Gödens innehatte, sich nach langem Zögern zu einem vergleichbaren Nachlaß entschloß.[388]

Die zögerliche Reaktion auf das Neustadtgödenser Pogrom zeigt noch einmal deutlich, wie gering die Fortschritte waren, die die niedersächsischen Juden in bezug auf ihre Stellung in der Gesellschaft während des 18. Jahrhunderts machten. Die einflußreichen Kreise, von den Regierungen bis zum Bürgertum, taten kaum etwas, um die soziale Integration der Juden vorzubereiten. Die ersten Versuche, durch erhöhte Bildungsanstrengungen eine Hauptwurzel des Antijudaismus, nämlich die völlige Unkenntnis, zu bekämpfen, hatten keine praktischen Folgen, zumal auch die gebildeten Kreise keinesfalls bereit waren, die Juden so zu tolerieren, wie sie waren. Die Juden konnten allenfalls davon profitieren, daß der Rationalismus wenigstens ansatzweise die Politik einiger Obrigkeiten in Nordwestdeutschland beeinflußte. Dabei handelte es sich um einen Utilitarismus, »der die Niederlassung der Juden in einem Lande verficht, weil er sich greifbare Vorteile davon verspricht«.[389] Ob dadurch jedoch die antijüdische Mentalität der Bevölkerung verändert werden konnte, muß bezweifelt werden.

Die napoleonische Ära

Napoleon I.
stellt den israelitischen Kultus wieder her,
1806

Die napoleonische Ära

**Synagoge in Seesen,
errichtet 1810**

Die Auswirkungen der französischen Revolution ließen auch Niedersachsen nicht unberührt. In Frankreich hatte die Verfassunggebende Versammlung mittels zweier Dekrete – 1790 und 1791 – die Emanzipation der Juden verkündet und sie damit den anderen französischen Staatsbürgern gleichgestellt, und dies ohne Bedingungen. Trotz einiger diskriminierender Sonderbestimmungen, die Napoleon I. 1806 und 1808 für eine Geltungsdauer von zehn Jahren erließ, wurde die staatsbürgerliche Gleichstellung der Juden grundsätzlich nicht mehr in Frage gestellt – von keiner französischen Regierung bis zur Besetzung durch die Deutschen im Jahre 1940.[1]

Mit dem Beginn des 19. Jahrhunderts führten die kriegerischen Auseinandersetzungen zwischen Frankreich und den diversen Koalitionen zunächst zu einer Umgestaltung der nordwestdeutschen Landkarte. Die meisten alten Staaten, allen voran die Reichsstädte und die Fürstbistümer, verschwanden. Hannover, das sich 1803 Osnabrück einverleibt hatte, fiel 1806 an Preußen und 1807 an Napoleon. Dieser gab Südhannover, also Grubenhagen und Göttingen, an das neugeschaffene Königreich Westphalen, das 1810 auch Calenberg, Celle und Nienburg erhielt.[2] Frankreich selbst annektierte neben Osnabrück, Ostfriesland und Oldenburg die hannoverschen Gebiete Bremen und Verden. Das 1803 preußisch gewordene Goslar fiel an Westphalen, ebenso das Herzogtum Braunschweig. Meppen kam an das Herzogtum Arenberg und 1810 an Frankreich.[3] Hildesheim schließlich erging es wie Goslar: erst wurde es preußisch, dann westphälisch. Von allen nordwestdeutschen Staaten des alten Reiches bewahrte allein das Fürstentum Schaumburg-Lippe seine Souveränität.

Die von Frankreich annektierten Gebiete sowie das Königreich Westphalen wurden in Departements eingeteilt und nach französischem Gesetz regiert. Für die dort lebenden Juden bedeutete dies die Einführung der Emanzipation. Das königlich-westphälische Dekret vom 17. Januar 1808 gewährte den Juden erstmals die gleichen Rechte wie den Christen.[4] Die mittelalterlichen Vorschriften fielen weg, Niederlassungsfreiheit und Handelsfreiheit sollten nun grundsätzlich für alle gelten. In den direkt zu Frankreich gehörenden Landesteilen mußten die Juden zwecks Erwerbs eines Handelspatentes allerdings ein Moralitätszeugnis vorlegen, das ihren guten Leumund bestätigte.[5] Die Gleichstellung der Juden brachte diesen übrigens nicht nur gleiche Rechte, sondern auch gleiche Pflichten, d. h. sie wurden zum Militärdienst herangezogen. Wohlhabende Juden konnten sich allerdings – wie wohlhabende Christen auch – gegen eine Zahlung von 100 Francs freistellen lassen.[6]

Die Beendigung der offiziellen Sonderbehandlung, die den Juden jahrhundertelang zuteil geworden war, hatte schwerwiegende Folgen. Der französische bzw. westphälische Staatsbürger jüdischen Glaubens hatte den Ansprüchen einer sich an modernen, rationalistischen Kriterien orientierenden Regierung zu genügen, und zwar vor allem als loyaler Steuerzahler und als loyaler Soldat. Für Bereiche innerer Selbstverwaltung, wie sie von den Obrigkeiten des Ancien Régime noch geduldet worden waren, gab es nun immer weniger Raum. Deutlichstes Zeichen für den neuen Zugriff der Verwaltung war die westphälische Bestimmung von 1808, derzufolge die Juden bürgerliche Namen annehmen mußten. Die französische Gesetzgebung zielte in diesem Punkt auf eine rasche Integration der Juden ab: im Kaiserreich waren Namen aus dem Alten Testament verboten.[7] In Westphalen waren lediglich Namen von Orten und bereits bekannte (christliche) Familiennamen nicht erlaubt.[8] Die Unerfahrenheit der Juden und mangelnde Kontrollmöglichkeiten in den zuständigen Bürgermeisterämtern führten in Frankreich jedoch nicht immer zu den gewünschten Ergebnissen.[9] Auch in Westphalen wurden durchaus Ortsnamen gewählt, z. B. in Osterode finden wir Danneberg und Rosenheim.[10] Ob bei der Namenwahl seitens der Behörde Druck auf die Juden ausgeübt wurde, kann nicht unbedingt festgestellt werden, ist aber möglich.

Auf Regierungsebene wurden also in den Jahren nach 1807 durch die genannten Gesetze die Juden emanzipiert. Dieser Reformschub wirkte sich auch in dem selbständig gebliebenen Schaumburg-Lippe aus. Dort war zwar von einer Gleichstellung der Juden noch lange nicht die Rede, doch wurde 1808 immerhin der Leibzoll abgeschafft und 1810 bestimmt, daß Juden vollwertige Ortsbürger werden konnten.[11]

Die Verkündung von Gesetzen und Erlassen im Sinne der Freiheit und Gleichheit bedeutet jedoch noch keineswegs zwingend eine Änderung des realen All-

tags. Es erweist sich also als wichtig, an dieser Stelle einen Blick auf das konkrete Verhalten der Verwaltungsorgane zu werfen, die die erlassenen Gesetze eigentlich zur Wirksamkeit zu bringen hatten. Dabei zeigte sich rasch, daß die napoleonischen Reformen zum großen Teil zunächst nur Theorie blieben. Nach der Aufhebung des Zunftzwanges und der Verkündung der Niederlassungs- und Gewerbefreiheit wurde durch den Erlaß des Patentsteuergesetzes die Ausübung eines Gewerbes an den Besitz eines Patentscheines gebunden.[12] Im Falle von Unklarheiten und Einsprüchen sollten die Juden Moralitätszeugnisse vorlegen, die von den Bürgermeisterämtern und den Präfekturen auszustellen waren.[13] Diese Bestimmung öffnete der Willkür Tür und Tor. Die Exekutivorgane hatten nun einen Entscheidungsspielraum, der der Idee der Niederlassungs- und Gewerbefreiheit u. U. widersprechen konnte. Als beispielsweise Levi Heinemann sich im Kanton Bleckede niederlassen wollte und die Ausstellung eines Patentscheines beantragte, teilte ihm die Behörde mit, daß die Ausfertigung der Patente ausgesetzt sei.[14] Heinemann konnte sich gegen diesen Bescheid nicht wehren. Er mußte, wie im 18. Jahrhundert, einen Schutzbrief lösen.[15] Im Distrikt Uelzen wurden Juden darauf aufmerksam gemacht, daß die Patentsteuer noch nicht eingeführt sei, sie also folglich Schutzgeld zu zahlen hätten. Die Behandlung, die Berend Baruch 1811 widerfuhr, belegt die Beharrungskraft der traditionellen Judenpolitik besonders anschaulich. Er beantragte seine Niederlassung im Kanton Dannenberg. Die Behörde erlaubte dies gegen die Zahlung der für die alten Schutzbriefe üblichen Gebühren, verlangte aber gleichzeitig ein gutes Zeugnis. Dies konnte Baruch offenbar nicht beschaffen, und obgleich der Maire von Dahlenburg nichts gegen die Niederlassung einzuwenden hatte, gelang es interessierten Kreisen, den Juden als »fremden, heimatlosen Menschen«, dessen »moralischer Charakter und Vermögensumstände« eine Niederlassung nicht zuließen, beim Unterpräfekten von Uelzen zu denunzieren. Dieser verfügte dann auch Baruchs Ausweisung.[16]

Die neuen Freiheiten blieben solange Papier, wie die genannten interessierten Kreise mit Hilfe von ihnen nahestehenden Beamten die Emanzipation verschleppen konnten. Hierbei handelte es sich, wie in den vorausgegangenen Jahrhunderten, vor allem um die lokalen Kaufleute und Handwerker. Die Nienburger Kramer protestierten nach 1810 wiederholt gegen die Eröffnung von Läden durch Juden, indem sie sich auf das Regulativ von 1801 beriefen.[17] Der zuständige Unterpräfekt gab den Klägern recht: Solange das Patentsteuergesetz »nicht zur Ausführung« gebracht sei, gelte das Regulativ weiter.[18] Selbst wenn es Unklarheiten und Lücken im Gesetz gegeben haben mag, muß doch festgestellt werden, daß die zitierten Beamten recht willkürlich mit den Intentionen des Gesetzgebers umsprangen. Gewerbe- und Niederlassungsfreiheit waren unmißverständlich geltendes Recht in Westphalen und in Frankreich. Dennoch fanden die ansonsten gerne auf ihre Gehorsamspflicht verweisenden Beamten immer wieder Vorwände, um Juden fernzuhalten. 1808 zogen mit Selig Wolfsohn und Simon Samuel Berg erstmals nach 170 Jahren wieder Juden nach Northeim. Die Gemeinde machte daraufhin solch große Schwierigkeiten, daß Wolfsohn sich direkt an den Präfekten des Leinedepartements in Göttingen wandte. Nachdem die Maires von Sudheim und von Nörten entsprechende Führungszeugnisse ausgestellt hatten, durften die Juden bleiben.[19] Als ein dritter Jude von Sudheim nach Northeim ziehen wollte, lehnte der Bürgermeister wieder ab, da die fragliche Person kein eigenes Haus erwerben und sich selbst kaum ernähren könnte. Außerdem sei zu befürchten, daß bei einer Erlaubnis die gesamte Sudheimer Gemeinde nach Northeim käme, und dies sei »bey der Stufe der Cultur, worauf die Bekenner der mosaischen Religion itzt noch stehen, kein Glück für die Stadt.«[20] Ein vergleichbar restriktives Verhalten zeigte sich auch andernorts. Unmittelbar nach dem Bekanntwerden der westphälischen Verfassung ließ der Magistrat der Stadt Helmstedt von der dortigen juristischen Fakultät ein Gutachten erstellen, das die Privilegien der Stadt, keine Juden dulden zu müssen, unterstrich.[21] Darauf ging die Regierung zwar nicht ein, doch gab sie den Judengegnern mit den vorgeschriebenen Moralitätszeugnissen ein probates Mittel in die Hand, ihre Ziele dennoch zu erreichen. Kurzum: Handel und Wandel der Juden konnten genauso behindert werden wie zu Zeiten des Ancien Régime. Trotz der genannten Widerstände führten die neuen

Freiheitsgesetze zu einer deutlichen Vermehrung der jüdischen Bevölkerung im niedersächsischen Raum. In vielen größeren und kleineren Gemeinden ist dies festzustellen: Hannover wies 1813/14 97 jüdische Familien auf[22], Göttingen wieder 14[23], Braunschweig 378 Personen[24], Oldenburg im Jahre 1826 13 Familien[25], Seesen 1819 73 Personen[26]; auch Orte, in denen bislang keine Juden gelebt hatten, wie z. B. Northeim, Salzgitter, Helmstedt und Osnabrück[27], bekamen nun jüdische Gemeinden, wenn auch sehr kleine, worin sich die Beharrungskraft der alten Strukturen zeigt. Der Bevölkerungszuwachs war also nicht gleichmäßig verteilt. Es gab sogar Gemeinden mit abnehmender jüdischer Bevölkerung, wie Celle und Wittmund.[28] Die Juden bevorzugten wirtschaftlich attraktive Ortschaften, so daß sie die neugewonnene Freizügigkeit eher dorthin führte, wo sich der Handel lohnte.[29] Da die englische Kontinentalsperre Wirtschaft und Handel in Norddeutschland insgesamt schadete, wundert es nicht, daß recht viele Gemeinden keinen sehr bedeutenden Zuwachs an jüdischen Bürgern verzeichneten: hier sind z. B. Stade[30], Lüneburg[31], Wildeshausen[32], Syke und Umgebung[33] zu nennen. Betrachten wir das Königreich Westphalen in seiner Gesamtheit, so verfügen wir bezüglich der jüdischen Bevölkerungsanzahl lediglich über die Angaben des jüdischen Konsistoriums, das nach 1808, wie noch zu zeigen sein wird, entstand. Ihm zufolge lebten 1812 im Departement Aller (Hannover, Celle, Uelzen) 1736 Juden, im Departement Oker (Hildesheim, Braunschweig, Helmstedt, Goslar) 1423 Juden, im Departement Harz (Osterode, Duderstadt, Nordhausen) 779 Juden, und im Departement Leine (Rinteln, Einbeck, Göttingen) 2184 Juden.[34]

Niederlassungs- und Gewerbefreiheit – soweit sie praktiziert wurden – änderten an den vorhandenen Berufsstrukturen nur wenig. Der Handel behielt seine dominierende Stellung. Hierbei kam aufgrund des permanent herrschenden Kriegszustandes den jüdischen Armeelieferanten eine besondere Rolle zu. Die preußische Armee bediente sich schon 1795 in Osnabrück jüdischer Heereslieferanten, was den Protest der Stadt nach sich zog.[35] 1803 finden wir jüdische Heeresagenten für die Franzosen in Ritzebüttel.[36] Ihre weitreichenden Verbindungen und ihre Erfahrungen im Handel prädestinierten sie für diesen Beruf. Samuel

Jüdischer Trödler, um 1800

Abraham Friedländer stellte beispielsweise eine Organisation auf, bei der Kaufleute aus Ritzebüttel, Hameln und Lehe mitwirkten.[37] Ähnliches gilt für Braunschweig[38] und Wunstorf.[39] Allerdings war der Handel der Kriegsagenten, ähnlich wie der der Hoffaktoren, nicht risikofrei. Die Wunstorfer Schutzjuden Markus und Samuel Moses z. B. waren mit der Lieferung von Futter beauftragt, wurden aber nicht korrekt bezahlt.[40] In Ritzebüttel tauchten vergleichbare Probleme auf.[41] Neben den Armeelieferanten sind in diesem Zusammenhang die Kaufleute zu nennen, die von den unablässigen Truppenbewegungen in Norddeutschland eine entsprechende Nachfrage erwarteten und mit den Soldaten Geschäfte machten. Einen guten Einblick in diese Vorgänge geben die Lebenserinnerungen des Ascher Lämle Weldtsberg genannt Lehmann, der von seinen Reisen durch Niedersachsen um 1800 folgendes berichtete:

»Da wurden in Reten, Nienburg, Hoja und hier in Verden von englischen Kommissaren große Magazine von Hafermehl, Heu und Stroh angelegt. Ein jeder lief um einzukaufen. Ich lief auch hin und kaufte mit gutem Nutzen. Aber ich konnte es an keinen verkaufen, weil die, die angenommen hatten zu liefern, nicht von jedem kauften, damit sie allein den Nutzen haben wollten. Ich ging nach Reten. Da waren folgende Oberlieferanten: Reb Nathan, David Michel, Salomon Heilbronn aus Hannover, Mendel aus Göttingen. Die hatten eine Kasse von vierhundert bis fünfhundert Talern. Es waren aber so viele Unterlieferanten, daß ich nichts mehr davon bekommen konnte. Ich bat unseren allgütigen Schöpfer um Hilfe. Er erhörte mich, gelobt sei sein heiliger Name, immer und ewig. Reb Herz in Reten s. A. brachte mich bei einem Lieferanten an. Ich mußte den Tagelöhnern, die den Hafer in Säcke – jeden von hundert Pfund – einpackten, beim Wiegen aufpassen, auf jeden Sack mußte ich mit meinem Pinsel G. R. aufzeichnen und dann in Magazine englischer und französischer Emigranten gegen einen Bon oder Quittung abliefern. Dafür erhielt ich wöchentlich eine Pistole [etwa 6 Taler]. Anfangs aß ich bei Selig oder Schragenheims Eltern und gab für tägliche Mahlzeit einen Taler wöchentlich. Bald nachher gab mir Reb Herz Reten einen Freitisch mit guter Kost. Ende August hatte ich dreihundert Taler übrig.

Wo nun hin, fragte ich mich. Da kamen acht Regimenter französischer Husaren und acht Regimenter englischer Kavallerie bei Scharnhorst in der Heide ins Lager. Ich dahin. Da ein englischer Lieferant, der all seinen Bedarf selbst von den Bauern kaufte, keinen Unterlieferanten brauchen konnte, so handelte ich mit den Soldaten, kaufte und verkaufte Uhren, Pfeifenköpfe, auch schaffte ich mir neue Waren an, wie seidene Hals- und Taschentücher, Strümpfe usw. und aß für Kostgeld bei Reb Löb in Bücken s. A."[42]

Ansonsten finden wir in den niedersächsischen Gemeinden überwiegend die schon aus dem 18. Jahrhundert bekannten Handelsberufe.[43]

Die französisch-westphälischen Reformen brachten allerdings eine nicht unbeträchtliche Vermehrung der akademisch gebildeten und beruflich entsprechend orientierten Juden mit sich. In Celle tauchte mit Judel Gans 1810 der erste jüdische Advokat auf.[44] Selbst in Schaumburg-Lippe wurden jüdische Studenten gefördert. 1800 studierten zwei Landeskinder in Braunschweig Mathematik und Fremdsprachen, und 1817 praktizierte ein Jude als Chirurg und Tierarzt.[45] Besondere Bedeutung kam jedoch der ehemaligen kurhannoverschen Landesuniversität in Göttingen zu. Die dort herrschende antijüdische Stimmung, auf die weiter oben eingegangen wurde, führte interessanterweise nicht zu einer Ablehnung jüdischer Studenten. 1807 konnten sich sechs Juden dort immatrikulieren.[46] Diese ungewohnte Großzügigkeit mag sich daraus erklären, daß die Studenten oftmals aus vermögenden Elternhäusern stammten, wie z. B. der Jus-Student Gans, dessen Vater Hofagent in Celle war.[47] Wenden wir uns den Vermögensverhältnissen der niedersächsischen Juden in der napoleonischen Ära zu, so änderte sich auch in dieser Hinsicht an den für das 18. Jahrhundert festgestellten Grundbedingungen nichts. Die meisten Gemeinden blieben arm. Die Emder Juden, die, wie die dortigen Christen, in der Zeit der Neutralität Preußens nach 1795 vom folgenden Wirtschaftsaufschwung mitprofitiert hatten, konnten die katastrophalen Folgen der Kontinentalsperre kaum verkraften.[48] Hinzu kamen Kriegskontributionen in beachtlicher Höhe. Die Schaumburg-Lipper Juden mußten 1807 200 Reichstaler, 1809 400 Reichstaler und 1813 600 Reichstaler zusätzlich aufbringen.[49] Die

Vechtaer Juden mußten Schlachtvieh liefern, und zwar gratis.[50] In Braunschweig wuchs zwar die Anzahl der reichen Juden in angesehenen Handelsberufen – sie waren mit 5,7 % in der höchsten Steuerklasse überrepräsentiert – doch blieben 32 % vermögenslos.[51]

Die napoleonische Judenpolitik wirkte sich im niedersächsischen Raum auch im Hinblick auf die Umgestaltung der Gemeindeverhältnisse aus. Um den Zugriff der Verwaltung auf die so lange ausgegrenzte Randgruppe der Juden zu sichern und um eine auf umfassende Assimilation abzielende Reform des Judentums besser organisieren zu können, wurde im Königreich Westphalen nach dem Vorbild des Kaiserreiches ein straff zentralisiertes Konsistorialsystem eingeführt. Dessen Errichtung am 31. März 1808 stand unter der ausdrücklichen Devise, daß die Juden keineswegs ein eigenes Volk, sondern allenfalls eine eigene Religionsgemeinschaft seien. Das Konsistorium hatte seinen Sitz in der Hauptstadt Kassel und setzte sich aus einem Präsidenten, 3 Rabbinern, 2 Laien und einem Sekretär zusammen.[52] Diesen unterstanden die einzelnen Sprengel mit je einem Rabbiner und dem Syndicus. Die Sprengel waren wiederum in Kantone, letztere in Gemeinden unterteilt.[53] Die Analogie zum Aufbau der Zivilverwaltung wird hier deutlich, und entsprechend hierarchisiert sollte auch das Konsistorialsystem funktionieren. Die Verordnungen der Regierung sollten möglichst reibungslos von oben nach unten weitergegeben und realisiert werden.

Die Einrichtung der neuen Organisation vollzog sich unter maßgeblicher Beteiligung einheimischer Juden. Größte Bedeutung kommt hierbei dem ehemaligen Braunschweiger Kammeragenten Israel Jacobson zu. Wie im 18. Jahrhundert übten also auch unter Napoleon die Hoffaktoren entscheidenden Einfluß in Gemeindefragen aus. Jacobson hatte bereits 1801 in Seesen eine Schule gegründet, die mittellose jüdische Knaben zu Landwirten und Handwerkern ausbilden sollte.[54] Dieses für die Aufklärung typische Programm prädestinierte den reichen Jacobson für eine führende Rolle anläßlich der Gemeindereform. 1806 hatte er den Direktor seines Instituts, den Hofrat Benedict Schott, nach Paris geschickt, um den dort tagenden Vertretern der Juden des französischen Kaiserreichs eine Denkschrift zur besseren Unterrichtung der Juden

Israel Jacobson

Leopold Zunz,
Schüler der Samsonschule in Wolfenbüttel

zu überreichen.[55] Die Tatsache, daß er auch der größte Financier des westphälischen Königs Jérôme war, gab dann den Ausschlag für seine Ernennung zum Präsidenten des Kasseler Konsistoriums. Jacobsons Ziel, die genannte Reform, sollte die jahrhundertealte Isolierung der Juden ein für allemal beenden. Daher nahm er von Anfang an auch christliche Schüler in seiner Seesener Schule auf[56], daher wurde mit Rechtsanwalt Merkel aus Kassel die Stelle des Konsistorialsekretärs durch einen Christen besetzt und daher nahm Jacobson auch Liturgiereformen vorweg, die von den meisten Juden erst viel später akzeptiert wurden: In der von ihm gebauten, 1810 eingeweihten Synagoge in Seesen befand sich bereits eine Orgel, worin viele Juden eine unzulässige Nachahmung christlicher Gottesdienstgestaltung sahen.[57]

Die Hauptaufgaben des Konsistoriums bestanden in der Ausarbeitung neuer Synagogenordnungen und einer zentralen Schulverwaltung sowie der Festlegung der Gemeindeetats. Letztere dienten der Besoldung des Personals, vor allem der Rabbiner und der Lehrer, und wurden finanziert durch Steuern der Gemeindemitglieder und Zinsen aus frommen Stiftungen.[58] Eventuell noch vorhandene Jurisdiktionsvollmachten der Rabbiner, wie wir sie von dem hannoverschen Landrabbinat kennen, wurden abgeschafft. Dieses Zeichen innerjüdischer Autonomie hatte im napoleonischen System keinen Platz mehr.

Betrachten wir die Folgen der Gemeindereform, so ergibt sich ein zwiespältiges Bild. Einerseits stellte die neue Ordnung die Juden formal auf dieselbe Stufe wie die anderen Religionsgemeinschaften. Sie sorgte für eine mächtige Interessenvertretung bei der Regierung und gliederte vereinzelt lebende jüdische Familien Gemeinden an, so daß sie nun zu einer Synagoge bzw. einem Schulbezirk gehörten. Andererseits griff sie tief in das religiöse Leben der einzelnen Juden ein. Was werden diese empfunden haben, wenn nun liebgewordene Bräuche abgeschafft werden sollten, weil sie »der Vernunft und unseren christlichen Freunden« widersprachen[59], zumal sich die Christen nur selten als Freunde gezeigt hatten? Wie wirkten die zwangsweise eingeführte allmonatliche Predigt in deutscher Sprache und die neue Sitte der Konfirmation? Viele Juden begrüßten die Neuerungen nicht.[60] Gleichzeitig zeigten sie, wie schon im 18. Jahrhundert, daß sie

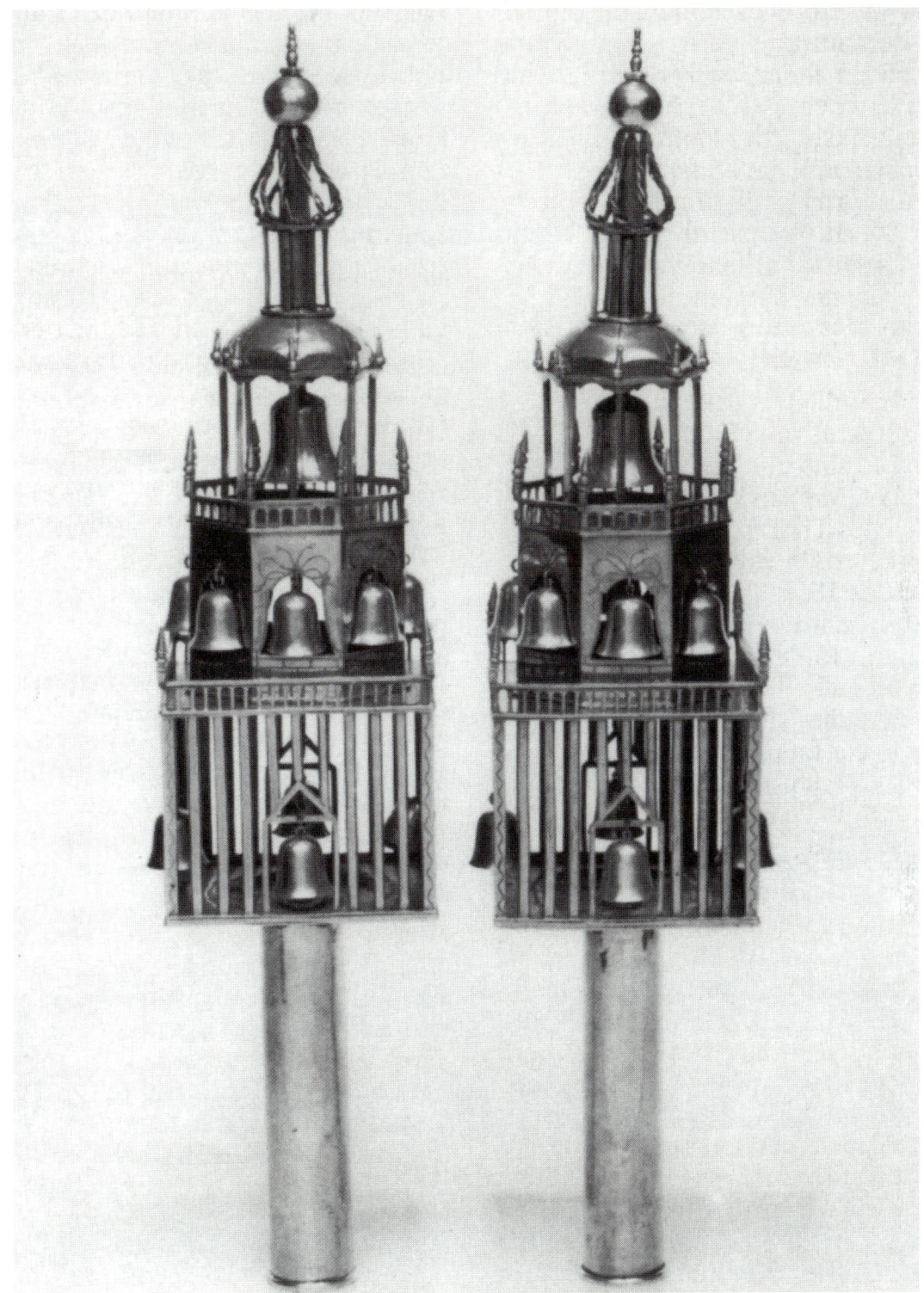

Thoraaufsätze, Wittmund 1806/7, Meister B.H.B. Croon

die Abschaffung ihrer Gemeindeautonomie zugunsten einer gesamtstaatlichen Hierarchie ablehnten. Das in diesem Zusammenhang am häufigsten genannte Argument war das der hohen Kosten. Das Konsistorium wurde aus Beiträgen der Gemeinden finanziert.[61] Die amtliche Behandlung der Proteste zeigte, daß staatliche Bürokratie und jüdisches Konsistorium eng zusammenarbeiteten. Als sich Juden aus Adelebsen 1811 gegen die Kultusbeiträge wehrten, wurden sie von der Präfektur als »Querulanten« bezeichnet und behandelt.[62] Auch in Fragen der Schulreform setzte das Konsistorium auf die Mithilfe der Präfekturen. 1812 wandte es sich an den Präfekten des Leinedepartements: *»Nichts ist gewißer, als, daß unsere öffentlichen Schulanstalten, an ihrem Emporkommen äußerst durch die vorhandenen Winkelschulen gehindert werden.«*[63] Der Präfekt wurde aufgefordert, überall dort jüdische Winkelschulen, also nicht öffentliche Schulen, zu verbieten, wo geprüfte Lehrer vorhanden seien.[64] Hinter diesen Forderungen stand das Bestreben, die Reform des Judentums durch ein umfassend organisiertes und kontrolliertes Schulsystem voranzutreiben.

Die kurze Lebensdauer des Königreichs Westphalen und der Präsenz Frankreichs in Nordwestdeutschland bedeutete auch das rasche Ende der Emanzipation, so daß sich die Frage nach ihrer Wirksamkeit stellt. Vielen Zeitgenossen erschien sie mit dem Makel behaftet, ein Produkt der französischen Besatzungsmacht zu sein. Im Gegensatz zu den Gleichstellungsgesetzen von 1790/91 war die Emanzipation nicht von einer Bevölkerung durchgesetzt worden, die die Ideale von Freiheit und Gleichheit verinnerlicht hatte, sondern die neue Regierung hatte sie verordnet. Die Juden selbst betrachteten die ungewohnten Eingriffe in ihre religiöse Praxis mit gemischten Gefühlen. Dennoch kann nicht geleugnet werden, daß der neue Geist universell geltender Menschenrechte Hoffnungen weckte und das politische Bewußtsein vieler Juden schärfte, wie ihr Verhalten in der Restaurationsepoche an den Tag legte. Die Zeit der westphälischen Herrschaft zeigte darüber hinaus auch, daß staatliche und jüdische Verwaltungsorgane durchaus zusammenarbeiten konnten. Zwar lassen sich aufgrund der wenigen Jahre hier nur Ansätze nachweisen, doch wären diese Ansätze sicherlich ausgebaut worden. Es lag in der Natur des französischen Zentralismus, daß – eine aufgeklärte Regierung vorausgesetzt – die nachgeordneten Exekutivorgane, also Präfekten, Unterpräfekten und Bürgermeister, Verstöße gegen die Emanzipationsgesetze als Widerstand gegen die Staatsgewalt ahnden würden, zumal das jüdische Konsistorium seinerseits über deren Einhaltung wachte.[65] Langfristig betrachtet, hätten die Proteste der alten Standesvertretungen, also der örtlichen Zünfte und Gilden, immer weniger Chancen gehabt, gehört zu werden. Die Ereignisse erlaubten es jedoch nicht, diese These durch die Realität überprüfen zu lassen. Im Jahre 1813 verschwand der französische Satellitenstaat Westphalen wieder von der Landkarte. Die alten Obrigkeiten kehrten zurück und konfrontierten die niedersächsischen Juden wieder einmal mit recht ungewissen Zukunftsaussichten.

Deutscher Bund und
Kaiserreich

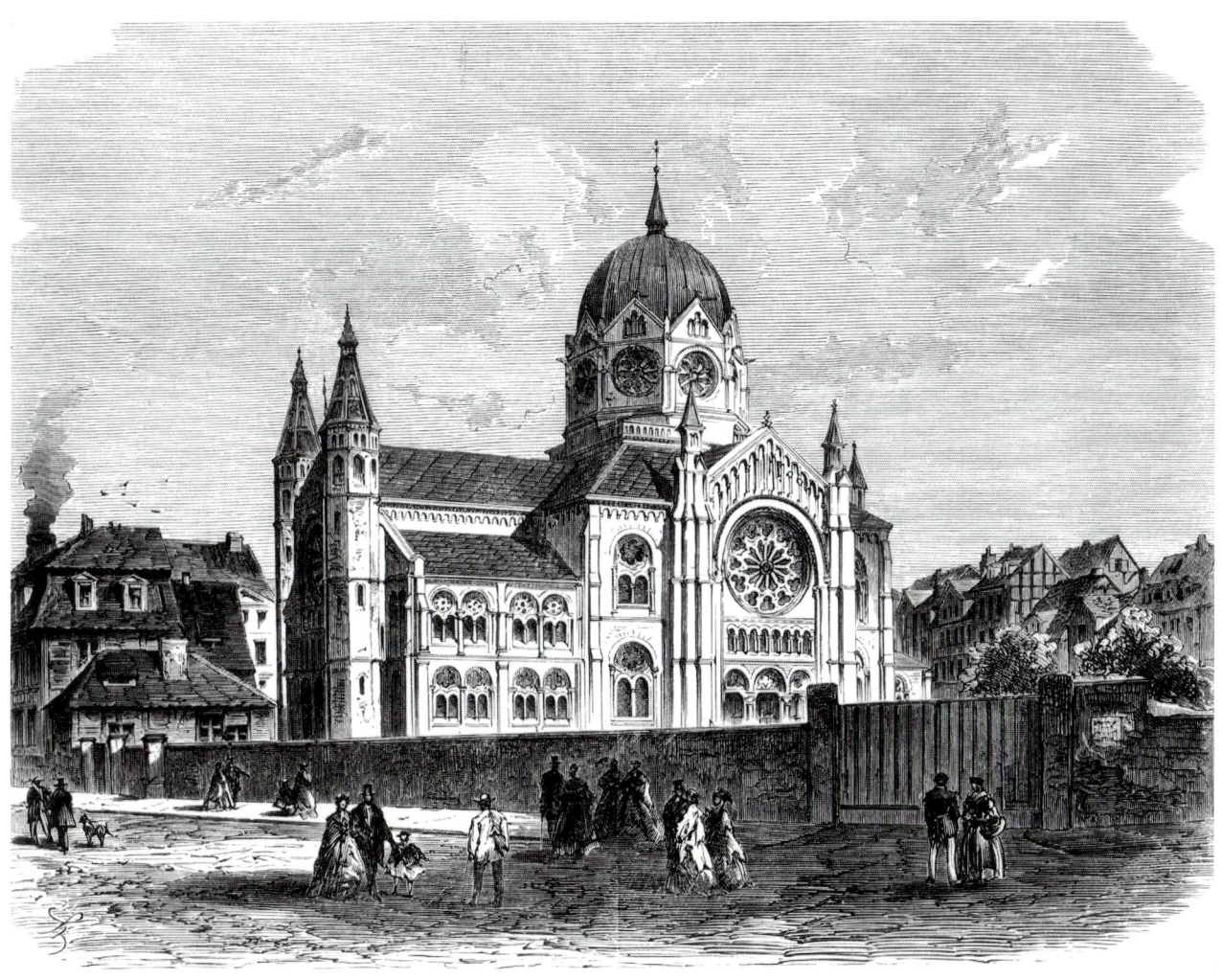

Das neue Synagogengebäude in Hannover,
errichtet von E. Oppler, 1870

Das Ringen um die staatsbürgerliche Emanzipation

Jüdisches Gemeindehaus mit alter
Synagoge in Hannover, Bergstraße

Königreich/Provinz Hannover

Die nach dem Untergang des Königreichs Westphalen erfolgte Wiederherstellung des hannoverschen Staates bedeutete das vorläufige Ende der Emanzipation der Juden. Die alten Gesetze wurden wieder eingeführt, lediglich der Leibzoll sollte nicht mehr erhoben werden.[1] Da jedoch im Zusammenhang mit der Neuordnung Europas auf dem Wiener Kongreß auch die Stellung der Juden in Deutschland geregelt werden sollte, glaubten viele Israeliten, daß mit der Restauration der vorrevolutionären Zustände das letzte Wort über ihre Rechtsstellung noch nicht gesprochen sei.[2] Ihr durch die Gesetze von 1808 zweifellos gestärktes Selbstvertrauen ließ sie aktiv in das allem Anschein nach noch offene Verfahren eingreifen. Bereits im Dezember 1813 wandte sich die jüdische Gemeinde in Hannover an ihre Regierung. Zwar wurde aus leicht verständlichen taktischen Erwägungen die »verhängnisvolle Periode der letztverflossenen zehn Jahre«[3], also die napoleonische Zeit, allgemein recht negativ charakterisiert, doch wollten sich die Juden die Errungenschaften auf staatsbürgerlichem Gebiet nicht nehmen lassen: »Wir haben nicht nur unsere Pflichten als Staatsbürger gleich jedem unserer Mitbewohner dieses Landes gehörig erfüllt, sondern sind zu fernerer unmangelhaften Erfüllung derselben (. . .) bereit.«[4] Folglich sei es nicht unbillig, ihnen, den Juden, auch die gleichen Rechte zu gewähren. Um diese Argumentation zu unterstützen, verwiesen die Hannoveraner auf das Beispiel Preußens und Mecklenburgs, wo den Juden auch staatsbürgerliche Rechte eingeräumt worden seien.[5] Die königlich hannoverschen Geheimen Räte, die nun wieder, wie im 18. Jahrhundert, an der Leine regierten, allen voran der Geheime Rat von der Decken, teilten den Juden daraufhin mit, daß es preußische Verhältnisse in Hannover sicherlich nicht geben werde.[6] Was von der Decken konkret meinte, geht aus einem Schreiben hervor, das er am 15. November 1814 an den Grafen Münster, der am Wiener Kongreß teilnahm, richtete. Bereits in seinen ersten Sätzen machte er aus seiner antijüdischen Einstellung keinen Hehl: Von den laufenden Unterschriftssammlungen zugunsten einer völligen rechtlichen Gleichstellung der Juden befürchtete von der Decken das Schlimmste, und dies wegen der »*Abhängigkeit, worin viele Regierungen sich in unseren Zeiten von den Geldwucherern befinden*«.[7] Die Juden dürften nicht emanzipiert werden, da ihre Verhältnisse – im Gegensatz zu den Überzeugungen mancher christlicher Schriftsteller – nicht auf der Verschiedenheit des Glaubens beruhten, sondern durch »*die gänzliche Verschiedenheit der Sitten, die sich durch alle großen und kleinen Verhältnisse, und bis in die unbedeutendsten Handlungen des gemeinen Lebens erstreckt*«, bedingt seien. Decken erteilte damit den Voraussetzungen aller Reformen seit dem Beginn der Aufklärung eine unmißverständliche Absage. Er ging sogar noch weiter. Die völlige Gleichstellung erfordere das »*verderbliche System der völligen Gewerbefreyheit*«. Diese sei für die Christen ruinös, da dann »*ein kleiner Haufe, der durch so alte Bande miteinander verknüpft ist, und sich daher unter einander allen Vorschub thut, sich in Alles eindrängt. Dieses ist um so gefährlicher, da in den gegenwärtigen Zeiten so viele Juden durch die allerschlechtesten Mittel während des Kriegs reich geworden sind, und bald bedeutendes Landeigenthum, Häuser und andere Besitzungen an sich bringen werden.*«[8]

Decken lehnte die Einwanderung von Juden ab, er verurteilte die jüdisch-christlichen Mischehen – diese führten nur zu Indifferenz –, und er stand sogar dem Übertritt der Juden zum Christentum skeptisch gegenüber: Die Juden »*wollen weder Juden noch Christen seyn, um die Vortheile von beyden Situationen miteinander zu verbinden*«. Sie werden »*nicht eher aufhören, über Unterdrückung zu schreyen, bis sie an die Reihe gekommen sind, selbst zu unterdrücken.*«[9]

Der Brief von der Deckens an den Grafen Münster enthielt alle seit den Zeiten des Mittelalters überlieferten antijüdischen Stereotype. Die Juden wurden als Wucherer, als Gefahr für die Christen, als Kriegsgewinnler bezeichnet, die qua Natur anders seien und dieses Anderssein folglich nicht ändern könnten. Damit wurde auch dem Erziehungsprogramm der Aufklärung eine klare Absage erteilt. Von der Decken wollte auch offenbar nicht wahrhaben, daß seine Unterstellungen von der Realität längst widerlegt waren. Viele Juden hatten unter den Folgen der Kriege und der Kontinentalsperre mindestens genauso gelitten wie die Christen. Aber Argumente zählten offen-

bar nicht. Die Maßstäbe des Mittelalters bestimmten wieder die Politik.

Es kam nun darauf an, wie der Adressat, Graf Münster, das von der Deckensche Schreiben aufnehmen würde. Immerhin gehörte Münster dem Komitee der fünf Staaten (Österreich, Preußen, Hannover, Bayern und Württemberg) in Wien an, das über die in die Akte des Deutschen Bundes aufzunehmenden Artikel beriet.[10] Offenbar teilte er die Deckenschen Überzeugungen nicht. Er trat vielmehr in Wien für die Rechte der einzelnen deutschen Untertanen, also auch für die der Juden ein.[11] Das eifersüchtige Wachen der deutschen Bundesfürsten über ihre Souveränität führte jedoch dazu, daß den Juden im Artikel 16 der Bundesakte lediglich die Rechte zugesichert wurden, die ihnen von den Bundesstaaten gewährt worden waren, d. h. von den Rechten aus der napoleonischen Zeit war nun keine Rede mehr. Da im Königreich Hannover schon lange vor dem Inkrafttreten der Bundesakte die Gesetze aus dem 18. Jahrhundert wieder geltendes Recht geworden waren, hatte sich von der Decken also de facto durchgesetzt. Daß die Bundesversammlung außerdem versprach, »*in Berathung zu ziehen, wie auf eine möglichst übereinstimmende Weise die bürgerliche Verbesserung der Bekenner des jüdischen Glaubens in Deutschland zu bewirken sey*«[12], war aufgrund der unverbindlichen Formulierung nur ein schwacher Trost.

Als Preußen 1817 in Hannover anfragte, ob die beiden Staaten nicht im Sinne des Artikels 16 der Bundesakte ihre Judenpolitik koordinieren wollten, war dieses wenig kooperativ. Die Grundsätze, die die hannoversche Regierung fixierte, zeigten deutlich, wie gering das Interesse an einer Reform war. Die Regierung ging, wie von der Decken, davon aus, daß ein fundamentaler, nicht überbrückbarer Gegensatz zwischen den Staatsbürgern einerseits und den Juden andererseits bestehe. Die Gründe für diese Diskrepanz seien in der Verschiedenheit der Religion und in »National-Eigenthümlichkeiten« zu suchen:[13]

»*Die gesammten Staaten von Europa sind christliche Staaten. Ihre Verfassung ist wesentlich mit religiösen Einrichtungen verwebt: und wenn gleich die Rechte einer herrschenden, oder mehrerer untereinander gleichen Confessionen, und die verschiedenen Grade der Toleranz, welche gegen einzelne von jenen* abweichenden Religions-Partheyen und Secten Statt findet, in den europäischen Staaten sehr verschieden sind, so giebt es doch keinen, der nicht gewisse Bestimmungen darüber als wesentliche Theile seines inneren Staatsrechts ansähe.«[14] Hannover stellte sich damit ganz auf den Boden des die restaurative Ära prägenden Prinzips des christlichen Staates. Seine Begründung stimmte allerdings nicht ganz. Die in Frankreich wieder inthronisierten Bourbonen tasteten, trotz mancher Bestrebungen zurück zum Ancien Régime, die Gleichstellung der Konfessionen nicht an und beseitigten 1818 sogar die von Napoleon 1808 wieder eingeführten Beschränkungen. Die von Hannover aus der christlichen Staatsidee gezogenen Konsequenzen waren folglich keineswegs zwingend: »(. . .) Sitten und Gewohnheiten, die der Jude wegen seiner Religion nicht ablegen kann, trennen ihn von allen christlichen Einwohnern, und machen eine solche Gemeinschaft mit ihnen, welche zu der practischen Ausübung eines völlig gleichen Bürgerrechts erforderlich ist, ganz unmöglich.«[15] Eine Gleichstellung käme nur dann in Frage, wenn die Juden aufhörten, Juden zu sein. Solange das nicht der Fall sei, wären weder Freizügigkeit noch Gewerbefreiheit vertretbar. Immerhin sollte der Immobilienbesitz nicht mehr grundsätzlich verboten sein, und eine zünftige Ausbildung mit anschließender Ernennung zum Freimeister sei durch besondere Erlaubnis der Regierung auch möglich.[16] Inhalt und Diktion des Papiers machen unmißverständlich klar, daß die westphälische Zeit nur eine Episode war. Die Regierung knüpfte unmittelbar an die seit dem 14. Jahrhundert eingeführten Traditionen an. Fast alle die Juden betreffenden Verordnungen wurden wieder praktiziert, und jedes Entgegenkommen hatte, wie früher, Privilegien-, also Ausnahmecharakter.

Um das Ausmaß dieser reaktionären Einstellung mit ihren Auswirkungen auf das Leben der betroffenen Menschen zu verdeutlichen, seien einige Beispiele aus der Verwaltungspraxis des frühen 19. Jahrhunderts genannt. Die Stadt Göttingen bestand auf der Wiederherstellung der Zustände, die vor den Koalitionskriegen geherrscht hatten, d. h. auf der Beschränkung der Anzahl jüdischer Einwohner auf drei Familien. Die während der westphälischen Zeit rechtmäßig niedergelassenen Juden mußten trotz der Proteste seitens der

**Friedrich Ernst Graf Münster,
Vertreter Hannovers auf dem Wiener Kongreß**

Universität die Stadt verlassen. Die ausgewiesenen Hausbesitzer waren gezwungen, überstürzt, d. h. zu äußerst ungünstigen Konditionen, ihre Immobilien zu veräußern.[17] Ähnliche Bestrebungen sind aus Northeim überliefert. Die dortigen Kaufmanns- und Metzgergilden wandten sich 1814 an die Regierung, damit diese die »der hiesigen Stadt aufgedrängten Juden« wieder nach Sudheim abschiebe.[18] Dies geschah zwar nicht, doch mußten die Northeimer Juden sich wieder an die aus dem 17. und 18. Jahrhundert bekannten Einschränkungen gewöhnen. Die Söhne der Schutzjuden hatten wieder mit den altbekannten Schwierigkeiten zu kämpfen, wenn sie in der Stadt bleiben wollten. Wolf Wolfson beispielsweise durfte kein Geschäft eröffnen, solange sein Vater lebte. Folglich konnte er auch keine eigene Familie gründen. Die Tatsache, daß er für Hannover 1815/1816 als Soldat gedient hatte und sogar Unteroffizier geworden war, nützte ihm dabei gar nichts. Die aus der westphälischen Zeit stammenden Pflichten waren geblieben, die Rechte wurden von der Regierung kassiert.[19] In Osnabrück durften die zugezogenen acht Familien zwar bleiben, doch stellte das dortige Krameramt 1826 den Antrag, die Juden vom Tuchhandel auszuschließen – genau wie es 500 Jahre zuvor in Braunschweig geschehen war.[20] Die Landdrostei, die der heutigen Bezirksregierung entsprach, lehnte dieses Ansinnen zwar ab, legte aber fest, daß die Juden nur mit den Waren *eines* Amtes handeln dürften. Auch hier fühlt man sich lebhaft an die Bestimmungen des 18. Jahrhunderts erinnert. Die Osnabrücker Behörde war auch, ebenfalls wie im 18. Jahrhundert, der festen Überzeugung, daß die dortigen Juden »eigentlich kein Recht haben, hier zu bleiben«.[21]

Die wieder eingeführten Gesetze demütigten arme und reiche Juden. Wer sich verheiraten wollte, benötigte die Erlaubnis der Regierung. Sonderwünsche verursachten der schwerfälligen Bürokratie dabei große Schwierigkeiten. Im Jahre 1833 beantragte der Bankier Heinrich Cohen in Hannover die Heiratserlaubnis, ohne daß er einen Schutzbrief besessen hätte. Die städtischen Behörden sahen zwar in Anbetracht des großen Vermögens der Braut kein Hindernis, glaubten aber, daß »ein so ungewöhnlicher Antrag«[22] von der Landdrostei entschieden werden müßte. Cohen kam nicht darum herum, einen Schutzbrief zu lösen. Der Inhalt der hannoverschen Schutzbriefe des 19. Jahrhunderts wich kaum von demjenigen des 18. Jahrhunderts ab. Im mittlerweile fünften (!) Jahrzehnt nach dem Ausbruch der Französischen Revolution wurde den Juden beschieden, daß sie sich »in allen Stücken« an die »der Schutzjuden wegen in den hiesigen Landen ergangenen Verordnungen« zu halten hätten, daß sie ein Schutzgeld zu zahlen hätten (im vorliegenden Fall des Heinrich Cohen 10 Reichstaler für sechs Monate), daß sie sich für die entsprechende Frist in der hannoverschen Neustadt aufhalten durften – die Altstadt war nach wie vor verbotenes Terrain – und daß sie »nach Maßgabe der Verordnung vom 13. April 1723« Handel treiben konnten.[23] Angesichts dieser reaktionären Verwaltungspraxis verwundert es nicht, daß die Zünfte und Innungen ihrerseits sich dazu ermutigt fühlten, wie in der Vergangenheit gegen die Niederlassungen von Juden zu protestieren. Als Heinrich Cohen 1837 um eine Handelskonzession nachsuchte, meldeten sich die ansässigen Kaufleute, indem sie darauf hinwiesen, daß »die Zahl der hiesigen Materialisten (d. h. Einzelhandelsgeschäfte, d. V.) (. . .) längst das angemeßene Verhältnis überschritten« habe.[24] Die Landdrostei wurde eingeschaltet, und diese gab der Innung insofern nach, als Cohen nur en gros handeln durfte.[25]

Auch der im 18. Jahrhundert übliche Brauch, bei Juden Hausdurchsuchungen nach verbotenen Waren durchzuführen, lebte wieder auf. 1831 setzte die Handelsinnung bei dem Lehrer Burghardt in Hannover eine solche Visitation durch, beschlagnahmte die gefundenen Manufakturwaren und veranlaßte Burghardts Bestrafung. Lehrer waren nämlich, wie in der Vergangenheit üblich, zum Handel grundsätzlich nicht befugt.[26]

Der feste Wille der Behörden, sich peinlich genau an die diskriminierenden Bestimmungen aus der Zeit des Ancien Régime zu halten, ließ es nicht zu, in ungeklärten Fragen den Juden großzügig zu begegnen. Am 16. August 1828 fragte der jüdische Distriktsvorsteher Nathan Cohn aus Osterholz in Hannover nach, welche Rechte jüdische Ehefrauen hätten:

»Es entstehen oft Zweifel über die Rechte der jüdischen Ehefrauen (. . .) bei Erbtheilungen, indem diese den christlichen Ehefrauen nicht gleich stehen sollen. Als gemeinschaftliche Unterthanen eines allergnädig-

Da, vorkommenden Umständen nach, beliebt worden ist, die mit dem ersten Juli dieses Jahrs ablaufende Schutzzeit der nachbenannten vergleiteten jüdischen Einwohner, als:

in Hameln.

		Betrag des Schutzgeldes		Fälligkeit Termin.
		Rr.	ggr. d	
1.	Gerstel Michaelis			Wegzahll.
2.	Isaac David Adler	2	—	
3.	Heinum Michaelis	2	2	
4.	Wittwe Leafer Heine			
5.	Lehmann David Gotthilf			
6.	Wolf Silberschmidt	5	17	—
7.	Philippmann Fränkel			
8.	Joseph Oppenheimer	3	2	
9.	Hess Behrend	4	—	
10.	Wittwe Salomon Bürger			
11.	Wittwe Seckendorf, geb. Levi			
12.	Meier Lenzberg			
13.	Lehmann Philipp Blanke	3	2	
	Summa	19	23	—

vorerst auf ein Jahr, mithin bis zum ersten Juli 1841., zu verlängern, so ertheilen Wir dem löblichen Magistrate hiermit die Anweisung, ermeldeten jüdischen Einwohnern solches, und daß sie auch für das Jahr vom 1sten Juli 1840. bis dahin 1841. das vorbemerkte Schutzgeld an das Amts Kasten-Register —————————————— zu erlegen haben, ad protocollum zu eröffnen.

Hannover, den 10ten Juni 1840.

Königlich-Hannoversche Landdrostei.

Wellhof

An dem Magistrat zu Hameln,

Anweisung der Landdrostei Hannover an die Stadt Hameln
bezüglich der jüdischen Schutzgelder, 1840

sten Königs glauben wir Israeliten aber auf gleiche bürgerliche Rechte Ansprüche machen zu dürfen.«[27] Im 18. Jahrhundert hatten solche Fragen noch weitgehend in den Bereich der innerjüdischen Autonomie gehört. Nun war die Regierung gefordert, und diese hätte in diesem noch nicht reglementierten Bereich ein Zeichen der Toleranz setzen können. Dies unterblieb. Das zunächst angesprochene Städtedepartement sah sich außerstande, diese zivilrechtlich relevante Frage zu klären, und gab sie an das Justizdepartement weiter. Letzteres behandelte das Problem dilatorisch. Eine nähere Prüfung käme erst dann in Frage, wenn es um die Gleichstellung der Untertanen insgesamt gehe.[28]

Wenn die hannoverschen Juden an einer Verbesserung ihrer Situation interessiert waren, konnten sie auf eine aufgeklärte Bürokratie, wie wir sie z. T. in einigen rheinischen Bezirksregierungen Preußens und Bayerns auch noch nach dem Ende der französischen Herrschaft finden können[29], nicht zählen. Es spricht für ihr durch die von der westphälischen bzw. französischen Regierung gewährten Freiheiten gestärktes Selbstvertrauen, daß sie nun von sich aus aktiv wurden. Den ersten Schritt unternahmen die Juden in dem seit dem Wiener Kongreß zu Hannover gehörenden Ostfriesland. Dort galt nämlich das preußische Allgemeine Landrecht mit seinen Ergänzungen, also auch dem Emanzipationsedikt von 1812, weil Ostfriesland nach dem Zusammenbruch des napoleonischen Reiches zunächst unter preußische Verwaltung gekommen war. Die späteren Verordnungen der Landdrostei in Aurich, die sich an den hannoverschen Gesetzen aus dem 18. Jahrhundert orientierten, wurden folglich von den ostfriesischen Juden als Rechtsbruch angesehen.[30] Die Auricher Kaufleute Seckels und Cohen richteten deswegen im Januar 1828 eine Petition an die Ständeversammlung des Königreichs in Hannover, in der sie auf der ihnen bereits gewährten vollen staatsbürgerlichen Gleichberechtigung im Namen aller israelitischen Gemeinden Ostfrieslands bestanden. Die Reaktion der Ständeversammlung sprach für sich: die Petition wurde ad acta gelegt.[31] Wieder war eine Chance vertan worden, ein Zeichen für Toleranz und guten Willen zu zeigen. Und dies wäre im vorliegenden Fall besonders einfach gewesen, da das in Ostfriesland geltende Recht von einem der Mitgliedstaaten des Deutschen Bundes eingeführt worden war. Doch fehlte es offenbar eben an besagtem guten Willen. Die Stände wünschten keine Emanzipation, und gegen eine solche Haltung halfen auch keine Argumente.

Kurze Zeit später, im Mai 1828, wandte sich die Gemeinde der Stadt Hannover aufgrund der Erfahrungen mit den Ständen direkt an den König in London:

»Noch immer erkaufen Euer Königliche Majestät israelitischen Unterthanen, gleich verachteten Sklaven, alljährlich um feiles Geld den landesherrlichen Schutz; noch immer sind dieselben gesetzlich verurteilt, nur mit den niedrigsten Arten des Handels ihr kummervolles Leben zu fristen. (. . .)« Sie wünschten sehnlichst, »daß sie hinführo nicht mehr als Schützlinge geduldet, sondern unter die Bürger des Staates aufgenommen werden, daß sie hinführo nicht länger auf den, Geist und Körper verderbenden, Kleinhandel beschränkt, sondern es auch ihnen erlaubt seyn möge, als würdige Diener des Landes zu leben, Künste und Wissenschaften auf ehrenvolle Art zu üben, Handel und Gewerbe nach Bürgerbrauch und Bürgersitte zu treiben, Grundstücke eigenthümlich zu erwerben.«[32]

Das Gesuch wurde immerhin nicht gleich ad acta gelegt, sondern führte zu der Aufforderung der Regierung an die Landdrosteien, über die Verhältnisse der Juden in ihren Bezirken zu berichten und zur Frage einer Gleichstellung mit den Christen Stellung zu nehmen. Die entsprechenden Antworten enthüllen das gesamte Ausmaß der an maßgeblicher Stelle herrschenden Judenfeindschaft. Die Landdrostei Hannover wandte sich gegen jede Änderung der bestehenden Verhältnisse: Es gehe nämlich nicht um den Vorteil der Juden, sondern um den Vorteil des Staats und »der ihn bildenden Christen«.[33] Die Begründungen stammten – zum wievielten Male? – aus dem Klischee-Arsenal des Mittelalters: »So möchte es fast scheinen, es wäre gerathener, die Juden in ihrem bisherigen Stande zu lassen, und ihnen nicht durch grössere Freiheit den Anreiz zu geben, die schlimmeren Züge ihres Charakters, Eigennutz, Härte und Hochmuth, mehr wie bisher zu offenbaren.«[34]

Etwas großzügiger zeigten sich die Drosteien in Stade und in Lüneburg. Sie sahen die Gewährung staatsbürgerlicher Rechte dann geraten, wenn sich die Juden vom »Schacher« abwenden und einen Handwerksberuf ergreifen würden.[35] Osnabrück wiederum hielt dies für wenig aussichtsreich, da den Juden eine »angeborene Abneigung gegen die Betreibung des Ackerbaues und aller Handwerke« eigen sei.[36] Hildesheim verlangte als Vorbedingung für eine Gleichstellung die Verbesserung des jüdischen Bildungsniveaus.[37] Lediglich Ostfriesland befürwortete eine Reform: »Denn die Erfahrung hat nicht gezeigt, dass während der 16 Jahre, wo die Juden in Ostfriesland das volle Orts- und Staatsbürgerrecht genossen, dieses einen nachtheiligen Einfluss auf den Handel und die Gewerbe der christlichen Einwohner geäußert habe.«[38] Die Auricher Behörde war auch die einzige, die empirisch überprüfbare Fakten heranzog und sich nicht mit vorgeprägten Denkmustern zufriedengab.

Der vorherrschende Grundtenor der Gutachten war jedoch für die Juden ungünstig, woraus sich die Erfolglosigkeit der hannoverschen Petition erklärt. Auch die öffentliche Meinung in den 1820er Jahren neigte, wenn sie sich überhaupt einmal zur Gleichstellungsproblematik äußerte, wohl eher zu großer Vorsicht. Die Gleichstellung sei zwar langfristig wünschenswert, doch dürfe hierbei nichts überstürzt werden. Immer wieder klang das schon die Aufklärungsdebatte charakterisierende Motiv von der Notwendigkeit einer Veränderung der jüdischen Identität durch. Auch wohlmeinende Zeitgenossen vermochten sich nicht von den christlich geprägten Stereotypen zu lösen: »Der Keim des sittlichen Verderbens bei den Juden liegt im Judenthume selbst, im Mißverstande und der Mißdeutung des alten Testaments, besonders in dem Unsinne und den Abscheulichkeiten eines Theiles vom Talmud und der starren Anhänglichkeit der Juden an diesen, welcher nichts gleicht, als des Römlings blinde Ehrfurcht vor der Tradition.«[39] Solche Ausfälle von »Reformfreunden« trugen wohl nichts zu einer Beschleunigung der Emanzipation bei, und es wird die Juden auch nicht getröstet haben, daß in diesem Zusammenhang auch die katholische Tradition angegriffen wurde.

Die einzige nennenswerte Maßnahme der hannoverschen Regierung in den 1820er Jahren, die an die Reformära anknüpfte, war die Vorschrift von 1828, derzufolge die Juden feste Namen annehmen mußten. Alte Namen durften beibehalten werden. Lediglich bereits bekannte Namen christlicher Familien waren verboten.[40] Oftmals legten sich die Juden Phantasienamen wie Freudenberg, Blume oder Weinthal zu.[41] Viele behielten ihren alten Namen[42] oder nahmen die in der westphälischen Zeit bereits geführten Namen wieder an.[43] Ob die Standesbeamten bei der Namenwahl Druck auf die Juden ausgeübt haben, ist nicht belegbar und – angesichts der tatsächlich ausgesuchten Namen – wenig wahrscheinlich. Unklar bleibt des weiteren, ob die Namen als Indiz für eine Abkehr von alten Traditionen und eine Hinwendung zur Assimilationsbereitschaft gedeutet werden können. Wo alte Namen weitergeführt wurden, könnte, in Analogie zu Erfahrungen in anderen deutschen Regionen, auf eine eher konservative Einstellung geschlossen werden.[44] Konkret belegen lassen sich solche Vermutungen allerdings nicht.

Es bedurfte eines Anstoßes von außen, um wieder Bewegung in die Emanzipationsdebatte zu bringen. Die Erschütterungen, die die französische Julirevolution von 1830 mit sich brachte, ermutigte mehrere jüdische Gemeinden zu erneuten Vorstößen. Führend beteiligt waren wiederum die Juden Ostfrieslands. Diesmal kam es zu ausführlicheren Debatten in den beiden Kammern des hannoverschen Landtags, in denen sich vor allem der Abgeordnete Johann Karl Schlegel, der Bruder August Wilhelm und Friedrich Schlegels, als Befürworter der Gleichstellung hervortat.[45] Das Ergebnis war allerdings sehr dürftig. Im Jahr 1832 erschien der Entwurf eines neuen Staatsgrundgesetzes, in dem die Juden auf ein spezielles, noch zu erstellendes Gleichstellungsgesetz vertröstet wurden. Das ließen sich die Betroffenen jedoch nicht gefallen. In den Monaten Juni und Juli 1832 erreichten 26 Petitionen aus allen Teilen des Landes die Ständeversammlung. Viele waren in ihrer Argumentation vom Geist der Aufklärung geprägt, wie z. B. das Gesuch der Gemeinde Dannenberg:

»Wo eine unbefangene, klare Einsicht in die wahren Verhältnisse der Sache vorherrscht (. . .); wo die Lehren des Jahrhunderts nicht spurlos vorübergegangen, die edeln Beispiele der civilisirtesten Staaten Europas, das redliche Streben der deutschen Nachbarstaaten, nicht fruchtlos zur Nacheiferung aufgefordert hat; wo die dummen Vorurtheile vergangener Zeiten (. . .) keinen Anklang finden können (. . .); da nur blühet die

Hoffnung seit Jahrhunderten Unterdrückter, endlich, endlich am Ziele ihrer Leiden zu stehen, endlich, endlich ihre gerechten Klagen gehoben zu sehen.«[46]
Die Petitionen und andere Schriften mit ähnlicher Zielsetzung, wie das 1832 erschienene Buch des Hannoveraners Moritz Cohen *Über die Lage der Juden nach gemeinem deutschen Rechte, mit besonderer Berücksichtigung des Königreichs Hannover*, führten zu erneuten Beratungen über eine Reform der bürgerlichen Verhältnisse der Juden, die sich, mit Unterbrechungen, bis 1842 hinzogen. Gutachten und Voten der Behörden und Departements zu einzelnen Fragen zeigten hierbei deutlich, wie gering das Interesse an Fortschritten war. Das Justizdepartement lehnte z. B. 1831 die Zulassung von Juden zur Advokatur ab, da *»der Sittenzustand der jüdischen Nation im Ganzen bis jetzt noch von der Art zu seyn scheint, daß man nicht ohne ein gewißes Mißtrauen Juden zu dem wichtigen Berufe der Advokatur zulaßen darf (. . .)«*[47] Generell sollte bei einer Emanzipation bedacht werden, so die Behörde weiter, daß nur Einschränkungen aufgehoben werden sollten, *»welche ohne Gefahr beseitigt werden können«.*[48] Das ursprünglich von den Vertretern der Aufklärung benutzte Argument, die Juden »verbessern« zu müssen, wurde nun auf einen Aspekt reduziert, nämlich auf die »bis jetzt« noch zu konstatierende Verderbnis. Die deutsche Variante der Judenpolitik, die, im Gegensatz zu Frankreich, auf Erziehung und Verbesserung abzielte, wurde somit in der Zeit der Restauration zu einem probaten Mittel der Emanzipationsgegner, die Gleichstellung immer wieder hinauszuzögern.
Angesichts der Tatsache, daß sowohl Ständeversammlung als auch Regierung ähnlich reaktionär eingestellt waren wie die hohe Bürokratie[49], verwundert es nicht, daß es bis zur Revolution von 1848 nur zu einigen wenigen Gesetzen kam, die, ohne den Namen Emanzipationsgesetze zu verdienen, Fortschritte brachten. 1842 wurde das mittelalterliche Schutzverhältnis endlich aufgehoben. Die Schutzgeldzahlungen liefen jedoch zunächst noch weiter.[50] Immerhin wurde die Gewerbefreiheit verkündet, allerdings mit erheblichen Einschränkungen. Im Einzelhandel durfte nur einer der Söhne einen eigenen Betrieb führen. Niederlassungen an Orten, wo bereits ein jüdischer Einzelhandel bestand, waren fast kaum möglich.[51]

1845 wurde mit dem Gesetz über die Eidesleistung ein erster Schritt in Richtung Abschaffung des Judeneides getan, und 1847 erfolgte die Verkündung von Ergänzungen zu dem Gesetz von 1842, denenzufolge die Schutzgeldzahlungen aufhörten und jüdischen Geschäftsleuten grundsätzlich die gleiche Glaubwürdigkeit zugebilligt wurde wie ihren christlichen Berufskollegen. Lediglich der Nothandel blieb hiervon noch ausgenommen.[52] Von einer wirklichen Gleichstellung konnte folglich immer noch nicht gesprochen werden.

Wenden wir uns den praktischen Auswirkungen der genannten Gesetze auf die jüdische Bevölkerung zu, so lassen sich einige Verbesserungen auf lokaler Ebene feststellen. Der Magistrat von Nienburg gewährte in den 1840er Jahren an mehrere Juden das Bürgerrecht.[53] Er interpretierte das Gesetz von 1842 ebenfalls zugunsten der Juden, indem er deren offizielle Aufnahme in die Zünfte betrieb, was allerdings auf den energischen Widerstand der Kramerinnung stieß.[54] Der Göttinger Magistrat hingegen weigerte sich bis 1845, Juden als Bürger aufzunehmen. Als Begründung schob er die Unklarheit vor, die bezüglich der jüdischen Eidesleistung herrsche.[55] Auch der Auricher Magistrat blieb judenfeindlich.[56] Der Northeimer Magistrat vertrat noch 1843 die Auffassung, daß »die Ansiedlung von Juden in der hiesigen Stadt jeden Falls als ein Unglück zu betrachten ist.«[57] Zwar hatte die Regierung 1842 offiziell mit einer Öffnung neuer Berufskarrieren für Juden begonnen, doch profitierten die Judengegner nach wie vor von der Fortexistenz juristisch verwertbarer Einschränkungen, wie etwa des Eids *more iudaico*. Osnabrück verhinderte auf diese Weise den Eintritt eines jüdischen Teilhabers in ein Tabakunternehmen, da es sich bei der betreffenden Person nicht um einen Vollbürger handelte.[58] Die genannten Beispiele zeigen in aller Deutlichkeit die Nachteile einer sukzessiv vorgenommenen Emanzipation. Allzu leicht konnten sich die immer noch mächtigen Gegenkräfte hinter formaljuristischen Argumenten verschanzen.
Die Revolution von 1848 schien durch das Gesetz vom 5. September 1848 »verschiedene Änderungen des Landesverfassungs-Gesetzes betreffend« endlich die erhoffte Klarheit zu bringen. Der Paragraph 6 die-

— 211 —

I. Abtheilung. № 41.

Gesetz-Sammlung
für das Königreich Hannover.

Jahrgang 1842.

Inhalt.

Gesetz über die Rechtsverhältnisse der Juden.

(44.) **Gesetz über die Rechtsverhältnisse der Juden.** Hannover, den 30ften September 1842.

Inhalt.

50

Ausgegeben zu Hannover, den 15ten October 1842.]

Inhaltsverzeichnis des Gesetzes über die Rechtsverhältnisse der Juden,
Hannover 1842

ses Gesetzes verkündete die Gleichberechtigung der Juden im Königreich Hannover: »*Jeder Landeseinwohner genießt völlige Glaubens- und Gewissensfreiheit und ist zu Religionsübungen mit den Seinigen in seinem Hause berechtigt. Die Ausübung der politischen und bürgerlichen Rechte ist von dem Glaubensbekenntnis unabhängig. (. . .)*«[59] Diese Formulierung reihte Hannover fast genau vierzig Jahre nach der ersten Emanzipation in die modernen Staaten ein, die keinen Unterschied zwischen den Staatsbürgern machten. Doch drängt sich, gerade angesichts des mühsamen Kampfes um die Gleichstellung, die Frage auf, wie sich das Gesetz in der Praxis auswirkte.

Wenden wir uns zunächst der Regierung selbst zu. Im Februar 1849 verlangte der Abgeordnete Lang während einer Sitzung der 2. Kammer, daß bei Eidesleistungen die Worte »auf Gott und sein heiliges Wort« zu streichen seien, da die Formulierung gegen die Grundrechte verstoße. Dieser Vorschlag wurde mit großer Mehrheit angenommen. Nur fünf Gegenstimmen wurden gezählt. Allerdings zählten so bedeutende Politiker wie die Minister Stüve, Düring und Letzen dazu.[60] Dies verhieß wenig Gutes. Die reaktionären Kräfte konnten sich bekanntlich rasch wieder stabilisieren. Schon im April 1850 wollte man zu den konfessionellen Eiden zurückkehren. Minister Stüve betonte wieder den christlichen Charakter des Staates und stellte, wenn nicht die bürgerlichen, so doch die politischen Rechte der Juden wieder in Frage. 1855 verloren die Juden das passive Wahlrecht.[61] Dem Gesetz von 1848 zum Trotz wurde auch die leidige Eidfrage nicht restlos geklärt. Solange die von der revolutionären Bewegung getragene Reformstimmung anhielt, konnte es zu sehr pragmatischen Lösungen kommen, wie die Vereidigung des Mathematikers Moritz Stern anläßlich seiner Ernennung zum außerordentlichen Professor in Göttingen zeigte. Sein Sohn berichtete davon folgendes:

»*Die Theologen waren dafür, dem neuen Professor den Eid zu erlassen, die Juristen widersprachen in seinem Interesse, damit man ihm später nicht Ungelegenheiten bereite. So ging denn Fuchs, der Mediziner, damals Prorektor, angstvoll zu ihm, um ihn um Rat zu fragen. Mein Vater fing darauf an, ihm den Judeneid zu beschreiben. ›Zuerst‹, sagte er, ›müssen Sie mir zehn Juden als Zeugen schaffen, denn von mir kann das doch nicht verlangt werden. Hierauf ziehe ich in*

Ihrer und des Senats Gegenwart meinen Rock aus, entblöße meinen Arm bis zum Ellbogen, schwöre beim Gott Israels' usw.‹ Dem armen Fuchs wurde warm und kalt, und er ging ungetröstet fort. Das Kuratorium in Hannover aber dekretierte, man solle sich in diesem Falle statt des Eides mit einem bloßen Handschlag begnügen, und so geschah es.«[62]

Dieser Vorgang, der noch in das Jahr 1848 fiel, wäre schon kurze Zeit später wohl nicht mehr ohne weiteres vorgekommen. Die 1850er Jahre, das Jahrzehnt der Reaktion, zeigten, wie trotz der offiziellen Abschaffung des Judeneides 1850[63] versucht wurde, die alten Zustände zu erhalten. In Burgdorf kam es im November 1857 zu Protesten, als zwei Juden zu Schöffen gewählt worden waren. Man beanstandete, daß sie keinen christlichen Eid leisten könnten.[64] Offenbar bewirkte das Eidgesetz von 1850 nichts, wenn der Staat gleichzeitig die Idee des christlichen Staates propagierte. Ähnliche Konsequenzen hatte der Ausschluß der Juden vom passiven Wahlrecht. Obgleich diese Bestimmung für den Landtag galt und nicht für die Gemeindevertretungen, wurde sie auch in letzteren zu einem Instrument der politischen Auseinandersetzung, welches den Juden nur schaden konnte. 1856 wurde in Aurich die Bürgermeisterwahl angefochten, da auch ein Jude als Wahlmann fungiert habe. Wählen dürften aber nur die, die im Vollbesitz der bürgerlichen Rechte seien.[65] Die Regierung wies zwar den Einspruch zurück[66], behielt aber trotz zahlreicher Proteste seitens jüdischer Gemeinden den diskriminierenden Ausschluß der Juden vom passiven Wahlrecht bis zum Ende des Königreichs bei.[67]

Zahlreiche andere Vorkommnisse aus den 50er und 60er Jahren belegen ihrerseits das Auseinanderklaffen von Emanzipationsgesetz und Realität. Noch 1865 war die Calenberg-Grubenhagensche Landschaft nicht bereit, Freitische (Stipendien) an der Landesuniversität an Juden zu vergeben.[68] Besonders auffälliges Zeichen für die Zurücksetzung der angeblich gleichgestellten Juden war jedoch die Seltenheit, mit der sie im hannoverschen Staatsdienst auftauchten. Bis 1866 finden wir nur einen jüdischen Beamten in der Verwaltung, und zwar den Revisor Schlesinger aus Goslar, der sich vom Gemeindelehrer bis zum Stadtkämmerer hocharbeitete. Die Probleme, die sich 1864 bei seiner Wahl zum Kämmerer ergaben[69], machen jedoch den außergewöhnlichen Charakter dieses Ereignisses deutlich. 1859 erfolgte die erste Ernennung eines Juden zum ordentlichen Professor in Göttingen. Hierbei handelte es sich um den bereits oben erwähnten Moritz Stern.[70] Doch auch dies war eine Ausnahmeerscheinung, was indirekt belegt wird durch die Art und Weise, wie die *Allgemeine Zeitung des Judenthums* solche Ereignisse kommentierte: Vergleichsweise geringfügige Vorkommnisse wurden ausführlich beschrieben, wie z. B. die Wahl des Obergerichtsanwalts Simon zum Vizepräsidenten der Anwaltskammer in Hannover 1856[71], die Verleihung des Preises der philosophischen Fakultät Göttingen an den Studenten Albert Fels 1859[72] usw. Die Interpretation der genannten Zeitung, die hierin hoffnungsvoll stimmende Entwicklungen sah, muß jedoch relativiert werden. Offenbar waren Promotionen, Preisverleihungen und Ernennungen an und von Juden noch lange nicht selbstverständlich in Norddeutschland, obwohl die Französische Revolution andernorts ganz anders gewirkt hatte und obwohl die eigene Emanzipationsgesetzgebung auch schon über ein Jahrzehnt zurücklag. Die Beharrungskraft der antijüdischen Interessen muß jedenfalls im Hinblick auf die weitere Entwicklung sehr bedenklich stimmen.

Ein weiteres Beispiel für den ambivalenten Zustand der hannoverschen Juden nach 1848 liefert die Auseinandersetzung um die Stolgebühren. Diese kamen, wie in den vorausgegangenen Kapiteln beschrieben, den christlichen Geistlichen zu und mußten bis 1848 auch von Juden bezahlt werden. Die Mitglieder der israelitischen Gemeinde in Linden stellten nach der Verkündung des Gesetzes vom 5. September 1848 die Zahlungen ein, so wie es auch viele andere Juden des Königreichs taten. Im Januar 1849 verlangte nun der Lindener Pastor Petri »plötzlich und ohne vorherige Zahlungsbefehle« mittels Eintreibung die sofortige Erstattung der ihm angeblich schuldigen Stolgebühren.[73] Daraufhin zog die jüdische Gemeinde vor Gericht. Sie berief sich dabei auf das Emanzipationsgesetz von 1848. Die Gegenseite hingegen ging von der fortbestehenden Gültigkeit des Gesetzes von 1842 aus und zitierte darüber hinaus eine Verordnung vom November 1848, derzufolge die Zahlungen der *iura stolae* bis auf weiteres zu leisten seien.[74] Das Lindener Gericht gab dem Pastor daraufhin recht. Die

Kosten des Verfahrens hatten die Juden zu tragen, da sie weder dem Pastor noch dem Gericht zur Last gelegt werden konnten.[75] Ähnliche Vorfälle sind auch aus anderen Gemeinden überliefert.[76] 1850 hob dann ein Gesetz die Stolgebüren auf. Auf die den Geistlichen versprochenen Entschädigungen aus der Landeskasse warteten diese jedoch vergeblich.[77] Die Stolgebührenaffaire zeigt die Versuche, diesmal seitens der christlichen Geistlichkeit, Gesetze aus der Vormärzzeit gegen die Neuerungen von 1848 auszuspielen. Auch das Gesetz von 1850 räumte den eigentlichen Tatbestand, die antijüdische Grundeinstellung vieler einflußreicher Nichtjuden, nicht aus, zumal es im vorliegenden Fall um konkrete materielle Interessen ging. Christliche Geistliche sollten dann auch in den folgenden Jahrzehnten oftmals für Vorfälle verantwortlich sein, die der Gleichstellung Hohn sprachen, wie noch zu zeigen sein wird.

Ein letztes Beispiel sei aus dem Bereich der alltäglichen Verwaltungspraxis genannt, da vornehmlich auf dieser Ebene jüdische Bürger und christliche Beamte miteinander in Berührung kamen. Am 4. Februar 1862, also 14 Jahre nach dem Emanzipationsgesetz, meldete das Amt Bruchhausen der Landdrostei Hannover, daß der Bürger Jacob Schragenheim zu Vilsen »um Conceßion zum Handel mit Manufacturwaaren« gebeten habe.[78] Das Amt bestätigte dem Juden Schragenheim einen guten Ruf, gute Zeugnisse, Beliebtheit beim Publikum, eine Kaufmannslehre, eine gewisses Vermögen und seine Eigenschaft als Bürger und schloß daraus, daß der Erteilung der Konzession nichts im Wege stehe. Die Landdrostei antwortete umgehend, daß eine besondere amtliche Erlaubnis für den Juden gar nicht erforderlich sei.[79] Offenbar war, möglicherweise gerade durch die reaktionäre Regierungspolitik der 1850er Jahre, der Inhalt der Emanzipationsgesetze in den Amtsstuben kaum (mehr) bekannt. Allein dies stimmt schon bedenklich. Doch die Affaire Schragenheim war damit noch nicht beendet. Nun mischte sich der Magistrat von Vilsen ein. Im April 1862 stimmten der Bürgervorsteher Hoppe und andere, welche alle Inhaber von Handlungsgeschäften waren, gegen die Erteilung der Konzession, und zwar mit der seit Jahrhunderten bekannten Begründung, daß sich bereits genug Geschäftsleute am Ort befänden.[80] Im Gegensatz zu ihrer ersten Stellungnahme verlangte die Landdrostei nun von Schragenheim einen genauen Vermögensnachweis und eine »geeignete Wohnung«. Sie erhob damit Forderungen, die durch kein Gesetz gedeckt waren. Schragenheim konnte zwar die Auflagen erfüllen und nach langer Prüfung im August 1862 endlich sein Geschäft eröffnen[81], doch hätte es offenbar auch anders enden können. Eine schwer kontrollierbare Bürokratie, die sich noch dazu auf die Zustimmung weiter Bevölkerungskreise stützen konnte, war auch noch in den 1860er Jahren imstande, willkürlich vorzugehen.

Nach dem Krieg von 1866 wurde Hannover von Preußen annektiert. Die Situation der Juden in diesem Staat war gekennzeichnet durch Unklarheiten und Widersprüche, die sich aus der Existenz der Verfassung ergaben, die Juden und Christen offiziell gleichstellte, und der gleichzeitigen Geltung des Judengesetzes von 1847, das die preußischen Juden vom Staatsdienst ausschloß und auch ansonsten manche Ungerechtigkeit barg.[82] Die preußische Bürokratie legte in den 1850er und 1860er Jahren, wie die hannoversche, keine judenfreundliche Haltung an den Tag und benutzte die widersprüchliche Gesetzeslage meist zum Nachteil der Juden.[83] In der Tat verhieß die Machtübernahme durch Preußen zunächst wenig Gutes. Die neue Verwaltung hielt nämlich an der Vorstellung fest, daß die Juden ihren speziellen Eid *more iudaico* leisten mußten. Sie bestand im November 1866 auf der Vereidigung eines Soldaten nach eben diesem Modus und rief dadurch den Widerstand des Landrabbiners Meyer hervor. Es kam zu einem Prozeß, den der Landrabbiner Anfang 1867 verlor.[84] Zwar wurde der Eid dann 1868 abgeschafft, aber nur für das Militär.[85] Noch in den 1870er Jahren kam es zu Eidesleistungen nach jüdischem Ritus.[86] Angesichts dieser Situation verwundert es nicht, daß 1867 viele Gemeinden des Landes Petitionen an die neue Regierung richteten, damit die »berechtigten Eigenthümlichkeiten und Vorzüge« der jüdischen Einrichtungen erhalten blieben.[87] Neben dem Wunsch nach Beibehaltung der alten hannoverschen Eidesformel kam dabei sehr deutlich das Bestreben zum Ausdruck, die staatliche Leitung und Anerkennung der Gemeindeorganisationen zu erhalten. Gleiches galt für Zahlungen von Zuschüssen aus Staatsmitteln für den jüdischen Kultus, wie sie seit Mitte der 1850er Jahre üblich war.[88] Auf die meisten

Forderungen ging die preußische Regierung ein. Sie ließ sogar die Institution des Landrabbinats vorläufig unangetastet. Die norddeutschen Bundesgesetze beseitigten darüber hinaus bis 1869 die letzten noch bestehenden Einschränkungen: Freizügigkeit zwischen den Bundesstaaten, Freiheit der Eheschließungen und gleiche politische Rechte galten nun überall.[89] Die hannoverschen Juden erhielten somit auch das passive Wahlrecht zurück. All diese Reformen können jedoch nicht darüber hinwegtäuschen, daß die preußische Regierung eine umfassende Gleichstellung nach wie vor nicht zulassen mochte. Im privatwirtschaftlichen Bereich legte sie den Juden zwar keine Steine mehr in den Weg. Sah sie jedoch staatliche Belange berührt, so zeigte sie ihr großes Mißtrauen. Das Verhalten der Regierung in der Eidfrage war ein erster Fingerzeig gewesen. In die gleiche Richtung wies ihr Bestreben, den Realschulen (den sogenannten höheren Bürgerschulen) deutlich konfessionellen Charakter zu geben. Die Osteroder Schule mußte beispielsweise in § 2 ihres Statuts folgendes aufnehmen: »*Die höhere Bürger- resp. Realschule hat den Charakter einer evangelisch-lutherischen Anstalt, ohne daß deshalb Schülern anderer Confessionen oder Söhnen jüdischer Glaubensgenossen der Besuch der Schule versagt würde.*«[90] Der entscheidende Punkt hierbei waren nicht die Schüler, sondern die nicht genannten Lehrer. Jüdischen Pädagogen war das Unterrichten an christlichen Konfessionsschulen nicht gestattet. Dabei handelte es sich keineswegs um einen Einzelfall. Die Emanzipationsgesetze des Norddeutschen Bundes hinderten die Regierung nicht daran, den Diepholzer Juden das Stimmrecht in der für die Schulaufsicht eingerichteten Generalversammlung zu entziehen, und dies mit der Begründung, die Juden seien nur geduldet.[91] Als im März 1895 die israelitische Gemeinde Hannovers den Antrag stellte, daß jüdischer Religionsunterricht in den Lehrplan für höhere Schulen aufgenommen werden sollte, befragte der Magistrat die Direktoren der hannoverschen Lehranstalten. Diese lehnten ab, und so wurde der jüdischen Gemeinde mitgeteilt, daß aus »schultechnischen Gründen« ihrem Gesuch leider nicht entsprochen werden könnte.[92] Zwei Jahre später mußte der Landrabbiner erfahren, daß das Oberlandesgericht ihm offiziell den bis dahin für ihn allgemein anerkannten Beamtenstatus absprach.[93] Jüdische Seelsorger seien – im Gegensatz zu katholischen und evangelischen Geistlichen – nicht wie Beamte zu behandeln. Das hatte konkrete finanzielle Folgen: die Juden wurden mit ihren Gesamteinnahmen zur Steuerveranlagung herangezogen.[94] Es zeigte aber vor allem auch, daß die Regierung die jüdischen Institutionen nach wie vor als zweitrangig ansah. Daran änderten auch offizielle Anerkennungen nicht, wie z. B. die Verleihung des königlichen Kronenordens 4. Klasse an den Auricher Kaufmann Samuel Calmar Heymann zum 50jährigen Amtsjubiläum als Gemeindevorsteher[95] oder die huldvolle Überlassung einer hebräischen Bibel durch Königin Augusta von Preußen anläßlich der goldenen Hochzeit der Eheleute Herzberg in Hittfeld.[96] Diese Akte erinnern vielmehr an die Privilegienpraxis des 17. und 18. Jahrhunderts. Selbst die regelmäßig gezahlten Zuschüsse für das jüdische Gemeinde- und Schulwesen blieben nicht ganz frei vom Verdacht der willkürlichen Handhabung. Die Beihilfen-Bewilligungen liefen über den Schreibtisch des Regierungspräsidenten. Dieser verweigerte 1885 der Synagogengemeinde in Linden bei Hannover den beantragten Zuschuß. Erst 1886 erhielt die Gemeinde wieder Geld, nachdem sie sich an den Lindener Magistrat um entsprechende Unterstützung gewandt hatte.[97]

Herzogtum Braunschweig

Nach dem Zusammenbruch des Königreichs Westphalen wurde auch das Herzogtum Braunschweig wiederhergestellt. Dort blieben jedoch, anders als im Königreich Hannover, mehrere Gesetze aus der westphälischen Zeit erhalten. Die Zünfte blieben aufgehoben, ebenso der Schutzjudenstatus. Für die Juden galten die gleichen Steuer- und Militärpflichten wie für Christen.[98] Ansonsten unternahm die Regierung keine weiteren Schritte, so daß der Rechtsstand der Braunschweiger Juden ungeklärt blieb. Die völlige Gleichstellung war offenbar verloren, ohne daß die mittelalterlichen Zustände gänzlich restauriert worden wären. Diese ambivalente Situation zeigte sich 1820, als die Stadt Helmstedt die Ausweisung der nach 1807 dort »eingedrungenen Juden« verlangte. Sie

berief sich dabei, genau wie 1807 gegenüber dem König Jérôme, auf ihr 1479 erlangtes Privileg, das sie 500 Reichsthaler gekostet habe.[99] Der Braunschweigische Landtag lehnte die Ausweisung zwar ab, doch mußten die Helmstedter Juden der Stadt die Kosten für die mittelalterliche Privilegierung ersetzen.[100] Doppeldeutig kann auch das regierungsamtliche Verfahren in Fragen der Niederlassung und des Immobilienerwerbs genannt werden. Beides war zwar möglich, doch brauchten Juden Sondergenehmigungen bzw. mußten spezielle Bedingungen erfüllen.[101] Von sich aus war die Regierung zu einer konsequenten Emanzipationspolitik nicht bereit. Neuregelungen wurden in den 1820er Jahren zwar zugesagt, kamen jedoch nicht zustande.[102] Erst die revolutionären Ereignisse des Jahres 1830 brachten einen Umschwung. 1831 verfaßte der Advokat Geitel im Auftrag der jüdischen Gemeinde Braunschweig eine Petition an Herzog Wilhelm, die die Unterschriften fast aller Juden der Stadt trug. Die Argumentation des Gesuchs war konsequent sachlich und widerspruchsfrei. Zunächst wurde die Gerechtigkeit thematisiert: gleiche staatsbürgerliche Pflichten müßten auch gleiche Rechte bedeuten. Die Verschleppung der Emanzipation aufgrund der angeblichen Unreife der Juden sei nur ein Vorwand. Dies belege ein Blick auf die USA, die Niederlande und Frankreich, wo die Gleichstellung ohne Wenn und Aber durchgeführt sei. Schließlich ging Geitel auch auf die schwierige Frage ein, was eine Nation ausmache. Religion und Kultus könnten es nicht sein, denn sonst dürfte man auch die Hugenotten nicht zu den Deutschen zählen. Ausschlaggebend sei vielmehr der Geburtsort.[103]

Die sich im Anschluß an das Gesuch entwickelnde Diskussion führte dazu, daß bis 1845 den Braunschweiger Juden das passive Wahlrecht, und zwar für Landtag und Stadtverordnetenversammlungen, zuerkannt und der Judeneid abgeschafft wurde.[104] Das Gesetz vom 23. Juli 1848 stellte die Juden den Christen schließlich vollständig gleich.[105] Die Reaktionszeit in den 1850er Jahren brachte zwar auch in Braunschweig wieder manchen Rückschritt, wie die vorübergehende Einführung einer Parochialsteuer[106], doch ging die Regierung längst nicht so weit, wie es die hannoversche tat. Das passive Wahlrecht blieb den Juden im Herzogtum erhalten, so daß 1858 mit dem Bankier Jüdel ein Jude im Landtag saß. Einen vergleichbaren Fall konnten zum damaligen Zeitpunkt nur sehr wenige Bundesstaaten aufweisen.[107] Wesentlich restriktiver wurde jedoch die Einstellungspraxis für den Staatsdienst gehandhabt. Bis 1908 konnten nur zwei Juden Notare werden, die Richterlaufbahn blieb ihnen bis zum Ende der Monarchie ganz verschlossen.[108] Immerhin fand ein Braunschweiger Jude den Mut, sich unter Berufung auf das Emanzipationsgesetz des Norddeutschen Bundes von 1869 an den Kaiser zu wenden und gegen seine Zurückweisung als Bewerber für ein Notariat zu klagen. Die Beschwerde wurde abgewiesen. Juden könnten Christen nämlich keinen Eid abnehmen. Diese Begründung stammte aus der Ideologie des christlichen Staates und brach das geltende Verfassungsrecht. Dennoch wurde sie wirksam.[109]

Großherzogtum Oldenburg

Mit dem Ende der französischen Herrschaft wurden auch in Oldenburg die Judenverordnungen des 18. Jahrhundert wieder in Kraft gesetzt. Eine herzogliche Verordnung von 1827 bestimmte, daß die Juden Schutzbriefe lösen mußten, nur der älteste Sohn das Schutzrecht erben könnte, daß fremde Juden nicht zuziehen dürften und daß jüdisch-christliche Mischehen nicht erlaubt seien.[110] Immerhin wurde der Immobilienerwerb sowie der Eintritt in die Zünfte ermöglicht. Gleichzeitig wurde die Annahme verbindlicher Familiennamen zur Pflicht.[111] Diese gesetzlichen Bestimmungen war eine Mischung aus den in den meisten deutschen Staaten vorherrschenden restaurativen Grundtendenzen und Resten der von Dohm im späten 18. Jahrhundert proklamierten Erziehungsziele. Den angeblichen jüdischen »Hang zum Schacher« wollte die Regierung »ausrotten«; die Juden sollten zur »christlichen Lebens- und Beschäftigungsweise« erzogen werden.[112] Dieses Ziel schien in Oldenburg eine größere Rolle zu spielen als in den anderen norddeutschen Staaten. Mittel zum Zweck sollte eine umfassende Kultusreform sein, so wie sie Herzog Peter schon in den 1780er Jahren skizziert hatte. Die einzelnen Maßnahmen in dieser Beziehung sollen in einem anderen Kapitel untersucht werden.

**Peter Friedrich Ludwig,
Herzog von Oldenburg**

Die staatliche Gesetzgebung förderte die Gleichstellung allerdings nicht. 1836 wurden die Eheschließungsbeschränkungen sogar noch verschärft: Wer ohne Erlaubnis der Obrigkeit eine Ehe im Ausland schloß, durfte seine Ehefrau nicht mit nach Oldenburg bringen.[113] Zur selben Zeit begannen innerhalb der großherzoglichen Regierung jedoch Diskussionen über eine mögliche Gleichstellung der Juden, welche durch ein Gesuch der Juden in Wildeshausen ausgelöst worden waren. Letztere verlangten die Handelsfreiheit. Die Antwort der Regierung aus dem Jahre 1839 zeigte jedoch, daß sich die Emanzipationsbefürworter noch nicht hatten durchsetzen können: die Juden blieben vom Tuchhandel ausgeschlossen.[114] Kaum größer war der Erfolg, den das Gesuch des Vorstehers der Oldenburger Gemeinde, des Kaufmanns Gottschalk Joseph Ballin, aus dem Jahre 1845 hatte. Ballin bat mit ähnlichen Argumenten wie die hannoversche Gemeinde 1831 um die Gewährung der staatsbürgerlichen Gleichstellung.[115] Auch die Wildeshausener Juden mußte 1847 erfahren, daß die Regierung Emanzipationswünschen immer noch eher ablehnend gegenüber stand.[116] Von einem Stimmrecht jüdischer Einwohner in Bürgerversammlungen wollte die Regierung ebenfalls nichts hören, obwohl sich die Magistrate von Oldenburg und von Jever dafür aussprachen.[117] Diese reaktionäre Politik, die stellenweise sogar noch hinter den Maßnahmen der Regierung in Hannover zurückblieb, erscheint dem Betrachter umso unverständlicher und willkürlicher, je fortschrittlicher sich dieselbe großherzogliche Obrigkeit den Juden in einem anderen, wenn auch weit entfernten Landesteil gegenüber zeigte. Im oldenburgischen Fürstentum Birkenfeld an der oberen Nahe nämlich hatte die Regierung die Maßnahmen der napoleonischen Zeit unangetastet gelassen. Sie hatte 1818 die Frage nach der Abschaffung oder Beibehaltung der die Juden diskriminierenden Führungszeugnisse, die Napoleon 1808 eingeführt hatte, zunächst dilatorisch behandelt und dann auf eine Beibehaltung verzichtet, so daß die birkenfeldischen Juden, neben den luxemburgischen, die einzigen Israeliten im Deutschen Bund waren, die vor 1848 völlig gleichberechtigt waren.[118] Die Juden im Hauptland des Großherzogtums, in Oldenburg, kamen in den Genuß der Emanzipation erst durch die Revolution

von 1848. Sie wurde zu den Wahlen zum konstituierenden Landtag zugelassen[119] und durch die Verfassung von 1849 gleichgestellt. Im gleichen Jahr wurde auch der Judeneid abgeschafft.[120]

Die Verwaltungspraxis der zweiten Jahrhunderthälfte wies ähnliche Mängel auf wie in Hannover und in Braunschweig. Zwar finden wir Juden als Stadträte, wie z. B. 1851 in Jever,[121] und mit dem berühmten Salomon Mendelssohn 1843 bereits einen staatlich besoldeten Turnlehrer, der an den Oldenburger Schulen unterrichten durfte.[122] Doch dürfen die Namen lokaler Berühmtheiten nicht darüber hinwegtäuschen, daß es sich hierbei um Ausnahmen handelte. Auch die Tatsache, daß Oldenburg auf dem Gebiet der Beihilfen für Synagogenbauten und Kultus der Juden im Ländervergleich vorbildlich war[123], änderte nichts an der strukturellen Benachteiligung der, wie noch zu zeigen sein wird, als Kultussteuerzahler doppelt belasteten Juden.[124]

Fürstentum Schaumburg-Lippe

In Schaumburg-Lippe war es auch während der napoleonischen Ära nicht zu einer Emanzipation der Juden gekommen. Daran änderte sich bis zur Revolution von 1848 nichts. Einige wenige Reformen wurden in der Vormärzzeit jedoch durchgeführt. 1840 erließ die Regierung ein Namensgesetz, hinkte hierbei also erheblich hinter den anderen Staaten her.[125] Dafür erfolgte die Änderung des diskriminierenden Judeneides bereits 1842. Levi Heine und Moses Mosberg stellten 1840 einen entsprechenden Antrag. Sie verwiesen auf den Umstand, daß »der politische Zustand der israelitischen Glaubensgenossen« wieder überall diskutiert werde. Die »Sünden früherer Zeiten« sollten endlich abgestellt werden, zumal auch das benachbarte Hessen-Kassel den Judeneid schon reformiert habe.[126] Zwei Jahre später wurde der Eid an die christliche Formel angepaßt und die Anzahl der Eidzeugen von zehn auf zwei gesenkt.[127] Am 5. Dezember 1848 schließlich verkündete ein Gesetz die Unabhängigkeit des Genusses der bürgerlichen Rechte vom religiösen Bekenntnis. Lediglich in den »das christliche Glaubensbekenntnis betreffenden Angelegenheiten« hatten die Juden kein Stimmrecht.[128] Ein Jahr später wurde das Schutzgeld abgeschafft. Die Stolgebühren mußten jedoch bis 1863 bezahlt werden.[129] Das Mischehenverbot verschwand erst mit dem entsprechenden Bundesgesetz. Die formelle Gleichstellung schloß, wie in den Nachbarstaaten gesehen, auch in Schaumburg-Lippe weitere Diskriminierungen nicht aus. 1856 scheiterte der Plan, in Bückeburg eine neue Synagoge bauen zu lassen, daran, daß ein Tempel an der Straße nicht erwünscht war.[130] Der Neubau kam erst zehn Jahre später zustande.[131] Verhältnismäßig lange mußten die Gemeinden Stadthagen und Bückeburg auch auf die Verleihung der in den anderen Staaten schon länger üblichen Korporationsrechte warten, was jedoch z. T. auch am Verhalten der Juden selbst lag, wie im Kapitel über die Gemeindeentwicklung zu zeigen sein wird.

Die anderen Territorien

Im folgenden sei kurz auf die Juden eingegangen, die in den heute zu Niedersachsen gehörenden Gebieten Hessens, Hamburgs und Waldeck-Pyrmonts lebten. In der hessischen Grafschaft Schaumburg profitierten die Israeliten von dem energischen Widerstand der Liberalen gegen die kurfürstliche Regierung von 1830. Diese setzten 1833 die Verkündung eines Gesetzes durch, das die Juden, mit Ausnahme der Nothändler, mit den Christen vollständig gleichstellte.[132] Hessen-Kassel war also in dieser Hinsicht weit fortschrittlicher als etwa Hannover, zumal 1849 auch die Diskriminierung der Nothändler aufgehoben wurde.[133] Die Reaktionszeit brachte allerdings Rückschritte, die

angesichts der so früh errungenen Emanzipation um so auffälliger waren: der Genuß der bürgerlichen und der staatsbürgerlichen Rechte wurde durch die Verfassung von 1852 vom christlichen Glaubensbekenntnis abhängig gemacht. So reaktionär war wiederum nicht einmal Hannover. Die Juden in der Grafschaft Schaumburg mußten bis zur Annexion Hessen-Kassels 1866 durch Preußen warten, um wenigstens die formale Gleichstellung zu erhalten.

Im hamburgischen Amt Ritzebüttel wagten die Juden erst 1839, den Senat der Hansestadt um die Abschaffung des Schutzgeldes zu bitten. Das Amt befürwortete diese Maßnahme unter der Bedingung, daß die Amtmänner eine Entschädigung für das ihnen verlorengehende Schutzgeld erhielten.[134] Die sich um dieses Problem drehende Auseinandersetzung wurde durch die Revolution von 1848 beendet. 1849 erfolgte die Gleichstellung, das Schutzgeld wurde abgeschafft, der Judeneid reformiert. Dieser Zustand wurde auch in der Reaktionszeit nicht mehr grundsätzlich in Frage gestellt. 1851 gestattete der Senat, früher als die Regierungen der Nachbarstaaten, jüdisch-christliche Mischehen, ab 1864 wurde die jüdische Armenfürsorge unterstützt und 1870 erfolgte die Befreiung von der Verpflichtung der Juden, Steuern an die evangelische Kirche abzuführen.[135]

Die Juden in Pyrmont schließlich genossen aufgrund des 1849 von der Fürstin Emma verkündeten »Staatsgrundgesetzes für die Fürstenthümer Waldeck und Pyrmont« Glaubens- und Gewissensfreiheit und waren den Christen in staatsbürgerlicher Hinsicht gleichgestellt. Und dabei blieb es auch nach dem Ende der revolutionären Bewegung.[136]

Demographische, wirtschaftliche und soziale Entwicklungen

Der Pferdemarkt in Duderstadt mit jüdischem Geschäftshaus, 19. Jh.

Im Jahre 1833 wurden im Königreich Hannover 11 002 Juden gezählt, was einem Bevölkerungsanteil von nur 0,6 % entsprach.[137] Die Auswirkungen der unterschiedlichen »Ansiedlungspolitik« der Obrigkeiten des Ancien Régime waren noch deutlich zu spüren: So lebten in der Landdrostei Hildesheim 3334 Juden (1 % der Gesamtbevölkerung), in der Landdrostei Hannover 2975 (0,9 %) in der Landdrostei Aurich immerhin 2079 (1,3 %), in der Landdrostei Stade 1029 (0,4 %), in der Landdrostei Lüneburg 913 (0,3 %) und in der Landdrostei Osnabrück 672 (0,3 %).[138] Die Siedlungsschwerpunkte finden wir also im ostfriesischen und im hildesheimischen Raum sowie in Hannover. Im Vergleich mit anderen deutschen Regionen blieb das Königreich ein Gebiet mit sehr wenigen jüdischen Einwohnern. Nur das Königreich Sachsen, die thüringischen Staaten und die angrenzende preußische Provinz Sachsen hatten einen noch geringeren Anteil an jüdischer Bevölkerung.[139] Der prozentuale Anteil in Hannover blieb lange relativ stabil: 1844 lag er bei 0,63 %, 1880 bei 0,7 %.[140] Er stieg also leicht an, während er in Preußen nach 1861 zurückging.[141] Die Vermehrung der Juden im Königreich bzw. in

der Provinz Hannover von 11 000 im Jahre 1833 auf 14 790 im Jahre 1880 erklärt sich in erster Linie durch den Geburtenüberschuß und das Absinken der Sterblichkeitsrate[142], also durch natürliche Bevölkerungsentwicklungen. Bezüglich der Wanderungsbilanz muß nämlich festgehalten werden, daß Nordwestdeutschland nicht zu den Zielen der großen jüdischen Migrationsbewegungen gehörte. Diese waren vielmehr der Berliner Raum und das Rheinland.[143] Allerdings scheint Hannover auch nicht überdurchschnittlich viele jüdische Einwohner durch Abwanderung verloren zu haben. Hier muß sowohl nach räumlichen als auch nach zeitlichen Kriterien differenziert werden. Die Hildesheimer Gegend verlor zwischen 1852 und 1871 fast 10 % ihrer jüdischen Einwohner.[144] Die Provinz Hannover verlor zwischen 1880 und 1890 immerhin 1304 Juden auf diese Weise, zwischen 1890 und 1900 noch einmal 1033. Erst das 20. Jahrhundert stoppte diese Tendenz. Bis 1909 kam es zu einem Zuwanderungsgewinn von 137 Personen.[145] Am Vorabend des Ersten Weltkriegs lebten in der Gesamtprovinz 15 545 Juden, was einem Anteil von knapp 0,53 % entsprach. Im Regierungsbezirk Hannover waren es 7042 Juden (0,94 %), im Regierungsbezirk Hildesheim 2531 (0,45 %), im Regierungsbezirk Lüneburg 959 (0,17 %), im Regierungsbezirk Stade 786 (0,18 %), im Regierungsbezirk Aurich 2878 (1,1 %) und im Regierungsbezirk Osnabrück 1430 (0,38 %).[146] Während sich also die Gesamtbevölkerung seit 1833 fast verdoppelt hatte, erreichten die Juden nur ein Plus von etwa 40 %.

Doch auch die wesentlich geringeren Zuwachsraten der jüdischen Bevölkerung sind noch einmal zu relativieren, wenn wir die Ebene der Gesamtprovinz verlassen und detailliert analysieren. Der Zugewinn war nämlich sehr unterschiedlich verteilt: Er kam in erster Linie den Städten zugute. Bereits 1852 lebten von den 11 562 Juden im Königreich Hannover 4579 in selbständigen Städten.[147] 1921 war der Anteil der Stadtjuden auf 73 % gewachsen, nur noch 27 % der jüdischen Bevölkerung in der Provinz wohnten auf dem Lande.[148] Von dem Verstädterungsprozeß, der bei den Juden viel ausgeprägter war als bei den Nichtjuden[149], profitierte vor allem die Stadt Hannover. 1866 lebten dort bereits 16 % aller Juden des Königreichs.[150] Im Jahre 1905 hatte sich die Hauptstadt endgültig und mit großem Abstand zur bedeutendsten Gemeinde entwickelt: 5103 Juden wurden gezählt, also fast ein Drittel aller Juden in der Gesamtprovinz.[151] Die nächstfolgenden Gemeinden am Vorabend des Ersten Weltkriegs waren Emden mit 809 (3,9 %) jüdischen Einwohnern, Göttingen mit 640 (1,9 %), Hildesheim mit 601 (1,3 %), Osnabrück mit 480 (0,8 %), Norden mit 466 (1,3 %), Aurich mit 432 (1,1 %) und Harburg mit 351 (0,6 %).[152] Trotz der Verstädterung blieben also doch auch noch im 20. Jahrhundert historisch gewachsene Siedlungsschwerpunkte erkennbar. Dies gilt vor allem für Ostfriesland mit seinem traditionell hohen Anteil an jüdischer Bevölkerung: in dem kleinen, 600 Einwohner zählenden Neustadt-Gödens lebten 1909 immer noch 83 Juden.[153] Umgekehrt blieb der Anteil der jüdischen Bevölkerung in den Bezirken Osnabrück und Lüneburg, wo von jeher sehr wenig Juden gewohnt hatten, weit unter dem Provinzdurchschnitt.

Betrachten wir die Bevölkerungsentwicklung in den Kleinstadt- und Landgemeinden etwas genauer, so ergibt sich kein geradliniger Verlauf. Gewinne und Verluste stehen in einem ursächlichen Zusammenhang mit der wirtschaftlichen Entwicklung. In Nienburg wuchs die jüdische Bevölkerung zwischen 1845 und 1862 von 78 auf 102, d. h. also um 30,8 %. Bis 1871 ging sie dann wieder um 26,5 % zurück, um anschließend bis 1897 wieder um 30,0 % zu wachsen, was wohl an der Verbesserung der Handelsmöglichkeiten lag.[154] Sehr oft spielte der Anschluß an das Bahnnetz dabei eine wichtige Rolle. Auch die Zunahme der Anzahl der Juden in Hann.-Münden von 64 im Jahre 1864 auf 102 im Jahre 1910 erklärt sich aus der Entwicklung der Stadt zu einem wichtigen Verkehrsknotenpunkt.[155] Der Wechsel zu wirtschaftlich interessanteren Wohnorten vollzog sich zum großen Teil in einem ersten Schritt auf Kosten benachbarter kleinerer Gemeinden bzw. Vororte. So zogen die Mehler Juden nach Elze[156], die von Adelebsen nach Göttingen[157], die von Gehrden nach Hannover.[158] Auf diese Weise verschwanden viele Gemeinden, die jahrhundertelang Juden beheimatet hatten, oftmals in vergleichsweise sehr kurzer Zeit: z. B. Ebergötzen bis 1895[159] und Mollenfelde. Letzteres hatte noch 1879 mit 84 Juden bei insgesamt 350 Einwohnern den höchsten Prozentsatz in der ganzen Provinz aufgewiesen. Im Gemeindeverzeichnis von 1909 taucht der Ort bereits überhaupt nicht mehr auf.[160] Doch damit ist die demographische Entwicklung noch nicht vollständig beschrieben. Die zunächst von der Zuwanderung aus den umliegenden kleinen Ortschaften profitierenden größeren Städte erlebten nach der Jahrhundertwende oftmals ein langsameres Wachstum oder sogar ebenfalls schon Rückgänge, je nach Wirtschaftslage. Osnabrück erlebte von 1869 bis 1880 eine atemberaubende Zunahme von 25 auf 394 jüdische Einwohner. Bis 1895 wuchs die jüdische Gemeinde sehr viel langsamer auf nur noch 408 Bürger, deren Anzahl dann bis 1910 wieder auf 499 stieg.[161] Die gleichfalls sehr spät gewachsene Lüneburger Gemeinde verlor allein zwischen 1905 und 1910 fast ein Sechstel ihrer Mitglieder und ging auf 145 Einwohner zurück.[162] Die Abwanderung aus Göttingen setzte nach 1910 ein.[163] Die Wirtschaftskraft der noch größeren Städte wird dabei eine wichtige Rolle gespielt haben, aber wohl auch deren Anonymität. Die antisemitische Agitation veranlaßte manchen Umzug in die Großstadt, wo der Zugezogene unbekannt war.[164]

Landjuden im Oldenburgischen (Bardewisch), 19. Jh.

Ein Blick auf die größte Gemeinde, die zu Hannover, zeigt, daß auch deren Wachstum differenziert zu betrachten ist. 1880 wurden dort 3450 Juden gezählt, 1910 waren es 5155.[165] Im selben Zeitraum ging die Anzahl der Geburten von 28 auf 18 pro Tausend zurück.[166] In absoluten Zahlen ausgedrückt hieß dies: 95 Geburten im Jahre 1880, 94 Geburten im Jahre 1910.[167] Von diesen 94 Kindern stammten 45, also knapp die Hälfte von ausländischen Eltern, vor allem von russischen und galizischen Juden.[168] Die Sterberate lag im Jahre 1913 zwar mit 71 Verstorbenen immer noch unter der Anzahl der Geborenen (83)[169], doch war der Geburtenüberschuß vor allem Ausländern zu verdanken. Von den 1913 registrierten 196 ausländischen Familien hatten 45 zwei Kinder und 99 mehr als zwei Kinder.[170] Der eingesessenen hannoverschen Gemeinde drohten also mittelfristig ähnliche Überalterungs- und Schrumpfungserscheinungen wie den anderen Orten in Niedersachsen. Hinzu kam das Phänomen der Mischehen. Ihr Anteil an den 1913 in Hannover geschlossenen Ehen mit jüdischer Beteiligung lag bei 31 %.[171] Das Anwachsen der jüdischen Gemeinde Hannover war also in erster Linie der fortdauernden Zuwanderung zu verdanken. Sie brachte zwischen 1900 und 1913 ein Plus von 789 Ausländern, von denen allein 442 aus Galizien und 197 aus Rußland stammten. Hinter diesen Zahlen verbirgt sich jedoch eine sehr hohe Fluktuation, die sich zweifellos auch auf das Gemeindeleben auswirkte. Insgesamt zogen nämlich in dem erwähnten Zeitraum 2987 Personen zu, von denen also über 73 % nur vorübergehend blieben.[172]

Eine Hannover vergleichbare Gemeinde existierte im niedersächsischen Raum nicht. Die für die anderen Gemeinden im Königreich bzw. in der Provinz Hannover festgestellten Entwicklungslinien finden sich jedoch auch in den Nachbarstaaten. Im Großherzogtum Oldenburg lebten 1822 746 Juden, 1885 waren es 946 (0,35 %) und 1895 855.[173] Auch hier – in überwiegend landwirtschaftlich geprägtem Gebiet – ging die Bevölkerungsanzahl also zurück. Das betraf auch die Hauptstadt, deren jüdischer Bevölkerungsanteil von 1885 bis 1895 um etwa 10 % zurückging.[174] Abweichungen bzw. Schwankungen ergaben sich, wie in Hannover gesehen, bei Veränderungen, die das Wirtschaftsleben betrafen. Wildeshausen verlor we-

gen seiner ungünstigen Lage allein zwischen 1865 und 1875 die Hälfte seiner jüdischen Einwohner, deren Anzahl auf 34 sank. Ein gewisse Stabilisierung auf niedrigem Niveau (20 jüdische Einwohner 1909) brachte der Anschluß Wildeshausens an das Bahnnetz.[175] Delmenhorst, das bereits 1867 an die Bahnverbindung Bremen–Oldenburg angeschlossen wurde, hatte keine Abwanderungssorgen. Von 1867 bis 1875 wuchs die jüdische Bevölkerung von 67 auf 118 Personen, ein Niveau, das dank der Einwanderung auch aus Osteuropa bis zum ersten Weltkrieg gehalten werden konnte.[176] Die große Bedeutung des Viehmarktes in Jever schließlich führte auch dort nicht zu einer Verkleinerung der Gemeinde. 1855 wurden in Jever 125 Juden gezählt, 1900 waren es 209, womit die Gemeinde mit 0,4 % jüdischen Bevölkerungsanteils über dem Landesdurchschnitt lag.[177]

Im Herzogtum Braunschweig stieg die Anzahl der Juden von 1480 (0,6 %) im Jahr 1842 auf 1896 (0,95 %) im Jahr 1871.[178] Doch auch hier muß differenziert werden. Die Landeshauptstadt verlor zwischen 1818 und 1855 fast hundert jüdische Einwohner, also etwa 25 %, vor allem durch Abwanderung in Richtung Preußen.[179] Der Aufschwung der zweiten Jahrhunderthälfte ließ dann die jüdische Einwohneranzahl der Stadt Braunschweig von 286 im Jahre 1855 auf 710 im Jahr 1890 steigen. Da die Gesamtbevölkerung jedoch noch schneller wuchs, bedeutete dieses Anwachsen in absoluten Zahlen einen prozentualen Rückgang. Diese Entwicklung läßt sich auch im Gesamtstaat beobachten. 1890 wurden 1635 Juden gezählt (1 Jude kam auf 250 Einwohner), 1910 waren es 1757 (1 Jude kam auf 280 Einwohner).[180] Auch in Braunschweig mußten die kleinen Landgemeinden Bewohner abgeben, wenn auch in einem nicht so hohen Maße wie in Hannover: die jüdische Gemeinde in Schöningen zählte 1874 29 Mitglieder, 1909 waren es 27.[181] Das traditionsreiche Seesen schrumpfte zwischen 1826 und 1909 von 82 auf 61 Seelen.[182] Am Vorabend des 1. Weltkriegs waren die größten Gemeinden Braunschweig mit 916 Juden, Wolfenbüttel mit 253 Juden und Holzminden mit 120 Juden.[183]

In Schaumburg-Lippe lebten 1842 309 Juden (0,9 %), 1871 waren es 351 (1 %).[184] Hier war der Bevölkerungsrückgang bis 1909 gravierend: die Anzahl der jüdischen Einwohner im Fürstentum ging auf 195 zurück, davon entfielen auf Stadthagen 62 und auf die Hauptstadt Bückeburg 102.[185] Hier wiederholte sich im kleinen Maßstab das andernorts festgestellte »Verteilungsprinzip«: Stadthagen war ein Eisenbahnknotenpunkt und Sitz diverser Industriewerke, und Bückeburg war Residenzstadt.

Die Bedeutung der Verkehrsanbindung und der allgemeinen Industrieentwicklung für die Größe der jüdischen Gemeinde zeigt sich besonders anschaulich auch im hamburgischen Cuxhaven. Dort lebten 1818 100 Juden, von denen 1880 nur noch 29 übriggeblieben waren. Die meisten hatten ihre Heimat Richtung Hannover, Hamburg und Bremen verlassen. Nachdem Cuxhaven jedoch aufgrund der Entwicklung des Seebades, der Marinegarnison und der Fischindustrie einen gewissen Aufschwung erlebt hatte, wuchs auch wieder die jüdische Gemeinde, und zwar auf 59 Seelen im Jahre 1916.[186] Zur Vervollständigung sei schließlich noch angegeben, daß in Pyrmont 1909 41 Juden lebten – hier wirkte sich das Kurbad attraktiv aus[187] –, und in der zur Provinz Hessen-Nassau gehörenden Grafschaft Schaumburg wurden im Jahre 1909 277 Juden gezählt, von denen 95 in Obernkirchen und 50 in Rinteln lebten.[188]

Grundsätzlich finden wir also die allgemeine Tendenz zur Verstädterung auch im niedersächsischen Raum.[189] Die Konzentration besonders in Großstädten zeigt das Anwachsen der Gemeinde in Hannover. Allerdings war die Anzahl von Städten mit über 100 000 Einwohnern insgesamt sehr gering: lediglich Braunschweig ist hier neben Hannover zu nennen. Folglich muß differenziert werden. Für die niedersächsischen Juden blieben klein- und mittelstädtische Gemeinden typisch. Zwar verminderten sich die Zahlen insgesamt, doch konnte sich, wie gesehen, vielerorts der jüdische Bevölkerungsanteil stabilisieren. Da dies vor allem dann der Fall war, wenn der wirtschaftliche Modernisierungsprozeß diese kleineren Orte erreichte, könnte man von einer Verstädterung im kleinen Maßstab sprechen. Die Landjuden verschwanden im Verlauf des 19. und frühen 20. Jahrhunderts nicht ganz. Zahlreiche ländliche Gemeinden in großer Streuung wiesen nach wie vor jüdische Einwohner auf, doch sank ihr Anteil stark ab. Während von der Gesamtbevölkerung der Provinz Hannover 1905 1 064 558 Menschen in den Städten (38,8 %) und immerhin noch 1 679 342

Menschen in den Landgemeinden lebten, war das Verhältnis bei den Juden 12 728 in der Stadt (81,7 %) zu nur noch 2850 auf dem Land.[190] Niedersachsen folgte also im Großen und Ganzen der allgemeinen deutschen Entwicklung, wies allerdings aufgrund wirtschaftlicher Gegebenheiten die oben geschilderten Besonderheiten auf.

Die Entwicklung der erwähnten wirtschaftlichen Gegebenheiten bestimmte nicht nur die räumliche Verteilung der jüdischen Bevölkerung, sondern auch ihre eigene ökonomische Situation. Niedersachsen blieb lange eine überwiegend landwirtschaftlich geprägte Region. Die Industrialisierung kam nur sehr langsam voran: 1861 arbeiteten erst 2,2 % der Bevölkerung in Fabriken oder fabrikähnlichen Betrieben.[191] Der Kleinbetrieb mit durchschnittlich 6 Beschäftigten herrschte vor[192], lediglich 29 Großbetriebe mit über 100 Beschäftigten wurden gezählt, davon 7 in Hannover bzw. Linden. Die Schwerpunkte der gewerblichen Produktion waren das Calenberger Land zwischen Hannover und Hameln sowie die Umgebung der Hansestädte, namentlich Harburg. Entsprechend verliefen auch die Hauptverkehrslinien, vor allem die Bahn.[193] Erst nach 1870 setzte allmählich ein Aufschwung ein, der vor allem Hannover begünstigte. Verlauf und Ergebnis der oben geschilderten Entwicklung der jüdischen Bevölkerung dürfte hierin eine Erklärung finden. Die Verzögerung der Industrialisierung war auch bedingt durch die konservative Grundeinstellung der Regierung, die wir schon aus dem 18. Jahrhundert kennen. Jede Lockerung der Zunftordnung, die die Einrichtung von Fabriken behinderte, kam nur sehr mühsam zustande.[194] Wollte die Regierung das ländliche Handwerk fördern, protestierten die Städter, die darin eine Schmälerung ihrer Einkünfte sahen.[195] Immerhin konnte dann bis zur Jahrhundertwende der Abstand der Provinz von früher und intensiver industrialisierten Regionen in Deutschland verringert werden.[196] Das Herzogtum Braunschweig war übrigens Hannover um etwa ein Jahrzehnt voraus, was mit einer fortschrittlicheren Zoll-, Gewerbe- und Verkehrspolitik zusammenhing.[197] Die vergleichsweise stabil bleibende Anzahl jüdischer Bürger dort mag in dieser Tatsache eine Erklärung finden.

In beruflicher Hinsicht änderte sich in der ersten Hälfte des 19. Jahrhunderts wenig. Vorherrschend blieb der kaufmännische Sektor. In Celle wurden von 20 Erwerbstätigen im Jahr 1828 zwei Kaufleute und acht Trödler, z. T. mit Pfandleihe, gezählt, dazu kamen ein Tabakshändler, ein Seifensieder und vier Lotterie-Collecteure.[198] Eine vergleichbare Schwerpunktsetzung finden wir in fast allen Gemeinden, wobei die, ebenfalls schon aus dem 18. Jahrhundert bekannte, regionale Spezialisierung auf den Viehhandel vor allem in Ostfriesland hervorzuheben ist.[199] Ähnliches gilt für Oldenburg und Braunschweig. In Oldenburg waren 1832 von 108 Berufstätigen 68 Kauf- und Handelsleute und 17 Schlachter[200], in Braunschweig (Stadt) lebten 1815 65,1 % der Juden vom Handel und 17,4 % von Geldgeschäften.[201] An den traditionellen Berufssparten änderte sich im Verlaufe des 19. Jahrhunderts nur wenig, vor allem in den kleineren Gemeinden: in Sulingen, im Amt Syke, in Twistringen, in Bentheim, in Salzgitter, in Nienburg finden wir auch um die Jahrhundertwende Kauf- und Handelsleute und Schlachter in der Überzahl.[202] Die staatlichen Erziehungsmaßnahmen, die die Juden vom Handel abbringen sollten, hatten also nur geringen Erfolg.[203] Zwar gab es zahlreiche Institutionen, die Ackerbau und Handwerk unter den Juden populär machen sollten: z. B. der hannoversche Verein zur Beförderung des Handwerks unter den Juden,[204] das landwirtschaftliche Institut für Israeliten in Stadt-Oldendorf[205] oder die Schule in Ahlem. Doch zeigen diese privaten Bemühungen eher die Verinnerlichung assimilatorischen Gedankenguts durch die Juden selbst sowie die Problematik, trotz aller staatlichen Appelle tatsächlich eine zünftige Ausbildung zu erhalten. Handwerksmeistern stand es in der ersten Hälfte des 19. Jahrhunderts frei, jüdische Lehrlinge zu nehmen oder nicht. Darüber hinaus waren weder Ackerbau noch Handwerk im Zeitalter der Industrialisierung so zukunftsträchtige Wirtschaftssektoren wie der Handel. Warum sollten also die Juden aus ideologischen Gründen eine Kehrtwendung vollziehen, als Gewerbefreiheit und Freizügigkeit ihre reiche Erfahrung in den kaufmännischen Berufen endlich belohnte? Lediglich Oldenburg und Schaumburg-Lippe weisen mit 5,1 % bzw. 4,2 % einen überdurchschnittlich hohen Anteil an landwirtschaftlich tätigen Juden auf: in Preußen waren es 1907 nur 1,2 %.[206] Wenn sich auch, ganz allgemein gesprochen, an den Berufssparten wenig

geändert hatte, so war doch längst nicht alles beim alten geblieben. Im Jahre 1907 lebten in der Provinz Hannover 54,0 % der Juden von Handel und Verkehr, 21,2 % waren berufslose Selbständige, 18,3 % arbeiteten in Industrie und Gewerbe und 4,3 % waren im öffentlichen Dienst bzw. Freiberufler.[207] Diese Anordnung finden wir im wesentlichen auch in Oldenburg (55,7 % in Handel und Verkehr, jeweils 17,0 % in Industrie/Gewerbe und als berufslose Selbständige und 4,4 % Freiberufler).[208] Handel und Verkehr sind auch in Braunschweig und Schaumburg-Lippe vorherrschend, doch fällt in Braunschweig der niedrige Anteil von Industrie und Gewerbe auf, in Schaumburg-Lippe das Fehlen der freien Berufe.[209] Betrachten wir zunächst den Handelssektor, so müssen wir feststellen, daß im Verlaufe des 19. Jahrhunderts der sogenannte Trödel- und Schacherhandel weggefallen ist. Auch auf dem Lande entstanden zunehmend feste Läden und kleinere Geschäftshäuser. Die Güter und Waren ließen jedoch oftmals das Fortwirken alter Traditionen erkennen: Manufakturwaren für den täglichen Bedarf, Textil- und Ledergeschäfte, Produktenhandlungen mit angeschlossener Lumpensammlerei, Wechselgeschäfte und vor allem Schlachter und Viehhändler. Als ein Beispiel sei hier Celle erwähnt, wo 1890 4 Bankiers, 10 Kaufleute, 1 Produktenhändler, 1 Postassistent, 1 Papierhändler, 1 Lehrer, 1 Güterexpedient, 1 Pferdehändler, 1 Zigarrenhändler und 3 Kommis gezählt wurden.[210] Gegen den Trend der Zeit hielten offenbar viele Juden an ihrer Selbständigkeit als Einzelhandelskaufleute fest. Ob dies auf die Dauer durchzuhalten war, muß bezweifelt werden.[211] Privatbanken und kleine Geschäfte spielten angesichts der Konzentrationsbewegung zu Großunternehmen und Aktiengesellschaften eine geringer werdende Rolle. Der Anteil der Juden am Handel ging dementsprechend zwischen 1895 und 1907 in Gesamtdeutschland von 10,5 % auf 7,9 % zurück.[212]

Betrachten wir die bedeutendste jüdische Gemeinde in Niedersachsen, Hannover, etwas genauer. Hier lebten 1907 49,1 % der Juden von Handel und Verkehr, 20,0 % von der Industrie und 26,3 % als berufslose Selbständige. 4,2 % waren Freiberufler.[213] Die Industrie spielte offenbar keine so große Rolle wie in Krefeld und Berlin (ca. 38 %). Dennoch zeigte die Indu-

Kaufhaus Heymann, Osnabrück, Markt

Siegmund Seligmann, Unternehmer, Hannover

strieausstellung in Hannover 1878 die Leistungsfähigkeit namhafter jüdischer Unternehmungen, wie etwa der Aerzener Maschinenfabrik Adolph Meyer, des Hainholzer Schmirgeldampfwerks Oppenheim und Co., der Göttinger Wollenfabrik Herman Levin, der Möbel- und Polsterwarenfabrik L. Graf Söhne in Geestendorf, der hannoverschen Maschinen- und Werkzeugfabrik Cohen und Moritz, der Sarstedter Halbwolle-Halbleinenfabrik Neuberg und Co., der Lederfabrik Goldschmidt in Wolpe/Nienburg, der Möbelpolsterfabrik Sichel in Hannover und Hildesheim, der Knopffabrik Gombertz und Meinrath in Hannover, der Wäschefabrik Benjamin und Schönfeld in Hannover etc. etc.[214]

Die Aufzählung klangvoller Namen kann nur zu leicht zu dem Schluß führen, daß alle Juden reich gewesen seien. Es gilt nun also zu untersuchen, wie sich der oben geschilderte Wandel auf die Vermögenslage der jüdischen Minderheit auswirkte. Die Zeugnisse, die uns aus der ersten Hälfte des 19. Jahrhunderts vorliegen, belegen, daß von einem großen Wohlstand keine Rede sein kann: In Seesen verfügten 1835 von 10 veranlagten Juden nur einer über ein Einkommen von 400 Talern im Jahr, einer über 350, einer über 300, einer über 250, drei über 200, einer über 150, drei unter 100 Talern.[215] Das war nicht viel, wenn man bedenkt, daß die allgemeine Besteuerung nach Umsatz bzw. Verdienst vom Besitz in Seesen bei 2500 Talern begann, von denen 4 % an Steuern anfielen.[216] In Cuxhaven sah es etwas besser aus: zwei Drittel der dortigen Juden standen sich 1846 gut bis sehr gut (die Vermögensverteilung ergab vier Juden mit einem Vermögen von 14 000 bis 40 000 Mark, vier mit 10 000 bis 12 000 Mark, sieben mit 3000 bis 6000 Mark, wobei drei Mark einem Taler entsprachen).[217] Ein Drittel war arm. In Wittmund hingegen waren von 16 Familien 1829 sechs bettelarm.[218] Die Auricher Verhältnisse entsprachen denen in Seesen: dort lagen die Einkommen zwischen 100 und 500 Talern.[219] Ähnliches finden wir in Wildeshausen.[220] In ganz Oldenburg finden wir 1862 nur zwei Juden, die über 100 Taler Steuern zahlten. Die dortigen Juden waren überwiegend arm: in der Stadt Oldenburg gehörten 26 von 37 Steuerzahlern zu den untersten Steuerklassen, in Jever gar 28 von 31 und in Varel 17 von 23.[221] Nur sehr langsam besserten sich die Verhältnisse. Im Jahre 1900 gehörten in der Stadt Oldenburg 39 von 71 Steuer-zahlern zu den niedrigsten Stufen, in Varel waren es »nur« noch 8 von 23 und in Jever 25 von 48.[222] Die Orientierung zum unteren und mittleren Mittelstand war unverkennbar, und zwar in den größeren Städten wohl eher zum mittleren, in den kleineren Gemeinden eher zum unteren. Um neben den genannten oldenburgischen Orten ein Beispiel aus der Provinz Hannover anzuführen, sei auf Bentheim verwiesen. Dort waren von 85 Juden 1867 nur 13 überhaupt zur Steuer veranlagt, und davon gehörten dann zwei Drittel zu den niedrigsten Steuerstufen. Lediglich ein Drittel der christlichen Steuerzahler war so niedrig eingestuft. Noch 1906 lag das Gewerbesteueraufkommen der Juden unter dem christlichen Durchschnitt: 7,7 % der Gewerbesteuerzahler in Bentheim waren Juden. Das Steueraufkommen lag jedoch nur bei 7,3 %.[223] Etwas wohlhabender waren die Duderstädter Juden. Ihr Anteil an der Gesamtbevölkerung lag bei 1,5 %; dagegen zahlten sie 4,5 % der städtischen Steuern.[224] Hierbei gilt es jedoch zu differenzieren. Einige Spitzensteuerzahler dürfen nicht über die eher bescheidenen Vermögensverhältnisse der Mehrheit hinwegtäuschen. Betrachten wir die Hauptstadt Hannover. Dort gehörten 1864 »nur« 30 % der Juden zu den von der Steuer Befreiten. 70 % besaßen also soviel, daß sie zu den Gemeindelasten herangezogen wurden.[225] 1912 zahlten die 1826 Beitragspflichtigen der Synagogengemeinde Hannover insgesamt 577 922 Mark an direkten Staatssteuern. 103 Personen waren von den Steuern befreit. Von den verbleibenden 1723 Personen bezogen etwa 50 % Einkommen unter 2400 Mark. Lediglich 37 versteuerten Einkommen von mehr als 60 000 Mark.[226] Die große Mehrheit hatte sich also in der Mittelschicht etablieren können; zum Vergleich sei auf das Durchschnittseinkommen der Gesamtbevölkerung im Jahre 1907 verwiesen: 2177 Mark pro Jahr wurden im Schnitt versteuert.[227] Etwas schwerer mit dem sozialen Aufstieg hatten es die Einwanderer aus Osteuropa. Die 252 im Jahre 1913 in Hannover gezählten Ausländer gingen immer noch vielfach Berufen nach, die an die Zeit des Nothandels erinnerten, welche für die Eingesessenen immerhin über ein halbes Jahrhundert zurücklag: 58 Althändler, 26 Händler, 12 Märktefahrer, 25 Reisende sind hier nachgewiesen.[228]

Emil Berliner, Erfinder der Schallplatte, Hannover

Die allmähliche Aufwärtsentwicklung in gesellschaftlicher Hinsicht und die damit zusammenhängenden demographischen und wirtschaftlichen Faktoren lassen sich an einem Beispiel aus der kleinen Gemeinde Stade illustrieren, nämlich dem der Familie Jacobson. Der Stammvater, Jacob Isaac, hatte sich 1812, unter französischer Herrschaft, in Stade niedergelassen, wo er mit alten Kleidern und Häuten Handel trieb sowie Lumpen sammelte. Das Geschäft ernährte die Familie mehr schlecht als recht, so daß fast alle Kinder um 1840 nach Amerika auswanderten. Der jüngste Sohn Jacob Isaacs, der 1828 den Namen Jacobson angenommen hatte, übernahm den Betrieb und sanierte ihn. 1857 beschäftigte die Lumpensammlerei zehn »Knechte«, 1865 wurde eine Filiale in Verden eröffnet. Allerdings erfolgte 1867 die Verlegung des Firmenhauptsitzes in das aufgrund seiner Nähe zu Hamburg wirtschaftlich viel interessantere Harburg, ohne daß jedoch der Standort Stade ganz aufgegeben wurde. Die Firma überdauerte als kleiner Familienbetrieb auch den 1. Weltkrieg.[229]

Für diesen Karriereverlauf – vom ärmlichen Trödel zum modernen Betrieb mit Zweigstellen bei gleichzeitigem Festhalten sowohl an den Strukturen eines kleinen Familienunternehmens als auch an der ererbten Produktenpalette – gibt es im niedersächsischen Raum zahlreiche vergleichbare Beispiele.[230] Besonders erfolgreiche und entsprechend prominente Familien hatte Hannover aufzuweisen, was angesichts der Größe und der Wirtschaftskraft dieser Gemeinde nicht weiter verwundert. Erinnert sei hier nur an die Kaufmannsfamilie Berliner, aus der der Erfinder von Mikrophon und Schallplatte, Emil Berliner, hervorging. Sein Bruder Joseph gründete 1881 eine Telephonfabrik und führte den Fernsprecher in Deutschland ein.[231] Eindrucksvoll verlief auch die Karriere des Siegmund Seligmann, der aus ärmlichen Verhältnissen stammte, das Gymnasium in Verden bis zum »Einjährigen« besuchte, dann in Harburg eine Kaufmannslehre absolvierte, als 25jähriger bereits im Vorstand der Continental in Hannover saß und dieser Firma dann zu ihrem Weltruf verhalf.[232] Diese und andere prominente Namen sollen jedoch nicht davon ablenken, daß, wie gesehen, die große Mehrheit der jüdischen Bevölkerung Niedersachsens, vor allem in den Kleinstädten und auf dem Lande, während des 19. Jahrhunderts nur einen sehr beschränkten Aufstieg erlebte.[233] In den Städten sah es zwar etwas besser aus, was z. T. an den dortigen besseren Bildungsmöglichkeiten lag, die von den Juden gerne in Anspruch genommen wurden, wie noch zu zeigen sein wird. Doch auch hier waren nicht die bekannten Namen und großen Vermögen typisch, sondern kleine Selbständige und Angestellte mit entsprechenden Durchschnittseinkommen.

Die Entwicklung der Synagogengemeinden

Jüdisches Waisenhaus,
Emden, 19. Jh.

Der Zusammenbruch des napoleonischen Reiches bedeutete auch das Ende der in Niedersachsen nach französischem Vorbild eingeführten Konsistorialordnung. Dies stellte die Juden vor die Aufgabe, das Gemeindeleben neu zu ordnen. Viele Gemeinden dachten dabei wohl zunächst an die Möglichkeit, an die traditionelle Selbstverwaltung aus der Zeit des Ancien Régimes anzuknüpfen. Diese Hoffnung barg jedoch manches Problem. Das Anwachsen der Anzahl der Gemeindemitglieder führte zu einem erhöhten Bedarf an Synagogen. Deren Einrichtung war jedoch von jeher, also auch im Ancien Régime, von der staatlichen Genehmigung abhängig. Die langwierigen Verhandlungen über die Einrichtung eines Betraumes in Herrenhausen in den 1820er Jahren geben davon Kunde.[234] Hier zeigte sich, daß manches für eine grundsätzliche gesetzliche Neuregelung sprach, welche die Kompetenzen der staatlichen und der jüdischen Obrigkeit sowie diejenige der Einzelgemeinden klären würde. Neben diesem eher praktischen Problem trat im Verlaufe der ersten Hälfte des 19. Jahrhunderts immer deutlicher die Auseinandersetzung zwischen Befürwortern und Gegnern einer Reform der

jüdischen Liturgie in den Mittelpunkt des Interesses. Jacobsons Konsistorialsystem aus der westphälischen Zeit hatte bereits das Ziel verfolgt, durch Reformen auf dem religiösen Gebiet den Juden den Eintritt in die bürgerliche Gesellschaft zu erleichtern. Der enge Zusammenhang zwischen Reform, Assimilation und Emanzipation hatte von Beginn der Diskussion an auch den Staat interessiert, wie bereits gesehen. Im folgenden soll nun untersucht werden, wie sich die Regierungen im niedersächsischen Raum nach 1815 in dieser Hinsicht verhielten und welche Haltung die Juden selbst einnahmen.

Im Königreich Hannover existierte immer noch das 1687 gegründete Landrabbinat. Nach 1804 war es provisorisch von drei Gelehrten, nämlich Isaak Salomon Wilna, Michael Meyer Frensdorff und Markus Adler verwaltet worden, von welchen letzterer nach dem frühen Tod seiner Kollegen bis 1830 allein wirkte.[235] In den 1820er Jahren begannen Beratungen mit der Regierung über eine Neuorganisation des Landrabbinats. Offenbar wünschte die Regierung diese zentrale Institution zu erhalten, die zur Verwirklichung der mittlerweile auch von vielen Juden

Nathan Adler,
Landesrabbiner in Oldenburg und in Hannover

geforderten Reformen nützlich sein konnte, ohne daß die in ihrem Selbstverständnis noch ganz christliche Obrigkeit die gewohnte Distanz zur jüdischen Minderheit aufgeben mußte. Aktiv wurde zunächst die Gemeinde der Hauptstadt. Sie knüpfte direkt an die Traditionen der Jacobsonschen Reformen an, indem sie von einem zukünftigen Landrabbiner Maßnahmen im Sinne einer Assimilierung verlangte, z. B. durch regelmäßige Predigten in deutscher Sprache.[236] 1831 wurde der Sohn von Markus Adler, Nathan Adler, zum Landrabbiner von Hannover gewählt. Seine offiziellen Aufgaben bestanden in der Schulaufsicht, der Heranziehung tüchtiger Lehrer, in Unterricht und Predigt in deutscher Sprache sowie in der Beaufsichtigung der jüdischen Stiftungen.[237] Sein Status der Regierung gegenüber blieb allerdings unklar. Die Tatsache, daß er der Landdrostei unterstand und Schulaufsichtsfunktionen wahrnahm, sprach für den Status eines Staatsbeamten. Als solcher wurde er wohl auch für gewöhnlich angesehen. Erst gegen Ende des 19. Jahrhunderts änderte sich dies, wie noch zu zeigen sein wird.

Adler arbeitete unmittelbar nach seinem Amtsantritt eine *Allgemeine Synagogenordnung für die Israeliten des hiesigen Land-Rabbiner-Bezirkes* aus. Sie regelte fast ausschließlich Äußerlichkeiten, wie den Beginn des Gottesdienstes und seinen ruhigen Ablauf. Für kleinere Gemeinden wurde für Sabbat- und Festtage die Anwesenheitspflicht im Gottesdienst angeordnet. Eine deutlichere Auswirkung der Reformideen fand sich lediglich in der Bestimmung, daß autorisierte Lehrer »von Zeit zu Zeit« einen Vortrag in deutscher Sprache halten sollten.[238] Trotz dieser recht moderaten Ordnung kam es, wie noch zu zeigen sein wird, zu Irritationen in den Gemeinden. Auch Adlers 1845 gewählter Nachfolger Samuel Ephraim Meyer verfolgte einen sehr gemäßigten Kurs, der eher konservativ genannt werden kann. Er nutzte seine Stellung, um 1850 energisch gegen die Zahlung der Stolgebühren zu kämpfen, und um 1866 bei der neuen preußischen Regierung für die Beibehaltung der seit 1851 geleisteten Subventionen für das jüdische Kultwesen zu intervenieren. Beides geschah mit Erfolg, woran man die Nützlichkeit einer anerkannten Interessenvertretung bei der Regierung ersehen kann.[239] Von großer Bedeutung für die weitere organisatorische Entwicklung war das Gesetz von 1842, das den Gemeinden eine feste Ordnung gab. Hinfort sollte jede Gemeinde einen (oder mehrere) Vorsteher sowie eine Gemeindeversammlung haben. Diese hatten für ein geregeltes Gemeindeleben, d. h. vor allem für dessen Finanzierung zu sorgen, die mittels Umlagesystem anteilig von den Gemeindemitgliedern zu sichern war. Die Landrabbiner kontrollierten die Gemeinden ihres Bezirkes, sie selbst unterstanden der Aufsicht der Regierung.[240] 1844 wurden vier Landrabbinatsbezirke gebildet, nämlich Hannover, Hildesheim, Ostfriesland und Stade. Zur gleichen Zeit begann man mit der Einrichtung der Gemeinden. Die Landrabbiner plädierten dabei für die Zusammenlegung kleinerer Gemeinden, damit die teuren Einrichtungen, vor allem die Schulen, besser unterhalten werden konnten. Dieser an sich nachvollziehbare Plan ließ sich jedoch nicht leicht in die Tat umsetzen, wie mehrere Beispiele zeigen. So sollten Osterode, Förste und Elbingerode eine Gesamtgemeinde bilden. Die betroffenen Gemeinden wollten sich jedoch nicht ohne weiteres mit dem Verlust ihrer Autonomie abfinden. Förste z. B. bestand auf einem eigenen Schächter und wollte nur den Lehrer mit den anderen Gemeinden »teilen«. Vorbehalte hatte man auch wegen des 6 bis 7 km weiten Weges zur Synagoge in Osterode. Tatsächlich konnte eine Zusammenlegung nicht erreicht werden.[241] Ähnliche Auseinandersetzungen sind auch aus anderen Gegenden des Königreichs bekannt. In der Grafschaft Bentheim sollten beispielsweise Neuenhaus, Uelsen und Veldhausen eine Gemeinde bilden, die auch 1846 trotz der Rivalitäten zwischen Neuenhaus und Veldhausen offiziell gegründet wurde. Bereits ein Jahr später zerbrach die Neugründung, und wir finden wieder drei eigenständige Gemeinden, obwohl keine ohne die Mithilfe der anderen ihre religiösen Pflichten erfüllen konnte. Erst 1884 kam eine Einigung zustande.[242] In Stade erklärte sich die Gemeinde bis 1849 außerstande, für einen regelmäßigen Gottesdienst und den erforderlichen Religionsunterricht sorgen zu können. Dann endlich wurden ein Synagogenraum angemietet und ein Lehrer angestellt, der von den fünf ansässigen jüdischen Familien abwechselnd verköstigt werden sollte. Dabei trat dann aber das Problem auf, daß nicht mehr alle Stader Juden einen koscheren Tisch führten. 1855 entstand daraufhin der

Samuel Ephraim Meyer, Landrabbiner in Hannover

Plan, Stade mit der Gemeinde Horneburg zusammenzuschließen, um die Schule leichter finanzieren zu können. Die unmittelbare Folge war jedoch ein dreijähriger Streit um den Schulstandort. Erst 1858 wurde ein Kompromiß gefunden, und zwar auf Kosten des Lehrers. Dieser mußte nun abwechselnd in Stade und in Horneburg unterrichten.[243] Ein Blick in den Gemeindehaushalt beleuchtet den Hintergrund der Misere. Die mittlerweile sieben Familien, die die Gemeinde Stade finanzieren mußten, hatten 1853/54 229 Reichstaler aufzubringen. Davon gingen 130 Taler an den Lehrer und Schächter, 36 Taler an Miete und Unterhaltung der Synagogenräume und 52 Taler an das Landrabbinat und den Armenverband.[244] Kleinere Gemeinden sahen sich also oftmals in einem Dilemma. Einerseits wünschten sie eigene religiöse Einrichtungen, andererseits konnten sie sich diese kaum leisten. Die Lösungsmöglichkeiten der Verbandsgemeinde wurde nicht gern gesehen, da in diese neugegründeten Verbände Außenstehende, wie z. B. der Landrabbiner, leichter »hineinregieren« konnten. Damit ist ein weiteres Problem der jüdischen Gemeindeordnung angesprochen. Die Position der Landrabbiner war nicht unumstritten, was wir bereits für das 18. Jahrhundert feststellen konnten. Die nach wie vor auf Autonomie erpichten Einzelgemeinden sahen in den Landrabbinaten oftmals nur eine teure und folglich ungeliebte Kontrollinstanz. Die Landrabbiner mußten sich entsprechende Kritik gefallen lassen, als sie 1861 die Synagogenordnung von 1832 revidierten. Es wurde moniert, daß Fragen, die der ehemalige Landrabbiner Adler gar nicht berührt, sondern den Einzelgemeinden überlassen hatte, nun »von oben« geregelt werden sollten. Vor allem die verstärkte Kontrolle des Gottesdienstbesuches, die »das religiöse Gemüth verletzende Bestimmung, (. . .) Minjan[a)] durch Geldstrafen zu erzwingen«, stieß auf Widerspruch.[245] Mindestens ebenso schwer wog das finanzielle Argument, das gegen das Landrabbinat als Institution vorgebracht wurde. 1867 wollte die Gemeinde Lüneburg keine Beiträge zur Landrabbinatskasse mehr abführen, da diese immerhin ein Siebtel aller Ausgaben betrügen.[246] Folglich kann es nicht überraschen, daß die Anzahl der Gemeinden, die im gleichen Jahre 1867 die Anne-

xion durch Preußen dazu benutzen wollten, das Landrabbinat abzuschaffen, nicht gering war: 90 waren für die Beibehaltung, 34 dagegen, darunter solch bedeutende Gemeinden wie Göttingen, Goslar, Lüneburg, Harburg und Hildesheim.[247] Dennoch blieben die Landrabbinate erhalten. Sie überlebten auch Pläne im preußischen Landtag während der frühen 1870er Jahre, die auf eine Abschaffung abzielten. Der Oberpräsident Heiliger setzte sich für den Erhalt ein, obwohl die ostfriesischen Gemeinden wiederum die Gelegenheit nutzen wollten, um die ungeliebte Institution loszuwerden.[248] Und so blieb die Provinz Hannover die einzige Region im Königreich Preußen, die überlokale jüdische Institutionen behielt. Die allein vergleichbare Einrichtung in Preußen, das Oberrabbinat in Trier, wurde nach dem Tod des Oberrabbiners Kahn 1875 nämlich nicht wieder besetzt.[249] Die preußische Regierung war offenbar an der Erhaltung übergeordneter jüdischer Instanzen weniger interessiert als die ehemalige königlich hannoversche Obrigkeit. Die Landrabbinate durften zwar fortexistieren, doch arbeitete die Regierung auf eine Aushöhlung ihrer ursprünglichen Bedeutung hin. Inoffiziell geschah dies 1876, als das Kultusministerium die Landdrostei Hannover anwies, dafür zu sorgen, daß der Landrabbiner Kinder aus Mischehen nicht mehr vom üblichen synagogalen Dankgebet nach deren Geburt ausschließen dürfte, wie es in Geestemünde geschehen war. Der Landrabbiner habe nämlich kein kirchenregimentliches Amt inne.[250] Diese deutliche Zurücksetzung des jüdischen Geistlichen hinter seine christlichen Kollegen wurde 1897 in aller Form bestätigt, als das Oberlandesgericht in Celle feststellte, daß die Landrabbiner keinesfalls als Staatsbeamten anzusehen seien. Grundlage der Urteilsfindung war das alte hannoversche Gesetz von 1842.[251] Die den Emanzipationsgesetzen von 1869 hohnsprechenden Argumente passen zu der weiter oben geschilderten rigiden judenfeindlichen Einstellungspraxis des preußischen Staats, wenn es um Amtsbewerber jüdischen Glaubens ging.

Neben den Schwierigkeiten der Gemeindegründungen und der umstrittenen Position der Landrabbiner ergab sich ein weiteres Problem, das das Gemeindeleben belasten konnte: die Auseinandersetzung zwischen liberalen Reformern und konservativen Reform-

---

[a)] die Anwesenheit von zehn religionsmündigen männlichen Juden

gegnern. Im niedersächsischen Raum hatte die Reformbewegung eine lange Tradition. Schon das von
Jacobson zu Beginn des 19. Jahrhunderts eingeführte
Konsistorialsystem hatte auf eine umfassende Reform
im Sinne einer Annäherung an die moderne Welt
abgezielt. Der Gottesdienst sollte sich durch eine gute
Predigt, durch Chorgesang, durch Orgelmusik und
durch einen verstärkten Gebrauch der deutschen Sprache auszeichnen.[252] Diese unverkennbare Angleichung an protestantische Liturgieelemente wurde
bereits 1810 in Seesen praktiziert. Wegen des Zusammenbruchs des Königreichs Westphalen blieb dies
vorläufig jedoch nur Episode. Die Wiederaufnahme
der Reformversuche erfolgte im Zusammenhang mit
der Reorganisation der Landrabbinate in den späten
1820er Jahren. Einerseits zeigten die neuen Aufgaben
der Landrabbiner, also die Sorge um Predigt, Seel-
sorge, Synagogenordnung und Schule, die Auswirkungen der Reformideen: die Verlagerung des Schwerge-
wichts von der äußerlich kontrollierbaren Gesetzes-
frömmigkeit zu einer Verinnerlichung des Glaubens
deutete sich an. Andererseits erscheinen die hannoverschen Synagogenordnungen sowie das Verhalten
der Rabbiner sehr gemäßigt, auch im Vergleich zu den
kultuspolitischen Maßnahmen Jacobsons. Die Refor-
mer wünschten ja ohnehin nicht die Aufgabe der jüdischen Identität, sondern deren Bewahrung, allerdings
in einem moderneren Gewand.[253] Die Orthodoxie
hingegen betonte die Bedeutung des Gesetzes, d. h.
die strikte Einhaltung aller rituellen Vorschriften der
Thora, für die Erhaltung der spezifisch jüdischen Identität, wobei Kompromisse mit der nichtjüdischen
Umwelt nicht ausgeschlossen wurden, etwa der
Gebrauch der deutschen Sprache im Gottesdienst.
Auch diese eher konservative Richtung hatte in Niedersachsen ihre Wurzeln: Samson Raphael Hirsch, der
von 1830 bis 1841 in Oldenburg und von 1841 bis
1847 in Emden die Funktionen des Landrabbiners ver-
sah, galt als wichtigster Theoretiker der sogenannten
Neuorthodoxie.[254] Der Begriff Neuorthodoxie ver-
weist übrigens auf das Problem der Benennung der
diversen religiösen Richtungen. Er setzt voraus, daß
die »Orthodoxie« nichts anderes meinte als das nicht
weiter hinterfragte Verwurzeltsein der Juden in ihrer
religiösen Tradition, zu der selbstverständlich die
genaue Beachtung der rituellen Vorschriften gehörte.

Samson Raphael Hirsch,
Landrabbiner in Oldenburg und Emden

»Neuorthodoxie« hingegen läßt eher an eine bewußte Reaktion auf die Reformpläne denken.

Wenden wir uns den konkreten Verhältnissen im Königreich Hannover zu, so läßt sich bezüglich der religiösen Auseinandersetzungen kein einheitliches Bild gewinnen. Der Landrabbiner Adler gehörte 1844 zu den orthodoxen Kritikern der Braunschweiger Konferenz der Reformrabbiner.[255] Sein Nachfolger Samuel Meyer (1845–1882) betrieb eine ausgesprochen konservative Schulpolitik, wenn man sich das Überwiegen religiöser Inhalte im Lehrplan ansieht, wie weiter unten beschrieben. In der Stadt Hannover hingegen gab es offensichtlich relativ viele liberal eingestellte Juden. Wir finden dort schon 1842 einen Synagogenchor[256], und 1859 war die Mehrheit der Gemeindemitglieder für einen Verzicht auf eine eigene jüdische Volksschule, obwohl die öffentlichen Schulen einen prononciert christlichen Charakter hatten.[257] Hildesheim verfügte 1862 schon über eine Synagogenorgel, was ebenfalls als Zeichen einer liberalen Einstellung gewertet werden kann.[258] Dennoch kam es immer wieder zu Konflikten. 1870 hören wir von Klagen in Hannover gegen eine Orgel[259], und 1877 bahnte sich sogar ein Bruch in der Gemeinde an, als das den Parochialzwang aufhebende Gesetz von 1876 den Orthodoxen bzw. Neuorthodoxen die Möglichkeit bot, eine sogenannte Gegensynagoge zu gründen.[260] Allmählich beruhigten sich die Gemüter jedoch wieder, und in den ersten Jahrzehnten des 20. Jahrhunderts galt Hannover trotz mancher fortdauernden Spannungen als eine »Einheitsgemeinde«, in der sich die verschiedenen religiösen Parteien miteinander vertrugen.[261] In Göttingen hingegen kam es zum dauernden Zerwürfnis. 1895 traten die (Neu-)Orthodoxen aus der Gemeinde aus, als der liberale Vorstand den Bau eines rituellen Bades in der neuen Synagoge ablehnte.[262] Die Landrabbiner konnten in diesen Auseinandersetzungen wenig ausrichten. Bereits die in der ersten Jahrhunderthälfte tagenden Rabbinerkonferenzen, von denen eine 1844 im benachbarten Braunschweig stattfand, hatten gezeigt, daß dieser die gesamte Identität der Judenheit berührende Konflikt zwischen Reform und Beharrung nicht durch autoritative Beschlüsse aus der Welt zu schaffen war. Dazu waren die Rabbiner gemäß der Tradition der jüdischen Religion ohnehin nicht befugt.

Betrachten wir die kleinstädtischen und ländlichen Gemeinden. Grundsätzlich ist es nicht falsch, davon auszugehen, daß hier die soziale Kontrolle effizienter war als in den großen Städten, daß also die Juden auf dem Land eher der Tradition ihres Gesetzes verbunden blieben. Leider verfügen wir bezüglich der religiösen Praxis im Alltag und an Feiertagen nur über Einzelzeugnisse, doch legen auch diese wenigen Fingerzeige nahe, das Schema fromme Landgemeinde versus liberale Stadtgemeinde sehr vorsichtig handzuhaben. In Nienburg kam es zum Streit, als 1850 ein liberaler Gemeindevorstand gewählt wurde.[263] In Ritzebüttel wurde in der 2. Hälfte des 19. Jahrhunderts bereits darauf verzichtet, aus Anlaß des Laubhüttenfestes noch die traditionellen Hütten aufzustellen.[264] In Papenburg hingegen hielt sich dieser Brauch viel länger.[265] Auch im Hinblick auf die alltägliche religiöse Praxis wird man differenzieren müssen. In Sulingen klagte der jüdische Lehrer schon 1857 über den mangelhaften Gottesdienstbesuch und die allgemein verbreitete religiöse Gleichgültigkeit.[266] Was die Frauenbäder anbelangt, so wurde in Adelebsen 1855 auf Drängen des Landrabbiners eines eingerichtet.[267] In Wittmund sorgte die Gemeinde selbst dafür: hier wurde noch 1911 zusammen mit der neuen Schule auch ein neues Frauenbad eingerichtet.[268] Ähnliches ist aus Bunde überliefert.[269] Offenbar waren die ostfriesischen Juden konservativer, was auch ihr weiter unten beschriebenes ungewöhnlich langes Festhalten an einem eigenen Schulsystem erklären würde. Doch soll hier nicht gesagt werden, daß fehlende Nachweise von Frauenbädern notwendigerweise einen Mangel an religiöser Überzeugung bedeuteten. Es kam nämlich öfter vor, daß Privatbäder, z. T. auch bei Christen, angemietet wurden, ohne daß diese Vorgänge aktenkundig geworden sind. Aufschlußreich ist ein Bericht des nachmaligen Pädagogen und Germanisten Meier Spanier aus dem Wunstorf der 1850er Jahre:

»Von meiner Mutter habe ich häufig das Wort gehört: wir sind nicht orthodox, aber religiös. Mit diesem in der Form sehr angreifbaren Satze wollte sie ausdrücken, daß man in unserem Hause bei aller Treue zum traditionellen Judentum vor allen Übertreibungen und Verstiegenheiten sich hütete. Es ist selbstverständlich, daß wir, wie man so schön sagt, einen streng koscheren Haushalt hatten, aber wenn ein milchiges

Messer versehentlich mit Fleischigem in Berührung kam, so wurde zwar das umständliche Reinigungsexperiment zunächst noch gemacht, aber doch schon mit etwas kritischem Lächeln, und wohl durch den Einfluß der heranwachsenden Kinder wurden schließlich einfachere Reinigungsmethoden angewandt.«[270] Das Zitat kann dabei helfen, die Gründe für die Schwierigkeiten zu erhellen, ein einheitliches Bild der religiösen Praxis zu gewinnen. Offenbar hing die religiöse Praxis vielfach mit der individuellen persönlichen Einstellung zusammen. Das weiter oben erwähnte Stader Beispiel zeigt, daß einige Juden noch koscher kochten, andere hingegen nicht mehr. Allerdings wird man davon ausgehen können, daß die in der zweiten Jahrhunderthälfte heranwachsenden Generationen eher auf die strikte Einhaltung des Gesetzes verzichteten als diejenigen, die in der ersten Jahrhunderthälfte ihre soziale Prägung erfahren hatten – wenn man das Geschehen in Wunstorf auf andere Gemeinden überträgt. Auf jeden Fall ist es wohl richtig anzunehmen, daß überindividuelle Faktoren dazu beitrugen, im Verlaufe des späteren 19. Jahrhunderts den wichtigsten Stabilisatoren der traditionellen jüdischen Identität, der Synagogengemeinde und der Schule, auf dem Lande die Existenzgrundlage zu entziehen: die Abwanderung und die damit verbundene finanzielle Auszehrung. Der Sohn des hannoverschen Landrabbiners Gronemann gibt ein anschauliches Bild der Lage um 1900: »Die hannoverschen Landjuden mühten sich in jener Zeit um die Erhaltung irgendeiner Art jüdischen Lebens, d. h. um die Aufrechterhaltung eines Gottesdienstes und darum, den Kindern wenigstens etwas jüdisches Wissen zu übermitteln. Das war um so schwieriger, als nur die weniger wohlhabenden Familien in den kleinen Orten zurückgeblieben waren, denen nun die ganze finanzielle Last auflag. Es war eine Mischung von Pietät und dunklen Instinkten, die sie am Judentum festhalten ließ. Welche Mühe machte es schon, in solch kleinen Gemeinden auch nur zu den hohen Feiertagen oder am Todestag eines nahen Verwandten die erforderliche Zehnzahl von Betern zusammenzubringen. Man half sich, indem man zu diesen Tagen aus verschiedenen Orten zusammenkam, und es entstand da oft die schwierige Frage, ob man zu solchem Zwecke, entgegen dem jüdischen Gesetz, einen Wagen benutzen dürfte. Oder

Synagoge in Neustadt-Gödens

man ließ sich aus Hannover bezahlte Minjan-Leute kommen.

(. . .) Es war geradezu rührend zu sehen, wie sich das jüdische Leben in diesen Zwerggemeinden erhielt. Es gab da eine Gemeinde Papenburg, in der eine schöne alte Synagoge stand, die nur von einer einzigen Person besucht wurde, einer alten Frau, die jeden Schabbat die Tür aufschloß und laut vor dem Vorbeterpult die Gebete rezitierte. Es gab da Gemeinden mit zwei Mitgliedern, bei denen das eine, der Vorsteher, mit der Gemeindeversammlung, d. h. mit dem anderen Gemeindemitglied in steter Fehde lebte (. . .)«.[271]

Die Ausführungen Gronemanns machen deutlich, daß es auf den persönlichen Willen der Gesetzestreuen immer weniger ankam. Die Verhältnisse hatten sich gewandelt. Von den weiter unten genannten 94 jüdischen Gemeinden der Provinz Hannover hatten 34 keine zehn Beitrag zahlende Mitglieder mehr, befanden sich also in einer existenzbedrohlichen Verfassung.[272] Die Kosten für die Kultuseinrichtungen beliefen sich in diesen kleinen Landgemeinden oft auf ein Vielfaches der zu zahlenden Staatssteuern: in Barenburg lagen sie bei 200 %, in Diepholz bei 395 %, in Nienburg bei 135 %, in Rehburg bei 200 % usw.[273] So wundert es nicht, daß viele Gemeinden ihre Synagogen verkaufen mußten, z. B. Sudheim 1890 und Dannenberg 1911.[274]

An dieser Stelle soll kurz auf den Modus des Finanzierungssystems eingegangen werden. Die jüdischen Gemeinden pflegten ihre Mitglieder gemäß deren Vermögenslage einzuschätzen. Hannover z. B. kannte 1872 ein 15-Klassen-System.[275] Bereits 3 Jahre später wurde die Anzahl der Klassen auf 21 erhöht.[276] Die Zensiten, also die »Eingeschätzten«, hatten an die Synagogengemeinde dann die ihrer Klasse entsprechende Steuersumme zu entrichten. Es liegt auf der Hand, daß ein solches Finanzierungssystem sehr konfliktträchtig war. Viele Gemeindemitglieder werden sich als ungerecht eingeschätzt empfunden und protestiert haben. Auch die Änderungen bezüglich der Klassenanzahl sind als Reaktion auf Einsprüche deutbar. Versuche, mehr Gerechtigkeit zu schaffen durch die Einführung einer angeblich objektiven Bemessungsgrundlage, nämlich der staatlichen Einkommensteuer, konnten nur bedingt Abhilfe schaffen. Das System der Eigenfinanzierung war vom Ansatz her

ungerecht, wenn wir es mit dem christlichen Pendant vergleichen. Zur gleichen Zeit nämlich, im späten 19. Jahrhundert, führte der Staat das noch heute gültige Kirchensteuersystem ein. Auf die jüdischen Gemeinden wurde es nicht übertragen. Diese blieben auf die Beiträge vermögender Gemeindemitglieder angewiesen, ein Zustand, der besonders den armen Landjuden eine düstere Zukunft verhieß. Zwar gab es auch sehr kleine katholische Gemeinden in überwiegend protestantischen Gebieten – und umgekehrt. Doch kamen diese aufgrund der genannten Privilegien finanzieller Art sowie ihrer überregionalen mächtigen Organisationsstrukturen nicht in die Situation, aus Geldmangel ihre identitätsstiftenden Einrichtungen aufgeben zu müssen.

Angesichts all dieser Probleme muß das sich vor allem in den größeren Gemeinden in der zweiten Jahrhunderthälfte rege entfaltende Gemeindeleben positiv gewürdigt werden. Die mitgliederstarken Gemeinden, die entsprechend geringere finanzielle Probleme hatten als die Landjuden, konnten, von außen betrachtet, beachtliche Erfolge aufweisen. Die überregionale jüdische Presse lobte 1866 den guten Zustand der Gemeinde Hannover, der angenehm von den Verhältnissen in Hamburg und Berlin absteche.[277] Äußeres Zeichen für diese Entwicklung war die Einweihung der von dem in Hannover ansässigen bekannten Architekten Edwin Oppler erbauten Synagoge in der Hauptstadt im September 1870. Zwar wurde aus Rücksicht auf den damaligen Kriegszustand auf eine »sociale Feier« verzichtet, doch machten das Erscheinen des Oberpräsidenten der Provinz, des Stadtdirektors, des Generalgouverneurs, der Vertreter der christlichen Geistlichkeit sowie sämtlicher städtischer Schuldirektoren die Einweihung zu einem gesellschaftlichen Ereignis ersten Ranges. Kein geringerer als der Hofkapellmeister Fischer leitete den Chorgesang.[278] Folglich mochte es so scheinen, als ob die Assimilationsbemühungen der Juden doch auch Erfolg haben könnten. Deren Integrationswillen wurde übrigens nicht nur durch die Kultusreformen sichtbar, sondern auch am Stil des neuerrichteten Gotteshauses. Oppler lehnte den maurisch-neoislamischen Stil ab und orientierte sich bewußt an der von ihm als typisch deutsch angesehenen Neoromanik.[279] Ähnlich prächtige Feste, wenn auch in einer anderen Größenordnung wurden aus dem gleichen Anlaß auch in anderen Städten gefeiert: 1858 wurde eine neue Synagoge in Pattensen eingeweiht[280], 1860 in Sudheim[281], 1872 in Göttingen[282], ebenfalls 1872 in Osnabrück[283], 1868 in Eldagsen[284], 1878 in Hameln, Geestemünde und Lingen[285], ebenfalls 1878 auf Norderney – übrigens die einzige Synagoge ohne Gemeinde[286], 1885 in Leer, 1894 in Lüneburg[287], 1896 in Einbeck, in Duderstadt 1898[288], 1908 in Peine[289], 1914 in Wunstorf[290], 1915 in Wilhelmshaven.[291] Die z. T. recht exponierte Lage der Neubauten – etwa in Lüneburg – und die verwandten Stilelemente – gotische in Lüneburg, Jugendstil in Peine – zeugten von einem gewachsenen Selbstbewußtsein der Gemeinden bei gleichzeitigem Integrationswillen. Der Wandel seit dem frühen 19. Jahrhundert, als die Juden ihre Gotteshäuser möglichst unauffällig gestalteten, ist jedenfalls nicht zu übersehen.

Ein weiteres wichtiges Kriterium für die Beurteilung des Gemeindelebens ist die Organisation der Vereine und Stiftungen. Die mit Abstand größte und bedeutendste Gemeinde, Hannover, die allein zwei Rabbiner, vier Kantoren und elf weitere Kultus-, Ritual- und Unterrichtsbeamte beschäftigte, verwaltete 22 Stiftungen mit einem Stiftungskapital von 125 850 Mark.[292] Die meist von wohlhabenden Privatpersonen zu wohltätigen Zwecken gestifteten Gelder waren ein wichtiger Bestandteil der jüdischen Fürsorge, welche jahrhundertelang ohne staatliche Hilfe auskommen mußte. Die Stiftungsfreudigkeit, die sich auch in anderen Gemeinden belegen läßt, ist ein Indiz für den hohen Stellenwert, der der Solidarität beigemessen wurde. Insgesamt existierten in der Stadt Hannover 29 jüdische Vereine – teils als besagte Stiftungen –, die sich der Pflege von Bildung und Wissenschaften widmeten, 21 Vereine für Wohltätigkeit und Fürsorge und 12 sogenannte soziale Vereine, zu denen Turnvereine, Frauenclubs, Logen etc. zählten.[293] Auch kleinere Gemeinden waren um ein eigenes Vereinsleben bemüht: in Hildesheim gab es immerhin 20, in Göttingen 10, in Emden 24, in Hameln 6 usw.[294]

Werfen wir einen Blick auf die Gesamtprovinz am Vorabend des 1. Weltkrieges, so existierten vier Provinzialverbände: der Provinzialverband hannoverscher Synagogengemeinden, die Pensions- und Unterstützungskasse für die Angestellten der Synagogenge-

Innenansicht der von Oppler errichteten Synagoge in Hannover

Synagoge in Einbeck

Synagoge in Lüneburg

Synagoge in Oldenburg

meinden in der Provinz Hannover, die Provinzialkasse Hannover-Braunschweig für die jüdische Wanderarmenfürsorge und der Verein jüdischer Lehrer in der Provinz Hannover.[295] An Synagogengemeinden mit Korporationsrechten wurde 92 gezählt, und zwar 25 im Regierungsbezirk Hannover: Hannover, Barenburg, Barsinghausen, Bassum, Bruchhausen, Diepholz, Eldagsen, Gehrden, Grohnde, Hameln, Harpstedt, Hoya, Lemförde, Liebenau, Neustadt am Rübenberge, Nienburg, Pattensen, Polle, Salzhemmendorf, Stolzenau, Sulingen, Syke, Twistringen, Wagenfeld und Wunstorf; 8 Gemeinden gab es im Regierungsbezirk Lüneburg: Burgdorf, Celle, Dannenberg, Harburg, Lüneburg, Rethem, Uelzen und Walsrode; 8 Gemeinden wies der Regierungsbezirk Stade auf: Achim, Aumund, Bremervörde, Hagen, Lehe-Geestemünde, Scharmbeck, Uthlede und Verden; ebenfalls 11 Gemeinden gab es im Regierungsbezirk Aurich: Aurich, Bunde, Dornum, Emden, Jemgum, Leer, Neustadt-Gödens, Norden, Weener, Wilhelmshaven-Rüstringen und Wittmund; 13 Gemeinden existierten im Regierungsbezirk Osnabrück: Bentheim, Buer, Freren, Haren, Haselünne, Lingen, Meppen, Neuenhaus, Nordhorn, Osnabrück, Papenburg, Quakenbrück und Sögel; 27 Gemeinden wurden

schließlich im Regierungsbezirk Hildesheim gezählt: Adelebsen, Bodenfelde, Bolzum-Sehnde, Bovenden, Bremke, Dassel, Dransfeld, Duderstadt, Einbeck, Elze, Gleidingen, Göttingen, Goslar, Gronau, Groß-Freden, Groß-Rhüden, Hann.-Münden, Hildesheim, Lauenförde, Moringen, Nörten, Nordstemmen, Northeim, Osterode, Peine, Sarstedt und Sievershausen.[296] Wenden wir uns den anderen Staaten zu. Der Herzog von Oldenburg tat 1827 den ersten Schritt in Richtung auf eine Reform, wie sie bereits fast fünfzig Jahre zuvor von ihm konzipiert worden war: er bestellte per Verordnung einen Landrabbiner, der, ähnlich wie in Hannover, Synagogenwesen und Schule zu ordnen und zu kontrollieren hatte.[297] Der erste Amtsinhaber, Nathan Marcus Adler, ein Sohn des bereits erwähnten Rabbiners aus Hannover, erwies sich als nicht so liberal, wie die Regierung es wünschte. So wandte er sich gegen die Einführung der deutschen Gottesdienstsprache.[298] Sein 1830 gewählter Nachfolger Samson Raphael Hirsch tendierte noch weniger zur Reform. Er verließ Oldenburg 1841, nachdem die Regierung eine Gehaltserhöhung abgelehnt hatte[299], wurde Landrabbiner in Emden und anschließend einer der Führer der Neo-Orthodoxie. Ihm folgte Bernhard Wechsler, der wiederum zu den entschiedenen Refor-

Synagoge in Osnabrück   **Synagoge in Peine**   **Synagoge in Wolfenbüttel**

mern zählte. Aus diesem Grunde – weil er eben nicht »in der Tradition wurzele« – wurde er von der Regierung favorisiert, von der offenbar generell gesagt werden kann, daß sie größeren Einfluß auf die Besetzung des Landrabbinats nahm als die Stellen in Hannover.[300] In Wechslers Amtszeit, also recht spät, fällt auch die Verordnung, die den jüdischen Gemeinden Korporationsrechte zuerkannte. Dies geschah 1851, wobei auffällt, welch großes Gewicht der liberale Landrabbiner darauf legte, daß es die Regierung war, die das Synagogenwesen ordnete.[301] Offenbar war auch noch drei Jahre nach der Emanzipation das Bedürfnis sehr stark ausgeprägt, auf diese Weise von der »christlichen Obrigkeit« anerkannt zu werden und dadurch die Position des Landrabbiners gegenüber der jüdischen Bevölkerung zu stärken. Es entstanden 9 Gemeinden: Oldenburg, Varel, Ovelgönne, Jever, Vechta, Cloppenburg, Delmenhorst, Berne und Wildeshausen. Jede Gemeinde erhielt einen Vorsteher, dem zwei Beisitzer zugesellt wurden. Das Wahlrecht entsprach dem der politischen Gemeinde. Die Aufgaben bestanden in der Aufsicht über die Einhaltung der Gottesdienstordnung, in der Verwaltung der Schule und des Gemeindevermögens und in der Anstellung der Kultusbeamten.[302] Darüber hinaus wurde ein Lan-

desgemeinderat geschaffen, dem alle Gemeindevorsteher angehörten. Diese hatten den Landesrabbiner zu wählen, allgemeine Anordnungen bezüglich des Kultus zu erlassen und als Appellationsinstanz bei Beschwerden gegen Beschlüsse einzelner Synagogengemeinden zu fungieren.[303] Eine vergleichbare Instanz gab es in Hannover nicht. Die oldenburgische Regierung kam den jüdischen Organen auch mehr entgegen, als es um die Frage des Austritts aus der Synagogengemeinde ging. Um dies zu erschweren, wurde per Gesetz bestimmt, daß Ausgetretene noch ein Jahr lang nach dem Verlassen der Gemeinde Kultusabgaben zu zahlen hatten.[304]

Bezüglich der steuerlichen Belastung der einzelnen Gemeindemitglieder waren die Verhältnisse in Oldenburg denjenigen in Hannover wiederum eher vergleichbar. In Jever z. B. beliefen sich die Aufwendungen für Synagogengemeinde, Schule und Landesrabbinat auf 186 % der Gesamtsteuersumme der Gemeinde.[305] Wieder waren die kleinstädtisch-ländlichen Gemeinden, denen die Kultuseinrichtungen besonders wichtig waren, am stärksten in der Gefahr, eben diese Institutionen aufgeben zu müssen, da hier die Zahl der Gemeindemitglieder zuerst zurückging. Ovelgönne mußte 1906 seine Synagoge verkaufen.[306]

Synagoge in Emden

Synagoge in Hildesheim

Synagoge in Göttingen

Dafür profitierte Rüstringen vom Aufschwung des benachbarten (preußischen) Wilhelmshaven. Hier entstand 1905 eine neue Gemeinde, die zehn Jahre später eine neue Synagoge einweihen konnte.[307]

Die Auseinandersetzungen zwischen Orthodoxen und Liberalen gingen auch an der Judenschaft des Großherzogtums nicht spurlos vorüber. Nach dem liberalen Landesrabbiner Wechsler (1841–1875) und dem wenig erfolgreichen Landesrabbiner Glück (1875–1890) wurde mit David Mannheimer ein Vertreter der Neuorthodoxie 1891 Inhaber dieses Amtes. Von Beginn seines Dienstes an gab es Konflikte mit der Gemeinde. Viele Gemeindemitglieder waren bereits so assimiliert, daß der Landesgemeinderat 1915 verordnen mußte, auf den jüdischen Grabsteinen wenigstens nicht ganz auf hebräische Schriftzeiten zu verzichten.[308] Daß ein orthodoxer Landrabbiner mit so weitgehend assimilierten Gemeindemitgliedern Schwierigkeiten hatte, ist nicht verwunderlich.

Im Herzogtum Braunschweig wurde 1824 ein Landrabbinat errichtet, das ähnliche Funktionen hatte wie in den Nachbarstaaten.[309] Der in der Landeshauptstadt residierende Oberrabbiner stand über dem Unterrabbiner in Holzminden.[310] Der wohl bedeutendste Amtsinhaber war Levi Herzfeld (1842–1884), welcher eine gemäßigte Reformrichtung vertrat. Grundsätzlich wurde an den Weichenstellungen Jacobsons nichts mehr verändert. So blieb die Gottesdienstgestaltung sehr liberal. An der Einführung der deutschen Gottesdienstsprache wurde nicht gerüttelt, und bereits 1831 fanden reformierte Konfirmationsfeiern auch für Mädchen statt.[311] Demgegenüber ist die Tatsache festzuhalten, daß die Landesregierung nur sehr spät die anläßlich der ersten Gemeindeordnung von 1853 offengebliebenen Fragen beantwortete. Erst 1908 wurde der Parochialzwang aufgehoben und den Gemeinden Braunschweig, Wolfenbüttel, Seesen, Stadtoldendorf und Holzminden die Eigenschaft einer öffentlich-rechtlichen Korporation verliehen.[312] Die Gemeindeorganisation (Vorstand, Versammlung) entsprach derjenigen der Nachbarstaaten. Gleiches gilt für das Vereinsleben, das sich wohltätigen Zwecken widmete und oftmals von privaten Stiftungen finanziert wurde.[313] In Braunschweig mußten die Gemeindehaushalte von den jeweiligen Magistraten gebilligt

Inneres der Synagoge in Osnabrück
(Gemälde von Felix Nussbaum)

165

werden. Diese hatten damit eine Kontrollmöglichkeit, die es in den Nachbarstaaten nicht gab. Dafür waren sie bei der Einziehung der Gemeindesteuern behilflich. Wolfenbüttel ließ sich diese Hilfe allerdings mit 6 % der Gesamtsumme bezahlen, während Seesen bis 1917 nichts verlangte.[314]

Was den Synagogenbau anbetrifft, so war die zweite Hälfte des 19. Jahrhunderts auch für Oldenburg und Braunschweig eine Epoche beachtlicher Aktivitäten. 1848 erhielt Varel eine neue Synagoge, 1853 Neustadt-Gödens und 1865 Cloppenburg.[315] An der Einweihung der Synagoge in Oldenburg 1855 nahm sogar der Großherzog persönlich teil.[316] 50 Jahre später erhielt die Hauptstadt einen Neubau.[317] Im Herzogtum Braunschweig sind das Gotteshaus in der Hauptstadt, das 1875 feierlich eingeweiht wurde[318], erwähnenswert sowie die 1893 errichtete Synagoge in Wolfelbüttel, die mit ihrer Turmfassade stark an christliche Sakralstilelemente erinnerte.[319] Die Allgemeine Zeitung des Judentums hob übrigens mehrfach die liberale Gottesdienstgestaltung in Braunschweig und Wolfenbüttel hervor.[320]

Im Fürstentum Schaumburg-Lippe existierte die Institution eines Landrabbinats nicht. Die beiden Synagogengemeinden in Bückeburg und in Stadthagen erhielten 1863 bzw. 1861 Statuten, die ihnen eine ähnliche Verfassung gaben, wie wir sie aus den Nachbarstaaten kennen.[321] Allerdings unterstanden sie keiner jüdischen Oberaufsicht, sondern dem jeweiligen Magistrat. Eine Gemeindegründung im Amt Hagenburg scheiterte an der Eigenbrötelei der Juden in Steinhude, Hagenburg und Großenheidorn. Sie konnten sich nicht auf ein Verfahren der gemeinsamen Finanzierung der Gemeindeeinrichtungen einigen.[322] Die hohen Kosten – ein ebenfalls aus den Nachbarstaaten

hinlänglich bekanntes Problem – hatten die Schaumburg-Lipper Juden übrigens ganz allein zu tragen. Während in den anderen Territorien wenigstens Zuschüsse gewährt wurden, verhielt sich die fürstliche Obrigkeit bzw. die Magistrate bis zum Ende der Monarchie in dieser Hinsicht ablehnend. Der für die katholische Minderheit zuständige Lehrer wurde subventioniert, der jüdische Amtskollege nicht.[323] Den Parochialzwang hoben die Juden interessanterweise 1880 selbst auf, indem sie die Mitgliedschaft zu einer Synagogengemeinde auf die Basis der Freiwilligkeit stellten. Als diese Großzügigkeit jedoch zu großer Unruhe und Unordnung führte, erbaten die Juden von der Regierung gesetzliche Maßnahmen. Auf diese Weise erhielten die Gemeinden Bückeburg und Stadthagen recht spät, nämlich 1911, die Rechte öffentlichrechtlicher Korporationen verliehen, aus denen die Juden erst nach formell erklärter Aufgabe ihres Glaubens austreten konnten.[324] Die beengten finanziellen Verhältnisse der Schaumburg-Lipper Juden ließen nur vergleichsweise bescheidene Synagogenbauten zu. 1848 erfolgte die Einweihung des Gotteshauses in Stadthagen, 1866 in Bückeburg.[325] Die allgemein feststellbare Krise der Landjuden ging auch an Schaumburg-Lippe nicht spurlos vorbei. 1912 mußten die Hagenburger ihre Synagoge verkaufen.[326]

Der Vollständigkeit halber seien schließlich die z. T. sehr kleinen Synagogengemeinden genannt, die im Berichtszeitraum zu Hessen-Kassel (bzw. Provinz Hessen-Nassau) gehörten, nämlich Obernkirchen, Hess.-Oldendorf, Rinteln und Rodenberg.[327] Auch Bad Pyrmont wies eine kleine Gemeinde auf, deren Synagogenbau 1874 von der örtlichen Sparkasse mit 600 Mark bezuschußt wurde.[328]

Das Schulwesen

Samson-Schule, Wolfenbüttel

Einen der wichtigsten Bestandteile der jüdischen Gemeindereinrichtungen stellten die Schulen dar. Die Bedeutung des Zusammenhangs von Bildung und Bewahrung der religiösen Identität war im Judentum stets besonders groß gewesen, wie in den vorausgegangenen Kapiteln beschrieben. Als im Verlauf der Emanzipationsbewegung die Frage nach der Akkulturation, der Angleichung an die christliche Umwelt, auftauchte, konnte es nicht ausbleiben, daß gerade das jüdische Schulwesen mit neuen Anforderungen konfrontiert wurde. Das heutige Niedersachsen wies in dieser Hinsicht vergleichsweise recht alte Traditionen auf, und zwar in Gestalt der berühmten Freischulen in Seesen, Hannover und Wolfenbüttel. Dort wurde bewußt ein Teil der Unterrichtszeit nicht-religiösen Lerninhalten gewidmet, wie der folgende Auszug aus einem Nachruf auf den 1853 verstorbenen Leiter der Wolfenbütteler Schule, Ehrenberg, verdeutlicht:

»(. . .) Als im Jahre 1807 die indeß kombinirten Talmudschulen der sel. Herren Ph. und H. Samson in W. reorganisirt wurden und unter dem Namen ›Samsonsche Freischule‹ den Charakter einer jüdischen deut-schen Realschule und Erziehungsanstalt annahmen, wußten die edlen Stifter zur Leitung der Anstalt keinen tüchtigern und würdigern Mann aufzufinden, als ihn. In der That war der seltene Mann hier ganz an seinem Platze. Jetzt hielt er das Ziel im Auge, die Jugend für das Leben zu erziehen. Die Unterrichtszeit, früher fast ausschließlich dem Talmud gewidmet, wurde nun auch den Kenntnissen und Fertigkeiten, die zum bürgerlichen Leben nothwendig sind, verwandt.«[329]

Die hier angesprochene Hinwendung zum »bürgerlichen Leben«, d. h. die Ausweitung des Fächerkanons im Sinne der damals üblichen Elementarschulen, wurde im Verlauf des 19. Jahrhunderts immer seltener in Frage gestellt. Auch die Vertreter der Neuorthodoxie plädierten für die Aneignung »moderner« Bildungsgüter. Der Staat schließlich, dem ebenfalls viel an der »Erziehung« der Juden lag, konnte diesen Modernisierungswillen auch nur begrüßen. Ob allerdings die Ziele von Staat und Juden immer identisch waren, bleibe dahingestellt. Den Juden ging es um die Bewahrung ihrer Identität in einer Zeit rasanter und einschneidender Änderungen. Inwieweit sich dieser

Wunsch erfüllen ließ und welche Rolle dabei die Schule spielte, soll im folgenden untersucht werden.[330]

Im Königreich Hannover besann man sich recht spät auf die Reorganisierung des Schulwesens. Die Regierung erließ erst 1831 im Zusammenhang mit der Neuordnung der Landesrabbinate eine allgemeine jüdische Schulordnung.[331] Der Staat führte damit die Schulpflicht ein, überließ jedoch die inhaltliche Bestimmung der einzelnen Paragraphen fast gänzlich dem Landrabbiner. Letzterer prüfte die Lehrer-Anwärter und mußte ihre Einstellung bzw. Entlassung durch die Gemeinde billigen. Die Inhalte der Lehramtsprüfung und des täglichen Schulunterrichts wiesen ein erstaunliches Überwiegen religiöser Elemente auf. So mußten die Lehrer jeden Tag fünf (!) Stunden Religion und eine Stunde »gemeinnützige Kenntnisse« unterrichten.[332] Der hannoversche Staat zeigte sich also in seiner Schulpolitik außergewöhnlich großzügig. Preußen betrieb beispielsweise zur gleichen Zeit eine ganz andere Politik, die auf eine Nivellierung jüdischer Besonderheiten abzielte: der Besuch christlicher Schulen durch jüdische Kinder wurde als Regelfall angesehen.[333] Die hannoversche Schulordnung weckte keine entsprechenden Befürchtungen. Möglicherweise kam in diesem speziellen Fall den Juden die reaktionäre Einstellung der Regierung zugute. Deren Abneigung gegen jede Verwässerung der christlichen Staatsidee war wohl so groß, daß sie den Juden ihre traditionelle Autonomie in dieser als rein innerjüdische Angelegenheit betrachteten Frage beließ.

Ihre 1831 an den Tag gelegte Zurückhaltung begann die Regierung in dem Moment aufzugeben, als sie den Juden allgemein größere Rechte zusprach. Das war 1842 der Fall. Der Staat band das jüdische Schulwesen in ein differenziertes Aufsichtssystem ein, in welchem der Obrigkeit größere Eingriffsmöglichkeiten offenstanden: die Regierung hatte nun das oberste Aufsichtsrecht, der Landrabbiner wurde der Landdrostei unterstellt.[334] 1854 erfolgte schließlich die vorläufig endgültige Regelung mittels einer neuen Schulordnung für die jüdischen Schulen. Immer noch ging die Regierung davon aus, daß der Besuch einer jüdischen Schule für jüdische Kinder der Normalfall war. Der Religionsunterricht wurde zwar reduziert – auf ein Drittel der Zeit –, behielt jedoch seine beherrschende Stellung im Fächerkanon. Die Position des Landrab-

biners als Aufsicht erfuhr wiederum eine Verstärkung. Die Tatsache, daß, im Gegensatz zu Preußen, der Synagogengemeindevorstand und nicht die christliche Geistlichkeit die örtliche Schulaufsicht wahrnahm, zeigt an, daß der hannoversche Staat nach wie vor die Eigenständigkeit der Juden auf diesem Gebiet respektierte.[335] Der Grund hierfür mag in der großen Bedeutung liegen, die immer noch der Religion in dieser Zeit beigemessen wurde. Der christliche Staat Hannover mischte sich nicht in innerjüdische Fragen ein, und die jüdische Schule wurde offenbar als integraler Bestandteil der Gemeinde angesehen: So legte die Schulordnung von 1854 ausdrücklich fest, daß die Lehrer auch Kultusfunktionen in der Synagoge, etwa als Vorbeter, zu übernehmen hätten.[336]

Betrachten wir nun die tatsächlichen Verhältnisse des jüdischen Schulwesens. Im Jahre 1846 waren im Landdrosteibezirk Aurich ca. 340 jüdische Kinder Schüler in 11 Elementarschulen (Aurich, Bunde, Dornum, Emden, Esens, Jemgum, Leer, Neustadt-Gödens, Norden, Weener und Wittmund), im Bezirk Hildesheim besuchten 544 Kinder mindestens 30 Schulen (Zahlen sind z. T. nur aus den 1850er Jahren überliefert); so gab es Elementarschulen in Adelebsen, Bodenfelde, Bolzum, Bremke, Dransfeld, Einbeck, Förste, Gleidingen, Gronau, Groß-Freden, Groß-Rhüden, Hildesheim, Imbshausen, Lauenförde, Mehle, Mollenfelde, Münden, Peine, Sarstedt; Religionsschulen existierten in Bovenden, Echte, Goslar, Moringen, Nörten-Hardenberg, Osterode, Sudheim, Sülzhagen, Werna, Göttingen; die Art der Schulen in Lüthorst, Mackensen, Salzgitter, Sievershausen, Wöllmershausen und Wrisbergholzen war nicht zu identifizieren). Im Bezirk Hannover ist das Zahlenmaterial ähnlich unvollständig. Hier besuchten 551 Kinder ca. 35 Schulen (Elementarschulen in Bassum, Coppenbrügge, Diepholz, Eldagsen, Gehrden, Lemförde, Liebenau, Linden, Münder, Neustadt a. R., Ohsen, Rehburg, Salzhemmendorf, Springe, Stolzenau, Wagenfeld und Wunstorf; Religionsschulen in Aerzen, Barsinghausen, Barenburg, Bruchhausen, Bücken, Diepenau, Hameln, Hannover, Harpstedt, Hoya, Nienburg, Pattensen, Sulingen, Syke und Twistringen. Die Schulart in Brinkum, Herrenhausen, Lauenau, Groß-Munzel, Polle und Rössing war nicht zu identifizieren). Im Bezirk Lüneburg kamen auf 129 Kinder 12 Schulen

(Elementarschulen in Bleckede, Burgdorf, Celle, Dannenberg, Harburg, Walsrode und Winsen/Luhe; Religionsschulen in Bergen, Hitzacker, Lüneburg, Rethem und Uelzen). Im Landdrosteibezirk Stade besuchten 197 Kinder 18 Schulen (Elementarschulen in Aumund, Hagen, Lehe-Geestemünde, Otterndorf, Ottersberg, Scharmbeck; Religionsschulen in Achim, Bederkesa, Bremervörde, Dornum, Horneburg, Lesum, Neuhaus/Oste, Rotenburg, Stade, Stotel, Uthlede und Zeven). In der Landdrostei Osnabrück schließlich besuchten 93 Kinder 12 Religionsschulen (in Aschendorf, Badbergen, Bentheim, Buer, Freren, Haren, Haselünne, Meppen, Nordhorn, Osnabrück, Sögel, Veldhausen).[337]

Die Zahlen ergeben, daß um 1850 offenbar in fast allen jüdischen Gemeinden ein Interesse an einer eigenen Schule bestand. Diese Schulen waren jedoch bis auf wenige Ausnahmen, wie Emden, Hildesheim und Hannover, wegen der geringen Schüleranzahl kaum lebensfähig. Diese geringe Anzahl wirkte sich wiederum auf die Lehrer aus. Die jüdischen Gemeinden mußten ihre Schulen selbst finanzieren. Hatten sie – was in den meisten Fällen zutraf – nur sehr wenige Mitglieder, konnten sie dem Lehrer nur ein sehr geringes Gehalt bieten. Folglich war es nicht verwunderlich, daß in sehr vielen Schulen die Lehrerstellen vakant waren.[338] Eine denkbare Lösungsmöglichkeit, nämlich die Zusammenlegung mehrerer Gemeinden zu einer Schulgemeinde, war nicht immer praktikabel, vor allem bei zu großer räumlicher Entfernung.[339] Der hannoversche Staat versagte seine Hilfe nicht: seit 1851 subventionierte er das jüdische Schulwesen mit 1500 Reichstalern pro Jahr, ein Betrag, der bis 1866 kontinuierlich erhöht wurde, zuletzt auf 5000 Taler.[340] Noch wichtiger war jedoch seine Unterstützung bei der Errichtung des Lehrerbildungsseminars in Hannover 1848.[341] Dank dieser Anstalt konnte der Lehrermangel bis 1865 erheblich reduziert werden: von den 99 Lehrerstellen an den 92 Schulen im Königreich waren nur noch 13 unbesetzt.[342] Werfen wir jedoch einen Blick hinter die Kulissen, so müssen wir diese statistisch ausgewiesene Stabilisierung etwas relativieren. Die Armut der meisten Gemeinden führten immer wieder zu Konflikten um das Lehrergehalt, das oft den größten Posten im Gemeindebudget darstellte. In Adelebsen z. B. war die Gemeinde sehr an einem eigenen Lehrer interessiert, versuchte jedoch, dessen ohnehin kärgliches Gehalt weiter zu schmälern.[343] In Stade versuchte man sich damit zu helfen, daß der Lehrer von den einzelnen Gemeindemitgliedern verköstigt wurde. Dabei führte die Tatsache zu Konflikten, daß nicht mehr alle Familien einen koscheren Tisch führten.[344] Die Folgen der geringen Bezahlung zeigten sich vielerorts, z. B. in Salzgitter. Die dortige Stelle war mit 90 Talern plus 30 Talern für die Funktionen als Vorbeter und Schächter dotiert. Das reichte vielen Lehrern nicht, was zu häufigem Lehrerwechsel und Vakanzen führte: Zwischen 1848 und 1865 wechselten sich fünf Personen ab. Außerdem war die Stelle nicht kontinuierlich besetzt.[345] Ähnliche Verhältnisse treffen wir in Bentheim an. Fast jährlich kam es zu einer Kündigung und dann zu einer Neueinstellung.[346] Daß diese Verhältnisse wenig zur Attraktivität der jüdischen Schulen beitrugen, liegt auf der Hand. Allerdings muß man auch hier differenzieren. Die ungünstigen Rahmenbedingungen führten nicht zwangsläufig zu Konflikten. Es gab auch eine ganze Reihe von Gemeinden, in denen Lehrer sehr lange zur allgemeinen Zufriedenheit ihres Amtes walteten: z. B. in Harburg der Lehrer Fleischhacker seit 1841 über 50 Jahre lang,[347] und in Sarstedt Magnus Cahn 46 Jahre lang.[348] Offenbar kam es immer auch auf individuelle Faktoren an, d. h. auf die Lehrerpersönlichkeit und auf die religiöse Einstellung wohlhabender Gemeindemitglieder. In Bremervörde und in Bodenfelde hatten die jüdischen Lehrer sogar einen solch guten Ruf, daß auch viele christliche Eltern und ihre Kinder diese den christlichen Schulen vorzogen.[349]

Dennoch erwiesen sich äußere Entwicklungen wie die Bevölkerungsbewegung als stärker. Die Anzahl der kleinen Landschulen ging zurück. 1878 wurden in Hannover nur noch 46 Schulen mit 54 Lehrerstellen gezählt.[350] In den großen, finanziell leistungsfähigen Gemeinden ging gleichzeitig die Bereitschaft zurück, ein eigenes Schulwesen zu finanzieren. Bereits 1859 wünschten fast alle Gemeindemitglieder in der Stadt Hannover ihre Kinder auf städtische Schulen zu schicken, so daß die geplante Errichtung einer Elementarschule – neben der Religionsschule – scheiterte.[351]

Die Annexion Hannovers durch Preußen 1866 wirkte sich auch auf das Schulwesen aus. Der preußische

Staat hatte der jüdischen Religionsgemeinschaft nie den gleichen Freiraum zur Ausgestaltung ihres Schulwesens gewährt wie Hannover. Besonders in der Frage der Schulaufsicht kannte er die starke Position einer jüdischen Instanz, wie sie der Landrabbiner in Hannover darstellte, nicht.[352] Formal beließ die neue Regierung zunächst jedoch alles beim alten. Der vorhandene hohe Organisationsgrad des jüdischen Schulwesens in Hannover sorgte dafür, daß 1896 immerhin noch 59 % der jüdischen Schüler in der Provinz jüdische Schulen besuchten, während es in Gesamtpreußen nur noch 30 % waren.[353] Da jedoch die Gesamtanzahl der jüdischen Kinder weiter zurückging, schlossen auch immer mehr Schulen. 1905 bestanden in der Provinz Hannover nur noch 41 Elementar- und 4 Religionsschulen, die von insgesamt 55 Lehrern versorgt wurden.[354] Schon 4 Jahre später hatte sich einiges verändert: Im Regierungsbezirk Hannover gab es noch neun Volksschulen (in Barsinghausen, Diepholz, Eldagsen, Lemförde, Münder, Nienburg, Pattensen, Stolzenau und Wunstorf) und drei Religionsschulen (in Hannover, Hameln und Gehrden). Im Bezirk Hildesheim waren es acht Volksschulen (in Adelebsen, Bremke, Dransfeld, Duderstadt, Gronau, Münden, Hildesheim, Moringen) und sieben Religionsschulen (in Bodenfelde, Einbeck, Nörten, Northeim, Osterode, Göttingen und Peine). Im Bezirk Lüneburg existierten zwei Volksschulen (in Burgdorf und Celle) und zwei Religionsschulen (in Lüneburg und Harburg). Im Bezirk Stade gab es nur noch eine Volksschule (in Achim) und drei Religionsschulen (in Lehe, Aumund und Verden). Im Bezirk Osnabrück wurden fünf Volksschulen gezählt (in Bentheim, Meppen, Papenburg, Quakenbrück und Sögel) und eine Religionsschule in Osnabrück. Im Bezirk Aurich schließlich konnten sich neun Volksschulen halten (in Aurich, Dornum, Emden, Esens, Leer, Neustadt-Gödens, Norden, Weener und Wittmund) und zwei Religionsschulen (in Emden und Wilhelmshaven).[355] Die meisten Schulen – abgesehen von denen in Ostfriesland – wurden nur noch von einer Handvoll Schülern besucht. Die Auszehrung der Landgemeinden forderte von den Schulen einen hohen Tribut, auch wenn ihre Schließung nicht unbedingt in den Intentionen der jüdischen Landbevölkerung lag. Dies beweist das oftmals verzweifelt anmutende Festhalten

an der Institution Schule, auch wenn nur noch zwei schulpflichtige Kinder im Ort lebten. In Bovenden z. B. wurde 1894 noch einmal ein Lehrer eingestellt, obwohl nur noch fünf Kinder vorhanden waren. Dennoch mußte die Schule 1909 definitiv geschlossen werden.[356] Zur Vermittlung jüdischer kultureller und religiöser Lerninhalte war man nun in Bovenden wie in vielen vergleichbaren Landgemeinden auf Privat- und Wanderlehrer angewiesen.

Die Auszehrung des jüdischen Schulwesens entsprach der Politik der preußischen Regierung, die an dem Fortbestehen einer starken jüdischen Identität wenig interessiert war. Von der Aushöhlung der Befugnisse der Landrabbiner war schon an anderer Stelle die Rede. Hier soll noch ein Blick auf die Veränderungen bezüglich der Lerninhalte geworfen werden. Diese hatten unter preußischer Herrschaft die eindeutige Funktion, den Akkulturationsprozeß der jüdischen Bevölkerung zu beschleunigen. Folglich wurden die spezifisch jüdischen Lerninhalte zurückgedrängt. Sie umfaßten in der Lehrerausbildung am jüdischen Seminar in Hannover 1901 nur noch ein Fünftel des gesamten Pensums. Die Anpassung an die betont deutschnationale Ausrichtung der nichtjüdischen Lehrerseminare in Preußen war also unverkennbar.[357] Art und Inhalt der Lehrerausbildung prägte in entsprechender Weise den Unterricht in den Volksschulen. Dort standen Deutsch (Lesen und Schreiben), Rechnen, Geographie, Geschichte und Naturkunde im Mittelpunkt. Betrachten wir die Themen des Geschichtsunterrichts, wird der Wechsel besonders deutlich. Die jüdischen Schüler behandelten die Hermannsschlacht, Karl den Großen, Otto den Großen, die Kreuzzüge, Friedrich Barbarossa, Heinrich den Löwen, den 30jährigen Krieg, den Großen Kurfürsten, den 7jährigen Krieg, Deutschlands »Knechtung« (d. i. die napoleonische Ära), Preußens Erhebung, »Gottesgericht« in Rußland (d. i. Napoleons Niederlage), Waterloo und den Krieg von 1870/71.[358] Die Verschiebung der Gewichte von der jüdischen Religion weg zur vaterländischen Gesinnung hin stellte natürlich die Frage nach dem Sinn eines eigenen jüdischen Schulwesens neu. Wenn selbst die Volksschulen, die aufgrund der Schülerzahlen lebensfähig waren, nur wenig andere Inhalte boten als die öffentlichen Ortsschulen, ist es verständlich, daß auch gläubige Juden ihrem teuren

Israelitische Elementarschule am Barfüßerkloster, Osnabrück, 1911

Schulwesen den Rücken kehrten und sich mit der Regelung des Religionsunterrichts begnügten. Dies gilt umso mehr, je stärker die deutsch-nationalen Inhalte verinnerlicht waren.

Vor dem Hintergrund dieser Entwicklung ist zu vermuten, daß auch der jüdische Lehrerstand in eine Identitätskrise geriet. Als der bedrückende Lehrermangel dank der Ausbildungsstätte in Hannover endlich behoben schien und zahlreiche gut ausgebildete und hoffnungsfrohe Kandidaten bereitstanden, die jüdischen Kulturgüter in einem moderneren Gewand weiterzugeben, kehrten sich die Verhältnisse um. Die Anzahl der Schulen und damit der Lehrerstellen ging zurück, das spezifisch Jüdische spielte nicht mehr die gleiche Rolle wie in der Mitte des 19. Jahrhunderts. Wo man um 1860 noch händeringend jüdische Lehrer gesucht hatte und, wie in Bentheim geschehen, bei der Regierung die Verdoppelung des Zuschusses zum Lehrergehalt durchgesetzt hatte, drohte fünfzig Jahre später mangels Kindern die Schließung der Schule.[359] Nur aufgrund der Tatsache, daß die Lehrer gleichzeitig als Vorbeter und Schächter wichtige Kultusfunktionen wahrnahmen, blieben einige Stellen gesichert.

Was die materielle Versorgung der jüdischen Lehrer anbelangt, so läßt sich für die zweite Hälfte des 19. Jahrhunderts eine allmähliche Besserstellung beobachten. Seit 1874 erhielten die jüdischen Lehrer in der Provinz Hannover Dienstalterzulagen aus den Mitteln des Provinzialfonds.[360] Die Gehälter selbst waren auch gestiegen: der Bentheimer Lehrer Joseph Harth erhielt 1898 immerhin 1100 Mark im Jahr plus freie Wohnung.[361] Diese Verbesserungen sollen jedoch nicht darüber hinwegtäuschen, daß die jüdischen Religionslehrer keineswegs die beamtenrechtlich gesicherte Position ihrer christlichen Kollegen erreichten. Die Anstellungsverträge mit den jeweiligen Synagogengemeinden gingen nach wie vor nur von zeitlich befristeten Arbeitsverhältnissen aus.[362] Die Unsicherheit ihrer beruflichen Stellung wird deutlich an einem Beispiel aus Hameln. Dort wirkte von 1872 bis 1891 der Religionslehrer in einem solchen provisorischen Angestelltenverhältnis, also neunzehn Jahre lang. Als er sich schließlich an die Regierung wandte, um eine Dauerstellung zu erwirken, teilte diese der Gemeinde Hameln mit, daß der Anstellungsvertrag als ein fester zu betrachten sei, falls nicht binnen vierzehn

Tagen eine Kündigung erfolgte. Die Gemeinde Hameln reagierte umgehend: dem Lehrer wurde tatsächlich gekündigt. Dieser saß dann mit einer kranken Frau und sechs unversorgten Kindern auf der Straße.[363] Die ungewisse Zukunft bezüglich der Anzahl der die Religionsschule frequentierenden jüdischen Kinder ließ die Gemeinden offensichtlich vor Festverträgen zurückschrecken, was natürlich auf Kosten der Lehrer geschah. Aus dem gleichen Grund wird man auch im Hinblick auf die Gehälter differenzieren müssen. Kleine Gemeinden wie z. B. Liebenau konnten auch 1886 nicht mehr als 600 Mark Jahresgehalt zahlen. Zwar erhielt der Lehrer freie Wohnung und freie Verpflegung[364], doch werden diese Verhältnisse kaum zur Hebung seines Ansehens beigetragen haben: die Erziehung und Ausbildung von Kindern, an deren Mittagstisch man wie ein Bittsteller aß, war besonders dann eine belastende Aufgabe, wenn der Lehrer durch eine qualitätvolle Ausbildung ein entsprechendes Selbstwertgefühl erworben hatte. Und was die Lehrer anbelangt, deren Gehälter die aus Bentheim überlieferte Größenordnung erreichten, so muß festgehalten werden, daß auch diese nicht der Höhe der christlichen Volksschullehrereinkommen entsprach, die 1891 bei über 1400 Mark lag.[365]

Was konnten die Juden selbst gegen diese ungünstigen Verhältnisse tun? Es bot sich der Zusammenschluß der Lehrer in entsprechenden Vereinen an. Bereits im April 1849 hatten Lehrer aller (!) Konfessionen in Hannover einen gemeinsamen Verein gegründet. Sie waren dabei von der – offenbar völlig unrealistischen – Hoffnung ausgegangen, daß die Revolution zu einer Trennung von Kirche und Staat führen würde, so daß es zu einer Umwandlung der jüdischen Schulen in staatliche Einrichtungen käme.[366] Die auf die Desillusionierung folgende Ernüchterung dauerte lange. Erst 1863 wurde auf einer Versammlung in Elze beschlossen, drei Lehrerbezirksverbände zu gründen, und zwar für Hannover-Hildesheim, Lüneburg-Stade und Osnabrück-Aurich.[367] Später wurde daraus der Verein jüdischer Lehrer für die Provinz Hannover. Sehr erfolgreich kann sein Wirken allerdings kaum genannt werden. Zahlreiche Klagen über den mangelhaften Besuch der Vereinssitzungen, die mitunter deswegen gar nicht stattfinden konnten, sind überliefert.[368] Immerhin gelang 1870 die Gründung eines Vereins zur Unterstützung jüdischer Lehrerswitwen und -waisen.[369]

In den letzten Jahrzehnten vor dem 1. Weltkrieg war die Krise des jüdischen Schulwesens in Hannover also kaum noch zu übersehen. 1905 wurde sogar an die Schließung des Lehrerseminars in Hannover gedacht.[370] Die jüdischen Stellen, vornehmlich das Landrabbinat, bemühten sich angesichts dieser bedrohlichen Entwicklung, wenigstens den Religionsunterricht zu stabilisieren. Dieses Ziel war nicht einfach zu erreichen, und das lag zum großen Teil an dem sich verstärkenden Drang der Juden auf weiterführende Schulen. 1866 wurden im hannoverschen Staat 68 jüdische Gymnasiasten und 57 jüdische Realschüler gezählt. 1870 waren es bereits 99 Gymnasiasten und 131 Realschüler. Damit lag der Anteil jüdischer Schüler auf höheren Schulen mit 4,2 % weit über ihrem Anteil an der Gesamtbevölkerung.[371] Die preußische Regierung duldete lange keinen jüdischen Religionsunterricht an den weiterführenden Bildungsanstalten. Der bereits erwähnte Antrag der Synagogengemeinde Hannover aus dem Jahre 1895, daß jüdische Religionslehre in den Lehrplan für höhere Schulen aufgenommen werden sollte, wurde abgelehnt.[372] Daraufhin reorganisierte man die hannoversche Religionsschule. Für Schülerinnen und Schüler der höheren Schulen wurden zwei Wochenstunden in jüdischer Geschichte und systematischer Religionslehre eingeführt. 120 Jungen und 105 Mädchen konnten nun in fünf Klassen unterrichtet werden.[373] Ob dadurch die angestrebte Stabilisierung erreicht wurde, muß allerdings offenbleiben. Im Jahre 1902 besuchten von 525 Schülerinnen und Schülern zwischen 7 und 14 Jahren 173 die Religionsschule. 106 waren Freischüler der Vorschule des Seminars, 26 gingen auf die traditionsreiche Michael Davidsche Freischule. Die größte Gruppe, nämlich 181 Kinder, erhielt Privatunterricht, dessen Gestaltung natürlich nur schwer zu kontrollieren war.[374] Erst im Jahre 1905 erklärte sich der Staat bereit, das Fach jüdische Religionslehre auch an weiterführenden Schulen zuzulassen. 1909 erhielten 184 Schüler den entsprechenden Religionsunterricht in den Räumen des Realgymnasiums in Hannover.[375] Daraufhin wurde den weiterhin die jüdische Religionsschule besuchenden Jungen das Schulgeld erlassen. Die Mädchen mußten es nach wie vor zahlen, da für sie die Regierung keinen Religionsunterricht zuließ.[376] Für diese unterschiedliche Behandlung war das 1872 gegründete und 1897 von etwa 40 Schülerinnen besuchte Pensionat mit höherer Töchterschule der Frau Leverson nur ein unzureichender Ersatz.[377]

Eine große Rolle bei der Vermittlung jüdischer kultureller Werte spielten schließlich auch die vielen einschlägigen Vereine, die der Erwachsenenbildung dienten. Stellvertretend seien hier nur genannt der 1862 gegründete hannoversche *Verein zur Hebung des Studiums jüdischer Wissenschaft*[378] und der *Verein für jüdische Literatur und Geschichte*, der in Hannover 1895 immerhin 200 Mitglieder hatte.[379] Nicht vergessen werden soll an dieser Stelle schließlich die 1893 gegründete *Israelitische Erziehungsanstalt* in Ahlem. Stifter war der hannoversche Bankier Alexander Simon, der mit dieser Schule jüdische Kinder »von frühester Jugend an (...) zum Handwerk und zur Bodenkultur« anleiten wollte.[380] Bis 1918 wurden in Ahlem 134 Gärtner ausgebildet. Auch Theodor Lessing war hier Schüler.[381]

Werfen wir noch einen kurzen Blick auf die anderen Staaten. Im Großherzogtum Oldenburg oblag die Überwachung des Schulwesens zunächst den seit 1827 amtierenden Landesrabbinern. Diese bemühten sich um die Verbesserung des oftmals kläglichen Bildungsstandes der Lehrer. So prüfte Landesrabbiner Adler 1829 die 14 Lehrer im Oldenburger Land in Deutsch, Hebräisch, Religion, jüdischer Geschichte, woraufhin es zu Entlassungen kam, z. B. in Delmenhorst.[382] Die Regierung war übrigens, anders als die hannoversche Obrigkeit, daran interessiert, daß die jüdischen Kinder auf die öffentlichen Ortsschulen gingen, ohne daß sie durch den zusätzlichen jüdischen Religionsunterricht zu sehr »überlastet« würden.[383] Erst 1855 gestattete die Regierung offiziell die Einrichtung jüdischer Elementarschulen.[384] Aufgrund der geringen Schülerzahlen wurden jedoch fast nur Religionsschulen gegründet, die in Oldenburg, Jever, Delmenhorst noch 1909 bestanden.[385] Lediglich in Varel existierte eine Volksschule, die jedoch nur noch von acht Kindern besucht wurde.[386] In den letzten Jahren vor dem ersten Weltkrieg blieben immer mehr Juden in Oldenburg dem Religionsunterricht fern.[387] Der Grund hierfür mag in der fortschreitenden Assimilie-

rung und in den hohen Kosten zu suchen sein, die das eigenständige Schulwesen, auch das Religionsschulwesen, verursachte. In Oldenburg nämlich war seit 1910 gesetzlich festgelegt, daß niemand von der Gesamtschulsteuer befreit werden konnte. Für die Juden bedeutete dies, daß sie im Falle einer eigenen Schule grundsätzlich doppelt belastet waren: Sie mußten die örtliche öffentliche Schule finanzieren – einschließlich des christlichen Religionsunterrichts – und eben ihre eigene.[388] Dazu waren immer weniger Oldenburger bereit. Ganz anders verhielten sich jedoch in dieser Frage die seit dem späten 19. Jahrhundert einwandernden orthodoxen Juden aus dem Osten der Habsburger Monarchie, dem Kronland Galizien. In Delmenhorst sorgten sie – gegen den allgemeinen Trend – dafür, daß 1894 die Religionsschule zu einer Volksschule umgewandelt wurde. Die Ostjuden brachten für diese Schule erstaunliche Opfer: der Lehrer kostete sie 1909 1750 Mark plus freie Wohnung[389], und sie blieben ihr auch noch nach dem 1. Weltkrieg treu.

Im Herzogtum Braunschweig sollte die 1824 erfolgte Errichtung des Landrabbinats in erster Linie der Verbesserung der Schulsituation dienen. 1834 erfolgte der Erlaß einer Schulordnung. Gemäß den Zielvorstellungen des liberalen Rabbinats wurde dabei auf den Elementarunterricht etwas größerer Wert gelegt als im benachbarten Hannover.[390] Die Synagogengemeinde der Landeshauptstadt war so groß, daß die dortige Religionsschule 1879 dreiklassig geführt wurde und vier Lehrer beschäftigte.[391] Am Vorabend des ersten Weltkrieges finden wir Religionsschulen in Braunschweig, Holzminden, Seesen, Stadtoldendorf und Wolfenbüttel.[392] Die Kinder in den kleineren Gemeinden wurden, wie in Hannover und in Oldenburg, durch Wanderlehrer versorgt. Von diesen allgemeinen Entwicklungen abgehoben waren die beiden weit über die Grenzen des Herzogtums hinaus berühmten Schulen in Wolfenbüttel und in Seesen. Die Samson-Schule in Wolfenbüttel nahm ab 1881 auch christliche Schüler auf und entwickelte sich zur Simultanen Realschule mit 150 Schülern (1909). Ähnlich wie die Jacobson-Schule in Seesen, die als Simultane Realschule mit Reform-Realgymnasium im Jahre 1909 304 Schüler zählte[393], erfüllte sie am ehesten die Zielvorstellungen der Gründungsväter aus dem frühen 19. Jahrhundert, nämlich die Akkulturation der jüdischen Minderheit durch Bildung. Ob diese Assimilation jedoch so weit gehen sollte, daß nach 1900 für die Bibliothek der Jacobson-Schule zwar noch eifrig theologische Fachliteratur angeschafft wurde, allerdings keine mehr in hebräisch, bleibt fraglich.[394]

Die Statuten der Synagogengemeinden Bückeburg und Stadthagen im Fürstentum Schaumburg-Lippe schrieben seit 1861 die Einstellung von Religionslehrern vor. Doch nur die Bückeburger hielten sich an diese Vorschrift. Die Juden in Stadthagen ließen die Lehrerstelle jahrelang vakant. Offenbar war auch in diesen kleinen, ländlich geprägten Gemeinden die Assimilation so weit fortgeschritten, daß an der Erhaltung eigener Schulen kaum noch Interesse bestand. Vor allem kinderlose Juden waren gegen eine Einstellung von Religionslehrern. Finanzielle Interessen überlagerten das Gruppenbewußtsein, so daß 1909 das Fürstentum nur noch eine Religionsschule (mit 13 Kindern) aufwies, nämlich die zu Bückeburg.[395]

Die beschriebenen Entwicklungen lassen sich schließlich auch in den übrigen heute zu Niedersachsen gehörenden Territorien beobachten. Im hamburgischen Cuxhaven (Ritzebüttel) war 1819 die Schulpflicht eingeführt worden, was zur Einstellung eines eigenen Lehrers führte; der Unterricht orientierte sich an den Zielen der Reformbewegung, d. h. er umfaßte Elementarfächer wie Deutsch und Rechnen, und dies zu fast 50 % des Gesamtpensums.[396] Allerdings schickten bereits ab den 1830er Jahren immer mehr jüdische Eltern ihre Kinder auf christliche Schulen, wodurch der bereits aus den anderen Ländern bekannte Prozeß ausgelöst wurde: zunächst wandelte sich die Schule zur Religionsschule, der Elementarschullehrer gab seinen Beruf auf und wurde Kaufmann, und nach einem weiteren Schülerrückgang wurde die Schule schließlich 1900 geschlossen.[397] Von den hessen-nassauischen Orten wies kurz vor dem ersten Weltkrieg lediglich Obernkirchen noch eine kleine Volksschule mit sieben Kindern auf.[398] Sachsenhagen und Hessisch-Oldendorf besaßen noch Religionsschulen. Doch auch dort war eine Schließung abzusehen. Rinteln hatte den Verfall des jüdischen Schulwesens bereits erlebt. Dort hatte 1860 der Lehrer Kugelmann noch unter großer Anteilnahme der Öffentlichkeit sein 25jähriges Dienstjubiläum feiern können. 50 Jahre später warteten kaum eine Handvoll Kinder darauf, im Wanderunterrichtsverfahren von Lehrer Loewenstein aus Obernkirchen mitversorgt zu werden.[399]

Jacobson-Schule in Seesen

Das Verhältnis zwischen Juden und Christen

Max Katz, Ludwig Stern und Gustav Falk aus Osnabrück als Soldaten im 1. Weltkrieg

Bei oberflächlicher Betrachtung der Entwicklung des jüdisch-christlichen Verhältnisses im nordwestdeutschen Raum während des 19. Jahrhunderts kann man den Eindruck gewinnen, daß das sogenannte Zeitalter der Emanzipation tatsächlich diese Bezeichnung verdient. Zwar dauerte es recht lange, bis die staatsbürgerliche Gleichstellung erreicht war, doch mehrten sich nach der Jahrhundertmitte die Anzeichen für eine Annäherung von Juden und Christen aneinander. In Ritzebüttel traten Juden 1842 in den *Hülfsverein für die Abgebrannten in Hamburg* ein, 1848 waren fast alle wichtigen jüdischen Familien im dortigen Bürgerverein vertreten.[400] In Braunschweig überreichten jüdische Damen den 1848 nach Schleswig-Holstein abrückenden Truppen eine bestickte Fahne als Zeichen ihrer patriotischen Gesinnung.[401] Jüdische Bürger wurden immer häufiger zu Stadtverordneten und Bürgervorstehern gewählt: Ludwig Helfft schon vor 1848 in Braunschweig[402], zwei Juden in Jever 1851[403], Bankier Meyer und Fellhändler Behrens 1853 in Hannover[404], in Dannenberg Bankier Breslau[405], in Nienburg Jonas Valentin, der 1870 auch in die Provinziallandschaft gewählt wurde[406]; 1872 wurde M. Alexander sogar zum Bürgermeister von Visselhövede gewählt, und 1896 schickte der Magistrat von Linden Leopold Fischer als ersten Juden in die Calenberg-Grubenhagensche Ritterschaft.[407] Die erwähnte Annäherung zeigte sich darüber hinaus in der Anteilnahme, die Christen mancherorts am Synagogenbau nahmen. In Cloppenburg förderten sie die Errichtung des jüdischen Gotteshauses durch Spenden[408], und die Einweihungsfeiern gestalteten sich fast überall zu öffentlichen Ereignissen, zu denen die christliche Gesellschaft prominente Vertreter entsandte, wie weiter oben erwähnt. In zahlreichen niedersächsischen Orten finden wir Juden als aktive Mitgestalter des örtlichen gesellschaftlichen Lebens: sie waren Mitglieder der Rosenkranz-Brüderschaft sowie der Kaufleute- und Schifferbrüderschaft in Stade[409], diverser Clubs in Cuxhaven[410], der Liedertafel und des Kriegervereins in Wildeshausen[411], etc. Die Teilnahme jüdischer Soldaten am Krieg von 1870/71 führte zu zahlreichen Ordens- und Tapferkeitsmedaillen-Verleihungen wie z. B. des Eisernen Kreuzes[412], und in der Gestaltung der Sedanfeiern standen die Juden den Christen in nichts nach. Das zeigte die große Feier in der hannoverschen Synagoge im September 1895, an der 21 Veteranen, darunter vier Träger des Eisernen Kreuzes, teilnahmen.[413] Schließlich mag auch der zunehmende Besuch weiterführender öffentlicher Schulen durch jüdische Kinder und Jugendliche als Indiz für die besagte Annäherung gewertet werden.

Wenn wir die dargelegten Fakten jedoch etwas genauer betrachten, so stellen wir fest, daß die Personen, deren Integration so gut gelungen schien, fast ausschließlich zum Kreis der Wohlhabenden und Erfolgreichen gehörten.[414] Ein gelungener Erziehungsprozeß zwecks Assimilierung war dabei die *conditio sine qua non*, reichte aber allein noch nicht aus. Die Juden, die akzeptiert werden wollten, mußten etwas Besonderes vorweisen können, z. B. ein großes Vermögen, eine führende Position in der Wirtschaft oder einen akademischen Titel. Eine vollständige soziale Integration der so lange ausgegrenzten Minderheit kann dies wohl noch nicht genannt werden. Ein Blick hinter die Kulissen zeigt, daß auch im 19. Jahrhundert zahlreiche einflußreiche Kräfte am Werk waren, um der Emanzipation tatsächlich nur formale Bedeutung zukommen zu lassen. Der nachweisliche Integrationswillen der Juden und alle ihre diesbezüglichen »Vorleistungen« vermochten dagegen kaum etwas auszurichten.

An erster Stelle sind hier die Regierungen in den nordwestdeutschen Staaten zu nennen. Es wurde gezeigt, wie mühsam ihnen die Emanzipationsgesetze abgerungen werden mußten, und dieses »Abringen« ist für unseren Kontext der entscheidende Punkt: die Obrigkeit *gewährte* die Gleichberechtigung. Die Menschenrechte wurden nicht – wie im nachrevolutionären Frankreich – als allen Individuen von Natur aus und damit unveräußerlich zustehend betrachtet. Zwar wurden die Emanzipationsgesetze in der Kaiserzeit offiziell nicht angerührt, doch zeigten die Landesregierungen deutlich, daß sie sich, wann immer sie es wollten, sehr wohl »über das Gesetz« stellen konnten. Auf die restriktive Einstellungspraxis wurde bereits eingegangen. Hier sei lediglich ergänzend erwähnt, daß es jüdische Richter in Preußen höchstens zum Oberlandesgerichtsrat bringen konnten, nicht aber zu einer Präsidialposition. In Braunschweig und Schaumburg-Lippe gab es noch nicht einmal jüdische Richter.[415] Das Reichsjustizamt bestätigte 1888 offiziell die den Emanzipationsgesetzen widersprechende Ableh-

nung der Zulassung des jüdischen Rechtsanwalts Otto Magnus zum Notariat durch die Landesregierung in Braunschweig: die Regierung habe die Freiheit, »aus Gründen sachlicher Zuträglichkeit von jüdischen Bewerbern abzusehen.«[416] Andere Zurücksetzungen, wie etwa die oben geschilderte Benachteiligung des jüdischen Religionsunterrichts vor allem an weiterführenden Schulen, erreichten eine noch größere Breitenwirkung. Auch wenn hier Regierung und Bürokratie nicht pauschal des Antisemitismus geziehen werden sollen, bleibt doch festzuhalten, daß ihre oftmals willkürlich anmutenden Maßnahmen nicht dazu geeignet waren, der Bevölkerung ein gutes Beispiel für die gerechte Behandlung einer Minderheit zu geben, was umso schwerer wiegt, wenn große Teile eben dieser Bevölkerung der Obrigkeit gegenüber an Folgsamkeit gewöhnt waren.

Einen bedeutenden Einfluß auf die Meinungsbildung der Bevölkerung übten neben den Regierenden von altersher die christlichen Geistlichen aus. Wie tief die antijüdischen Ressentiments der Kirchen verwurzelt waren, kam in den vorausgegangenen Kapiteln immer wieder zur Sprache. Die aus dem 19. Jahrhundert überlieferten Zeugnisse bestätigen in ihrer Mehrzahl dieses Bild. Der katholische Pfarrer von Sögel im Osnabrückischen versuchte 1839, den Bau der Synagoge zu verhindern: Sie sei nur 100 Schritte vom Pfarrhaus entfernt, so daß er, der Pfarrer, gezwungen sei, sie immer vor Augen zu haben. Wenn überhaupt, sollten die Juden nur im Verborgenen Gottesdienst abhalten dürfen, zumal sie dann auch nicht das übliche Gelächter der Katholiken hervorrufen würden.[417] Auch die protestantischen Geistlichen spielten alles andere als eine Vorreiterrolle für praktizierte Toleranz: In Bleckede wurde im Ostergottesdienst 1860 gegen die Juden gehetzt[418], in Stotel nahm der Pastor eine Spende für die Ausbildung armer Jugendlicher nicht an, da sie von einem Juden stammte[419], in Lauenförde geschah Ähnliches, als Juden Stühle und Teppiche für eine Konfirmationsfeier zur Verfügung stellen wollten.[420] Während des Kulturkampfes wurde im Osnabrücker Raum der »Leokalender« verbreitet, der antijüdische Hetzartikel enthielt.[421] In Elze wetterte der Superintendent gegen die Juden, in Oldenburg verbot der Oberkirchenrat dem Pastor Späth, eine Trauerrede am Grab des verstorbenen Landesrabbiners Wechsler

Zionistisches Schmuckblatt, 1905

zu halten.[422] Es gab auch Geistliche, die sich anders verhielten. Vor allem der hannoversche Pastor Bödeker war für seine judenfreundliche Haltung bekannt.[423] 1861 überreichten die Juden von Stolzenau dem Superintendenten Bornträger zum 25. Dienstjubiläum einen Pokal. Die dafür gegebene Begründung macht allerdings den Ausnahmecharakter des Ereignisses deutlich: Bornträger habe nie gesagt, daß Juden nicht selig werden könnten – wie andere Geistliche es für gewöhnlich täten.[424]

Neben Staat und Kirche hatten Kaufleute und Handwerker jahrhundertelang das jüdisch-christliche Verhältnis entscheidend mitbestimmt, und zwar in einem negativen Sinn. Vor den Folgen des Konkurrenzneides blieben die Juden auch in der Emanzipationsepoche nicht verschont. Wie bereits gesehen, nutzten die lokalen Interessenverbände alle Möglichkeiten, um Juden fernzuhalten: die Kaufmannsgilde von Osterode nahm noch 1845 keinen Juden auf, die Seidenkrämerinnung von Stade verhielt sich 1851 ähnlich.[425] 1848 erreichte die Regierung von Hannover eine Petition der dortigen Handwerkermeister, die die Zurücknahme der Gewerbefreiheit verlangte:

»(. . .) *und was hätte aus unserem Lande werden sollen, wenn eben diese Gewerbe-Ordnung ihr sicheres Ziel erreicht haben würde, denjenigen Stand in den Städten, der am Ende alle übrigen tragen und ernähren muß, völlig zu ruinieren.«*[426] Die Handwerker sahen sich als staatstragende Zunft und verlangten umgekehrt entsprechenden Schutz. Der angeblich drohende Ruin durch ungezügelte Konkurrenz war ein seit dem ersten Auftreten jüdischer Kaufleute in Niedersachsen vorgebrachtes »Argument«. Die Stoßrichtung der Petition des Jahres 1848 nährte sich ebenfalls aus dieser Tradition:

»*Die alte Idee, daß das Handwerk, weil bürgerliche Beschäftigung, ein edles Geschäft sei, pflanzt sich in den Zünften fort und hilft zu bürgerlichem Selbstgefühl, erhält den Charakter der Biederkeit und des Selbstvertrauens und bewahrt vor jenem häßlichen Gewerbsbetrieb mit Feiltragen, Arbeitsuchen, Kriechereien und sonstigen Schmutzmitteln.«*[427] Obwohl Juden nicht ausdrücklich genannt wurden, bedienten die hier angeführten Klischees Erwartungshaltungen, die jahrhundertelang verfestigt worden waren: der biedere, ehrliche, fleißige Deutsche wurde den Juden mit

ihrem »typisch jüdischen Geschäftsgebaren« gegenüber gestellt. Als 1869 kraft norddeutschen Bundesgesetzes die völlige Gewerbefreiheit eingeführt wurde, kam es erst recht zu Protesten gegen diese angebliche Bedrohung des Mittelstandes, diesen »Hort der Gerechtigkeit, Sitte, Moral und Staatstreue gegenüber dem ›kapitalistischen Saugrüssel‹ und den ›vaterlandslosen Gesellen‹.«[428] Die gleichen Töne waren auch auf dem 1. Handwerkertag der Provinz Hannover zu hören, der 1882 in Goslar stattfand.[429] Immer wieder verbanden sich mit dieser Abwehrhaltung gegen die moderne Industriegesellschaft antijüdische Stereotype, so etwa im *Celler Volksfreund*, der 1880 für die Wiedereinführung des Zunftzwangs plädierte.[430]

Keine der bislang skizzierten Einstellungen der gesellschaftlich-politischen Kräfte war neu. Sie bezeugten vielmehr die Zählebigkeit der alten Ressentiments. Im Zusammenhang mit den Verwerfungen der sich rasant vollziehenden Industrialisierung, die durchaus nicht unbegründete Ängste vor dem Absturz ins soziale Nichts weckte, gewannen diese antijüdischen Stereotype jedoch eine besondere Bedeutung. Unter dem neuen, um die Mitte der 1870er Jahre auftauchenden Schlagwort »Antisemitismus« formierte sich eine politische Bewegung, die sämtliche überlieferten Klischees dazu benutzte, der verunsicherten Bevölkerung in den Juden die angeblichen Hauptschuldigen an allem Elend zu präsentieren.[431] Die Wirtschaftskrise nach 1873 brachte einen ersten Höhepunkt der antisemitischen Agitation, der mit dem Auftreten des Berliner Hofpredigers Adolf Stoecker verbunden war.[432] Die unmittelbaren Auswirkungen auf den niedersächsischen Raum waren auf den ersten Blick gering. Während des ganzen 19. Jahrhunderts hatte es örtliche Vorfälle gegeben, wie wir sie auch aus der weiter zurückliegenden Vergangenheit kennen. Aber es waren doch Einzelfälle geblieben: aus Anlaß der im südlichen Deutschland pogromartige Züge annehmenden Hep-Hep-Bewegung hatten sich in Wolfenbüttel einige Gärtnerburschen vor einem Judenhaus zusammengerottet[433], in Hornburg kam es zu Gottesdienststörungen durch Rademachergesellen[434], Hep-Hep-Rufe wurden noch 1865 in Hildesheim, Lüneburg und Verden registriert[435], Sachbeschädigungen und Friedhofsschändungen[436] kamen vereinzelt vor. Das letzte

Jahrhundertviertel brachte jedoch Veränderungen mit sich, die vor einer Verharmlosung vergleichbarer Vorfälle warnen sollten. Diese Veränderungen betrafen das Bewußtsein weiter Bevölkerungskreise, das immer stärker von einem sozialdarwinistisch geprägten Nationalismus bestimmt war. Dieser Nationalismus war zudem mit der Hypothek einer spezifischen Definition des Begriffs »Volk« belastet. Im deutschen Kulturbereich wurde seit der Zeit der Romantik mit »Volk« eine Gemeinschaft bezeichnet, die »in unverdorbenem Zustand keine Pluralität aufweist«.[437] Wer sich hinter die Forderung Max Webers von 1895 stellte – und viele Gebildete taten dies –, daß dem Deutschen Reich endlich Weltgeltung zu verschaffen sei, war bestrebt, die deutsche Nation auf dieses Ziel einzuschwören, indem alle die Geschlossenheit der Volksgemeinschaft störenden Elemente bekämpft wurden.[438] Die Ausgrenzung von Minderheiten, speziell die der Juden, als »Kitt« für das Zusammenhalten der »guten Deutschen« bot sich für die Verfechter des völkischen Nationalismus geradezu an. Kurze Zeit, nachdem die Regierung den Juden die Gleichstellung gewährt hatte, wurde also wieder deren Ausgrenzung gefordert. Die Begründung hierfür suchte man in einem pseudowissenschaftlichen Rasse-Begriff, dessen organisch-biologische Bestandteile unschwer in Zusammenhang zu bringen sind mit dem romantischen Volksbegriff. Diese für das späte 19. Jahrhundert typische Mischung aus Rassismus, Antisemitismus, Sozialdarwinismus und Nationalismus benutzte die überkommenen antijüdischen Ressentiments zur Festigung einer deutsch-völkischen Integrationsideologie[439], die wiederum mancher Partei und manchem Interessenverband des Kaiserreichs bei der Verfolgung ihrer jeweiligen politischen Ziele wertvolle Dienste leistete. Das antisemitische Gedankengut breitete sich aus; es wurde in weiten Kreisen »gesellschaftsfähig«, wie im folgenden zu zeigen sein wird.

Betrachten wir zunächst die Gruppierungen, die den Antisemitismus ganz offiziell in den Mittelpunkt ihres Programms stellten, also die sogenannten christlich-sozialen bzw. deutsch-sozialen Parteien. Sie betrieben im niedersächsischen Raum in den 1880er und 1890er Jahren eine eifrige Propaganda. Petitionen an die Städte und Gemeinden wurden verschickt, die praktisch auf die Wiederherstellung des mittelalterli-

chen Schutzjudenstatus hinausliefen. Mehrere Vorträge der bekanntesten antisemitischen Politiker fanden statt: 1881 sprach Adolf Stoecker im hannoverschen Odeon[440], 1889 kam Max Liebermann von Sonnenberg nach Hannover[441], 1894 wurden weitere Veranstaltungen in Hannover und in Leer registriert.[442] Der unmittelbare Erfolg der antisemitischen Parteien blieb allerdings gering, wenn wir uns ihr Abschneiden bei den Reichstagswahlen ansehen. Im Jahre 1907 finden wir lediglich zwei Abgeordnete aus den heute zu Niedersachsen gehörenden Gebieten: der (hessische) Wahlkreis Rinteln und der braunschweigische Wahlkreis Holzminden waren in antisemitischer Hand.[443]

Viel wichtiger als diese direkten Folgen, die der oberflächliche Betrachter als Einzelfälle abtun könnte, waren jedoch die indirekten Wirkungen der antisemitischen Propaganda. Von den größeren Parteien ist hier zunächst die Konservative Partei zu nennen, deren Tivoli-Programm von 1892 stark von antisemitischen Einflüssen geprägt war.[444] Die Konservative Partei eroberte 1907 den Wahlkreis Hildesheim, die Freikonservative Partei die Wahlkreise Harburg, Lüchow und Schaumburg-Lippe.[445] Der eng mit den Konservativen kooperierende Bund der Landwirte konnte sich im Wahlkreis Neuhaus durchsetzen. Selbst die im niedersächsischen Raum traditionell starke Nationalliberale Partei – sie vertrat 1907 die Wahlkreise Aurich, Stade, Lüneburg, Diepholz, Nienburg, Celle, Hameln und Einbeck – war vor antisemitischer Ideologie nicht gefeit, obwohl ihr nach Angaben der Allgemeinen Zeitung des Judentums im Jahre 1887 noch die Mehrheit der hannoverschen Juden anhing.[446] Rudolf von Bennigsen, der spätere Oberpräsident der Provinz Hannover, scheute sich 1883 nicht, den Agrarier Hottendorf als Wahlkreiskandidaten für die nationalliberale Partei zu empfehlen, obwohl dieser offen gegen die Gleichstellung der Juden auftrat.[447]

Neben den Parteien sind mächtige Interessengruppen zu nennen, die sich antisemitischer Agitation bedienten und dieser Ideologie damit zu weiterer Verbreitung verhalfen. Der bereits erwähnte 1893 gegründete Bund der Landwirte benutzte dabei sowohl die alten Stereotype, vor allem das des »Wucherjudens«, als auch völkisch-rassistische Klischees.[448] Damit gelang es ihm, den sogenannten Radau-Antisemitismus als eigene politische Kraft weitgehend auszuschalten, ohne jedoch dessen Gedankengut zu eliminieren; im Gegenteil: es wurde nur umso akzeptabler.[449] Auch wenn der Schwerpunkt des Bundes östlich der Elbe lag, sollte seine Bedeutung für die Provinz Hannover nicht unterschätzt werden. Dort konnte er sich oft auf den agrarischen Flügel der Nationalliberalen Partei stützen und, wie gesehen, 1907 sogar ein Reichstagsmandat gewinnen.[450] Der 1891 gegründete Allgemeine Deutsche Verband (Alldeutscher Verband), der sich als »Gesinnungsmultiplikator« im Interesse der »völkischen Schutzarbeit« verstand[451], war aufgrund seiner Sozialstruktur für die Beeinflussung der öffentlichen Meinung von großer Bedeutung. Ihm gehörten vor allem Lehrer, Geschäftsleute, Rechtsanwälte, höhere Beamte, Ärzte und Offiziere an.[452] Stark repräsentiert war der Verband – im Jahre 1893 – in Hildesheim (250 Mitglieder), Hannover (200 Mitglieder) und Göttingen (85 Mitglieder).[453] Vergleichbar war der Einfluß des 1893 in Hamburg gegründeten Deutschnationalen Handlungsgehilfen-Verbands, der sich rasch im niedersächsischen Raum ausbreitete: 1895 erfolgte die erste Ortsgruppengründung in Braunschweig, ein Jahr später in Hannover.[454] Andere örtliche Vereine, wie der 1885 gegründete *Christlichconservative Verein* in Oldenburg[455] und der Hannoversche Verein *Christlicher Geschäftsschutz* stießen in dasselbe Horn.

Was in der Vergangenheit Zünfte und Gilden besorgt hatten, war nun Aufgabe mächtiger, überregional operierender Interessengruppen. Sekundiert wurden sie von einem Teil der Tagespresse. Die *Hannoversche Post* trat offen für den Antisemitismus Stoeckerscher Prägung ein; der Celler *Volksfreund* und die Stadthagener *Schaumburg-Lippische Landeszeitung* sind hier ebenfalls zu nennen.[456] Selbst Journalisten, die sich gegen den Antisemitismus aussprachen, waren vor, gelinde gesprochen, ambivalenten Formulierungen nicht gefeit. So schrieb die hannoversche *Deutsche Volkszeitung* 1885: »Hätte der Herr Stoecker sich darauf beschränkt, die jüdischen Auswüchse (!) zu bekämpfen (. . .), so hätten wir an seiner Seite gestanden.«[457] Weniger direkt, aber dafür möglicherweise umso wirkungsvoller wurde antisemitisches Gedankengut verbreitet, wenn es in literarischer Form präsentiert wurde, wie z. B. in dem Fortsetzungsroman

Der Bettlerkönig von K. Reichner, der 1885 in der *Emszeitung* erschien.[458]

Immer, wenn Vorträge prominenter Antisemiten stattfanden, fiel im Publikum die große Anzahl von Lehrern auf.[459] Lehrer waren überproportional stark im Alldeutschen Verband vertreten. Auf regionaler und lokaler Ebene spielten sie in den antisemitischen Vereinen oft eine führende Rolle.[460] Als Beispiel sei hier nur auf den Gymnasiallehrer Dr. Oskar Hempel verwiesen, der ab 1911 den ehedem liberalen *Montagskegelklub* in Jever zu einer Plattform seiner völkischen Agitation machte.[461] Aufgrund ihrer großen Einflußmöglichkeiten bei der heranwachsenden Generation war die Bedeutung der Lehrer als »Transmissionsriemen« des Antisemitismus nicht zu unterschätzen. Viel wichtiger als die unverblümte, plumpe Propaganda im Unterricht war in diesem Zusammenhang die langfristig verlaufende Entwicklung zu eindeutig machtstaatlich-nationalistischen Lernzielen in der zweiten Hälfte des 19. Jahrhunderts. Die entsprechenden Themen des Geschichtsunterrichts wurden bereits im Kapitel über das jüdische Schulwesen erwähnt. Sozialdarwinistisch gefärbtes Machtdenken fand in fast jedem Schulfach Eingang. Bereits 1870 finden wir in Schulaufsätzen 15jähriger Gymnasiasten folgende Formulierungen: »*Wenn wir die Weltgeschichte auch nur flüchtig betrachten, so finden wir fast auf jedem Blatte derselben die großartigsten und folgenreichsten Kriege verzeichnet. Beim näheren Forschen nach den Gründen, aus welchen sie entstanden sind, erhalten wir bald die Überzeugung, daß viele, ja die meisten derselben nothwendig waren, sei es, um Völker zu vernichten (!), welche den Fortschritt der Civilisation hemmten, und um andere Völker, welche zu Trägern der Civilisation bestimmt waren und ihre höchste Blüthe erreicht hatten, nicht in Verweichlichung erschlaffen zu lassen, sei es, um aus dem Leben der Völker Gegensätze zu entfernen, welche auf friedliche Weise nicht gelöst werden konnten.*«[462]

Auch wenn hier die Juden mit keiner Silbe erwähnt wurden, fällt die gedankliche Nähe zu den rassistischen Werken Gobineaus und Chamberlains sofort ins Auge.[463] Die Vorstellung, daß – aus welchem Grunde auch immer – »störende Elemente« vernichtet werden könnten bzw. notwendigerweise vernichtet werden

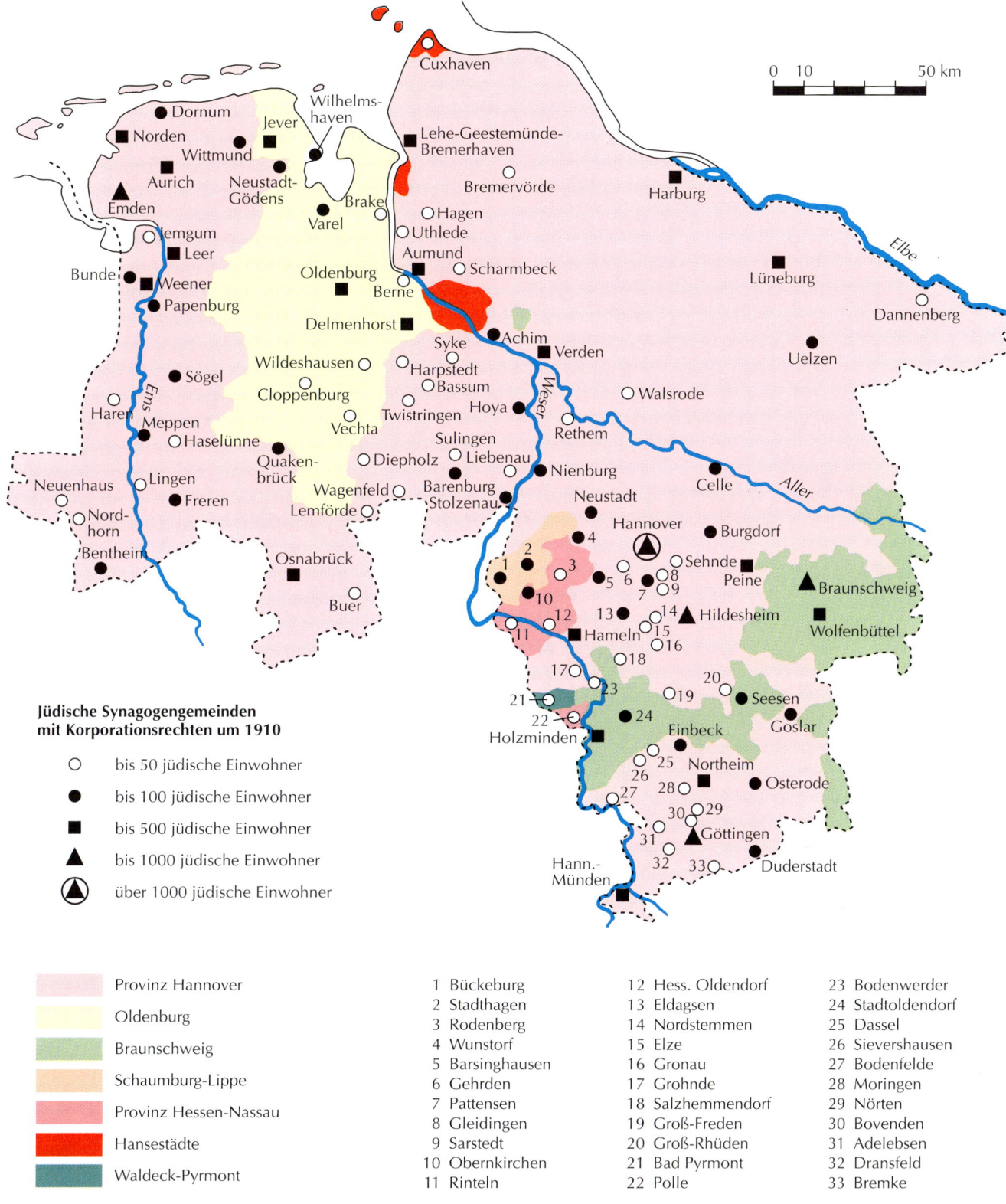

1815–1918

0   10   50 km

Jüdische Synagogengemeinden mit Korporationsrechten um 1910

○   bis 50 jüdische Einwohner

●   bis 100 jüdische Einwohner

■   bis 500 jüdische Einwohner

▲   bis 1000 jüdische Einwohner

◉   über 1000 jüdische Einwohner

	Provinz Hannover
	Oldenburg
	Braunschweig
	Schaumburg-Lippe
	Provinz Hessen-Nassau
	Hansestädte
	Waldeck-Pyrmont

1	Bückeburg	12	Hess. Oldendorf	23	Bodenwerder
2	Stadthagen	13	Eldagsen	24	Stadtoldendorf
3	Rodenberg	14	Nordstemmen	25	Dassel
4	Wunstorf	15	Elze	26	Sievershausen
5	Barsinghausen	16	Gronau	27	Bodenfelde
6	Gehrden	17	Grohnde	28	Moringen
7	Pattensen	18	Salzhemmendorf	29	Nörten
8	Gleidingen	19	Groß-Freden	30	Bovenden
9	Sarstedt	20	Groß-Rhüden	31	Adelebsen
10	Obernkirchen	21	Bad Pyrmont	32	Dransfeld
11	Rinteln	22	Polle	33	Bremke

müßten, setzte sich jedenfalls früh in vielen Köpfen fest. Die Instrumentalisierung dieser Disposition durch die Antisemiten bot sich geradezu an. »Deutsches Wesen« weckte Assoziationen an gute Eigenschaften, während alles »Undeutsche« entsprechend schlecht konnotiert wurde. Die formale Emanzipation der Juden und ihre neue Stellung als deutsche Staatsbürger stellte kein verläßliches Gegengewicht dar gegen die durch jahrhundertelange Absonderung verfestigte Klischeevorstellung vom »fremden jüdischen Wesen«. Es mochte vergleichsweise harmlos klingen, wenn sich der Sohn des Braunschweiger Landesrabbiners Rülf zu Beginn des 20. Jahrhunderts von einem Mitschüler sagen lassen mußte: »*Ach weißt du, ich bin ja nicht für den Antisemitismus, aber ich finde doch, daß der Einfluß der Juden auf Deutschland und die deutsche Kultur nicht günstig ist.*«[464] Doch wurde hier deutlich, wie wenig den Juden ihre Akkulturationsbemühungen gelohnt wurden. Wenn der Bedarf an Feindbildern und Sündenböcken wieder wuchs, waren sie, nach wie vor, als erste bedroht.

Auch in den Universitäten breitete sich diese verhängnisvolle Mischung aus Sozialdarwinismus, Antisemitismus und Nationalismus rasch aus. In Göttingen wurde dem Privatdozenten der Mathematik, Dr. Schönfließ, die Aufnahme in die *Genossenschaft freiwilliger Krankenpflege im Kriege* wegen seiner jüdischen Religion 1888 verweigert.[465] Der nachmalige Friedensnobelpreisträger Ludwig Quidde, der von 1878 bis 1881 in Göttingen studierte, schrieb unter dem Eindruck einer stark antisemitisch gefärbten allgemeinen Studentenversammlung dort im Jahre 1881 eine Schrift über *Antisemitenagitation und deutsche Studentenschaft*, was ihm zwei Duellforderungen eintrug.[466] Als im Dezember 1890 der Prorektor der Göttinger Universität, Orth, anläßlich einer Immatrikulationsfeier vor Sozialdemokraten und Antisemiten warnte, kam es zu einem enormen Presserummel, so daß Orth schließlich über die *Göttinger Zeitung* verbreiten lassen mußte, daß er nicht gesagt habe, daß für ihn alle Antisemiten mit einem Makel behaftet seien, sondern lediglich antisemitische Agitatoren.[467] Diese willkürliche Differenzierung macht nur deutlich, in welchem Maße der Antisemitismus salonfähig geworden war. Und so erstaunt es den heutigen Leser auch kaum noch, wenn ihm in den für gewöhnlich so

positivistisch eingestellten, der objektiven Berichterstattung verpflichteten Konversationslexika der damaligen Zeit prominente Rassisten wie Liebermann von Sonnenberg oder Paul de Lagarde aus Göttingen zwar als etwas einseitig präsentiert werden, jedoch vor allem als warme Patrioten, die viel für Deutschland getan hätten: als Beleg wird dann Liebermanns zweimalige Verwundung im Krieg von 1870/71 angeführt.[468]

Es war kein Zufall, daß die Ausbreitung des Antisemitismus im späten 19. Jahrhundert mit einer Renaissance der ältesten antijüdischen Vorurteile Hand in Hand ging. Der seine Rassenideologie gerne als moderne Wissenschaft präsentierende Antisemitismus baute schließlich direkt auf der jahrhundertelang trainierten Bereitschaft auf, den Juden alle denkbar schlechten Eigenschaften zu unterstellen. Er konnte von der Tatsache profitieren, daß bestimmte Allgemeinplätze sprachlicher Art unreflektiert von Generation zu Generation weitergegeben wurden, wie z. B. »He is richdig so'n Juden«.[469] Angeblich »typisch« jüdisches Aussehen und »typisch« jüdisches Geschäftsgebaren hielten sich als feste Bestandteile der umgangssprachlichen Kommunikation, auch als die Realität sich im Vergleich etwa zum 18. Jahrhundert völlig gewandelt hatte. In den 1870er Jahren tauchte nämlich wieder verstärkt der traditionelle Wuchervorwurf auf. Umfängliche Untersuchungen des Vereins für Socialpolitik über den »Wucher auf dem Lande« bewiesen allerdings für die Provinz Hannover das Gegenteil. Zwar liehen viele Bauern immer noch eher bei »verschwiegenen Handelsmännern«, also privat, als bei den sich ausbreitenden öffentlichen Sparkassen, doch waren diese Kreditgeber nicht alle Juden, und wenn, dann konnte von Wucherzinsen kaum die Rede sein.[470] Die oben geschilderte ambivalente Haltung der Obrigkeit in bezug auf den Eid *more iudaico* ließ auch das Klischee des für den Christen gefährlichen, da unaufrichtigen Juden neu erstehen: 1885 schrieb die Schaumburg-Lippische Landeszeitung in Stadthagen, daß jüdische Eide grundsätzlich falsche Eide sein könnten, da sich die Juden stets eine religiöse Dispens einholen dürften. Der Redakteur handelte sich zwar eine Anklage wegen antisemitischer Hetze ein, doch hatte er seine Meinung »unter das Volk gebracht«.[471] Selbst die unsin-

Borkum-Lied

Weise: „Hipp, hipp, hurra"

Wir grüßen heut' im frohen Lied
Dich, Borkums schönen Strand,
Wo durch die Luft die Möve zieht,
Und grün sich dehnt das Land!
Wo an die Dünen braust die See
Des Nordens wild heran,
[: Wo Leuchtturms Licht von stolzer Höh'
Dem Schiffer weist die Bahn. :]
Drum wollen laut dein Lob wir singen,
Wir Gäste all', von fern und nah,
Begeistert soll der Ruf erklingen:
Borkum hurrah! Borkum hurrah!

Wohl giebt es Bäder viel und reich
Im weiten Vaterland,
Doch kommt an Wert dir keines gleich,
Du prächt'ger Inselstrand; –
In deinem Zauberbann, wie weicht
Die Sorge scheu zurück!
[: Wie wird das Herz so frisch und leicht,
Wie hebt sich froh der Blick! :]
Drum wollen laut dein Lob wir singen,
Wir Gäste all', von fern und nah,
Begeistert soll der Ruf erklingen:
Borkum hurrah! Borkum hurrah!

Es herrscht im grünen Inselland
Ein echter deutscher Sinn,
Drum alle, die uns stammverwandt,
Ziehn freudig zu dir hin.
An Borkums Strand nur Deutschtum gilt,
Nur deutsch ist das Panier,
[: Wir halten rein den Ehrenschild
Germanias für und für! :]
Doch wer dir naht mit platten Füßen,
Mit Nasen krumm und Haaren kraus,
Der soll nicht deinen Strand genießen,
Der muß hinaus! der muß hinaus!
„Hinaus!"

Nach einer Ansichtskarte, um 1900

nige Ritualmordlegende wurde wiederbelebt.[472] Zu dieser Entwicklung paßt die Tatsache, daß das zu Beginn des 18. Jahrhunderts von dem Heidelberger Orientalisten Johann Andreas Eisenmenger verfaßte Werk *Entdecktes Judentum, oder Bericht, wie die Juden das Christentum etc. lästern* 1892 »zeitgemäß überarbeitet« wieder aufgelegt wurde!

Was konnte an Gegenmaßnahmen gegen diese bedrohlichen Entwicklungen unternommen werden? Bei direkten antisemitisch motivierten Vorfällen bot sich der Klageweg an. Immerhin war das Deutsche Reich ein Rechtsstaat. Einige Beispiele aus der Stadt Hannover legen jedoch die Vermutung nahe, daß die judenfeindlichen Strömungen des späten 19. Jahrhunderts auch am Richterstand nicht spurlos vorübergegangen waren. 1892 hing der hannoversche Buchhändler Warnecke in seinem Schaufenster einen antisemitischen Bilderbogen aus. Die zuständige Polizeibehörde beschlagnahmte das Werk und verhängte eine Geldstrafe von 10 Mark wegen groben Unfugs. Warnecke legte Berufung ein, und das Gericht sprach ihn frei, und zwar mit folgender Begründung: ein Schaufenster sei »kein öffentlicher Platz im Sinne des Gesetzes«, der Angeklagte habe nicht aus »Klassenhaß«, sondern aus Geschäftsinteresse gehandelt und schließlich sei der Bilderbogen eher »humoristischer Natur«![473] Im Jahre 1898 wurde der Apotheker Oehlmann aus Wülfel aufgrund einer Flugblattaktion *Die Judengefahr in Hannover* wegen Beleidigung und groben Unfugs angeklagt. Bezeichnenderweise weigerte sich die Staatsanwaltschaft zunächst, Klage zu erheben. Erst nach einer Intervention bei der Oberstaatsanwaltschaft kam es zum Prozeß, in dem der Apotheker allerdings freigesprochen wurde. Begründung: das Flugblatt enthalte zwar objektiv gesehen Beleidigungen, doch richteten diese sich gegen jüdische Geschäftsleute im allgemeinen und nicht speziell gegen die Kläger![474]

Ermutigendere Zeichen konnte man bestimmten Entwicklungen im Parteienspektrum entnehmen. Von allen deutschen Parteien der damaligen Zeit lehnten die Linksliberalen und die Sozialdemokraten den Antisemitismus am meisten ab. Vor allem letztgenannte konnte ihren Stimmenanteil in Niedersachsen bis 1912 auf über 34 % ausbauen. Sozialdemokraten saßen für Hannover, Braunschweig, Springe-Hameln,

Hildesheim, Einbeck-Northeim im Reichstag.[475] Selbst in Schaumburg-Lippe wurde die SPD zur relativ stärksten Partei.[476] Auch das katholische Zentrum wurde – trotz mancher Entgleisung – aufgrund seiner Erfahrungen im Kulturkampf in bezug auf die Behandlung von Minderheiten sensibler. Sein Fraktionsvorsitzender Ludwig Windthorst, der bis 1891 den Wahlkreis Meppen-Papenburg vertrat, trat wiederholt gegen die Antisemiten auf und verteidigte nachdrücklich das Recht der Juden auf ihre eigene religiöse Identität.[477] Da jedoch die genannten Parteien, vor allem die Sozialdemokratie, bis zum Ende des 1. Weltkriegs nur sehr geringen Einfluß etwa in Hinsicht auf die staatliche Personal- und Schulpolitik ausübten, konnte sich keine Gegenkraft entwickeln, die das geistige Klima veränderte, obwohl entsprechende Potentiale in der Bevölkerung zweifellos vorhanden waren.

Ähnliches gilt für die Einstellung einiger Magistrate. Der Stadtrat von Rinteln verwahrte sich in unmißverständlicher Weise gegen die oben erwähnte antisemitische Petition von 1880 und antwortete den Antragstellern folgendes: »*Auf Ihre Zuschrift, betreffend eine an den Herrn Reichskanzler zu richtende Petition behufs Einschränkung des Einflusses der Juden, erklären wir Ihnen hiermit, daß wir die Zumuthung auf Verbreitung des Gesuches, welche dem Grundsatze der christlichen Religion über Nächstenliebe direct widerstrebt, entschieden ablehnen. Wir denken über unsere nationale Kraft besser und schätzen sie höher, als daß wir die Befürchtung von einer Überwucherung des jüdischen Elements und dadurch bedingten Verfalls der deutschen Nationalität zu theilen vermöchten, und hegen vielmehr die Überzeugung, daß unsere weise Staatsregierung Bestrebungen, die nur geeignet sind, religiösen Haß und Zwietracht unter gemeinsamen Staatsbürgern hervorzurufen, energisch entgegentreten wird.*«[478] Der Magistrat von Hannover äußerte sich im gleichen Sinne.[479] Es ist nicht ohne Interesse, den Wandel zu betrachten, welcher hier dokumentiert wird: Während die Städte noch bis in die Mitte des 19. Jahrhunderts zu den erbittertsten Judengegnern gehört hatten, zeigten sie nun mehr Toleranz und Liberalität. Dieser Sinneswandel konnte jedoch nicht allzuviel bewirken, wenn man sich die geringe politische Macht vergegenwärtigt, die den Kommunen im Gesamtstaat zukam.

**Jüdischer Feldgottesdienst
während des 1. Weltkrieges**

Die Juden selbst waren in ihrer großen Mehrheit nicht bereit, den von ihnen so teuer bezahlten Akkulturationsprozeß in Frage stellen zu lassen. Als Reaktion auf den um sich greifenden Antisemitismus gründeten sie zunächst den *Centralverein deutscher Staatsbürger jüdischen Glaubens* im Jahre 1893. Auch die bereits erwähnten Vereine für jüdische Geschichte und Literatur in mehreren niedersächsischen Städten sollten entsprechende Zeichen setzen. Manche Juden waren bereits so sehr in der deutschen Kultur verwurzelt, daß sie ihren geringer assimilierten Glaubensbrüdern aus Osteuropa kaum weniger reserviert gegenüber standen, als es Nicht-Juden taten. Eine Kindheitserinnerung des Hannoveraners Theodor Lessing macht dies anschaulich: »*Zu Hause war nie vom Judentum die Rede. Es gab in der Familie keine jüdischen Bräuche mehr. Es entstand daher ein unklarer Riß, als mir ziemlich spät bewußt wurde, daß ich nicht, gleich den* andern, Christ sei. Das Verspotten der Judenkinder war nicht bös gemeint. Das Wort Jude war für die hannoverschen Jungen ein Scheltwort wie Lork oder Buttjer. Man hänselte, und ich tat arglos mit. In der dreiklassigen Vorschule gab es außer mir nur zwei Judenkinder, Süßapfel und Ransahoff. Süßapfel war immer Erster der Klasse, Ransahoff, ein stark degenerierter Junge, wurde immer geknufft. Kinder sind grausam, und auch ich quälte den armen Ransahoff, bis er eines Tages, als ich zu ihm ›Jude‹ sagte, antwortete: ›Bist ja auch einer.‹ Ich sagte empört: ›Ist nicht wahr‹, erkundigte mich aber bei meiner Mutter, was ein Jude sei. Sie lachte und gab eine ausweichende Antwort. Einmal aber zeigte sie mir auf der Straße einen Mann im Kaftan und sagte: ›Da geht ein Jude.‹ Daraus schloß ich, daß dann wir keine ›richtigen‹ seien. Aber das Wort Jude wurde mir unheimlich.*«[480]

In der Tat hatte der Antisemitismus auch von den im späten 19. Jahrhundert verstärkt zuwandernden russischen und galizischen Juden profitiert, deren äußere Erscheinung und fremde Lebensweise wieder ein deutlicher erkennbares Feindbild abgeben konnten. So durfte der Kaufmann Leopold Tarlowski 1900 in Bad Harzburg kein »rituell verwaltetes jüdisches Hotel garni« eröffnen, da der Magistrat einen Zuzug russisch-polnischer Juden »dritten und vierten Ranges« befürchtete.[481] Die Ostjuden waren folglich auch eher bereit, sich den Vereinen anzuschließen, die aus der Ausbreitung des Antisemitismus ganz andere Konsequenzen zogen als die assimilierten Juden, welche in ihrer Abwehrhaltung vor allem auf ihr Deutschtum pochten. Mit diesen Vereinen ist vor allem die *Zionistische Vereinigung für Deutschland* gemeint. Die Zionisten gingen davon aus, daß der völkisch geprägte Nationalismus in Mittel- und Osteuropa die bisherigen Integrationserfolge der Juden zunichte machen würde, so daß ihnen nur ein Neuanfang in einem eigenen Land übrigbliebe.[482] Der Zionismus war in seiner Anfangsphase in Hannover und in Niedersachsen Angelegenheit einer sehr kleinen Minderheit. Sammy Gronemann, der Sohn des hannoverschen Landrabbiners, engagierte sich früh in dieser Bewegung. Er berichtete über jene Jahre folgendes: »*Auch ich wehrte mich zu jener Zeit mit allen Kräften gegen die neue Lehre. Man muß sich vergegenwärtigen, daß es für jeden deutschen Juden eine schwere geistige Operation war, vollkommen umzulernen. (. . .) Die zentrifugale Tendenz allen deutsch-jüdischen Lebens steckte tief in uns.*«[483] Nachdem er sich zum Zionismus bekehrt hatte, versuchte er für diesen in Hannover zu wirken. Dort stieß er jedoch auf mancherlei Schwierigkeit, zumal die Zionisten selbst alles andere als einen monolithischen Block bildeten: »*Ich fand (. . .) nicht nur eine, sondern gleich zwei zionistische Gruppen vor, nämlich eine westjüdische und eine ostjüdische, die Dorschei Schalom Zion. Es hatte sich nämlich in Hannover um die sogenannte Insel, eine etwas verrufene Gegend, eine ziemlich große ostjüdische Kolonie gebildet, die den auf ihr Deutschtum, eigentlich noch mehr auf ihr vornehmes Hannovertum, eingebildeten Alteingesessenen ein Dorn im Auge war. Diese ostjüdische Kolonie spaltete sich wie-*der in einen chassidischen Kreis, der natürlich von Zionismus nichts wissen wollte, und einen weniger reaktionären Zirkel, dessen Mittelpunkt der betriebsame Zimak und Jacob Schnelling waren. Diesen gegenüber stand der Kreis der Westzionisten, der von dem Leiter der Michael Davidschen Freischule, Inspektor Ivan Meyer, geleitet wurde.*«[484]

Mit der Zeit konnten die zionistischen Aktivisten jedoch einige Erfolge verbuchen. Ortsgruppen entstanden außer in Hannover auch in Braunschweig, Oldenburg, Delmenhorst, Varel, Jever, Wilhelmshaven, Emden, Hameln, Hildesheim und Göttingen.[485] Die Verbreitung rassistisch-nationalistisch geprägten Gedankenguts gerade in weiten Kreisen des Mittelstandes und des Bildungsbürgertums führte offenbar bei der großen Mehrheit der deutschen – und darunter auch der niedersächsischen – Juden nicht dazu, ihre Verwurzelung in der deutschen Kultur in Frage zu stellen. Selbst die Gründung einer eigenen *Jüdischen Turnerschaft* in Hannover im Jahre 1904 war nicht umstritten.[486] Wie stark ihr Patriotismus war, stellten die Juden eindrucksvoll während des 1. Weltkrieges unter Beweis. Ob als Freiwillige oder als Einberufene standen sie den anderen Deutschen in jenen vier Jahren in nichts nach. Der hannoversche Landrabbiner Freund meldete, daß von den ca. 4500 reichsdeutschen Juden in der Stadt Hannover 761 am Kriege teilnahmen, davon 569 an der Front. 127 Freiwillige wurden gezählt. Von den 175 eingezogenen ehemaligen Schülern der Israelitischen Gartenbauschule in Ahlem erhielten 40 das Eiserne Kreuz II und sechs das Eiserne Kreuz I. 92 Gefallene hatte die jüdische Gemeinde Hannover 1918 zu beklagen.[487] Ähnlich gestalteten sich auch die Verhältnisse in den anderen Gemeinden Niedersachsens. Die Gemeinde Delmenhorst verzichtete übrigens auf den Bau einer Synagoge und verwendete das dafür bestimmte Geld für eine Kriegsanleihe.[488] Die mit der sich abzeichnenden Niederlage aufkommenden Vorwürfe an die Adresse der Juden, sie hätten durch ihr feiges Verhalten im Krieg den Sieg verhindert, entbehren also jeglicher Grundlage. Dennoch zeigte sich schon bald, daß die Saat des Antisemitismus, die in der wilhelminischen Ära gelegt worden war, aufging.

Die Weimarer Republik

Theodor Lessing

Die Weimarer Republik

Aufruf des Reichsbundes jüdischer Frontsoldaten

Die demographischen Entwicklungstendenzen, die für die Zeit vor dem 1. Weltkrieg festgestellt wurden, setzten sich in den 1920er Jahren fort. Im Jahre 1925 wurden in der Provinz Hannover insgesamt 14 895 Juden gezählt.[1] Während die Gesamtbevölkerung zwischen 1910 und 1925 um 8,1 % zugenommen hatte, ging im selben Zeitraum die Anzahl der Juden um 4,5 % zurück.[2] Von diesem Rückgang waren, wie schon vor 1914, in erster Linie die ländlichen Gemeinden betroffen. Im Regierungsbezirk Hannover betrug der jüdische Bevölkerungsanteil auf dem Lande nur noch 0,36 %, im Bezirk Hildesheim 0,23 %, im Bezirk Lüneburg 0,08 %, im Bezirk Stade 0,12 %, im Bezirk Osnabrück 0,3 %. Mehr als einen halben Prozentpunkt konnten nur noch die Landgemeinden in Ostfriesland aufweisen: dort betrug der jüdische Anteil 0,69 %.[3] Allerdings hatte auch in Ostfriesland mittlerweile der Rückgang eingesetzt, der, wie gesehen, lange Zeit keine solche große Bedeutung gehabt hatte wie in den anderen Regierungsbezirken. Wittmund z. B. verlor bis 1930 fast ein Drittel der noch 1914 gezählten jüdischen Bürger, deren Anzahl von 66 auf 45 zurückging.[4] Etwas günstiger gestalteten sich die

Verhältnisse in den Städten: Göttingen hatte 535 jüdische Einwohner (1,28 %), Hildesheim 572 (0,97 %), Osnabrück 454 (0,5 %), Harburg 358 (0,48 %), Emden immerhin 688 (2,47 %), Lüneburg 131 (0,45 %), und Hameln 184 (0,7 %).[5] Die mit Abstand größte Gemeinde wurde in Hannover gezählt. Dort lebten 5521 Juden, was 1,3 % der Gesamtbevölkerung in der Stadt entsprach.[6] Hannover nahm damit nach Berlin, Frankfurt/Main, Breslau und Köln den fünften Rang unter allen jüdischen Gemeinden in Preußen ein.[7] Die Größe der hannoverschen Gemeinde war, wie bereits vor dem Weltkrieg, in erster Linie Ergebnis von Zuwanderungsgewinnen. Die natürliche Bevölkerungsentwicklung verlief anders. Zwischen 1926 und 1931 wurden in Hannover in jüdischen Familien 299 Kinder geboren, wohingegen 456 Juden im gleichen Zeitraum starben. 1926 wurden noch 62 Kinder geboren, 1931 waren es nur noch 46. Parallel ging die Anzahl der Eheschließungen dramatisch zurück, und zwar von 26 auf 13.[8] Betrachten wir den Altersaufbau der jüdischen Bevölkerung in der Gesamtprovinz, so ist festzustellen, daß nur noch 2 846 Menschen im Jahre 1925 unter 15 Jahre alt waren, d.h. kaum noch 20 %.

Dieselbe Altersgruppe umfaßte bezüglich der Gesamtbevölkerung immerhin etwa 30 %.[9] Die sich in diesen Zahlen ausdrückende Überalterung der jüdischen Gemeinden legte für manchen Statistiker das Ende der deutschen Juden als mittelfristig zu erwartende Folge nahe.[10]

Überblicken wir die Verhältnisse in der Gesamtregion im Jahre 1933. In der Provinz Hannover lebten in diesem Jahre 12 611 Juden, was einem Anteil von 0,37 % der Gesamtbevölkerung entsprach. Der Reichsdurchschnitt lag bei 0,77 %. In Oldenburg wurden 1 240 Juden gezählt (0,22 %), in Braunschweig 1 174 (0,23 %) und in Schaumburg-Lippe 187 (0,37 %).[11] Ein großer Teil der Juden lebte in den beiden Großstädten der Region: In Hannover waren es 4 839 und in Braunschweig 682. Beträchtlich war der Anteil ausländischer Juden an diesen beiden großen Gemeinden. In Hannover hatten 1 547 Juden keinen deutschen Paß, in Braunschweig 249.[12]

Auch in beruflicher Hinsicht blieben die traditionellen Schwerpunktsetzungen, wie wir sie aus der Vorkriegszeit kannten, deutlich sichtbar erhalten. Die meisten Juden lebten nach wie vor von Handelsgeschäften. So gingen im Jahre 1930 in Göttingen von 113 jüdischen Berufstätigen 77 kaufmännischen Tätigkeiten nach, 11 waren Arbeiter, 9 Universitätslehrer, 6 Studenten, 3 Bankiers, 3 Lehrer, 2 Gärtner und 2 Ärzte.[13] Ähnliche Verhältnisse treffen wir auch in anderen Gemeinden an. In Oldenburg waren von 78 Berufstätigen 37 in Konfektions-, Leder- und Textilgeschäften tätig und 31 (!) lebten von Viehhandel und Schlachterei.[14] Auffällig ist die vergleichsweise geringe Anzahl von Freiberuflern. Während 1933 im Gesamtreich knapp zehn Prozent aller jüdischen Selbständigen in der Wirtschaftsgruppe »öffentliche und private Dienstleistungen« – vor allem also in juristischen und medizinischen Berufen – arbeiteten, waren es in Hannover, Braunschweig, Oldenburg und Schaumburg-Lippe nur etwa 7 %. Im Gebiet des heutigen Niedersachsen finden wir 1933 lediglich 84 jüdische Ärzte, 19 Zahnärzte und 53 Rechtsanwälte.[15] Der Grund für diesen Abstand zum Reichsdurchschnitt mag in den immer noch überwiegend ländlich geprägten Wirtschaftsstrukturen zu suchen sein. In den beiden Großstädten der Region, in Hannover und in Braunschweig, wurde eine dem Reichsniveau vergleichbare Größenordnung eher erreicht: von den 84 Ärzten praktizierten allein 50 in den Großstädten, von den 53 Anwälten waren es 36.[16] An dieser Stelle sollte auch erwähnt werden, daß sich die republikanischen Landesregierungen im Hinblick auf die Karrriereömöglichkeiten für Juden großzügiger verhielten als die Monarchien. In Oldenburg konnte 1919 mit Emil Weinberg erstmals ein Jude Landgerichtspräsident werden.[17]

Ein Blick in die Steuerlisten der damaligen Zeit macht deutlich, daß sich auch bezüglich der Vermögensverhältnisse zunächst nur wenig änderte. Ob es sich nun um Osterode, Cloppenburg oder Oldenburg handelte: einige wenige wohlhabende Juden, meist Besitzer gutgehender Einzelhandelsgeschäfte in den örtlichen Zentren, stehen einer Mehrheit gegenüber, die kaum oder gar nicht über Vermögenswerte verfügte.[18] Die Wirtschaftskrisen der Weimarer Zeit brachten jedoch auch für die jüdische Bevölkerung spürbare Veränderungen mit sich. Vor allem die Weltwirtschaftskrise nach 1929 ließ viele Juden verarmen. Dies zeigte sich zum einen in Konkursen bekannter Geschäftsleute, die noch kurze Zeit vorher zu den wichtigsten Steuerzahlern gehört hatten[19], und zum anderen in einer sich mancherorts dramatisch entwickelnden Abwanderung: z. B. in Cuxhaven ging zwischen 1925 und 1930 die Anzahl der jüdischen Bürger von 49 auf 43 zurück, in Bentheim allein zwischen 1928 und 1930 sogar von 102 auf 73.[20] Die enger werdenden finanziellen Spielräume veranlaßten darüber hinaus viele assimilierte Juden zum Austritt aus ihrer jeweiligen Gemeinde, um nicht mehr zur Kultussteuer herangezogen zu werden. So verlor die Oldenburger Gemeinde zwischen 1909 und 1929 von ihren ursprünglich 112 Steuerzahlern immerhin 22, in Jever ging die Anzahl von 61 auf 36 zurück, in Varel von 25 auf 17.[21] Im Budget der größten Gemeinde des Landes, in Hannover, machte sich der Verarmungsprozeß ebenfalls deutlich bemerkbar. Zwar wuchs der Gesamthaushalt von 210 751 Mark im Jahre 1926 auf 235 121 Mark im Jahre 1931, doch erhöhte sich der Haushaltsposten für wohltätige Zwecke im gleichen Zeitraum um fast 250 % auf 127 311 Mark.[22] Dabei gilt es zu berücksichtigen, daß die traditionell sehr stark von privaten Stiftungsgeldern abhängige jüdische Fürsorge erheblich unter der Inflation der unmittelbaren Nachkriegszeit zu leiden hatte.

Goslar, Firma Heilbrunn, Fischemäkerstraße 8

Samuel Freund, Landrabbiner in Hannover

Bereits 1925 mußte die hannoversche Gemeinde bei der Stadt Beihilfe für den israelitischen Kinderhort, den Kindergarten in der Ohestraße und die Vereinigten Waisenhäuser auf dem Emmerberg beantragen.[23] Auch die anderen Gemeindeeinrichtungen belasteten den Haushalt stark. Die Einnahmen aus dem jüdischen Altersheim waren sehr gering, *»weil die alten Leute sich zum größten Teil noch vor dem Krieg eingekauft haben und die dafür gezahlten Beträge entwertet sind.«*[24] Ähnliches galt für das Krankenhaus, dessen Patienten übrigens zu über 80 % nicht der jüdischen Religionsgemeinschaft angehörten. Aufschlußreiche Fingerzeige in bezug auf die angespannte Wirtschaftslage finden sich auch in den Bemerkungen zum »Verein zur Unterstützung israelitischer Armer und Beseitigung der Hausbettelei«. Bereits 1926 sprachen 1 420 bedürftige Wanderer an dessen Abfertigungsstelle vor. Dort wurden sie notdürftig versorgt und weitergeleitet: *»Unser Bestreben ist es, die hier Durchreisenden auf alle Fälle nach ihrem Heimatort zu befördern, um zu verhindern, daß sie sich hier seßhaft machen oder Arbeit suchen, um den Arbeitsmarkt nicht zu belasten.«*[25] Die von den Antisemiten für alles Unglück der Deutschen verantwortlich gemachten Juden litten unter den Wirtschaftskatastrophen der 20er und 30er Jahre nicht weniger als die Nichtjuden, was ein Vergleich der Arbeitslosenzahlen ergibt. Im Jahre 1933 waren 28,9 % der deutschen Gesamtbevölkerung ohne Erwerb, wohingegen der Anteil der Juden höher lag: er betrug 31,5 %.[26]

Die ungünstigen demographischen und wirtschaftlichen Entwicklungen beschleunigten auch den schon seit längerem zu beobachtenden Erosionsprozeß, der die Gemeindeeinrichtungen bedrohte. Die Schließung fast aller jüdischer Schulen im Lande bedeutete das Ende der Ausbildungsstätte für jüdische Lehrer in Hannover im Jahre 1924.[27] Sieben Jahre später stellte auch die traditionsreiche Davidsche Mittelschule ihren Betrieb ein.[28] Dennoch bemühten sich vor allem die größeren Gemeinden in den 20er Jahren um eine dauerhafte Konsolidierung und führten entsprechende Maßnahmen durch. Die hannoversche Landrabbinerstelle wurde 1924 nach sechsjähriger Vakanz mit Samuel Freund, der seit 1906 als 2. Ortsrabbiner in Hannover gewirkt hatte, neubesetzt. Ihm trat 1927 mit Dr. Emil Schorsch ein 2. Ortsrabbiner zur Seite.[29] Die Bedeutung des Rabbinats ging jedoch weiter zurück, so daß 1932 ein Plan entstand, diese Einrichtung nur noch als fakultativen Zusammenschluß der Synagogenverbände weiterzuführen. Zahlreiche Gemeinden wünschten die Beschneidung der landrabbinatlichen Rechte, vor allem Hannover. Kleinere Gemeinden, wie z. B. Nienburg, hielten jedoch die Beibehaltung einer höheren Instanz zur Schlichtung von Streitfragen für notwendig. Eine Reform kam jedoch nicht zustande, ebensowenig wie die von einigen Gemeinden geforderte Einführung des preußischen Gesetzes von 1847 auch in der Provinz Hannover, wodurch die staatliche Kontrolle verstärkt worden wäre.[30]

Wichtiger als die Landrabbinatsfrage waren die Reformen, die auf Gemeindeebene durchgeführt wurden. 1923 wurde das Abgabenwesen in Hannover durch ein Statut an die durch die Reichssteuerreform von 1919 entstandenen Verhältnisse angepaßt. Zwei Jahre später erfolgte die Neuregelung der Anstellungsverhältnisse für die im Gemeindedienst tätigen Personen.[31] Umstritten blieb jedoch das Wahlrecht für die Gemeindegremien. Im Gegensatz zu allen anderen größeren Gemeinden in Preußen war man in Hannover nur dann Gemeindemitglied, also wahlberechtigt, wenn man förmlich aufgenommen wurde. Auf diese Weise machte man den Ostjuden das Wahlrecht grundsätzlich streitig.[32] Die sich als Deutsche fühlenden liberalen Gemeindemitglieder wollten diese Ausgrenzung der Ostjuden festschreiben. Als die Mehrheit der Repräsentantenversammlung 1930 die diskriminierenden Aufnahmeregelungen zugunsten der Ostjuden revidieren wollte, drohten 40 Gemeindemitglieder mit dem Austritt, und da diese Mitglieder 60–80 % des Etats finanzierten, blieb schließlich alles beim alten.[33] Von diesem Konflikt abgesehen, galt die hannoversche Gemeinde jedoch als gelungenes Beispiel für ein friedliches Zusammenleben zwischen Liberalen und Orthodoxen. Dieser Frieden scheint jedoch z. T. Folge eines weitverbreiteten Indifferentismus gewesen zu sein, wenn wir den Klagen des Nachrichtenblattes der Gemeinde Glauben schenken: Die Gleichgültigkeit ging so weit, daß nicht einmal bei den Liberalen der Wunsch nach einer Orgel im Gotteshaus bestand.[34] Um so rühriger waren die Ostjuden, deren Anteil an der Gesamtgemeinde 1929

etwa 25 % ausmachte.[35] Sie unterhielten eigene Bethäuser, eigene Schächter, einen eigenen Rabbiner und einen eigenen Richter, was von manchem liberalen Gemeindemitglied seinerseits wiederum als Provokation und Absonderungsbedürfnis gedeutet wurde: »*Es gibt unter ihnen eine große Anzahl solcher, die noch niemals die Synagoge betreten haben, weil diese ihnen nicht koscher genug ist. Sie essen von dem Fleisch, das die Gemeindeschlachter feilhalten, nicht, stellen ihren eigenen Schächtaufseher an, haben ihre getrennte Mikwah, und selbst unser Rabbiner, dem man doch wahrlich keine übertrieben religiösliberale Einstellung unterstellen kann, paßt ihnen nicht, und sie halten sich daher ihre eigenen ad hoc importierten Rabbiner.*«[36]

Die divergierenden Ansichten zeigten sich in der Existenz zahlreicher Vereine und Parteien: dem *Verein für das liberale Judentum*, der 1927 gegründet wurde, stand die 1929 entstandene *Demokratische Volkspartei* gegenüber, die für die Rechte der Ostjuden, eine bewußt jüdische Erziehung der Jugend und hebräischen Unterricht eintrat.[37] Deutschjüdische Turnvereine konkurrierten mit ostjüdischen, wie dem Sportverein *Bar Kochba*, und auch die entstehende jüdische Jugendbewegung teilte sich in verschiedene Richtungen. Die zionistische *Gruppe Blau-Weiß* war die älteste dieser Gruppierungen.[38] Selbst auf dem Gebiet der Wohltätigkeit zeigten sich in den 1920er Jahren deutlich die genannten Abgrenzungsbestrebungen. 1927 rief der Industrielle Dannie Heinemann die *Minna-und-James-Heinemann-Stiftung* ins Leben, die »ältere, bedürftige, alleinstehende Damen der gebildeten Stände, vorzugsweise Hannoveranerinnen jüdischen Glaubens« mit Kost und Logis versorgte.[39] Offenbar wollte man eher christliche Hannoveranerinnen aufnehmen als jüdische Nicht-Hannoveranerinnen, obwohl von letztgenannten einige Hundert in der Stadt lebten. Etwas erfreulicher gestaltete sich die hannoversche gemeindliche Jugendarbeit. Da die jüdische Religion und ihr Brauchtum immer seltener von den Elternhäusern vermittelt wurden, kamen auf die Gemeinde verstärkt entsprechende Aufgaben zu. Der 2. Ortsrabbiner Hannovers, Schorsch, bemühte sich, gegen die religiöse Indifferenz anzugehen, wobei er versuchte, möglichst alle Jugendlichen anzusprechen. Über den Religionsunterricht berichtete er folgendes: »*Wir formierten 28 Religionsklassen für die ungefähr 650 jüdischen Schüler der Volksschulen und höheren Schulen Hannovers. Für die Volksschulklassen hatten wir eine besondere Religionsschule in der Lützowstraße, wo das Gemeindegebäude stand.*«[40] Dabei hatte Schorsch jedoch mit manchen Problemen zu kämpfen:

»*Die Schüler hatten das Gefühl, daß die ganze Angelegenheit des Religionsunterrichts nicht ernst genommen werden müßte. Es war sehr schwer, die daraus folgende Unregelmäßigkeit des Unterrichtsbesuches zu bekämpfen.*«[41] Die Verhältnisse besserten sich jedoch, nachdem Schorsch eine Jugendgemeinde gegründet hatte, für die eigene, sehr gut besuchte Jugendgottesdienste stattfanden.[42]

Die republikanische Ära brachte auch Veränderungen des Gemeindelebens in den anderen Staaten mit sich. In Oldenburg wurde 1920 das Gehalt des Landesrabbiners – seit 1920 war dies Philipp de Haas – demjenigen der evangelischen Geistlichen gleichgestellt. 1927 erfolgte die Einführung einer neuen Gemeindeverfassung. Dem Landrabbiner wurden vier Deputierte des Landesgemeinderates zur Seite gestellt. Gemeinsam bildeten sie den Landesausschuß, der nun kollegial die laufenden Geschäfte beaufsichtigte, die Steuerumlagen besorgte und in Streitfällen entschied. Die staatliche Oberaufsicht erlosch.[43] Wie in Hannover gab es auch in Oldenburg eine deutschjüdische und eine zionistische Richtung. Letztere war zwar in der Minderheit, unterhielt jedoch, ebenfalls wie in Hannover, eigene Sportverbände.[44] In Delmenhorst sorgte die große ostjüdische Gruppe dafür, daß in die 1928 erbaute Synagoge – wohl der letzte Neubau dieser Art zu dieser Zeit – keine Orgel eingebaut wurde.[45]

In Braunschweig kam es ebenfalls nach dem 1. Weltkrieg zu demokratischen Neuerungen, die allerdings weitergingen als die bislang beschriebenen Reformen. 1922 wurde das Frauenwahlrecht eingeführt – was in der Provinz Hannover längst keine Selbstverständlichkeit war – und das wahlfähige Alter von 25 auf 20 Jahre gesenkt. Ausländer, die länger als zehn Jahre in einer Gemeinde lebten, galten als stimmberechtigt.[46] Im Braunschweiger Land fand auch noch in den 20er Jahren eine Gemeindeneugründung statt. 1925 wurde Schöningen eine Gemeinde im Sinne einer Körperschaft des öffentlichen Rechts. Hier durfte sogar jeder

mitwählen, der nur drei Monate im Ort gelebt hatte.[47] Der Bevölkerungsrückgang auf dem Lande führte zur Schließung fast aller jüdischen Volksschulen im niedersächsischen Raum während der 20er Jahre. Lediglich starke ostjüdische Gruppen waren um den Erhalt eines eigenen Schulwesens bemüht. In Hannover bestand die Talmud-Thora-Schule fort, ebenso die Religionsschule. Religionsschulen finden wir 1925 ebenfalls noch in Hameln, Nienburg, Celle, Lüneburg, Uelzen, Lehe-Geestemünde, Scharmbeck, Verden, Bunde, Osnabrück, Papenburg, Adelebsen, Bodenfelde, Göttingen, Hann. Münden, Northeim, Osterode, Peine, Jever, Oldenburg, Braunschweig, Holzminden, Wolfenbüttel.[48] Am längsten konnten sich jüdische Volksschulen – wenn auch mit abnehmenden Schülerzahlen – in Ostfriesland, in Hildesheim und in Osnabrück halten.[49] Die Jacobson-Schule in Seesen wurde 1921 dem Staat übergeben, so daß im Land Braunschweig nur noch die Samson-Schule in Wolfenbüttel als jüdisches Institut weiterexistierte, bis auch sie 1928 aus wirtschaftlichen Gründen schließen mußte.[50]

Die niedersächsischen Juden sahen sich also in den 20er Jahren mit zahlreichen Problemen konfrontiert, die zwar alle ihre Wurzeln in der Vorkriegszeit hatten, sich jedoch nun zuspitzten: die Überalterung der Gemeinden, wirtschaftliche Notlagen, religiöse Indifferenz, Auseinandersetzungen religiöser und weltanschaulicher Art. Die Tatsache, daß gleichzeitig aufgrund der republikanisch-demokratischen Staats- und Regierungsform erstmals die Chance einer weniger restriktiven Regierungspolitik bestand, zeigte angesichts der allgemeinen instabilen Verhältnisse kaum positive Auswirkungen. Hervorzuheben ist hier lediglich das Auftreten jüdischer Bürger in öffentlichen politischen Ämtern. Wir finden Juden als Mitglieder in Arbeiter- und Soldatenräten, z. B. in Papenburg,[51] als Bürgervorsteher, z. B. Philip Benfey und Iwan Katz in Hannover.[52] Spektakuläre Veränderungen im Vergleich mit der Vorkriegszeit sind jedoch auch in diesem Punkt nicht zu konstatieren. Schon im 19. Jahrhundert waren jüdische Kommunalpolitiker keine Seltenheit gewesen.

Von besonderer Bedeutung erwies sich allerdings die weitere Ausbreitung und Radikalisierung des Antisemitismus nach dem Krieg. Die nicht akzeptierte Nie-

Jüdischer Sportverein Hannover

derlage und die wirtschaftlichen und politischen Krisen der 20er Jahre bildeten günstige Voraussetzungen für den Erfolg einer Propaganda, die das neuerwachte Bedürfnis nach Sündenböcken ausnutzte. Ohne Rücksicht auf die Tatsache, daß die jüdische Bevölkerung ebenso unter den Krisen zu leiden hatte wie die nichtjüdische, wurde der alte Mechanismus der stereotypen Schuldzuweisung wieder in Gang gesetzt.[53] Bereits 1916 war in der deutschen Armee eine Judenzählung durchgeführt worden, um die angeblich mangelnde Einsatzbereitschaft dieser Bevölkerungsgruppe zu belegen.[54] Der Haß der antidemokratischen Rechten konzentrierte sich vom Beginn der Weimarer Republik an auf die Juden. Den Nationalversammlungswahlkampf im Jahre 1919 bestritt z. B. die DNVP in Hannover mit folgenden typischen Parolen: Es sei allgemein bekannt, *»daß gerade die jüdisch internationale demokratische Presse die Hauptschuld am Ausbruch der Revolution trägt und von jeher das Gefühl deutscher Stammeswürde in der schamlosesten Weise verletzt hat.«*[55] In ähnlicher Weise oder noch radikaler äußerten sich andere völkische Gruppierungen in den frühen 20er Jahren, wie z. B. der *Deutsch-völkische Schutz- und Trutzbund* und der *Völkisch-Soziale Block.*[56] Letztgenannter vereinigte unter dem Vorsitz des hannoverschen Studienrats Bernhard Rust im Jahre 1924 Nationalsozialisten und Deutschvölkische. Er errang bei den Kommunalwahlen 1924 immerhin 3 von 74 Mandaten und war seit dem gleichen Jahr auch im Reichstag vertreten.[57] Auf einer Wahlversammlung verkündete Rust: *»Der kommende Staat müsse Macht, Recht und Ehre verkörpern. Alle fremdrassigen Elemente müßten aus den Regierungsstellen und aus allen Stellen, die wichtige Kulturaufgaben zu erfüllen hätten, verschwinden. Man wolle die christliche Grundlage des germanischen Staates. Deutsch müsse auch die Schule sein.«*[58] Der für seine antisemitische Propaganda schon in der Vorkriegszeit bekannte *Alldeutsche Verband* wirkte in Niedersachsen ebenfalls für die oben skizzierte politische Bewegung. 1930 fand in Hannover ein »Jubiläums-Kongreß« dieses Verbands statt, auf dem unmißverständlich der Kampf gegen das Judentum in den Mittelpunkt gerückt und gleichzeitig der Zusammenschluß von DNVP, Stahlhelm und NSDAP zur sogenannten Harzburger Front vorbereitet wurde.[59]

Welche Konsequenzen hatte diese lautstarke völkische Propaganda? Betrachten wir zunächst die Ergebnisse der politischen Wahlen.[60] Niedersachsen war diesen zufolge keine Region, die für antisemitische Propaganda empfänglicher gewesen wäre als andere Gebiete Deutschlands, eher im Gegenteil: Entwicklungen, die schon vor 1914 erkennbar gewesen waren, setzten sich nach 1918 zunächst verstärkt fort. Die SPD schnitt bei allen Wahlen bis 1933 in Niedersachsen besser ab als auf Reichsebene. Bei den Reichstagswahlen 1928 erreichte sie 36,9 % (Reich: 29,8 %), 1933 immerhin noch 22,8 % (Reich 18,3 %.[61] Besonders stark war sie in den dicht besiedelten und stark industrialisierten Regionen Hannover und Hildesheim mit fast 45 % (1928) bzw. ca. 28 % (1933). In Braunschweig errang sie 1928 sogar 48,2 %, 1933 29 %.[62] In Schaumburg-Lippe blieb sie unangefochten die stärkste Partei (1928: 51 %, 1933: 41%).[63] Die Kommunisten hingegen waren schwächer vertreten als auf Reichsebene. In den katholischen Landesteilen behauptete das Zentrum seine erdrückende Mehrheit: 1932 erhielt es in Aschendorf-Hümmeling 79,5 % der Stimmen, in Lingen 73,3 % und in Meppen 78,3 %.[64] Die DNVP lag dagegen weit unter Reichsdurchschnitt. 1928 wurde diese Partei nur von 9,4 % gewählt (Reich 14,3 %); nur 1933 lag sie mit 8,5 % gegenüber 8 % auf Reichsebene etwas besser.[65] Dieser scheinbar solide Stamm von Wählern nicht-antisemitischer Parteien überlebte die Weltwirtschaftskrise allerdings nur in den rein katholischen Wahlkreisen. Ansonsten brachte das Jahr 1932 den großen Einbruch. Die NSDAP wuchs in Niedersachsen von 4,5 % (1928) auf 45,2 % (1932, Juli). Sie lag damit 8 %-Punkte über dem Reichsdurchschnitt. Ihre Hochburgen waren nun Hildesheim (54,2 %), Braunschweig (47,7 %) und Osnabrück (55,1 %).[66] Die bürgerliche Mitte war völlig zerrieben worden, die SPD stark eingebrochen. Welche Rolle der Antisemitismus der NSDAP beim Wahlverhalten der Bevölkerung gespielt hatte, ist nicht einfach festzustellen. Es gilt zu berücksichtigen, wie weit verbreitet unreflektierte antijüdische Stereotype waren, was den Aufbau eines bewußten Widerstandes gegen dieses Kernstück des Nationalsozialismus erschwerte. Selbst die linken Parteien schenkten der sogenannten Judenfrage keine große Beachtung. Sie unterschätzten diesen Aspekt und bildeten somit auch keine Plattform einer entsprechenden Abwehr.[67] Die reibungslose Machtübernahme durch die Nationalsozialisten auch in den katholischen Gemeinden und Kreisen nach 1933[68] zeigte deutlich, daß die nachweisliche Ablehnung der NS-Ideologie zwar zur Unzufriedenheit und einen bestimmten Grad an Resistenz führen konnte, keinesfalls jedoch ein offenes Eintreten für die bedrohte jüdische Minderheit präjudizierte.

Daß das Aufgehen des sogenannten Radau-Antisemitismus in sich vergleichsweise honorig gerierenden Verbänden nur eine Episode gewesen war, wurde ebenfalls in den 20er Jahren deutlich. An zahlreichen Orten im heutigen Niedersachsen kam es zu Vorfällen, die einen hohen Grad an physischer und psychischer Gewaltanwendung charakterisierten. Neben Sachbeschädigungen wie Hakenkreuzschmierereien an Geschäftshäusern[69] und Synagogen[70] sind hier Anpöbelungen und Schlägereien zu nennen. In Stade kam es z. B. öfter vor, daß Bürger als »verdammte Juden« beschimpft und tätlich angegriffen wurden.[71] Cuxhaven war nach 1920 Stützpunkt von Mitgliedern der berüchtigten Marine-Brigade Ehrhardt, die ihre antidemokratische Einstellung anläßlich des Kapp-Putsches gezeigt hatte. Auch dort kam es zu Gewalttätigkeiten gegen Juden.[72] Die schon in der Vorkriegszeit zu konstatierende Verbreitung antisemitischen Gedankengutes in Lehrerkreisen machte vielerorts jüdischen Kindern den Schulalltag zur Hölle. In Syke verprügelte der Rektor einen jüdischen Schüler, weil dieser an einem jüdischen Feiertag gefehlt hatte.[73] Aus Jever berichtete ein ehemaliger Schüler folgendes: »*Was ich am Mariengymnasium als Jude auszustehen hatte, hat mir einen Schock fürs Leben versetzt, andererseits mir das Leben gerettet, weil ich nach 1933 bald auswanderte, da ich wußte, was ich zu erwarten hatte.*«[74]

Jüdische Künstler und Kunstschaffende waren ebenfalls eine bevorzugte Zielscheibe antisemitischer Hetze, vor allem in Städten mit eigenen Theaterensembles wie Hannover und Oldenburg. In der Hauptstadt des ehemaligen Großherzogtums war mit Renato Mordo ein junger Intendant tätig, der mit viel Elan und großem Erfolg das Hoftheater modernisierte. Die Antisemiten sahen in den nun zur Aufführung kommenden modernen Stücken jedoch lediglich den »jüdi-

schen-dekadenten Literaturgeist«, den sie so vehement bekämpften, daß Mordo bereits 1923 Oldenburg wieder verließ.[75]

Die Auseinandersetzungen um den hannoverschen Philosophieprofessor Theodor Lessing sind ein besonders anschauliches Fallbeispiel für die Wirkungsweise des Antisemitismus und der ihn tragenden gesellschaftlichen Kreise. Lessing hatte sich durch seine sozialkritisch ausgerichtete Presseberichterstattung über den Prozeß gegen den Massenmörder Haarmann im Jahre 1924 vor allem beim bürgerlichen Publikum unbeliebt gemacht.[76] Als er im darauffolgenden Jahr die Wahl Hindenburgs zum Reichspräsidenten kritisierte, indem er den 77jährigen General praktisch als politische Leerstelle bezeichnete, die von geschickten Drahtziehern für ihre Zwecke gebraucht werden könnte, kam es zur Eskalation. Die Studenten der Technischen Hochschule, deren antisemitische Einstellung schon 1919 zur Forderung nach dem Ausschluß jüdischer Studenten geführt hatte, sorgten im Sommersemester 1926 für Störungen in Lessings Vorlesungen. Nachdem die Universitätsleitung zwölf Studenten der Hochschule verwiesen hatte, zogen die anderen Studenten öffentlichkeitswirksam in das benachbarte Braunschweig. Diese Boykottierung veranlaßte nun Professorenschaft und Magistrat, Lessing zum »freiwilligen« Verzicht auf seine Tätigkeit an der Hochschule zu bewegen. Der *Bund alter Akademiker von Hannover und Umgebung und der Altherrenverbände* veranstaltete gleichzeitig eine Großkundgebung »*zur Wahrung akademischer Würde, treudeutschen Volkstums und zur Abwehr undeutscher Anmaßung*«.[77] Diesem Druck gab schließlich die demokratische Regierung nach. Der Kultusminister ordnete Lessings De-facto-Beurlaubung zu Forschungszwecken an. Vorlesungen und Seminare sollte er nach dem Sommersemester 1926 nicht mehr halten. Die Studenten hatten sich somit weitgehend durchgesetzt. Das Grundrecht auf freie Meinungsäußerung galt offenbar keineswegs für jeden Bürger, und schon gar nicht für Juden.[78]

Was konnte gegen die steigende antisemitische Flut unternommen werden? Die Erfahrungen, die mit dem Beschreiten des Rechtsweges in der Vorkriegszeit gesammelt werden konnten, waren nicht sehr ermutigend. Die Justizorgane der Weimarer Republik waren größtenteils mit denjenigen der Kaiserzeit identisch. Zwar kam es zu Beschlagnahmungen extremer antisemitischer Pamphlete, wie z. B. Dinters *Sünde wider das Blut*[79] und des Flugblattes hannoverscher Nationalsozialisten im Jahre 1928, in dem gegen den »Saison-Ausverkauf« der Geschäftshäuser Karstadt, Sternheim & Emanuel, Molling, Elsbach & Franck, Bormaß, Wolff und Gebr. Wolff gehetzt wurde.[80] Verläßlich in bezug auf den Schutz der Grundrechte war die Justiz allerdings nicht. Ebenfalls im Jahre 1928 verbreitete der ehemalige Pastor Münchmeyer aus Borkum in Norddeutschland antisemitische Propaganda, in der von angeblichen Weltverschwörungs- und Weltkriegsplänen der Juden die Rede war und die Weimarer Republik als »Judenrepublik« bezeichnet wurde. Dies trug ihm ein Strafverfahren vor dem Schöffengericht in Hannover ein. Das Gericht sah es jedoch nicht als erwiesen an, daß Münchmeyer das Wort »Judenrepublik« gebraucht habe, um seine Mißachtung vor der Staatsform »in roher und verletzender Form« zu äußern, und sprach den Angeklagten frei![81] Selbst in Fällen, in denen jüdischen Klägern recht gegeben wurde, zeigte sich mitunter in den Urteilsbegründungen, daß die Loyalität der Gerichte gegenüber dem freiheitlichen Rechtsstaat rein formaler Art war, die Sympathien jedoch eher den Tätern galten. Als die hannoversche NSDAP im August 1932 erneut eine Warenhauskampagne startete, wurden die in dem Parteiblatt *Niedersächsische Tageszeitung* verbreiteten Beleidigungen (»unlautere jüdische Geschäftsmethoden«) zwar verurteilt, doch bezeichnete das Gericht in seiner Urteilsbegründung lediglich Ausschreitungen gegen die »jüdische Rasse«, nicht aber »scharfe Kritik« als unzulässig, zumal Ausschreitungen auch mit den »Forderungen völkischer Kultur« nicht vereinbar seien.[82] Damit wurde nicht nur das Vokabular der Antisemiten übernommen, sondern auch deren Perspektive.

Auch was die lokale Presse anbelangte, konnte von einer objektiven Berichterstattung kaum die Rede sein. Die beiden großen Tageszeitungen der Provinzhauptstadt, der *Hannoversche Kurier* und der *Hannoversche Anzeiger,* druckten kommentarlos Stellungnahmen des Alldeutschen Verbandes und anderer völkischer Gruppierungen ab.[83] Das *Göttinger Tageblatt* gab 1918 seine bislang geübte Zurückhaltung sogar öffentlich auf: »*Die Zeit ist dank dem Verhalten der Juden so reif zum Antisemitismus, daß es nicht mehr genügt, sein Anwachsen auf eine skrupellose Propaganda zurückzuführen.*«[84] Von den sieben Tageszeitungen Braunschweigs schwenkten sechs während der Weimarer Zeit zur antidemokratischen Seite, lediglich der *Volksfreund* blieb dem demokratischen Rechtsstaat treu.[85] Die zunehmende Bedeutung, die dem völkischen Gedankengut auch in der Presse auf dem Lande zukam, macht ein Blick in die *Schüttorfer Zeitung* und das *Grafschafter Kreisblatt* deutlich. In dem Artikel über das Verbandsturnfest von 1924 wurde auch aus der Rede des Gauvorsitzenden zitiert: »Deutsch wollen wir denken und fühlen zu *jeder* Stunde und auf jedem Platz.«[86] Kommentarlos berichtete das Blatt von Terror und Straßenkämpfen, um schließlich in der Spätphase der Weimarer Republik immer unverhohlener mit dem Nationalsozialismus zu sympathisieren, wie etwa Leitartikel zum Themenbereich »Herrenmensch und Volkstum« zeigten.[87] Die bürgerliche Presse trug auf diese Weise dazu bei, antisemitische Politik zumindest als eine gleichwertige Möglichkeit unter vielen zu präsentieren. Lediglich die den republiktreuen Parteien nahestehenden Organe stellten sich gegen diese »Zeitgeist«-Erscheinung. So machte sich die *Ems-Zeitung* in Papenburg 1928 anläßlich des Olympiasieges von Helene Mayer im Florettfechten über den nationalsozialistischen Rassismus lustig.[88] Solche Meldungen fanden jedoch nur dort Resonanz, wo noch ein festgefügtes Weltbild ausreichend Orientierung bot, die verhinderte, daß die Menschen den Sündenbockpropagandisten aufsaßen: und diese Orientierung fand sich noch am ehesten im marxistisch und im katholisch geprägten Milieu. Ob damit jedoch ein ausreichendes Gegengewicht vorhanden war, muß angesichts der weiteren Entwicklung bezweifelt werden. Die Juden selbst bemühten sich verstärkt um Aufklärung und Abwehr. Bereits 1919 veröffentlichte der hannoversche Rabbiner Freund *Tatsachen zur Judenfrage,* worin er sich mit dem Antisemitismus argumentativ auseinandersetzte. Auch die Ortsgruppen des *Centralvereins deutscher Staatsbürger jüdischen Glaubens,* allen voran die zu Hannover, setzten sich in ihrer Öffentlichkeitsarbeit gegen die zunehmenden Diskriminierungen zur Wehr.[89] 1926 wurde in Hannover eine Ortsgruppe des *Vereins gegen den*

Antisemitismus gegründet.[90] Allerdings wurde dieser Abwehrkampf durch die bereits hinlänglich bekannten Auseinandersetzungen innerhalb der jüdischen Gemeinden behindert. Der Feind war den verschiedenen Gruppen zwar gemeinsam, die konkreten Vorstellungen in bezug auf die Zukunftsgestaltung der Juden jedoch nicht. Der *Centralverein* und mehr noch die Ortsgruppen des nach 1919 entstandenen *Reichsbundes jüdischer Frontsoldaten*[91] betonten in ihrer Strategie das Deutschtum der Juden, das es vor Verunglimpfungen zu schützen galt. Die Zionisten hingegen gingen von einer spezifisch jüdischen Nation aus und bevorzugten einen Neubeginn in Palästina. Die antisemitische Hetze schloß nicht aus, daß es auch noch in den 20er Jahren gute private Kontakte zwischen Juden und Christen gab. Lokale Untersuchungen ergaben jedoch, daß auch in Gegenden, für die ein traditionell gutes Verhältnis typisch war, wie etwa Oldenburg, gegen Ende der 20er Jahre Veränderungen eintraten. Jedenfalls konnten sich erheblich mehr Augenzeugen an »nette Schulfreundschaften« erinnern, wenn die Schulzeit vor 1930 abgeschlossen war.[92] Offenbar gelang es den Antisemiten in zunehmendem Maße, Vorurteile wieder neu zu beleben, auch wenn persönliche Erfahrungen gegen diese sprachen. Mangelnde Kenntnisse, eine wichtige Voraussetzung für die Stereotyp-Bildung im Mittelalter, lagen in den 20er Jahren nicht mehr in vergleichbarem Ausmaß vor, vor allem nicht in den Kreisen, in denen eine höhere Schulbildung üblich war. Viele brachten es augenscheinlich fertig, gutnachbarschaftliche Beziehungen zu Juden zu pflegen und gleichzeitig völkisch-rassistisches Gedankengut zu verinnerlichen. Je nach politischer Lage und Opportunität konnte dann mehr die eine oder mehr die andere Seite betont werden. Folgender Augenzeugenbericht aus Oldenburg vermag diese Einstellung zu illustrieren:

»Es gab eine antijüdische Stimmung, die ich aber nicht als antisemitisch bezeichnen möchte. Man warf den Juden vor, daß sie fleißig seien – darunter verstanden wir eine schmierige, unaufrichtige Höflichkeit – dazu laut und vor allem protzig. Einmal machten wir – mit dem Vater – auf Norderney Ferien, und hier stießen wir auf Berliner Juden, die genau diesem Vorurteil entsprachen. Aber bei Lichte besehen waren nicht nur die so – nein, alle, die ganze Gesellschaft von Nor-

Werbeprospekt für Norderney

derney war fleidig, laut und protzig, nur daß man dies den Juden vorwarf. Übrigens tauchte zu allem Überfluß auch noch der Reichskanzler Fürst Bülow auf der Strandpromenade auf. Ich sehe ihn noch heute mit seinem Pudel dort spazieren gehen – das war für meinen Vater zuviel; er kehrte nie nach Norderney zurück. Wir bevorzugten Borkum, wo wir von Juden – und gemeint war: vom Berliner Protz, verschont blieben. Meine Mutter, die begeistert das Borkumlied sang, kaufte in Oldenburg im Konfektionshaus Goldschmidt. Der Inhaber war ein Jude, wie er im Buche steht – auch mit den so verabscheuten glatten Umgangsformen, aber in seinem Geschäft herrschte ein sehr guter Ton, weil er sich zu seinem Personal anständig verhielt, und er erwies sich in seinem Geschäftsgebaren als absolut korrekt. Es gab noch eine ›christliche‹ Konkurrenz, aber bei der war man nie ganz sicher, ob man angeschmiert wurde. Und noch etwas möchte ich anführen: Ich wurde alljährlich von Annemarie Reyersbach zum Geburtstag eingeladen und zählte auch sie bei meinen Sommerfesten zu meinen Gästen, ohne daß wir je einen Gedanken darauf verschwendet hätten, daß sie ja Jüdin sei – so etwas gab es nicht. Ich möchte das auf diese Formel bringen: Man war gegen Juden eingestellt, wäre aber nie auf den Gedanken gekommen, den konkreten Juden zu diskriminieren. Das ist ein Widerspruch – ich weiß, aber so dachten und fühlten wir. Es kann also sein, daß meine Mutter mehr an den Berliner Protz dachte, wenn sie das Borkumlied sang, als an die Juden, wie gesagt: Ich weiß es nicht. Immerhin kann ich bezeugen, daß dieser perfide Text bereits vor dem Ersten Weltkrieg existierte und allgemein gesungen wurde.«[93]

Je weiter in Deutschland eine solche Einstellung verbreitet war, um so leichteres Spiel hatte eine antisemitische Partei, wenn sie erst einmal an der Macht war. Auch wenn viele Bürger persönlich »natürlich nichts gegen die Juden hatten«, verhinderte der zweifellos vorhandene und tiefverwurzelte abstrakte Antisemitismus den Aufbau eines geistigen Widerstandspotentials. Der auf sie zukommenden Gefahr waren die niedersächsischen Juden folglich schutzlos ausgeliefert.

Die Diktatur

der Nationalsozialisten

Felix Nussbaum, Selbstbildnis mit Judenpaß,
(Gemälde, nach August 1943)

Diskriminierung, Entrechtung und Verfolgung

von 1933 bis 1938

Mobilmachung!

Juda hat Deutschland den Krieg erklärt

und will den deutschen Export boykottieren

Arbeiter und Angestellte,

verteidigt Eure Arbeitsplätze!

Boykottiert jedes jüdische Geschäft, jedes Warenhaus, jeden jüdischen Händler, jüdischen Arzt, jüdischen Rechtsanwalt!

Nationalsozialisten, sorgt dafür, daß ganz Oldenburg in diesem berechtigten Abwehrkampf zusammensteht!

Boykottaufruf in Oldenburg, 1. April 1933

Mit der Ernennung Adolf Hitlers zum Reichskanzler kam eine Partei an die Macht, die den hinlänglich bekannten, durchaus radikalen Antisemitismus völkischer und deutsch-nationaler Kreise bis zum Extrem steigerte. In Hitlers Buch *Mein Kampf* wird immer wieder deutlich, mit welcher Besessenheit der Führer der NSDAP den Kampf gegen die Juden propagierte und als Erfüllung eines höheren Auftrages ansah. Angeblich von den Juden drohende Gefahren – Bolschewisierung, Versklavung, Ausrottung der völkischen Intelligenz – wurden in gespenstisch anmutenden Kombinationen beschworen.[1] Diese zum Teil wenig originelle, da schon im 19. Jahrhundert praktizierte Hetze beinhaltete jedoch auch erschreckend konkrete Handlungsweisen: »*Hätte man zu Kriegsbeginn und während des Krieges einmal zwölf- oder fünfzehntausend dieser hebräischen Volksverderber so unter Giftgas gehalten, wie Hunderttausende unserer allerbesten Arbeiter aus allen Schichten und Berufen es im Felde erdulden mußten, dann wäre das Millionenopfer der Front nicht vergeblich gewesen.*«[2]

Derartig von antijüdischen Haßgefühlen und Ausrottungswünschen beherrschte Politiker regierten also

Deutschland seit dem 30. Januar 1933, zunächst im Verbund mit der DNVP, deren Antisemitismus sich während der 20er Jahre ebenfalls zunehmend radikalisiert hatte. Zielstrebig und brutal räumten die Nationalsozialisten schon im ersten Jahr ihrer Herrschaft fast alle politischen und gesellschaftlichen Kräfte, die abweichende Ziele verfolgten, aus dem Weg und schalteten sie gleich. Für die Juden begann eine Zeit der Unterdrückung und Verfolgung, wie es sie in ihrer an Drangsalen wahrlich nicht armen Geschichte noch nie gegeben hatte.

Erste Anzeichen für diesen Wandel zum Schlechteren bekamen die Juden in Oldenburg schon 1932 zu spüren, da bereits zu diesem Zeitpunkt die dortige Landesregierung aus Nationalsozialisten bestand. Die bislang üblichen Zuschüsse der Regierung zu den jüdischen Kultuskosten wurden nicht mehr gewährt.[3] Im ebenfalls schon vor 1933 nationalsozialistisch regierten Braunschweig wurden die beiden evangelischen Juristen Heymann und Mansfeld übergangen, als 1931 der Posten des Senatspräsidenten und 1932 der des Landgerichtspräsidenten zu besetzen war: beider Väter waren nämlich Juden.[4]

Die erste große, reichsweite Aktion gegen die Juden war für den 1. April 1933 vorgesehen. An diesem Tag sollten – offiziell als Antwort auf angeblich von Juden initiierte antideutsche Artikel in der ausländischen Presse – alle jüdischen Geschäfte, Arzt- und Anwaltspraxen boykottiert werden.[5] Bereits im März hatte es an vielen Orten in Niedersachsen einschlägige Maßnahmen gegeben. In Cuxhaven wurden Flugblätter verteilt, in denen die Juden zur Ausreise nach Palästina aufgefordert wurden[6], in Göttingen kam es zu sogenannten Protestumzügen der SA.[7] Angestrebte Wirkungen dieser und vergleichbarer Einschüchterungsmaßnahmen blieben nicht aus. Bereits vor dem 1. April begannen Kauf- und Geschäftshäuser, etwa in Cuxhaven, mit der Entlassung jüdischen Personals.[8] In Hannover beteiligte sich der *Kampfbund des gewerblichen Mittelstandes in Hannover* an der Organisation des Boykotts. Ab 10 Uhr morgens stellten sich SA-Trupps vor die betroffenen Geschäfte.[9] Ähnliches ist auch aus den anderen Städten überliefert.[10] Begleitet wurde der Boykott von einer großangelegten Pressekampagne, an der sich fast alle (gleichgeschalteten) Blätter mit antijüdischen Hetzartikeln beteiligten. In den größeren Städten, vor allem in den Geschäftszentren, kam es zu ansehnlichen Menschenansammlungen, die die Polizei zur Räumung einiger Straßen veranlaßten, z. B. der Großen Packhofstraße in Hannover und des Hohen Wegs in Hildesheim.[11] Die Räumungsaktionen sind möglicherweise Indizien für eine gewisse Unsicherheit des Regimes in bezug auf den Ablauf der Aktion. Dafür spricht auch das unbedingte Photographierverbot während des Boykotts.[12] In der Tat stoßen wir an einigen Orten auf Personen, die sich an die Anordnungen nicht hielten. In Oldenburg z. B. erkundigte sich eine Kundin telephonisch, ob vor einer Heißmangelfiliale der Firma Reingold SA-Posten stünden. Als diese Frage bejaht wurde, erschien die Kundin mit einem Wäschekorb und ließ sich am Betreten des Ladens nicht hindern.[13] Auch im kleinen Twistringen scherten sich erstaunlich viele Stammkunden nicht um die SA-Posten.[14] Die politischen Lageberichte der Staatspolizei Hannover weisen ebenfalls auf recht viele Beispiele einer gewissen Resistenz nichtjüdischer Bürger hin. So hätten *»tumultuarische Vorgehen gegen jüdische Kinobesitzer und Geschäftsinhaber in Hannover (...) in der Stadt eine ziemliche*

Unruhe hervorgerufen«.[15] Ausschreitungen im Kreis Nienburg hätten »in weiten Kreisen der Bevölkerung (...) schärfste Ablehnung erfahren.«[16] Die Lektüre der Gestapo-Berichte erweckt jedoch gleichzeitig den Eindruck, daß die Bevölkerung vor allem an der *Art* des Vorgehens Anstoß nahm, weniger an dessen allgemeiner Zielsetzung. »Ungesetzliche« Ausschreitungen waren verpönt. Dieses Festhalten an der Legalität zeigte sich deutlich an der Erklärung des Hildesheimer Museumsdirektors Dr. Schöndorf, als man ihn wegen seines unangepaßten Kundenverhaltens zur Rede stellte: solange es ihm seine Vorgesetzten nicht ausdrücklich verböten, dürfe er bei Juden kaufen.[17] Von offenem, aktivem Widerstand konnte jedenfalls kaum die Rede sein. Das gleiche läßt sich von den wenigen Kommentaren zu den Ereignissen in der noch nicht gleichgeschalteten konfessionellen Presse sagen. Das *Kirchenblatt* des Bistums Hildesheim vermerkte sehr vorsichtig, *»daß (...) die ausschließliche Betonung der Rasse und des Blutes zu Ungerechtigkeiten führt, die das christliche Gewissen belasten.«*[18] Viel bewirkt wurde damit jedoch auch nicht.

Die Wochen nach dem großen Boykott brachten zahlreiche weitere antijüdische Aktionen. Immer wieder kam es zu Übergriffen, wie z. B. die Zerstörung von Auslagen in fünfzig hannoverschen Geschäften durch randalierende Nazis am 27. Mai 1933.[19] Diese und vergleichbare Vorfälle führten zu den ersten Geschäftsaufgaben. Bereits am 8. April 1933 gab der Hildesheimer Schuhhändler Blumenthal auf.[20] Ähnliche Beispiele sind aus anderen niedersächsischen Städten und Gemeinden überliefert, deren Kunden staatliche oder städtische Behörden gewesen waren.[22] Der Bankier Gotthelf mußte frühzeitig die Cuxhavener Bank verlassen, da die Stadt mit der Kündigung ihrer sämtlichen Konten und Depots drohte.[23] Folgenschwer war auch das am 7. April 1933 verkündete sogenannte *Gesetz zur Wiederherstellung des Berufsbeamtentums.* In Göttingen wurden am 26. April sechs Professoren beurlaubt.[24] Im selben Monat begann auch der Ausschluß der jüdischen Juristen. Im Oberlandesgerichtsbezirk Celle mußten bis 1935 23 Juristen den Staatsdienst quittieren. Von den dort zugelassenen Rechtsanwälten wurden bis 1934 32 zur Aufgabe gezwungen.[25] Von den elf Rechtsanwälten, die 1933 in Braunschweig praktizierten, blieben Mitte des gleichen Jahres nur fünf, 1938 nur noch zwei.[26] Der Verlust des Arbeitsplatzes bedeutete für viele Juristen Armut und Not. Der Braunschweiger Oberlandesgerichtsrat Kopfstein verlor, wie viele seiner Kollegen, jede Pensionsberechtigung und war hinfort auf die demütigende Unterstützung durch die Familie angewiesen.[27] Proteste gegen all diese Maßnahmen wurden kaum registriert. Zwar legte der Göttinger Professor James Franck, der 1926 den Nobelpreis für Physik erhalten hatte, im April 1933 sein Amt nieder, um ein Zeichen gegen die nationalsozialistische Judenpolitik zu setzen.[28] Der Konkurrenzneid der sogenannten arischen Hochschullehrer und Juristen, die zum großen Teil durch die antisemitische Atmosphäre an den deutschen Hochschulen geprägt waren, ließ die meisten den Ausschluß der jüdischen Kollegen jedoch begrüßen. Von Belastungen eines wie auch immer gearteten christlichen Gewissens, vor denen das fromme Hildesheimer Bistumsblatt gewarnt hatte, hören wir jedenfalls weder in Hörsälen noch in Anwaltskammern etwas. Entsprechend reibungslos verlief dann auch die Verbrennung der Werke jüdischer und anderer nicht genehmer deutschsprachiger Autoren am 10. Mai 1933. Der *Kampfausschuß der deutschen Studentenschaft gegen Schund und Schmutz* organisierte diese Aktion, die in Hannover an der Bismarcksäule in der Masch stattfand.[29]

In den folgenden Jahren sahen sich vor allem die jüdischen Geschäftsleute immer wiederkehrenden Drangsalierungen ausgesetzt. Im Dezember 1934 kam es zu einem ausgedehnten Weihnachtsgeschäftsboykott, u. a. in Hannover, Peine und Braunschweig. In letztgenannter Stadt hatte er sogar schon Anfang November begonnen.[30] Nach einer weiteren Boykottwelle im Frühsommer 1935, vor allem in Südhannover und Braunschweig,[31] wurden dann Ende August 1935 von zahlreichen Gauleitungen und Polizeibehörden wilde Einzelaktionen gegen Juden verboten.[32] An den Zielen der Nazis, der Verdrängung der Juden aus der Wirtschaft, hatte sich nichts geändert, doch konzentrierte man sich offenbar ab 1935 auf die sogenannte legale Methode, die den Vorteil einer systematischeren Erfassung bot und gleichzeitig von der Bevölkerung eher akzeptiert wurde.

Der Verzicht auf flächendeckende Boykottaktionen bedeutete keineswegs, daß der Druck auf die jüdischen Kaufleute nachgelassen hätte. Ein Beispiel aus Hannover wirft ein bezeichnendes Licht auf die Vorgehensweise der Partei und ihrer Organe. Die Inhaber einer dortigen Zigarren-Großhandlung mit 23 Filialen und 90 Angestellten – von denen 87 (!) keine Juden waren, sahen sich von 1933 bis 1935 einer Reihe sich verschärfender Terrorisierungsmaßnahmen ausgesetzt: Zunächst erhielten sie Drohbriefe, dann wurden wiederholt Scheiben eingeschlagen; im Sommer 1934 kam es zu einer Inseratensperre; es folgten körperliche Mißhandlungen der Inhaber auf der Straße und in Polizeirevieren, nächtliche Übergriffe und weitere Drohungen. Im September 1935 kam es dann zum Verkauf. Die Firma, deren Schätzwert bei 393 000 Mark lag, wechselte für 100 000 Mark den Besitzer. Von dieser Summe erhielten die bisherigen Inhaber jedoch nur 60 000 Mark ausgezahlt. Ein SA-Mann erpreßte daraufhin 3 000 Mark, ein SS-Mann weitere 15 000 Mark, indem mit einem angeblichen Abtransportbefehl in ein KZ gedroht wurde.[33] Fast jeder kleine Funktionär konnte hier offenbar unkontrolliert seine Geld- und Machtgelüste befriedigen. Selbstherrlichkeit und Willkür finden sich auch an vielen anderen Orten. Das Amtsgericht Uslar strich beispielsweise 1936 die Textilhändler Rothschild und Dannenberg aus Adelebsen einfach aus dem Handelsregister.[34] Besonders eifrig wurde die »Arisierung« von den Industrie- und Handelskammern betrieben. Die IHK für Süd-Hannover in Hildesheim beobachtete sorgfältig die Umsätze der Firmen in jüdischem Besitz. Falls diese aufgrund der Boykottierungsmaßnahmen auf Kleingewerbe-Niveau sanken, bewirkte die Kammer die Löschung in den Handelsregistern: so geschah es bei den Firmen Feige & Co., Katzenstein, Palmbaum und Davidson in Hildesheim.[35]

Diese und vergleichbare Schikanen brachten die Nazis ihrem wirtschaftspolitischen Ziel bis 1938 ein großes Stück näher. Emigration und Repressalien auch gegenüber der nichtjüdischen Kundschaft taten ihre Wirkung. Allerdings konnten sich einige Geschäfte überraschend gut und lange halten. Das größte Kaufhaus in Schaumburg-Lippe, die Firma Lion in Stadthagen, erlebte bis 1938 kaum Umsatzrückgänge, was für das Verhalten der Kundschaft spricht.[36] In den meisten Fällen hatte die Taktik der NSDAP jedoch zum Erfolg geführt. Viele Geschäfte waren »auf kaltem

Wege« liquidiert worden.[37] In Nordwestdeutschland waren von einer erneuten größeren »Arisierungs«-Welle zwischen März und November 1938 noch einmal 30 Firmen betroffen.[38] Hinzu kamen zahlreiche Verordnungen, die bis November 1938 die Berufsmöglichkeiten für Juden einschränkten: Von der Tätigkeit als Steuerberater über die als Zahntechniker bis hin zu den Viehandelsberufen erstreckte sich das Verbotsspektrum.[39]

Die vom Reichstag während des Parteitages der NSDAP in Nürnberg am 15. September 1935 erlassenen Rassegesetze bedeuteten einen ersten Höhepunkt der staatlichen Ausgrenzungspolitik. Eheschließungen und außereheliche Beziehungen zwischen Juden und sogenannten Ariern wurden unter Strafe gestellt, ebenso die Anstellung nichtjüdischer Haushaltshilfen unter 45 Jahren. Darüber hinaus erfolgte der Ausschluß der Juden aus dem Reichsbürgerverband.[40] Sie waren damit offiziell nur mehr Bürger 2. Klasse. Die Emanzipationsepoche hatte in Deutschland ein Ende gefunden, wie es der Amtsgerichtsrat Lorenzen im Reichsjustizministerium formulierte: »*Die nationalsozialistische Revolution hat (...) mit starker Hand beseitigt, was sich in einem fast 140jährigen geschichtlichen Vorgang herausgebildet hat.*«[41] Da während dieses erwähnten Vorgangs stets die Obrigkeit als die gebende bzw. nehmende Instanz fungiert und nie die Bevölkerung eine dauerhafte Geltung der Menschenrechte erkämpft hatte, kann man den Nürnberger Gesetzen eine tiefe Verwurzelung in deutschen politischen Traditionen bescheinigen. Die Regierung machte 1935 die im 19. Jahrhundert gewährte Gleichstellung wieder rückgängig und stellte den alten Zustand des minderen Rechts und der Eheverbote wieder her.

Hoffnungen der Juden, nach der Verkündung der »Nürnberger Gesetze« zwar einen eingeschränkten, aber nunmehr wenigstens berechenbaren Status in Deutschland zu haben, trogen allerdings. Die Nazigesetze wiesen zwar deutliche Bezüge zu den Schutzjudenverordnungen vergangener Zeiten auf, hatten jedoch wesentlich weiterreichende Bedeutungen. Sie stellten zunächst nur eine Etappe auf dem Weg der systematischen Verdrängung und Vernichtung dar, sollten also keinesfalls – wie im Mittelalter – eine dauerhafte Ordnung etablieren. Des weiteren gestal-

tete sich ihre Anwendung in einem totalitären Staat ganz anders als beispielsweise in ständisch organisierten Gemeinwesen. Und schließlich war die Begründung für die mittelalterlichen Eheverbote religiöser Art gewesen und nicht biologisch-rassistischer. Das heißt: Der Ausschluß der Juden war unwiderruflich. Die Brutalität und Willkür der Rassegesetze soll im folgenden an einigen Beispielen demonstriert werden. Die Emanzipation hatte es mit sich gebracht, daß jüdisch-christliche Ehen, vor allem im 20. Jahrhundert, keine Seltenheit mehr waren, wie weiter oben beschrieben. Auch hierin liegt ein wichtiger praktischer Unterschied zu den Eheverboten vergangener Zeiten, in denen Juden und Christen so gut wie keinen privaten Kontakt hatten. Die Eingriffe der Nazis in das Privatleben von Juden und Nicht-Juden wirkten sich also ungleich härter aus. In Wildeshausen wurden die jüdischen Geschwister Jonny und Frieda de Vries 1937 wegen »Rassenschande« mit »Ariern« angeklagt. Jonny de Vries wurde zu anderthalb Jahren Zuchthaus verurteilt, seine Schwester zwangssterilisiert. Die nicht-jüdischen Partner wurden ebenfalls vor den Richter zitiert, wobei es sich die *Wildeshauser Zeitung* nicht entgehen ließ, bei voller Nennung der Namen aller Beteiligten über diesen Prozeß ausführlich und sensationslüstern zu berichten.[42] In Hannoversch-Münden kam es zu ähnlichen Vorfällen und Anklagen, wodurch ein Beschuldigter in den Selbstmord getrieben wurde.[43] Die in vielen, vor allem den ländlichen Gemeinden Niedersachsens aufgestellten Schaukästen, die sogenannten Stürmerkästen, wurden ebenfalls immer wieder dazu benutzt, Delikte im Sinne der Rassegesetze publik zu machen, so z. B. in Wildeshausen: »*Anläßlich des Kriegerfestes des ehemaligen Amtes Wildeshausen (Gau Weser-Ems) begrüßten mehrere Bauern in Uniform, darunter der Bürgermeister Kannemann den berüchtigten Rasseschänderjuden Moritz de Haas mit Handschlag.*«[44] Weitere Beispiele aus dem Oldenburger Land machen deutlich, mit welch bedrückender Selbstverständlichkeit viele Staatsanwälte und Richter überlieferte rechtsstaatliche Grundprinzipien bedenkenlos mißachteten, die sogar von der nationalsozialistischen Gesetzgebung noch nicht angetastet worden waren. 1937 wurde ein jüdischer Kaufmann in Oldenburg wegen »Rassenschande« zu zwei Jahren Zuchthaus verurteilt, was eine vergleichsweise harte Bestrafung bedeutete. Warum das Gericht vom Gefängnis als der gesetzlich vorgesehenen Regelstrafe abwich, wurde nicht begründet.[45] Ein Jahr später wurde in einem ähnlichen Fall dem Angeklagten die Zuordnung eines Verteidigers verweigert, »da die Zuordnung nicht erforderlich erscheint.«[46] Genauso rechtswidrig war der Verzicht der Gerichte auf Beweise für Behauptungen in Urteilsbegründungen. Den Beschuldigten wurde Vorsätzlichkeit unterstellt, was natürlich zu Strafverschärfungen führte.[47] Das ohnehin ausgehöhlte Recht der Juden auf eigene (»nichtarische«) Strafverteidiger wurde 1938 durch selbstherrliche Entscheidungen praktisch abgeschafft. Der Oldenburger Oberlandesgerichtspräsident Högl entzog dem einzig noch verbliebenen jüdischen Rechtsanwalt Löwenstein die Möglichkeit, für Juden zu plädieren, indem er angesichts der sich vermindernden Anzahl der jüdischen Bevölkerung dessen Anwaltspraxis für »nicht erforderlich« erklärte.[48]

In Hannover vertrat Horst Berkowitz als »Konsulent« – die Bezeichnung Rechtsanwalt war für Juden mittlerweile verboten – bis 1945 die Interessen der zurückgebliebenen Juden, soweit es der Terror des Regimes eben zuließ.[49]

Die demütigenden Auswirkungen der Nürnberger Rassegesetze bekamen auch sogenannte Halbjuden zu spüren, die sich mit Nichtjuden verheiraten wollten. Sie mußten sich mehreren amtsärztlichen Untersuchungen unterziehen. So erging es dem Hildesheimer Julius Heinrich Engelke, der am 10. Oktober 1939 einen Antrag auf Eheschließung stellte. Der Arzt befürwortete das Gesuch zwar, doch der Verwaltungsstellenleiter des Amtes für Volksgesundheit war dagegen. Seine Begründung entlarvte das Ausmaß der Willkür, Ungerechtigkeit und Irrationalität des Rassismus: *»Es ist ohne Zweifel, daß bei dem Halbjuden Engelke das nordische Erbgut seiner Mutter besonders in seinem Erscheinungsbild vorherrscht auch in seinem Benehmen während der kurzen Untersuchung waren keine jüdischen Züge auffällig. Wenn man jedoch weiß, daß er Halbjude ist, und man ihn daraufhin scharf und kritisch mustert, ob man an ihm jüdische Züge findet, so kann man zweifelhaft werden, ob er nach seinen äußeren Merkmalen ganz der nordischen Rasse zuzurechnen ist; auch das Lichtbild auf dem Ergänzungsbogen*

In Harpstedt/Hannover wird der Stürmerkasten feierlich eingeweiht

Der Stürmerkasten ist mit elektrischen Leuchtkörpern versehen und bildet daher auch des Nachts einen Anziehungspunkt für jene, die sich Aufklärung in der Judenfrage holen wollen

»Einweihung« des Stürmerkastens in Harpstedt, 1937

bestätigt diesen meinen Eindruck ohne daß ich ihn näher definieren kann. Ich habe daher doch Bedenken, das Eingehen der Ehe zu befürworten.«[50] Dieser Hildesheimer »Wächter über die Reinerhaltung der nordischen Rasse« war zwar des Deutschen offenbar nur bedingt mächtig und wußte auch keinen Grund für seine Ablehnung zu formulieren, doch er besaß die Macht, über das Schicksal zweier Menschen zu verfügen. Und dies tat er.

Was konnte unter den sich derartig verschlechternden Bedingungen unternommen werden? Betrachten wir zunächst die Reaktion der Juden selbst. Die Verfolgungen führten zunächst zu einer Rückbesinnung auf das eigene »Judesein«. Zahlreiche Selbsthilfemaßnahmen wurden in Angriff genommen: bereits im Mai 1933 begannen die jüdischen Jugendorganisationen Hannovers mit der Durchführung von Sprach- und anderen Schulungskursen.[51] Die Gartenbauschule in Ahlem übernahm die wichtige Aufgabe, den aus ihren bisherigen Ausbildungs- und Berufsverhältnissen entlassenen Jugendlichen wenigstens vorübergehend einen Ersatz zu bieten, und zwar in der Ausbildung in handwerklichen Fähigkeiten.[52] Die bemerkenswerten Ergebnisse dieser Anstrengungen waren in einer Ausstellung des jüdischen Handwerks in Hannover im Juni 1934 zu sehen, die ihrerseits der Stärkung des jüdischen Selbstbehauptungswillen diente: So hieß es in der Ankündigung des Ereignisses im Nachrichtenblatt der Synagogengemeinde: »Wenn der jüdische Mensch in einer Zeit, wo so viel auf ihn einstürmt und so viel um und in ihm zusammengebrochen ist, wenn dieser jüdische Mensch trotz aller Fährnisse sich aufschwingt, seinen Brüdern zu zeigen, daß nur der Wille, weiter zu schaffen und zu streben, uns vor dem Zusammenbruch retten kann, dann soll diese Ausstellung ein Beweis des göttlichen Segens der Arbeit sein.«[53]

An weiteren Organisationen, die von der Provinzhauptstadt Hannover aus für die Juden auch des weiteren Umlandes wirkten, sind hier die Bezirkszentralstelle für Wohlfahrtspflege zu nennen, wo noch 1938 108 Jugendliche an Umschulungskursen teilnahmen, und die 1935 eingerichtete Beratungsstelle des Palästinaamtes. Diese kümmerte sich um die Ausreise vornehmlich Jugendlicher und um Fragen der Arbeitsvermittlung. Nach anfänglichen Erfolgen – 1934 wurden noch 51 % der jüdischen Arbeitsuchenden wei-

tervermittelt – konnte jedoch schon bald die sich aufgrund der oben geschilderten Maßnahmen rasch ausbreitende Arbeitslosigkeit kaum noch aufgefangen werden. 1935 waren immerhin 4 601 Arbeitslose in Hannover und Umgebung gemeldet, von denen lediglich 8 % wieder eine Arbeit fanden.[54] Um den in die Isolierung gedrängten Juden auch im sportlich-kulturellen Bereich einen Ausgleich zu bieten, verstärkten die Sport- und Jugendgruppen ihr Angebot. Auch die Bildungsarbeit wurde intensiviert: vor allem das Jüdische Lehrhaus bot zahlreiche Vorträge, besonders zu historischen Fragen. Die Zionisten legten in dieser Hinsicht das Hauptgewicht auf Informationen über Palästina.[55] Die wichtigste Maßnahme von jüdischer Seite bestand jedoch in der Gründung einer eigenen Volksschule im Mai 1935. Vier Lehrer unterrichteten dort 84 Schüler.[56] Die nationalsozialistische Schulpolitik machte diesen Schritt notwendig, der bislang – nämlich seit 1859! – von der assimilatorisch geprägten Gemeindemehrheit stets für überflüssig gehalten worden war. Nun rückten die Kontrahenten in den Gemeinden enger zusammen. Den Zionisten wurde ein größeres Mitspracherecht eingeräumt, und 1936 erhielten die Ostjuden endlich den lange geforderten Status gleichberechtigter Gemeindemitglieder in Hannover.[57] Letztgenannte unterhielten übrigens nach wie vor ihre eigene orthodoxe Talmud-Thora-Schule in Hannover. Insgesamt wurden 1937 in der Provinz noch zwölf jüdische Schulen mit 412 schulpflichtigen Kindern gezählt, von denen jedoch nur 230 – meist aus Raummangel – am Unterricht auch teilnahmen.[58] Auch in Oldenburg erfolgte 1937 die Gründung einer jüdischen Schule, die bis 1940 bestand.[59]

Das erwähnte Zusammenrücken der innerjüdischen Parteiungen und die durch die Regierungspolitik erzwungenen Dissimilationstendenzen bedeuteten jedoch nicht, daß die Mehrheit der niedersächsischen Juden ihre Verwurzelung in der deutschen Kultur in Frage gestellt hätte. Noch im März 1935 verkündete der hannoversche Ortsverband des *Reichsbundes jüdischer Frontsoldaten*: »Die Menschen des RjF haben eine große Achtung vor denen, die sich in Palästina eine neue Heimat bauen. Aber sie erheben ihre Stimme dagegen, daß die jüdisch-nationale Lösung der Judenfrage die einzige Lösung genannt wird. Sie ringen mit der Seele des deutschen Volkes, weil sie in *dieses Land nicht eingewandert, sondern hineingeboren sind. Und weil wir lebensbejahend sind, deshalb glauben wir, daß unsere 12 000 nicht gefallen seien können, damit ihre Kinder den Wanderstab ergreifen müssen (...)«.*[60]

In der Tat konnten sich in den ersten Jahren der nationalsozialistischen Diktatur nur relativ wenige Juden trotz aller Drangsalierungen mit dem Gedanken an eine Emigration anfreunden. Quotenregelungen potentieller Exilländer, von auswärtigen Regierungen geforderte finanzielle Sicherheiten, wenig ermutigende Berichte bereits ausgereister Personen und der zutiefst deutsch geprägte bisherige Lebenslauf sprachen gegen ein Verlassen der Heimat.[61] Jüngere und ungebundene Menschen wagten noch am ehesten diesen Schritt. Die ersten Umzugsbewegungen scheinen zunächst meist von kleineren Gemeinden in größere Städte der näheren Umgebung verlaufen zu sein, wie ein Blick in die entsprechenden Akten zeigt, z. B. von Northeim nach Bielefeld und nach Hannover[62], von Celle ebenfalls vor allem nach Hannover und nach Hamburg.[63] Die Stadt Hannover verlor bis 1937 nur knapp 20 % ihrer jüdischen Einwohner[64], die Stadt Oldenburg im selben Zeitraum 25 %, während es auf Reichsebene 33 % waren.[65] Der Rückgang war auch auf Provinzial- bzw. Länderebene nicht so gravierend wie in anderen Regionen Deutschlands. Im Mai 1939 lebten in der Provinz Hannover immer noch 5789 Juden, im Land Braunschweig waren es noch 433, im Land Oldenburg 365 und in Schaumburg-Lippe 135.[66] Diese vergleichsweise große Anzahl ermöglichte es, Wohlfahrts- und Gemeindeeinrichtungen ebenfalls relativ lange zu erhalten, was vor allem für die Großstadt Hannover galt. Der Gemeindehaushalt erreichte 1937 immerhin noch 203 614 Mark, was keine sehr große Abnahme im Vergleich mit 1933 bedeutete. In Saarbrücken hingegen, der größten Gemeinde in der deutschen Region mit den höchsten Emigrationszahlen – 90 % der dortigen Juden verließen das Saarland bis 1939 – schrumpfte der Gemeindehaushalt auf ein Zehntel.[67] Immerhin feierte die Gemeinde in Hannover noch 1937 die 250. Wiederkehr des Gründungstages ihres Landrabbinates und demonstrierte damit Traditionsbewußtsein und Überlebenswille.

Von der nichtjüdischen Bevölkerung konnten die niedersächsischen Juden nur wenig Hilfe erwarten. Doch trotz aller Gleichschaltungsmaßnahmen und trotz des traditionellen Obrigkeitsgehorsams sollte auch dieses Thema differenziert behandelt werden. Zweifellos gaben sich viele Personen nach 1933 betont antisemitisch, vor allem, wenn sie von einer Verdrängung der Juden direkt oder indirekt profitieren konnten: Hier sind die zahlreichen Juristen zu nennen, die wohl ihr oben beschriebenes erbarmungsloses Verhalten für karriereförderlich hielten. Auffällig ist weiterhin die offenbar verbreitete Bereitschaft zur Denunziation, sei es ebenfalls aus Kalkül, sei es aus Wichtigtuerei, sei es aus persönlicher Rachsucht. Mehrere Prozesse wegen Verstoßes gegen die Nürnberger Rassegesetze wurden so ausgelöst.[68] Auf Norderney führten bereits im August 1933 entsprechende »Hinweise« von Kurgästen zur Veröffentlichung von Hetzartikeln über »Rassenschande« in der *Norderneyer Badezeitung* mit anschließenden Forderungen nach KZ und Todesstrafe in der Lokalpresse.[69] Äußerungen wie »Ihr braucht die Juden auch noch einmal« wurden, von Nachbarn weitergetragen, schon 1934 zum Anlaß für die Eröffnung von Strafprozessen.[70] Auf der anderen Seite zeigen die Lageberichte der Staatspolizeistellen und Regierungspräsidenten aus der Zeit zwischen 1933 und 1936, daß es auch viele Menschen gab, die sich nicht ohne weiteres anpaßten. Manche Bauern hielten z. B. gegen den Willen der Behörden an ihren traditionellen Kontakten mit jüdischen Viehhändlern so lange fest, bis es wegen des Berufsverbots für die Händler nicht mehr ging.[71] Auf den mehr oder weniger latenten Unwillen, mit dem in mehreren Städten und Gemeinden auf antijüdische Boykottmaßnahmen reagiert wurde, ist bereits an anderer Stelle eingegangen worden. Auch im Hinblick auf die Schulen wird man nicht ohne weiteres nationalsozialistische Lehrpläne mit dem Unterrichtsalltag schlechthin gleichsetzen können. Übergriffe regimetreuer Lehrer auf jüdische Schüler kamen einerseits häufig vor, wie z. B. der Befehl an den Oldenburger Juden Norbert Vogel, im Musikunterricht das Lied zu singen *Wenn das Judenblut vom Messer spritzt.*[72] Andererseits berichten Zeitzeugen von gelungenen Versuchen der Lehrer, die NS-Propaganda zu unterlaufen, und von großer Rücksichtnahme auf jüdische Mitschüler. So achtete das Ratsgymnasium in Hannover z. B. bis 1938 darauf, daß die jüdischen Schüler den Sabbat halten konnten. Die Lehrer stellten sich für notwendig werdende Nachschreibtermine von Klassenarbeiten zur Verfügung.[73] Auch die Nordhorner Volksschullehrer verhielten sich ihren jüdischen Schülern gegenüber offenbar unvoreingenommen.[74] Was schließlich die Kirchen anbetrifft, so ergibt sich auch dort kein widerspruchsfreies Bild. Die evangelischen Landeskirchen erlebten den Konflikt zwischen den sogenannten Deutschen Christen, die die Kirchen auf regimetreuen Kurs bringen wollten, und den Bekenntnisgemeinden, die die NS-Ideologie ablehnten. In der hannoverschen Landeskirche hatte die Bekenntnisgemeinschaft sehr großen Zulauf.[75] Dennoch gab die Kirche dem amtlichen Druck mehr als einmal nach: zwischen 1937 und 1939 versetzte sie drei »nicht-arische« Pastoren in den Ruhestand.[76] Wenn sich der Landesbischof zu Protesten entschloß, so gingen diese stets direkt in das Reichsinnenministerium – unter Ausschluß der Öffentlichkeit.[77] Die Braunschweiger Landeskirche arrangierte sich ebenfalls: Pfarrer, die sich gegen die an manchen Dorfeingängen angebrachten Schilder *Juden betreten den Ort auf eigene Gefahr* aussprachen, wurden vom Dienst suspendiert.[78] Die Kirchenleitung übernahm auch die rassistische Perspektive der Regierung, indem sie sogenannte halbjüdische Pfarrer entließ.[79] Ähnliche Fälle sind auch aus der Grafschaft Schaumburg überliefert.[80] In der oldenburgischen Landeskirche wurde die nationalsozialistische Herrschaft ebenfalls nicht in Frage gestellt, und selbst Pfarrer der Bekenntnisgemeinschaften stellten

wiederholt ihre antijüdische Grundeinstellung heraus.[81] So erklärte der Vareler Bekenntnispfarrer: »*Ich kenne es von meinem Elternhaus nicht anders und habe es in meinem Haus stets so gehalten, daß niemals bei einem Juden gekauft worden ist, keine jüdische Zeitung oder Literatur ist in unser Haus gekommen.*«[82] Die katholische Kirche ging in Fragen des Rassismus deutlicher auf Distanz zum Regime. Der Osnabrücker Bischof Berning schärfte noch 1936 der katholischen Jugend ein, daß es höhere Werte gebe als die Zugehörigkeit zur »deutschen Rasse«.[83] Ähnliches verlautete in Hildesheim.[84]

Die genannten Beispiele erlauben zwar keine quantifizierende Bestimmung der Stimmungslage der niedersächsischen Bevölkerung – hierzu wäre eine flächendeckende Untersuchung etwa der Schulen oder der Pfarrhäuser notwendig –, doch haben sie durchaus einen Aussagewert. Viele Menschen waren offenbar unzufrieden mit bestimmten Maßnahmen der Nationalsozialisten. Diese Unzufriedenheit konnte sich zu einer Verweigerungshaltung steigern, doch geschah dies nur sehr vereinzelt, besonders im Hinblick auf die Judenverfolgung. Die einzigen großen Institutionen, die von der Gleichschaltung noch am ehesten verschont geblieben waren, die Kirchen, verwahrten sich in ihren Stellungnahmen bestenfalls recht allgemein gegen die Vergötzung der Rasse. Von aktiven Widerstandsmaßnahmen zugunsten der Juden kann jedenfalls kaum die Rede sein.

Von den Ausschreitungen im Jahre 1938
bis zur Vernichtung

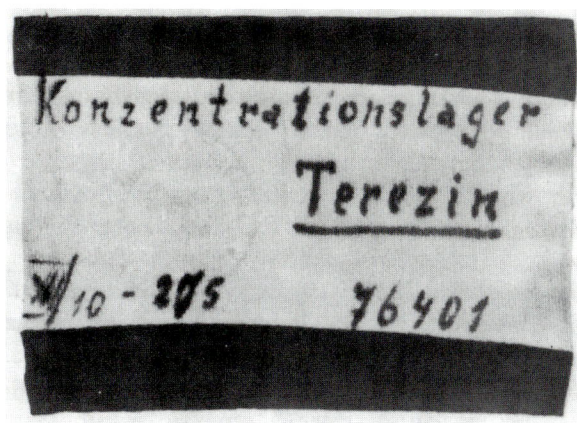

Kennzeichen der Osnabrückerin
Grete Schönfeld in Theresienstadt

Durch die Verordnung vom 26. April 1938 wurden die Juden gezwungen, ihre Vermögenswerte offenzulegen. Diese Maßnahme diente der Vorbereitung ihrer endgültigen Verdrängung aus dem deutschen Wirtschaftsleben. Das Regime, das mit einer mehr als waghalsigen Finanzpolitik dem Staatshaushalt jede solide Grundlage genommen hatte, gleichzeitig aber aufgrund der forcierten Aufrüstung immer mehr Mittel benötigte, war fest entschlossen, sich an den Juden schadlos zu halten. Dementsprechende Pläne entwarf Hermann Göring im Oktober 1938 vor Vertretern der Partei, der Wirtschaft und des Militärs.[85] Was zur Realisierung dieses Planes noch fehlte, war ein Anlaß, der so beschaffen war, daß die Propaganda die Vernichtung der wirtschaftlichen Existenz der Juden wieder – ähnlich wie 1933 – als »gerechte Vergeltung« hinstellen konnte.

Bevor dieser Anlaß gefunden war, kam es infolge eines Dekrets der polnischen Regierung vom 6. Oktober 1938 zunächst zu einem großangelegten Schlag gegen die in Deutschland lebenden Ostjuden. Die Regierung in Warschau verlangte sehr kurzfristig – bis zum 29. Oktober 1938 – die Registrierung aller im Ausland lebenden polnischen Staatsbürger. Diese Registrierung hatte auf polnischem Territorium stattzufinden. Bei Nichterfüllung dieser Vorschrift drohte die Ausbürgerung.[86] Um zu verhindern, daß die vielen polnischen Juden in Deutschland im Falle der Nicht-Registrierung als Staatenlose nicht mehr »legal« abgeschoben werden könnten, ließ der Chef des Sicherheitsdienstes Heydrich in einer einzigen Nacht, und zwar in der vom 27. auf den 28. Oktober, 17 000 polnische Juden verhaften und an die polnische Grenze bringen. Die Angst und das Erschrecken der völlig überraschten Juden kann man sich als Außenstehender kaum vorstellen. Aus Oldenburg wurden 13 Bürger deportiert, darunter ältere und entsprechend hilflose Menschen, die schon jahrzehntelang in der Stadt gelebt hatten, aus Osnabrück ca. 10.[87] Aufgrund der Geschwindigkeit, mit der sich die Aktion vollzog, konnten auch die anderen Gemeindemitglieder kaum helfen.[88] Aus Hannover wurden 484 Menschen abgeschoben, darunter die dort seit 1911 ansässige Familie Grünspan.[89] Sie wurden in Züge verfrachtet und Richtung Osten transportiert. An der Grenze angekommen, trieb sie die SS mit Peitschenhieben nach

Polen.[90] Als der sich zur damaligen Zeit in Paris aufhaltende Herschel Grünspan von der Deportation seiner Eltern erfuhr, eilte er in die deutsche Botschaft und erschoß dort den Legationsrat vom Rath. Damit hatten die Nationalsozialisten den Anlaß gefunden für den Schlag gegen die Juden, der deren wirtschaftliche Existenz endgültig vernichten sollte. Vor allem Goebbels ergriff nun die Initiative. Er wünschte einen Massenpogrom, der nach außen hin den Charakter eines spontanen Ausbruchs des Volkszorns haben sollte, jedoch von der Partei, also den jeweiligen Gau- und Kreisleitungen, organisiert und kontrolliert wurde.[91] SA- und SS-Formationen, die für den Ablauf der Verfolgungsaktionen der Nacht vom 9. auf den 10. November 1938 verantwortlich waren, hielten sich allerdings keinesfalls so im Hintergrund, wie es sich der Propagandaminister vorgestellt hatte. In Hannover zeigte vornehmlich die SS mit kalkulierter Präzision ihr pervertiertes Organisationstalent. Fünf SS-Abteilungen marschierten getrennt zur Synagoge in der Bergstraße, wo sie gegen 2.00 Uhr in der Nacht ankamen. Das bereits brennende Gotteshaus wurde von einem Absperrungsring umgeben. Erst um 2.35 erfolgte der Feueralarm, der jedoch nur dem Schutz benachbarter Häuser galt, welche von ihren Bewohnern geräumt werden mußten. Diese Aktion dauerte bis etwa 8.00 Uhr. Gleichzeitig wurden mehrere Geschäfte und Wohnungen demoliert.[92] Am selben Tag, dem 10. November, veranlaßte der SS-Oberführer Kurt Benson eigenmächtig eine weitere Sonderaktion, während der noch einmal Wohnungen und Geschäfte brutal zerstört und zahlreiche Wertgegenstände gestohlen wurden.[93] In Hannover wurden nach dem Pogrom insgesamt 27 verwüstete Wohnungen und 94 demolierte Geschäfte gezählt.[94] Ähnliche Ereignisse kamen in fast allen niedersächsischen Städten und Gemeinden vor. Vielerorts wurden die jüdischen Einwohner auch durch die Straßen getrieben. Ein Augenzeuge berichtet aus Hildesheim: *»Ich sah, wie zusammengetriebene Juden, darunter so bekannte Geschäftsleute wie der Inhaber des Konfektionsgeschäftes Fleischhacker und Harry Popper, Schuhhändler, beide Friesenstieg, an den Brandherd heran- und im Gänsemarsch herumgeführt, geprügelt und getreten wurden.«*[95] In den Dörfern mußten die Juden Ähnliches erdulden. In Bassum wurden zwei Frauen

als »Judenweiber« von der SA die Bahnhofstraße hinuntergetrieben.[96] In Hehlen bei Bodenwerder, wo nur noch zwei Juden lebten, wurden diese aus den Betten gerissen und, in der kalten Nacht nur notdürftig bekleidet, bis 7.00 Uhr im Feuerwehrspritzenhaus festgehalten. Ihre Todesangst kann man erahnen: »Wir vermuteten, erschossen werden zu sollen«, berichtete ein Überlebender.[97] In Hann.-Münden drangen drei SA-Männer in die Wohnung der erst im Juni 1938 aus Dransfeld zugezogenen Familie Proskauer (Lohstraße) ein. Sie holten den Sohn Erwin aus dem Bett und sagten ihm, in Anwesenheit der entsetzten Eltern: »Jungchen, deine letzte Stunde hat geschlagen.« Dann drängten sie ihn, unterstützt von zwei weiteren SA-Mitgliedern, aus dem Haus, dann die Lohstraße herunter bis zur Werra. Schutzlos der Übermacht seiner Peiniger ausgesetzt, sprang der Verzweifelte nach einigem Hin und Her ins Wasser. Seine Leiche wurde vierzehn Tage später angetrieben.[98] Dieser Vorfall hatte übrigens ein gerichtliches Nachspiel. Das Landgericht Hannover verurteilte die Täter im Juli 1940 zu z. T. mehrjährigen Gefängnisstrafen, die allerdings alle nicht vollständig abgebüßt werden mußten.[99] Als letztes Beispiel für die Verwüstungen jener Pogromnacht sei die Zerstörung der Synagoge in Seesen genannt. Hier hatte 1810 die Wiege der Reformbewegung in Niedersachsen gestanden, die dann zur Assimilierung und zur Verwurzelung der Juden in der deutschen Kultur geführt hatte. 128 Jahre später brannte das traditionsreiche Gebäude, über dessen Portal geschrieben stand: »Haben wir nicht alle einen Vater? Hat nicht ein Gott uns erschaffen?« Viele Schaulustige sahen sich das traurige Spektakel an, nicht ohne den Synagogendiener Nußbaum absurderweise der Brandstiftung zu beschuldigen. Dieser wurde verhaftet und von der SS noch in derselben Nacht erschossen.[100] Die besondere Lage und bauliche Beschaffenheit führte übrigens dazu, daß einige wenige Synagogen, wie z. B. die in Celle, nicht angezündet wurden. Die Rücksichtnahme galt jedoch vor allem den Nachbarhäusern, die man vor der Brandgefahr schützen wollte.
Der Novemberpogrom traf vor allem ältere und wehrlose Menschen, wie auch das Beispiel der Bassumer Frauen zeigte, die zu zweit (!) den Mißhandlungen der SA-Männer ausgesetzt waren. Viele der zerstörten

Die zerstörte Synagoge in Hannover, 10. November 1938

Gotteshäuser, etwa das in Seesen, waren schon lange vor dem November 1938 geschlossen worden, da ein Gemeindeleben nicht mehr aufrecht zu halten war. Die ganze Novemberaktion enthüllte also auf besonders schmerzliche Art die groteske Diskrepanz zwischen der Realität und einer lautstarken Propaganda, die nicht müde wurde, von »jüdischer Gefahr« und »jüdischer Verschwörung« zu tönen. Es ist wohl anzunehmen, daß viele Augenzeugen des Geschehens jener Nacht sich über diesen Sachverhalt im Klaren waren. Wir stoßen immer wieder auf Zeugnisse des Unwillens und des Widerstrebens. Die Osnabrücker Feuerwehr z. B. reagierte auf die Aufforderung, das Feuer in der Synagoge in der Rolandstraße stärker anzufachen mit dem Hinweis, ihre Aufgabe bestehe eigentlich im Löschen.[101] Betroffenheit und Erschrecken über den Pogrom führten bei den meisten Menschen jedoch zu keiner weiterreichenden Konsequenz. Nur wenige fanden den Mut, ihrem Unwillen deutlich Ausdruck zu geben: z. B. Pfarrer Heinrich Brinkmann von der Markuskirche in Hannover[102] und Kaplan Henn in Cloppenburg, der in einer Predigt nach der Pogromnacht sagte: »*Ein Brandstifter ist auch heute ein Brandstifter, und ein Straßenräuber ist und bleibt ein Straßenräuber, auch wenn er seine Beute der NSV stiftet.*«[103] Zu nennen ist hier auch Frau B. aus Neuenhaus, die ihr »Mutterkreuz« aufgrund der Novemberereignisse zurückgab.[104] Von besonderem Interesse erscheint das Verhalten zweier Rechtsanwälte aus Celle, Frisius und Blanke, die beide nach dem 10. November aus Gewissensgründen aus der SA austraten. Erstaunlicherweise erkannte das Gaugericht diese Entscheidung an, und zwar mit der Begründung, daß der Eid der SA besage, zu Gehorsam nur verpflichtet zu sein, wenn nichts Ungesetzliches (!) verlangt werde.[105] Es war also offenbar auch im November 1938 noch möglich, Zeichen zu setzen, ohne selbst Schaden zu nehmen. Allerdings muß auch in diesem Zusammenhang – leider – differenziert werden. Die erwähnten Zeichen bedeuteten nicht unbedingt eine unzweideutige Distanzierung von der antisemitischen Ideologie der NSDAP, sondern stellen wohl eher einen Protest gegen die besonders rohe und gewalttätige, eben »ungesetzliche« *Durchführung* der Maßnahmen dar. Nach den Ausschreitungen schickte sich die Reichsleitung an, den eigentlichen Zweck des Pogroms zu

erfüllen. Bereits am 12. November wurde in einer Besprechung unter dem Vorsitz Hermann Görings beschlossen, den jüdischen Besitz endgültig und umfassend zu »arisieren«, die für die Beseitigung der Schäden bestimmten Versicherungsbeträge zu kassieren und den deutschen Juden als »Sühne« die Zahlung einer Milliarde Mark aufzuerlegen, ein Betrag, der kurze Zeit später noch einmal erhöht wurde.[106] Hinzu kamen mehrere Erlasse in den folgenden Monaten: der Ausschluß jüdischer Schüler von den deutschen Schulen, das Verbot, Autos zu besitzen und zu fahren, der Zwang, die zusätzlichen Vornamen Sara bzw. Israel anzunehmen.[107] Am 3. Dezember 1938 begann mit der *Verordnung über den Einsatz jüdischen Vermögens,* die Erfassung des jüdischen Gesamtbesitzes.[108] Die Juden durften nach dem November 1938 kein eigenes Geschäft mehr betreiben und sollten – mittelfristig – um ihren gesamten Besitz gebracht werden. Dies war die »Endlösung« auf wirtschaftlichem Gebiet. Die einzelnen Maßnahmen, die zu dieser »Endlösung« führten, wurden keinesfalls von den amtlichen Stellen geheimgehalten. Die Tagespresse druckte sämtliche Erlasse ab und kommentierte sie ausführlich.[109] Die nach dem Krieg immer wieder vorgebrachte Schutzbehauptung, man habe von nichts gewußt, entbehrt für die antijüdischen Maßnahmen der Jahre von 1933 bis 1939 jeder Grundlage.

Die angestrebte »Arisierung« konnte ungestört »abgewickelt« werden, indem man in der Pogromnacht alle männlichen Juden bis zum 75. Lebensjahr in sogenannte Schutzhaft nahm. Aus Hannover wurden 316, aus Osnabrück 31, aus dem Raum Magdeburg/Braunschweig 375 Menschen in das KZ Buchenwald gebracht, wo sie mehrere Wochen blieben.[110] Aus Oldenburg, Ostfriesland und Bremen wurden 938 Personen in das KZ Oranienburg transportiert. Von dort berichtete ein Häftling folgendes: »*Nun kamen wir endlich in eine Baracke, die für 75 Personen berechnet war und in welche 300 Personen hineingepreßt wurden. Das war unsere Schlaf- und Speisestätte. Wir mußten nachts auf dem Fußboden schlafen, so eng aneinandergepreßt, daß wir nur seitlich liegen konnten. Viele Kranke waren unter uns, die genauso hart arbeiten mußten wie alle anderen. Kein Arzt konnte geholt werden, keiner durfte nachts die Baracke verlassen. In den ersten drei Wochen starben etwa 25 Per-*

Geschändete Schriftrollen, Bücher und Gebetsmäntel,
Osnabrück, November 1938

sonen unseres Blocks. Wie oft kam es vor, daß nachts der Nachbar röchelte und im Todeskampf lag. Keiner konnte ihm helfen, und am Morgen lag man neben einer Leiche. Wenn wir morgens um 5 Uhr, noch in völliger Dunkelheit, zur Arbeit zogen, sahen wir jedesmal einige tote Männer im Drillichanzug im Stacheldrahtzaun hängen. Sie hatten aus Verzweiflung ihrem Leben selbst ein Ende gesetzt und zogen einen schnellen Tod dem langsamen, qualvollen Verenden im Lager vor.«[111]

Die Abwesenheit der jüdischen Familienväter, die einen bitteren Vorgeschmack auf spätere Drangsalierungen erhielten, wurde zu entsprechenden Maßnahmen genutzt. »Arische« Kaufleute, wie z. B. ein Rohproduktenhändler aus Wildeshausen, die ihr Interesse an jüdischen Geschäften bekundeten, konnten diese mit Genehmigung der Industrie- und Handelskammer sofort erwerben, ohne daß der in KZ-Haft sitzende Inhaber überhaupt gefragt wurde.[112] Diese letzte »Arisierungs«-Welle war bis Mitte 1939 weitgehend abgeschlossen. In der Stadt Hannover hatten bis zum Herbst 1938 immerhin noch ca. 70 jüdische Firmen bestanden. Deren »Abwicklung« war im Januar 1939 beendet. Das *Hannoversche Tageblatt* setzte seine Leser davon umgehend in Kenntnis: »*Die Entjudung des hannoverschen Geschäftslebens wurde ohne besondere Hindernisse durchgeführt. Daß sie auch volkswirtschaftlich vernünftig war, wird die Zukunft lehren.*«[113] Die Juden wurden gezwungen, ihre Geschäfte und Immobilien zu verkaufen, teils an staatliche Stellen, teils an Privatpersonen. Über den Erlös, der meist weit unter dem eigentlichen Wert lag, konnten die Betroffenen nicht frei verfügen, da die Gelder auf Sperrkonten lagen. Darüber hinaus mußten die Juden auch für die Abbruchkosten der zerstörten Synagogen aufkommen. In Hannover wurden ihnen dafür 26 000 Mark berechnet.[114] Viele der aus der »Schutzhaft« heimgekehrten Menschen hatten sich zu einer möglichst raschen Emigration verpflichten müssen.[115] Folglich brachte das Jahr 1939 noch einmal einen merklichen Anstieg der Auswanderung. Für den Kreis Göttingen hatte die Auswanderer-Anzahl in den Jahren 1935–37 im Schnitt bei 26 pro Jahr gelegen, 1938 waren es dann 57, 1939 immerhin 95.[116] Ähnliche Größenverhältnisse sind aus Braunschweig überliefert.[117] Das Hauptzielland war die USA, gefolgt von

den Niederlanden, Großbritannien und Südamerika. Palästina spielte also nicht die Hauptrolle. Offenbar strebten die assimilierten Juden – und diese stellten nach wie vor die große Mehrheit – in Länder mit vertrauter kultureller Prägung.[118] Die geographische Nähe tat ein Übriges: Die Anzahl der Auswanderer in die Niederlande ist wohl damit zu erklären. Man sollte sich allerdings davor hüten, das Schicksal der Emigranten zu verharmlosen, da diese angeblich »glücklich entronnen« seien. Flüchtlinge in den Ländern, die ab 1940 von deutschen Truppen besetzt wurden, teilten oftmals das Schicksal der Daheimgebliebenen: Deportation und Vernichtung. Die in von Deutschen nicht erreichbare Gebiete Geflohenen mußten die Härten eines Neuanfangs in einer fremden, oftmals feindselig eingestellten Umgebung erleben. Viele kamen mittellos an: Die deutsche Regierung verlangte hohe Gebühren, Abgaben und die Zahlung der »Reichsfluchtsteuer«. Die Erlöse aus den Zwangsverkäufen des beweglichen und unbeweglichen Vermögens lagen zudem auf von der Reichsregierung kontrollierten Sperrkonten und wurden nach Kriegsausbruch ganz beschlagnahmt.[119]

An dieser Stelle sei auch auf die Leiden der jüdischen Kinder hingewiesen. Am 15. November 1938 hatten alle Tageszeitungen die Anordnung des Reichskultusministers Rust bekanntgegeben, derzufolge keine jüdischen Schüler mehr an »deutschen Schulen« unterrichtet werden durften.[120] Die Folgen dieser Maßnahme kann man als Außenstehender nur erahnen. Was wird in einem siebenjährigen Kind vorgegangen sein, dem von einem auf den anderen Tag verboten wird, in »seine« Klasse zu gehen? In vielen kleineren Städten, wo es die Alternative einer eigenen jüdischen Schule nicht gab, waren immerhin noch mehrere Kinder betroffen: in Nordhorn z. B. zehn.[121] Die Nordhorner konnten zwar aufgrund der Grenznähe auf niederländische Schulen ausweichen, doch was geschah mit den Menschen, denen diese Möglichkeit nicht offenstand? Zu der psychischen Belastung des sichtbaren Ausgegrenztwerdens kam für die betroffenen Kinder der Ausschluß von denjenigen Bildungsmöglichkeiten hinzu, die die Grundlage für eine bürgerliche Existenz darstellten. Die Zielvorstellung der Behörden lag auf der Hand.

Plünderung der Tuchgroßhandlung Flatauer und Co. KG, Möserstraße,
Osnabrück, 9./10. November 1938

Als der 2. Weltkrieg ausbrach, befanden sich die in Niedersachsen verbliebenen Juden in einer katastrophalen Lage. Die sechs Jahre, die die nationalsozialistische Herrschaft bis dahin gedauert hatte, hatte ihnen jegliche Grundlage einer gesicherten Existenz geraubt. Sie hatten keinerlei Rechte mehr und verfügten über keine nennenswerten Vermögenswerte. Auch die Reste der Gemeindestrukturen wurden zerschlagen. Im März 1938 wurde den Synagogengemeinden der Status von Körperschaften des öffentlichen Rechts abgesprochen. Damit erloschen auch die Landrabbinate.[122] Viele Gemeinden lösten sich auf oder wurden in die Reichsvertretung (seit Juli 1939 Reichsvereinigung) der Juden in Deutschland eingegliedert. Die letzten Schulen wurden geschlossen: 1940 in Oldenburg, 1941 in Hannover, 1942 in Ahlem.[123] Doch das war noch lange nicht alles. Mit einer niederschmetternden Akribie und Detailversessenheit folgte in den ersten Kriegsjahren Erlaß auf Erlaß, wodurch die ohnehin trostlose Situation der Juden stetig verschlimmert wurde: Sie erhielten keine Bezugsscheine für Textilien, keine Rente, keine Eierkarten, keine Fleischkarten, keine Weizenerzeugnisse, keine Milchzuteilungen; sie durften keine Bücher aus öffentlichen Bibliotheken entleihen, keinen Privatunterricht erteilen, keine Erbschaften von »Ariern« annehmen, keine Blumen kaufen, keine Verkehrsmittel benutzen, keine Haustiere halten, keine Friseure aufsuchen, keine Fahrkartenautomaten benutzen, kein Speiseeis und keine Bücher kaufen.[124] Bei all diesen Erlassen ist zu bedenken, daß die infamen Maßnahmen vornehmlich ältere hilflose Menschen trafen. Von den 184 jüdischen Menschen, die am 1. Januar 1942 in den Landkreisen Göttingen, Duderstadt und Hann.-Münden lebten, waren 41,8 % zwischen 45 und 64 Jahre alt, und weitere 31,5 % über 65jährig.[125] Ähnlich werden sich die Zahlenverhältnisse auch in den anderen Regionen dargestellt haben.

Das einzige, was die deutschen Behörden den Juden noch nicht genommen hatten, war ihr Leben. Die Ausmerzung ihrer physischen Existenz ließ jedoch nicht mehr lange auf sich warten. Sie lag in der »Logik« der rassistischen Ideologie der NSDAP. Ein erster Schritt in diese Richtung erfolgte bereits im Mai 1939, als bestimmt wurde, daß alle Juden in bestimmten Häusern zusammengefaßt werden sollten.[126] Zum einen konnte der damit freiwerdende Wohnraum »Ariern« zur Verfügung gestellt werden, so daß die Maßnahme auch einen Teil der »Arisierungs«-Aktionen jener Jahre bildete. Zum anderen erleichterte die gleichzeitig erreichte Konzentration und Isolierung der verbliebenen Juden mittelfristig die Vorbereitung der Deportation. Hitler selbst sicherte 1940 einigen Gauleitern die »notwendige Bewegungsfreiheit« zu, um »nach 10 Jahren nur eine Meldung (...) zu hören, nämlich daß ihr Gebiet deutsch und zwar rein deutsch sei. Nicht aber werde er (Hitler, d. V.) sie danach fragen, welche Methode sie angewandt hätten, um das Gebiet deutsch zu machen, und es sei ihm gleichgültig, wenn irgendwann in Zukunft festgestellt werde, daß die Methoden zur Gewinnung dieses Gebietes unschön oder juristisch nicht einwandfrei gewesen seien.«[127] Besonders schnell handelten die Parteiorgane in Ostfriesland. Sie zwangen den Vorstand der Auricher Synagogengemeinde, selbst dafür zu sorgen, daß alle Juden Ostfriesland bis zum 1. April 1940 verließen. Die Betroffenen mußten Hals über Kopf ihre Heimat verlassen und bei Verwandten in auswärtigen Ortschaften oder in Großstädten Unterschlupf suchen. Damit war Ostfriesland, eine Region mit ehedem besonders großen und traditionsreichen jüdischen Gemeinden, als erstes Gebiet ohne jüdische Einwohner.[128] Die Abschiebeaktion machte die Zusammenführung der Juden in den sogenannten Judenhäusern dort also überflüssig. Diese vorletzte Station auf dem Weg in die Vernichtung finden wir hingegen in mehreren, meist größeren niedersächsischen Kommunen: in Oldenburg,[129] in Braunschweig,[130] in Göttingen,[131] in Hannover.[132] Die Juden aus den an die Hansestadt Bremen angrenzenden Gebieten wurden dorthin gebracht.[133] Auch in Osnabrück und in Hildesheim existierten Judenhäuser.[134] Die Zwangseinweisung in diese Unterkünfte wurde ab Sommer 1941 forciert. In Hannover erfolgte allein an den drei Tagen vom 3. bis zum 5. September 1941 die »Unterbringung« von mindestens 600 Personen in den diversen Judenhäusern, die völlig überbelegt waren: 100 Menschen wurden in dem Haus Bergstraße 8 (gegenüber der zerstörten Synagoge) zusammengepfercht, 150 Personen mußten in der Leichenhalle (!) des jüdischen Friedhofs An der Strangriede 55 hausen.[135] Zu diesen erbärmlichen Wohnbedingungen und den grausamen

Schaufenster der Firma »Samson David«,
Osnabrück, 10. November 1938

Einschränkungen, die sich aus den geschilderten Erlassen ergaben, kam noch die ständige Angst vor Übergriffen seitens der SS und der Gestapo. Für deren Mitglieder waren die Juden in den Judenhäusern Freiwild, und viele machten sich einen Spaß daraus, diese Menschen zu terrorisieren: Vergewaltigungen und andere Brutalitäten kamen oftmals vor, und Juden wurden gezwungen, sich gegenseitig vor den Augen ihrer Angehörigen und der NS-Schergen blutig zu schlagen.[136] Nach dem Überfall der Deutschen auf die Sowjetunion begann die systematische Vernichtung der europäischen Juden. Die ersten Massentransporte Richtung Osten wurden im Oktober 1941 organisiert. Von den Deportationen ausgenommen waren zunächst jüdische Personen, welche in sogenannter Mischehe lebten und die über 65 Jahre alt und sehr gebrechlich waren. Verschont blieben außerdem vorläufig Juden ausländischer Staatsangehörigkeit und Juden »im geschlossenen kriegswichtigen Arbeitseinsatz«.[137] Auftraggebende Instanz für die Deportationen war das Reichssicherheitshauptamt unter Heydrich. Die Durchführung oblag den jeweiligen Gestapo-Stellen und den ihr nachgeordneten Polizeibehörden. So waren es die Bürgermeister als jeweilige Ortspolizeibehörden, die den betroffenen Juden die genauen Vorschriften bezüglich ihrer »Evakuierung« – so der offizielle Sprachgebrauch – mitteilten. Richard Lazarus aus Wunstorf wurde, wie vielen anderen auch, am 26. März 1942 mitgeteilt, daß er am folgenden Tag »evakuiert« werde. Er mußte also in kürzester Frist 1) einen Koffer mit Kleidung und Bettzeug bis zu 50 kg herrichten, 2) Eßgeschirr mit Löffel (ohne Messer und Gabel) bereitstellen, ebenso 3) gutes Schuhwerk und 4) Verpflegung für 6 Tage, 5) eingemachte Lebensmittel und Konserven »zur Mitnahme bereithalten«, 6) sämtliches Bargeld, Wertpapiere und Schmuck verpacken, wovon er 7) nichts verkaufen und verschenken durfte, und schließlich 8) dafür Sorge tragen, daß das bürgermeisterliche Schreiben unterschrieben zurückgegeben wurde.[138] Es verstand sich für die Regierung von selbst, daß die Reichsbahn für ihre »Transportdienste« entschädigt werden mußte. Und so bezahlten die Deportierten für die Fahrt in den Tod auch noch die Reisekosten. Für Kinder unter vier Jahren berechnete die Reichsbahn nur die Hälfte – die aberwitzige Diskrepanz zwischen dem Beharren auf

dem formal-gesetzlich Korrekten und den tatsächlich begangenen Verbrechen wird hier besonders augenfällig.[139]

Die Festgenommenen wurden zunächst an einem Punkt zusammengezogen. Für die Regierungsbezirke Hannover und Hildesheim war dies die ehemalige israelitische Gartenbauschule in Ahlem. Die dem Befehl gemäß mitgebrachten Wertgegenstände wurden konfisziert und den Oberfinanzdirektionen überstellt. Von Ahlem aus wurden die Juden dann zum Güterbahnhof Hannover-Linden (Fischerhof) gebracht, wo sie in Viehwaggons gepfercht wurden. Die Reise in den Tod begann. Eine Augenzeugin erinnert sich: »In ungeheizten Waggons eingeschlossen, ohne irgend etwas Warmes, ohne Verpflegung und die Möglichkeit, seine Notdurft zu verrichten, fuhren wir fünf Tage und Nächte. Als wir die Begleitmannschaften baten, austreten zu dürfen, mußten in jedem Waggon die Aborte mit den Händen ohne Werkzeug gesäubert werden. Das war, abgesehen von dem aufsteigenden Ekel, in der bitteren Kälte eine furchtbare Arbeit.«[140] Insgesamt gingen von Hannover aus neun Deportationen – zwischen dem 15. Dezember 1941 und dem 25. Februar 1945 – nach Osten. Etwa 3 395 Menschen wurden nach Riga, Warschau, Trawniki, Auschwitz und Theresienstadt gebracht.[141] Viele niedersächsische Juden aus anderen Gemeinden waren bei diesen Deportationen dabei. Andere, die ihre Heimat zwangsweise verlassen hatten, wurden von Hamburg und Bremen aus in den Osten gebracht. Von Geestemünde aus erfolgte am 17. November 1941 ein Transport mit ca. 70 Juden aus dem Regierungsbezirk Stade nach Minsk.[142] Von Osnabrück aus wurden kurze Zeit später 40 Menschen nach Riga und später noch einmal 31 nach Auschwitz und Theresienstadt verbracht.[143] Die Braunschweiger Juden wurden ab Januar 1942 ebenfalls nach Riga und Theresienstadt verschleppt, mindestens 180 Personen allein aus der Landeshauptstadt.[144] Aus Schaumburg-Lippe und der Grafschaft Schaumburg erfolgten auch mehrere Transporte in die genannten osteuropäischen Städte, und zwar ab Dezember 1941. 78 schaumburg-lippische Juden kamen in Konzentrationslagern um.[145] Über die Zustände in Riga berichtete ein Augenzeuge: »Mit 177 Menschen zusammen wurden meine Eltern

Sammelpunkt jüdischer Gefangener
am Vorabend der Deportation
von Bielefeld nach Riga, 12. 12. 1941

und ich in einen Raum getrieben, der 140 Quadratmeter groß war. Hier mußten wir hausen. Abends kamen an die 4 500 lettische Juden, die nach ihren Angehörigen suchten, aber niemanden mehr vorfanden; das war der Rest der Überlebenden aus dem Ghetto. Die übrigen 30 000 hatte man in ein Tal geführt und mit Maschinengewehren zusammengeschossen. Nach der Niedermetzelung waren die Hügel an beiden Seiten gesprengt worden, so daß die Geröllmassen die Leichen verschütteten.

Von den Lebensmitteln zehrend, die wir in dem Raum vorgefunden hatten, lebten wir zwei Tage. Inzwischen war ein weiterer Transport von 1000 Juden aus Kassel eingetroffen. Zwei Tage nach unserer Ankunft wurden 200 Juden im Alter von 18 bis 40 Jahren in das Lager Salapils, 18 Kilometer von Riga entfernt, gebracht. Unter ihnen befand auch ich mich. Durchfroren und ausgehungert kamen wir auf einem freien, schneebedeckten Feld an, wo nur eine große Holzbaracke ohne Dach stand. Dort lebten bereits 4 000 Juden aus Süddeutschland, die uns wie Wölfe nach Eßwaren und Trinkbarem überfielen. Die Haare wurden uns geschoren, dann teilte man uns in Kojen ein, die 45 Zentimeter hoch, 2 Meter lang und 1,50 Meter breit waren. Jede dieser Kojen beherbergte drei Lagerinsassen. Man lag auf eisüberkrusteten Brettern bei strengster Kälte. Am dritten Tag nach unserer Ankunft sahen wir das erste Brot und einen Pferdeschlitten voll mit Kartoffelschalen aus der SS-Küche in Riga. Ein SS-Oberscharführer Migge präsentierte sich als Kommandant, teilte die Arbeit ein und befahl uns, die Arbeit aufzunehmen, ohne Mäntel und ohne Feuerstellen. Das Programm umfaßte den Bau von 45 Baracken, in denen später Letten und Russen untergebracht wurden. Bis auf fünf Baracken wurde es erfüllt. Außerdem mußten auch Wachtürme gebaut und das ganze Gebiet mit Stacheldraht eingezäunt werden.

In diesem Vernichtungslager hungerte ich sieben Monate. Ich wog zum Schluß nur noch 72 Pfund und war vollständig verlaust.

Eine kleine Gruppe lettischer SS machte eine Schießübung auf willkürlich ausgewählte 14 Kameraden, deren durchlöcherte Leichen wir später in einen nahen Wald tragen mußten. Der Schießakt vollzog sich zum Gaudium eingeladener SS-Offiziere, unter denen sich SS-Sturmbannführer Rudolf Lange, Kommandeur der Sicherheitspolizei und des SD in Lettland, SS-Untersturmführer Meiwald sowie Beamte der Gestapo befanden. Bei einer anderen Gelegenheit mußten wir auf Befehl von Lange 16 Kameraden erhängen, die bei 30 Grad Kälte im Mantel gearbeitet hatten.

Abgemagert wie ein Skelett, wurde ich für den Stürmer photographiert.«[146]

Die Hinterlassenschaft der Deportationsopfer wurde zum großen Teil öffentlich zu besonders günstigen Preisen angeboten. In Delmenhorst z. B. erfolgte die »Ausstellung« von Möbeln und Hausrat im Saal der »Harmonie« an der Stedinger Straße. Junge Ehepaare durften sich sogar kostenlos bedienen.[147] Manche Einwohner werden sich wohl auch geschämt haben, vor allem, wenn sie sich Gedanken über die Herkunft der Gegenstände zu machen bereit waren.

Bis 1943 blieben die sogenannten »Mischlinge« sowie die in Mischehen lebenden Juden von den Deportationen verschont. Der Begriff »Verschonung« sollte jedoch grundsätzlich mit Vorsicht gebraucht werden, wie man am Beispiel des Cuxhaveners Friedrich Wilhelm Lübbert lernen kann. Lübbert war 1917 als Freiwilliger in den 1. Weltkrieg gezogen und hatte in der Richthofenstaffel mitgekämpft. Da jedoch zwei Großelternteile »volljüdisch« waren, wurde er am 1. Februar 1944 verhaftet. Daraufhin wandte sich seine Familie an einen Bekannten in Görings Ministerium. Lübbert kam dann auch aufgrund seiner Soldatenzeit frei, mußte jedoch als »Gegenleistung« in seine Zwangssterilisierung einwilligen. Diese wurde kurze Zeit später auf Lübberts eigene Kosten durchgeführt.[148] Ab 1943, verstärkt ab 1944, bemühten sich Gestapo und Reichssicherheitshauptamt, aller »arbeitsfähigen« »Halbjuden« habhaft zu werden.[149] Ende 1944 wurden vier »Halbjuden« und zwei mit Jüdinnen verheiratete »Arier« aus Stade deportiert, im Februar 1945 ereilte dasselbe Schicksal die Oldenburger und Delmenhorster »Mischlinge«. Ein größerer Transport mit 220 Menschen ging am 25. Februar 1945 von Hannover aus Richtung Osten ab.[150] Das Ziel war meistens Theresienstadt in Böhmen. Für die Deportation wurde diesmal von den Behörden der Begriff »Wohnsitzverlegung« gewählt.[151] Die Opfer aus Stade wurden in das Lager Lenne bei Stadtoldendorf gebracht.[152] Bis zur letzten Minute verwandten die deutschen Verwal-

Deportation von Juden aus den Regierungsbezirken Münster und Osnabrück,
Bielefeld, 13. 12. 1941

tungsstellen all ihre Kraft und Energie darauf, die Deportation wunschgemäß durchzuführen. Minna Warmbold aus Delmenhorst wurde noch am 4. Mai 1945 (!) nach Theresienstadt gebracht.[153]

Als Deutschland kapitulierte, lebten nur noch ganz wenige niedersächsische Juden in dem Land, das einmal ihre Heimat gewesen war. Die Alliierten befreiten in Hannover 27 Menschen, die meist »Mischlinge« waren und in Ahlem gefangengehalten wurden.[154] Siebenhundert Jahre lang waren Juden ein Bestandteil der Bevölkerung in dieser nordwestdeutschen Region gewesen. Siebenhundert Jahre lang hatten sie wichtige Beiträge zum wirtschaftlichen und kulturellen Leben in diesem Raum geleistet. Trotz dieses langen Zusammenlebens hatten sich letztlich diejenigen durchgesetzt, die mit dem Anderssein der Juden ihre dauerhafte Ausgrenzung begründeten. Erst hatte der religiös motivierte Antijudaismus in Mittelalter und früher Neuzeit die nichtjüdische Bevölkerungsmehrheit entsprechend disponiert, dann war der spezifisch deutsche, in der Romantik geprägte Volksbegriff im Zusammenhang mit einer reaktionären Konzeption von »christlicher Obrigkeit« zur schweren Hypothek geworden, die auf jedem Emanzipations- und Integrationsversuch lastete. Die systematische Vernichtungspolitik der Nationalsozialisten nach 1933 – erst bezüglich der staatsbürgerlichen und wirtschaftlichen Existenz der Juden, dann im Hinblick auf ihr Leben – war zwar nicht in der deutschen Geschichte determiniert, doch kann man keinesfalls lediglich von einem bedauerlichen »Betriebsunfall« sprechen. Der NS-Judenpolitik wurden sehr langfristig die Wege berei-

tet. Einmal an der Macht, konnten diese extremen Antisemiten ungehindert ihr Zerstörungswerk beginnen und vollenden. Die traditionsreichen jüdischen Gemeinden in Niedersachsen fielen ihnen fast restlos zum Opfer. An diesem sich über zwölf Jahre hinziehenden verbrecherischen Geschehen waren die Deutschen z.T. aktiv beteiligt, z.T. nahmen sie es billigend in Kauf – nämlich wenn sie persönlich davon profitierten –, z.T. waren sie zur Passivität verurteilte oder sich selbst zur Passivität verurteilende Zeugen. Dies gilt uneingeschränkt für die Maßnahmen von Partei und Regierung, die – mit großem publizistischen Aufwand – bis 1939 durchgeführt wurden und die Voraussetzung für die Organisation der Ermordung der jüdischen Bürger bildeten. Deportationen und Vernichtung während des Krieges suchte das Regime zwar »diskreter« zu handhaben, doch konnte es auch in jenen Jahren nicht ausbleiben, daß viele Menschen zu Mittätern oder Zeugen wurden: das Heer der Beamten und Angestellten in den Bürgermeister- und Standesämtern, in den Gesundheitsämtern, in den Wohnungsämtern, bei der Reichsbahn; die Menschen, die von »freigemachten« Wohnungen profitierten und die den Hausrat der Deportierten »übernahmen«; die (nichtjüdischen) Menschen, die in oder nahe bei Judenhäusern wohnten. Das persönliche Betroffensein durch das Kriegsgeschehen und u. U. auch die immer kleiner werdende Anzahl der Juden mögen bei diesen Menschen einen Verdrängungsprozeß ob des grausamen Geschehens gefördert haben.

Eine Ent-Schuldigung kann daraus jedoch nicht abgeleitet werden.[155]

Von der Nachkriegszeit
bis zur Gegenwart

Innenansicht der neuen Synagoge, Hannover, 1963

Von der Nachkriegszeit bis zur Gegenwart

Emblem des 2. Kongresses der befreiten Juden in der Britischen Zone, 1947

Nach dem Ende der nationalsozialistischen Diktatur konnte keinem das ganze Ausmaß der Katastrophe der europäischen Juden verborgen bleiben. Die Befreiung des Konzentrationslagers Bergen-Belsen bei Celle in den Tagen vom 13. bis zum 15. April 1945 machte unvorstellbares Grauen offenkundig. An diesem niedersächsischen Ort hatten die Nazis 1943 die Errichtung eines sogenannten »Aufenthaltslagers« für besondere Gruppen europäischer Juden, etwa solche mit doppelter Staatsbürgerschaft, geplant, um mit Hilfe dieser Geiseln ein Druckmittel gegen das alliierte Ausland in der Hand zu haben.[1] Die stärkste Gruppe bildeten über 3600 holländische »Austauschjuden«. Im Sommer 1944 wurde ein zusätzliches Frauenlager errichtet, in das auch Anne Frank eingeliefert wurde. Ende 1944 diente Bergen-Belsen auch als Auffanglager für die Häftlingstransporte aus den aufgelösten osteuropäischen KZ, so daß bei Kriegsende schließlich 60.000 Menschen unter den fürchterlichsten Bedingungen dort vegetierten, von denen noch über 20.000 nach der Befreiung an Hunger und Seuchen starben.[2] Die Versorgung und Weiterleitung der Überlebenden in andere Länder, vornehmlich Palästina, war eine respektheischende organisatorische Leistung. Zunächst bildete sich ein jüdisches Lagerkomitee noch im April 1945. Aus ihm entstand das Zentralkomitee der befreiten Juden der britischen Zone, dessen Vorsitzender der Auschwitz-Überlebende Josef Rosensaft war. Aus dem KZ Bergen-Belsen wurde somit ein D(isplaced) P(ersons)- Lager, das wichtige Charakteristika einer durchaus eigenständigen Gemeinde aufwies: einen eigenen Bürgermeister, eigene Justiz- und Exekutivorgane, ein eigenes Schulwesen und eigene kulturelle Einrichtungen wie z.B. ein Theater.[3] Die religiösen Funktionen und die seelsorgerische Betreuung wurden von dem Rabbiner Dr. Zvi Asaria und einigen Hilfsrabbinern wahrgenommen.

In der Tat wurden große Anstrengungen unternommen, um die durch die KZ-Torturen schwer an Seele und Körper Gezeichneten wieder aufzurichten. Dabei half es vielen Betroffenen sehr, daß sie und ihre Arbeitskraft dringend für die zahlreichen Lagereinrichtungen gebraucht wurden. So konnten sie ein neues Selbstbewußtsein bilden und sich mit großer Entschlossenheit auf einen Neuanfang in Palästina vorbereiten. Es gab wieder eine Zukunft.

Diese Zukunftsorientierung zeigte sich vor allem in den Schulen und Ausbildungsstätten des Lagers. 60 bis 80 Kinder besuchten den dortigen Kindergarten, ca. 140 gingen zur Volksschule und 60 Jugendliche auf das Gymnasium des Lagers. Der Stundenplan letztgenannter Institution, die u.a. von E. Ben-Jehuda und D. Littmann geprägt wurde, erinnerte einerseits an die jüdischen Schulen des 19. Jahrhunderts und diente andererseits dem Hauptzweck des Unterrichts, der Vorbereitung auf das Leben in Palästina: Mathematik und Naturwissenschaften mit jeweils 3 bis 2 Wochenstunden standen auf dem Programm, allgemeine Geschichte, Geographie und Literatur mit je 2 Wochenstunden sowie vor allem intensiver Hebräisch-Unterricht (6 Wochenstunden) und Palästinakunde (3 Stunden). Darüber hinaus existierten eine Talmud-Thora-Schule, eine religiöse Mädchenschule *(Beth Jacob)*, eine Seminarschule, eine religiöse Erwachsenenschule *(Jeschiwa)*, eine Berufs-Fachschule *(Ort)*, Kibbuzim-Ausbildungsstätten in insgesamt 26 Häusern, eine Bibliothek (seit 1946, mit etwa 3000 Büchern), eine Historische Kommission und ein KZ-Theater. Außerdem wurden im Lager eine Zeitung in jiddischer Sprache *(Unzer Sztyme)* und eine Monatsschrift verlegt.[4]

Das Lager Bergen-Belsen mit seinen zeitweise 50.000 Bewohnern war das Zentrum des jüdischen Lebens in der britischen Besatzungszone. Die britische Regierung sah sehr wohl die besondere Problematik der jüdischen Überlebenden und richtete auch eine eigene Beratungsstelle für jüdische Angelegenheiten in Londen ein.[5] Dennoch kam es zu manchen Konflikten zwischen den Lagerkomitees und der Besatzungsmacht. Die Briten fürchteten offenbar den von den meisten Überlebenden angestrebten Exodus nach Palästina, in ihr Mandatsgebiet. So versuchten sie aus leicht durchschaubaren Gründen in den Lagerinsassen eher Polen, Ungarn, Holländer usw. als Juden zu sehen.[6] Die Auseinandersetzungen führten sogar zu Terroranschlägen auf britische Militäreinrichtungen in Hannover.[7] Großbritannien lenkte schließlich ein. Zweifellos haben die Juden in Bergen-Belsen durch ihre Entschlossenheit dazu beigetragen und damit einen wichtigen Beitrag zur Gründung des Staates Israel im Jahre 1948 geleistet. Die beiden großen Kongresse der Überlebenden, die im September 1945 und

im Juli 1947 in Bergen-Belsen veranstaltet wurden, machten jedenfalls aus dieser politischen Zielrichtung keinen Hehl.[8]

Neben Bergen-Belsen regte sich mit Unterstützung der Hilfsorganisationen *Joint* und *Jewish Relief* auch wieder jüdisches Leben in anderen niedersächsischen Gemeinden: in Hannover, Braunschweig, Oldenburg, Jever, Celle, Seesen, Osnabrück, Emden, Goslar u.a. bemühten sich die wenigen Überlebenden und einige Zurückgekehrte um die wenigstens provisorische Wiederherstellung eines Gemeindelebens, vor allem im religiösen und seelsorgerischen Bereich.[9] Die Entschlossenheit, Deutschland zu verlassen und nach Palästina auszuwandern, die vornehmlich bei den Jüngeren auch in diesen Gemeinden vorherrschend war, verhinderte zunächst die Stabilisierung jener Provisorien. Außerdem erschwerte die hohe Fluktuation durch nur vorübergehend Wohnhafte eine auf Kontinuität angelegte Planung. In Hannover richtete die Besatzungsmacht in einem der ehemaligen »Judenhäuser« ein Lager für *displaced persons* ein. Auf diese Weise lebten dort vorübergehend 1200 osteuropäische Juden, von denen die Mehrzahl jedoch schon bald nach Palästina auswanderte.[10] Einige blieben allerdings. Solche »Bleibenden« – meist nicht-niedersächsischer Herkunft – und einige Zurückkehrende, die sich Ende der 40er und Anfang der 50er Jahre wieder in ihrer ehemaligen Heimat niederließen, bildeten dann die sich allmählich neu konstituierenden jüdischen Gemeinden in Niedersachsen.

Der Neubeginn war mühsam. Es gab kaum noch Gebetbücher und Kultgerät, die Synagogen waren zerstört. Zunächst traf man sich in Privaträumen. In Oldenburg gründeten Adolf de Beer, der ehemalige Eigentümer der im vorigen Kapitel erwähnten Firma Rheingold, und Ernst Löwenstein, ein Rechtsanwalt, eine neue Gemeinde, die ab Ende 1946 in einem Raum in der Cäcilienstraße Gottesdienst feierte. Die Zeitung berichtete darüber folgendes:

»Es war ein ergreifender Augenblick, als die Rolle mit der Heiligen Schrift in den kleinen Raum getragen wurde, in dem das winzige Häuflein Überlebender ... versammelt war. Woran diese Menschen gedacht und was sie gefühlt haben in jenem Augenblick, das ist nicht schwer zu begreifen. Sie dachten an ihre nächsten Verwandten, an alle, die ihnen lieb waren, die

Das jüdische Mahnmal in Bergen-Belsen

Massengrab im KZ Bergen-Belsen

Gequälten, von der Hand derer Ermordeten, die vorgaben, all das im Namen des deutschen Volkes zu tun. Fast genau vor acht Jahren wurde die Synagoge niedergebrannt. Heute genügt ein kleiner Gebetsraum, nach der Zeit der Verfolgung die wenigen Überlebenden aufzunehmen.«[11]

Um die Verhandlungen mit den Landesbehörden zu erleichtern und um den Erfordernissen der meist sehr kleinen Gemeinden besser gerecht werden zu können, wurde 1949/50 unter Führung der Gemeinde Hannover der Landesverband der jüdischen Gemeinden von Niedersachsen gegründet.[12] Nach der Auflösung der jüdischen Komitees für die *displaced persons* 1955 wurden diejenigen Personen, die nicht auswandern wollten, Mitglieder der örtlichen jüdischen Gemeinden. Hierzu zählten auch Ehepaare mit Kindern, so daß sich die Anzahl der Gemeindemitglieder allmählich stabilisierte. 1963 wurden in Niedersachsen offiziell 689 Juden gezählt.[13] Wahrscheinlich waren es jedoch weniger, da an manchen Orten Personen mit zweitem Wohnsitz mitgezählt wurden.[14] Ein Blick auf die Altersgliederung macht die starke Überalterung deutlich. In Celle, Emden, Hildesheim und Oldenburg lag der Altersdurchschnitt bei etwa 65 Jahren.[15] In der größten Gemeinde, in Hannover, lag er 1969 bei 47,8 Jahren, was in etwa dem Landesdurchschnitt entsprach; in der zweitgrößten Gemeinde, in Osnabrück, lag er allerdings wesentlich darunter, nämlich bei 38,5 Jahren.[16] Diesem Altersaufbau entsprachen auch die ersten Anstrengungen in bezug auf die Wiederherstellung von Gemeindeeinrichtungen. In Hannover wurde 1953 in der Haeckelstraße ein jüdisches Altersheim errichtet, das 1970 einen Erweiterungsbau, das Theodor-Hohenstein-Haus, erhielt.[17] Theodor Hohenstein hatte sich für die Organisation der jüdischen Wohlfahrt nach dem Krieg besonders stark engagiert.[18] Höhepunkte des Gemeindelebens waren zweifellos die Neubauten von zwei großen Synagogen in Niedersachsen: 1963 wurde das Gotteshaus mit dem Gemeindezentrum in Hannover geweiht, 1969 dasjenige in Osnabrück.[19] Eine den Gemeinden besonders wichtige Aufgabe war darüber hinaus die Wiederherstellung und Pflege der 232 jüdischen Begräbnisstätten in Niedersachsen, die während der NS-Zeit fast alle profaniert und zerstört worden waren. Die Durchführung obliegt seit 1955 dem Landesverband der jüdischen Gemeinden von Niedersachsen, die finanziellen Mittel stellen die Bundesrepublik und das Land Niedersachsen.[20]

In den 70er und 80er Jahren lebten in Niedersachsen im Schnitt etwa 500 Juden. 1989 wurden 539 gezählt. Nach der Öffnung der Grenzen in Osteuropa verdoppelte sich diese Zahl: 1992 hatte Niedersachsen 1069 jüdische Einwohner. Jüdische Gemeinden existieren in Braunschweig, Hannover, Osnabrück, Oldenburg und Göttingen.[21]

Der tiefen Heimatverbundenheit, die die trotz all der unsagbaren Greuel Zurückgekehrten mit eben dieser Rückkehr bezeugten, hätte eigentlich ein Höchstmaß von Achtung und Dank seitens der anderen Deutschen gebührt. Immerhin machten die Emigranten deutlich, daß sie grundsätzlich dazu bereit waren, wieder in Deutschland zu leben. Forderungen nach einer immerwährenden Ächtung des deutschen Volkes teilten sie offenbar nicht, sonst hätten sie wohl kaum in diesem Land wieder Wohnung genommen. Sie mußten sich dafür allerdings zahlreiche Vorwürfe von Juden aus aller Welt gefallen lassen, wodurch neue Schuldgefühle entstanden und der Prozeß des Sich-Einlebens zusätzlich erschwert wurde.[22]

In vielen Fällen waren es jedoch hauptsächlich die nicht-jüdischen Deutschen, die den Rückwanderern das Leben schwer machten. Da sind zunächst all diejenigen zu nennen, die von der Verdrängung der Juden aus dem Wirtschaftsleben und den Deportationen persönlich profitiert hatten. Die zehn zurückgekehrten Schaumburg-Lipper Juden mußten beispielsweise demütigende Verfahren auf sich nehmen, um wenigstens einen Teil ihres von der Verwaltung nach den Deportationen »verwerteten« Hausrats zurück zu erhalten.[23] Die Konfrontation mit den Opfern, den authentischen Zeugen der eigenen Verbrechen, löste nur selten ein Umdenken aus, von Trauerarbeit ganz zu schweigen. Typisch war vielmehr das Sich-Verschanzen hinter angeblichen Befehlszwängen und/oder das Sich-Berufen auf Erinnerungslücken und Nicht-Wissen. Selbst Wohlmeinende beteiligten sich an dieser massiven Verdrängung, wie die Formulierungen des oben zitierten Zeitungsberichts anläßlich der Einweihung des Betraumes in Oldenburg 1946 verraten: Da war von Menschen die Rede als »von der Hand derer Ermordeten, die vorgaben, all das im Namen des deutschen Volkes zu tun«. Die Verbrechen waren also offenbar nur angeblich und auch nur »im Namen« der Deutschen begangen worden. Die tatsächlichen Täter mußten dann wohl – solchen Formulierungen zufolge – andere gewesen sein. Die Neigung zu einer solch verharmlosenden Ausdrucksweise war sehr weit verbreitet, auch bei Gegnern des Nationalsozialismus. Noch im Jahre 1974 beantwortete der Bürgermeister von Aurich die Anfrage einer Schüler-Arbeitsgemeinschaft, die sich mit der Geschichte der Juden in ihrer Stadt beschäftigen wollte, wie folgt:

»In der Nacht vom 8. auf den 9. November 1938 ist das jüdische Gotteshaus, die Synagoge, angezündet worden. Es brannte bis auf die Grundmauern ab. Alle jüdischen Einwohner wurden in dieser Nacht in die ehemalige Landwirtschaftliche Halle an der Emder Straße gebracht. Die Geschäfte der jüdischen Mitbürger mußten geschlossen werden, weil die übrigen Bürger angewiesen wurden, dort nichts mehr zu kaufen. In der folgenden Zeit sahen sich dann die jüdischen Bürger nicht mehr in der Lage, in Aurich zu leben, und verließen die Stadt. Ab 1941 gab es in Aurich keine jüdischen Bürger mehr.«[24]

An diesen Ausführungen stimmte zwar jedes Wort, doch wurden sie der Realität nicht gerecht. Wieder wurden die Täter nicht genannt. Ebenso fehlte jeder Hinweis auf die »Arisierung« und, vor allem, auf die Ausweisung aller ostfriesischen Juden und ihr weiteres Schicksal. Als ähnlich unzureichend erwiesen sich manche Gedenktafeltexte, die an Synagogen erinnern sollten. In Stade z. B. wurde lediglich darauf hingewiesen, daß sich in dem fraglichen Gebäude einmal ein Gotteshaus befand.[25] Warum es nicht mehr existierte, blieb unerwähnt. Die am Haus Wasserpfortstraße 19 in Jever angebrachte Tafel aus dem Jahre 1978 sprach zwar immerhin von der Zerstörung der Synagoge, schwieg sich jedoch ebenfalls über die Täter aus.[26] Von dem in Hildesheim aufgestellten Gedenkstein erfuhr man, daß die dortige Synagoge »von frevelhaften Händen vernichtet« worden war.[27] Welche Personen diese Hände betätigten, blieb im dunkeln: ein klassischer Fall von Verdrängung.

Der weitverbreitete Wunsch, möglichst nicht mehr an die Judenverfolgungen erinnert zu werden, wirkte sich auch in der Personalpolitik der Kommunen aus. Theodor Kohn war als einer der wenigen »Unbelasteten«

am 27. April 1945 in Wildeshausen als Stadtsekretär eingestellt und im Dezember desselben Jahres zum Stadtdirektor befördert worden. Im September 1950 wurde ihm gekündigt, und zwar unmittelbar vor dem Stichtag, nach dem das Angestelltenverhältnis in eine Lebensstellung umgewandelt worden wäre.[28]

Wenden wir uns der Beschäftigung mit den Nazi-Verbrechen seitens der Justiz im Niedersachsen der Nachkriegszeit zu, so wird rasch deutlich, daß von einer gründlichen Aufarbeitung der Vergangenheit nicht gesprochen werden kann. Zwar wurden zahlreiche Verfahren wegen »Verbrechen gegen die Menschlichkeit« eingeleitet: 1947 waren es 43, 1948 41, 1950 20.[29] Es kam auch durchaus zu Verurteilungen. Der Verlauf mancher Prozesse enthüllte jedoch das Ausmaß von Verdrängung und Schönfärberei, das der Wahrheitssuche von Anfang an im Wege stand. So kam das Gericht, das über die Ausschreitungen in der Pogromnacht 1938 auf Norderney zu befinden hatte, zu einem sehr milden Urteil, da »das Judenpogrom (…) verhältnismäßig glimpflich« abgelaufen sei, die »Juden (…) weder mißhandelt, geschweige denn verhöhnt«, sondern »vielmehr (…) höflich und anständig [sic!] behandelt worden« seien.[30] Nicht untypisch dürfte auch der Synagogenbrand-Prozeß in Jever verlaufen sein. Dort wurden die Hauptschuldigen am 1. April 1949 freigesprochen. Das Gericht folgte der Darstellung der Angeklagten, die sich auf den sogenannten Befehlsnotstand herausgeredet hatten. Die Oberstaatsanwaltschaft legte gegen diesen Freispruch Revision ein. Über 40 Zeugen wurden verhört, von denen jedoch die meisten wenig Konkretes beitrugen. Dennoch wurden die Angeklagten 1950 zu z. T. mehrjährigen Gefängnisstrafen verurteilt. Dagegen legten nun die Verurteilten Berufung ein. Der Bundesgerichtshof erklärte, daß das Delikt »Verbrechen gegen die Menschlichkeit« in der Bundesrepublik nicht mehr existiere und die Verurteilten von Jever folglich zu hart bestraft worden seien. Daraufhin wurde 1953 die Strafe erheblich gemildert.[31]

Angesichts dieser Verhältnisse hatten die Opfer nur geringe Chancen, zu ihrem Recht zu kommen. Es war kein Zufall, daß die Anzahl der Prozesse wegen Nazi-Verbrechen in Niedersachsen nach 1952 stark zurückging: Bis 1962 waren es pro Jahr nie mehr als fünf, und diese Entwicklung hielt bis zur Mitte der 70er

Neue Synagoge, Hannover

Neue Synagoge, Osnabrück

Jahre unverändert an.[32] Ab 1974 stieg die Anzahl der Verfahren wieder an, bedingt durch die nun engere Zusammenarbeit zwischen der Bundesrepublik, Polen und der damaligen ČSSR. Dabei ging es überwiegend um Verbrechen, die während des Krieges im Osten begangen wurden.[33] Doch trotz dieser neuen Bemühungen und trotz einer sich aufgrund des Generationswechsels verändernden Richterschaft konnten die Versäumnisse der Nachkriegszeit nicht aufgeholt werden. Der immer größer werdende zeitliche Abstand zu den Verbrechen wirkte sich naturgemäß zugunsten der Täter aus.

Die geschilderten Beispiele zeigen, daß das Verhältnis der Deutschen zu ihrer Vergangenheit nicht nur durch Verdrängung gekennzeichnet war, sondern auch durch die gewollte Schonung der Täter. Diese Schonung war unter anderem Folge der personellen Kontinuität vor allem im Justizwesen. Von den 68 Richtern, die vor 1945 im Land Oldenburg wirkten, wurden 63 nach dem Kriege weiterbeschäftigt.[34] Nicht viel anders wird es in den anderen niedersächsischen Gerichtsbezirken ausgesehen haben.[35] Zahlreiche Diener des NS-Regimes konnten ihre Karrieren an prominenter Stelle fortsetzen: Oberfeldrichter Spies, der noch am 18. Mai 1945 Todesurteile gefällt hatte, wurde Landgerichtsdirektor in Braunschweig; Dr. Knost aus dem »Reichssippenamt der SS« wurde Regierungspräsident, ebenfalls in Braunschweig; Dr. Stuckart von der Stelle für Judenfragen im Reichsinnenministerium erhielt eine Stelle als Stadtkämmer in Helmstedt und stieg danach zum Geschäftsführer des Instituts zur Förderung der Niedersächsischen Wirtschaft auf; Heinz Schulz, der sich in seiner Göttinger Dissertation für die endgültige »Säuberung des deutschen Blutes vom jüdischen Blut« ausgesprochen hatte, wurde Chef der Personalabteilung (!) des Niedersächsischen Justizministeriums und blieb es über zwanzig Jahre lang, und Dr. Puvogel, der in seiner Dissertation von 1937 für die Tötung »Minderwertiger« plädiert hatte, brachte es 1976 sogar bis zum Posten des niedersächsischen Justizministers.[36]

Die niedersächsischen Juden mußten schließlich auch bald erfahren, daß nicht nur bestimmte Justiz- und Verwaltungsstellen bedenkliche Kontinuität aufwiesen, sondern daß auch der Antisemitismus in den Köpfen vieler Menschen weiterlebte. Bereits in den unmittel-

Mahnmal für die aus Hannover deportierten und ermordeten Juden an der Oper in Hannover, 1994

bar auf das Kriegsende folgenden Jahren waren wieder Friedhofsschändungen zu beklagen.[37] Antragstellern, die ein Geschäft gründen wollten, konnte es auf hannoverschen Ämtern 1948 passieren, mit der Bemerkung abgewiesen zu werden, sie sollten in ihr Land zurückkehren und dort ein Geschäft aufmachen.[38] Bei den Wahlen zum Niedersächsischen Landtag erreichte die rechtsextremistische Sozialistische Reichspartei 1952 11 % der Wählerstimmen,[39] die NPD 1967 immerhin 7 %.[40] Die Tatsache, daß die britische Besatzungsbehörde 1948 Gebäude und Grundstücke, die einmal in jüdischem Besitz gewesen waren, unter Zwangsverwaltung stellte, um eine eventuelle Restitution zu prüfen, erregte ebenfalls viel böses Blut bei den neuen Besitzern[41] und förderte zweifellos die bestehenden Vorbehalte.

Es stimmt höchst bedenklich, daß antisemitische Vorurteile trotz der geschehenen Greueltaten und trotz der Tatsache, daß nur noch sehr wenige Juden in Deutschland lebten, immer noch sehr weit verbreitet waren, und zwar viel weiter, als die Wahlergebnisse rechtsextremistischer Parteien vermuten lassen. Mehrere großangelegte Erhebungen nach 1950, von denen die Silbermann-Studie der Universität Köln von 1974 die umfassendste darstellte, haben gezeigt, daß (1974) etwa 20 % der Deutschen stark antisemitische Vorurteile hatten und etwa 50 % mehr oder weniger latent noch Reste antisemitischer Einstellung aufwiesen.[42] Auffällig war dabei die enge Verbindung autoritärer Vorlieben mit antisemitschen Stereotypen. Darüber hinaus schien die Affinität zum Antisemitismus abhängig zu sein von der Bildung, dem Alter, der Größe des Wohnorts und dem Einkommen: je jünger, je wohlhabender, je großstädtischer, je gebildeter die befragte Person war, umso unwahrscheinlicher war das Auftauchen antisemitscher Vorurteile.[43] Der fast vollständige Mangel an Bildung, speziell an politischer Bildung, war vor allem für die jugendlichen Mitglieder rechtsextremistischer Organisationen typisch.[44] Von vielen dieser jungen, zur raschen Gewaltanwendung neigenden Menschen, die von ihren Auftraggebern als »Befehlsempfänger und ausführende Organe«[45] instrumentalisiert zu werden pflegen, ging und geht eine große Verunsicherung der jüdischen Mitbürger aus. Betrachten wir die vergangenen dreißig

Jahre, so fällt immer dann ein signifikanter Anstieg antisemitisch motivierter Gewalttaten auf, wenn in öffentlichkeitswirksamer Weise an das schöngefärbte Bild einer verdrängten oder gar bestrittenen Vergangenheit gerührt wurde: die Verjährungsdebatte bezüglich der NS-Verbrechen führte zu einer Verdreifachung rechtsextremistischer Gesetzesverletzungen im Jahre 1965; die Ausstrahlung des Holocaust-Films Ende der 70er Jahre brachte einen Anstieg um 50 %, wobei vielfach Sendeanlagen Angriffsziele der Terroraktionen waren.[46] Auch in den 80er Jahren riß die Serie der Anschläge nicht ab. Hingewiesen sei hier nur auf das Beispiel wiederholter Friedhofsschändungen in Nienburg und im Kreis Sulingen.[47] 1992 wurden in Niedersachsen 22 Strafverfahren wegen antisemitischer Delikte eröffnet, 1993 waren es 58.[48] Ob sich dieser erschreckende Anstieg fortsetzt, muß genau beobachtet werden. Die unmittelbar Betroffenen, die Juden, wurden jedenfalls stark verunsichert, und manche stellten einen beklagenswerten Wandel fest. Ein jüdischer Bürger aus Hannover drückte sich folgendermaßen aus: »*Der Wandel in Deutschland macht mich besorgt. Nicht die Tat ist das Schlimme, sondern die schleichende Veränderung im gesellschaftlichen Klima. Ich weiß von manchen, daß sie an Deutschland leiden.*«[49]

Dennoch vertrauen viele niedersächsischen Juden darauf, daß die Mehrheit der Deutschen mittlerweile eine demokratische, rechtsstaatliche Einstellung auszeichnet. Diese Einstellung zu pflegen und zu verbreiten ist Pflicht eben dieser Mehrheit und ihrer politischen Vertreter. Hier ist die Wirtschaftpolitik gefordert, die dafür zu sorgen hat, daß das Bedürfnis nach Sündenböcken für die eigenen Misere abnimmt. Hier ist die Rechtspolitik gefordert, die dafür sorgen muß, daß die Täter die Verachtungswürdigkeit ihrer Handlungen spüren. Hier ist die Bildungspolitik gefordert, die dafür sorgen muß, daß die Menschen politisch-historisch aufgeklärt werden. Diese Aufklärung mag zwar ein mühsames, kleinschrittiges und kräftezehrendes Unternehmen sein, doch ist sie unabdingbar. Das Wissen um das in der Vergangenheit Geschehene ist der erste Schritt zur Aufarbeitung und damit zur Vorbereitung einer besseren Zukunft.

Anhang

Anmerkungen

Die Zeit des Mittelalters

1 Ristow, S. 50
2 Germania Judaica Bd II/1,
   S. 284, 351; Bd. III/1,
   S. 421
3 das., Bd. II/1, S. 108, 194,
   296, 337, 323, 498,634
4 das., S. 65, 126, 627,
   783, 927, 597, 176, 497,
   529, 905; Vgl. Aschoff
   (1979)
5 Germania Judaica Bd II,
   S. 109, 285, 296, 634,
   324, 176
6 Siehe unten S. III
7 Germania Judaica
   Bd. II/1, S. 635; Bd. III/1,
   S. 256, 446; Aufgebauer
   (1984) S. 22, Ebeling
   (1987), S. 81
8 Germania Judaica Bd III/1
   S. 449f
9 Rose, S. 1
10 Germania Judaica Bd III/1
   S. 8, 133, 133 f, 249, 296,
   472; Bei der Wieden,
   S. 77
11 Riemer, S. 311
12 Vgl. Meiners, S. 17
13 Berman, S. 808; vgl. auch
   Lotter
14 das., S. 197
15 Güde
16 Battenberg (1990)
   Teilband I, S. 56ff
17 das., S. 102
18 das., S. 103
19 Rengstorf/Kortzfleisch
   Bd. 1, S. 265ff
20 Battenberg (1990) Teilband I, S. 107
21 das., vgl. auch Kisch

22 Germania Judaica Bd II/1,
   S. 351
23 Riemer, S. 29
24 das., S. 36
25 Aufgebauer (1984), S. 12
26 Siehe unten S. 24
27 Sudendorf, Teil I, S. 95
28 Germania Judaica Bd II/1,
   S. 499, 634f, 627, 194,
   297, 337f; Ebeling (1987)
   S. 12; Meiners S. 21
29 Germania Judaica Bd II/1,
   S. 126, 323, 352
30 das., S. 284
31 Wilhelm (1973), S. 16f
32 das.
33 Berman, S. 464f
34 Wilhelm (1973), S. 24
35 Ebeling (1987), S. 13;
   Germania Judaica Bd II/1,
   S. 339; Aufgebauer (1984)
   S. 26
36 Kühling, S. 14; Germania
   Judaica Bd II/1, S. 627
37 Sudendorf, Teil IV, S. 127f
38 Germania Judaica Bd II/1,
   S. 339
39 Wilhelm (1973), S. 24
40 Aufgebauer (1984), S. 154
41 Germania Judaica
   Bd III/1, S. 451
42 Aufgebauer (1989), S. 99
43 Stille, S. 185
44 Siehe unten S. 24ff
45 Ebeling (1987), S. 20f
46 Aufgebauer (1989), S. 102
47 Germania Judaica Bd II/1,
   S. 287
48 das., S. 325, 311
49 Battenberg (1990), Teilband I, S. 161f
50 Aufgebauer (1984), S. 66
51 Siehe unten S. 24ff
52 Wenninger

53 Aufgebauer (1984), S. 69;
   Germania Judaica
   Bd III/1, S. 452, 542
54 Germania Juadaica
   Bd III/1, S. 448
55 das., S. 515, 151, 257,
   763; Bohmbach S. 9f;
   Meiners S. 21
56 Battenberg (1990),
   Teilband I, S. 99f
57 Neumann, S. 13ff;
   S. 109ff
58 Ebeling (1987), S. 30
59 Siehe unten S. 24
60 Kühling, S. 19
61 Wilhelm (1973), S. 44
62 das., S. 44f
63 Riemer, S. 338
64 Goertz (Zusammenleben),
   S. 9
65 Ebeling (1987), S. 30f;
   Aufgebauer (1984), S. 60;
   Germania Juadaica Bd II/1,
   S. 285, 296, 338, 499
66 Kühling, S. 18
67 Sprandel, S. 15; Fahl-
   busch
68 Germania Judaica
   Bd III/1, S. 450, 149
69 das., Bd II/1, S. 338
70 das.
71 Riemer, S. 339f
72 das., S. 343f
73 das., S. 345
74 das., S. 346
75 Ebeling (1987), S. 38
76 Riemer, S. 357
77 Germania Judaica Bd II/1,
   S. 116
78 5 Mos 12, 21
79 Neues Lexikon des
   Judentums, S. 272
80 Urkundenbuch
   Braunschweig, S. 455f

81 Riemer, S. 336
82 Ebeling (1987), S. 70
83 Siehe S. 26
84 Riemer, S. 395
85 Kühling, S. 35
86 Wilhelm (1973), S. 17
87 Germania Judaica
   Bd III/1, S. 150
88 Fahlbusch, S. 190
89 Kühling, S. 19
90 das., S. 39
91 Wilhelm (1973), S. 26
92 Germania Judaica
   Bd III/1, S. 150
93 Aufgebauer (1984), S. 42f
94 Germania Judaica
   Bd III/1, S. 515
95 Ebeling (1987), S. 46ff
96 Riemer S. 40
97 das., S. 333
98 Aufgebauer (1984), S. 57
99 Germania Judaica
   Bd III/1, S. 452f
100 Ebeling (1987), S. 95
101 Neues Lexikon des
   Judentums, S. 441ff
102 Germania Judaica Bd II/1,
   S. 109, 176, 285, 296,
   324, 351, 634; Auf-
   gebauer (1984), S. 16
103 das., S. 18; Germania
   Judaica Bd II/1, S. 285
104 Aufgebauer (1984) S. 36;
   Ebeling (1987), S. 87
105 Riemer, S. 347
106 das., S. 348
107 Germania Judaica
   Bd III/1, S. 150; Auf-
   gebauer (1984), S. 37
108 Ebeling (1980), S. 17ff
109 Aufgebauer (1984), S. 37
110 Ebeling (1987), S. 17
111 Köppke, S. 77
112 das., S. 119

113 Wilhelm (1973), S. 35
114 Köppke, S. 74
115 Neues Lexikon des Juden-
    tums, S. 437f (Art. Sukkot)
116 Riemer, S. 349
117 das.
118 Wilhelm (1973), S. 49
119 das.
120 Riemer, S. 52
121 Urkundenbuch Goslar
    Bd III, S. 656
122 Seiferth, S. 166ff
123 Rengstorf/Kortzfleisch
    Bd. 1, S. 84ff
124 Graus (1985), S. 29ff
125 Aufgebauer (1990), S. 96
126 Neues Lexikon des
    Judentums, S. 391
    (Art. Rindfleisch)
127 Riemer, S. 7
128 Haverkamp, S. 66
129 Germania Judaica Bd II/1,
    S. 111
130 das., S. 284
131 Meiners, S. 20f
132 Riemer, S. 360
133 Delumeau
134 Graus (1987), S. 366f
135 Siehe oben S. 14ff
136 Ebeling (1987), S. 98
137 Neues Lexikon des
    Judentums, S. 391
138 Aufgebauer (1984) S. 64
139 Riemer, S. 361

**Von der Reformation
zum Dreißigjährigen
Krieg**

1 Zimmermann, Harald,
   Bd. 1, S 1ff
2 Wiener (1861), S. 131
3 Aufgebauer (1983) S. 28
4 Ebeling (1987), S. 18
5 Aufgebauer (1984), S. 80
6 Schnee Bd. II, S. 11f
7 Wilhelm (1973), S. 51
8 NHStA Cal Br. 8 Nr. 761
9 das.
10 Wiener (1861), S. 168f
11 Ebeling (1987), S. 19
12 das.
13 Vgl. Graus (1987), S. 348
14 Ebeling (1987), S. 24
15 Aufgebauer (1984) S. 83

16 Wiener (1861); Auf-
   gebauer (1983), S. 39
17 das.
18 Siehe S. 52ff
19 Tütken, S. 269
20 Aufgebauer (1983), S. 41
21 NHStA Cal Br. 8 Nr. 761
22 das.
23 Wilhelm (1973), S. 52
24 das., S. 53
25 das.
26 NHStA Cal Br. 8 Nr. 761
27 Ebeling (1987), S. 119
28 NHStA Cal Br. 8 Nr. 761
29 das.
30 das.
31 das.
32 StAH A 4161
33 das.
34 Aufgebauer (1984), S. 86f
35 das., S. 92f
36 das., S. 94ff
37 Wiener (1861), S. 246ff
38 Lokers (1990), S. 25ff
39 das, S. 29
40 das., S. 42ff
41 Bei der Wieden, S. 80
42 Vielberg, S. 9ff
43 das.
44 Aufgebauer (1984) S. 94
45 Ebeling (1987), S. 113
46 Graff, S. 547; Bei der
   Wieden, S. 79
47 Brilling, S. 33
48 Henning, S. 202
49 Gerhard, S. 82
50 Wilhelm (1973), S. 54
51 Ebeling (1987), S. 121;
   Freimark (1985), S. 462
52 das., Wilhelm (1973),
   S. 54
53 Aufgebauer (1984), S. 118
54 Rexhausen, S. 71
55 Lokers (1990), S. 48ff
56 Hase, S. 159
57 Lokers (1990), S. 97
58 Bohmbach, S. 10f;
   vgl. auch Kellenbenz
   (1958)
59 das.
60 Henning, S. 202;
   Battenberg, Teilband I,
   S. 167
61 Wiswe, S. 14f
62 Kraschewski, S. 14ff
63 Wiswe, S. 16
64 Ebeling (1987), S. 122
65 Aufgebauer (1984) S. 114
66 Lokers (1990), S. 76

67 Junge, S. 113
68 Rexhausen, S. 100
69 Lokers (1990), S. 53
70 Ebeling (1987), S. 124
71 Müller (1972), S. 302
72 Gerhard, S. 82
73 Müller (1972), S. 305
74 das., S. 303f
75 Aufgebauer (1984), S. 107
76 NHStA Cal Br. 9 Nr. 315
77 das.
78 das.
79 Bei der Wieden, S. 82
80 Homann, S. 49
81 Rexhausen, S. 101
82 Junge, S. 113
83 NHStA Cal Br. 8 Nr. 761
84 Vielberg, S. 13f
85 Aufgebauer (1983), S. 40
86 Hannoversche
   Geschichtsblätter 1906
87 Wilhelm (1973), S. 65
88 Ricklefs, S. 20f
89 Rexhausen, S. 135;
   Aufgebauer (1984), S. 105
90 das., S. 143f
91 Rexhausen, S. 127
92 das., S. 132f
93 Press, S. 247ff; Cohen,
   S. 225ff
94 Crusius, S. 281
95 Eggersglüß, S. 120
96 Lokers (1990), S. 54
97 Bei der Wieden, S. 82
98 Battenberg, Teilband I,
   S. 190f; Ehrlich;
   Rengstorf/Kortzfleisch
   Bd. 1, S. 375ff
99 Battenberg, Teilband I,
   S. 170f
100 das., S. 192f
101 Aufgebauer (1983), S. 40
102 das., S. 38
103 das., S. 42
104 das., S. 41
105 Ebeling (1987), S. 116
106 Aufgebauer (1984), S. 92
107 Lokers (1990), S. 32ff
108 Ries, S. 636
109 das., S. 637
110 Wiener (1861), S. 173
111 Aufgebauer (1984), S. 82f
112 Lokers (1990), S. 95
113 StAH A 4161
114 das.
115 Ebeling (1987), S. 131f
116 NHStA H Cal Br. 23
    Nr. 546–551
117 Siehe S. 48

**Vom Dreißigjährigen
Krieg bis zum Ende
des 18. Jahrhunderts**

1 Röhrbein (1962), S. 43f
2 Löb, S. 6
3 das., S. 5ff; NHStA Cal
   Br. 19; vgl. zu Landständen allgemein Vierhaus
   (1969)
4 Löb, S. 7ff
5 das., S. 8
6 Abgedruckt bei Homeyer
   (1984), S. 34ff
7 Röhrbein (1962), S. 42ff;
   vgl. auch Wehler (1987),
   S. 59ff; S. 135ff
8 NHStA Hann. 74 Best.
   Hann. Nr. 1392
9 Homann, S. 57
10 das., S. 74
11 NHStA Hann. 74 Best.
   Hann. Nr. 1392
12 Blumenkranz
13 Wilhelm (1973), S. 95ff
14 Sabelleck (1991), S. 47
15 Zuckermann, S. 8ff
16 Müller (1989), S. 19
17 Zuckermann, S. 12
18 Wilhelm (1973), S. 58f
19 Boehn, S. 10
20 Ballin (1988), S. 16
21 Keyser, S. 168
22 Ohlendorf, S. 125
23 Sabelleck (1991), S. 29
24 Keyser, S. 78
25 Keyser, S. 118; S. 179
26 Reinecke, S. 593
27 NHStA Hann. 76a
   Nr. 1802
28 Jüdischer Friedhof, S. VIII
29 Keyser, S. 248
30 Zies, S. 174
31 Schötteldreyer, S. 57
32 NHStA Hann. 76a
   Nr. 1802
33 Focke, S. 33
34 NHStA Hann. 76a
   Nr. 1802; Bachmann,
   S. 69
35 Alphei, S. 83
36 Weidemann, S. 33
37 Klockenbring, S. 260
38 Oberschelp, S. 8f
39 Löb, S. 8f
40 das.
41 NHStA Cal Br. 15 Nr. 255

42 das.
43 Zuckermann, S. 12; Bachmann, S. 70; Ballin (1988), S. 13; Pezold, S. 7; Meinhard, S. 98
44 NHStA Hann 74 Göttingen 0–25
45 das.
46 das.
47 Sabelleck (1991), S. 33f
48 Trepp, S. 34
49 Meiners, S. 35f
50 Löb, S. 13
51 NHStA Dep 31, Cap. XXVI Nr. 23
52 das.
53 das.
54 das.
55 Ballin (1988), S. 10; Alphei, S. 83
56 Vgl. Glanz
57 Löb, S. 16
58 Homeyer (1984), S. 33
59 Neues Lexikon des Judentums, Stichwort Ahasverus
60 Schulze (1967), S. 25
61 Ballin (1979), S. 5
62 Ebeling (1987), S. 138
63 das., S. 137
64 das., S. 140f
65 Schulze (1967), S. 41
66 das., S. 36
67 Ebeling (1987), S. 163
68 das., S. 204
69 Keyser, S. 205
70 Ballin (1979), S. 9
71 das., S. 25
72 Ebeling (1987), S. 162f
73 Schulze (1967), S. 37
74 das., S. 42f
75 Ebeling (1987), S. 230
76 das., S. 155f
77 das., S. 156
78 das., S. 166
79 das., S. 151f; Schulze (1967), S. 35
80 Aufgebauer (1984), S. 160f
81 das.
82 Rexhausen, S. 158ff
83 das., S. 92; in der Stadt Hildesheim schon früher: Rexhausen, S. 81
84 Aufgebauer (1984), S. 162f
85 das.
86 das.
87 das., S. 133
88 Rexhausen, S. 148

89 das., S. 149f
90 das.
91 das., S. 151
92 das., S. 151f
93 das., S. 74
94 das., S. 73
95 Goertz (Zusammenleben), S. 11; Schrape, S. 42f
96 Schrape, S. 43
97 Meyer (1985), S. 10
98 das.
99 Schrape, S. 46
100 Meyer (1985), S. 11
101 Trepp, S. 34
102 das., S. 33
103 das., S. 36ff
104 das.
105 das.
106 das.
107 Hasselmeier, S. 17
108 das., S. 9
109 das., S. 18
110 das., S. 15
111 das., S. 25
112 das., S. 26f
113 das., S. 60
114 das., S. 67
115 das., S. 73
116 Piechorowski (1982), S. 10f
117 das., S. 12
118 das.
119 das., S. 15
120 das., S. 22f
121 das.
122 das., S. 19
123 das., S. 21
124 Lokers (1990), S. 103ff
125 das.
126 Gödeken, S. 75
127 Hegenscheid, S. 98
128 Lokers (1990), S. 158ff; 164
129 das., S. 167
130 das., S. 101
131 Reyer, S. 85
132 Lokers (1990), S. 171f
133 Hegenscheid, S. 99
134 Reyer, S. 92; Vgl. auch Stern
135 Lokers (1990), S. 158
136 das., S. 160f
137 das., S. 165
138 das., S. 170ff
139 Hase, S. 159
140 das., S. 145
141 das., S. 148
142 NHStA Hild. Br. 10 Nr. 2622

143 Aschoff (1979), S. 181ff
144 das.
145 Teuber, S. 27ff
146 Lemmermann, S. 1; 6
147 das.
148 Teuber, S. 16
149 Lemmermann, S. 6
150 Keyser, S. 307, 194, 312
151 Busch (1972), S. 59
152 NHStA Hann. 74 Göttingen O Nr. 1; Battenberg (1986)
153 das.
154 das.
155 das.
156 das.
157 das.
158 Peters (1984), S. 10
159 das., S. 11
160 das., S. 10
161 das.
162 Dettmer, S. 20; 24
163 das., S. 41ff
163a) Lingen, Emslandmuseum
164 Wolf, S. 318
165 Vgl. allgemein Schnee (mit antisem. Tendenzen); Stern (1950)
166 Schedlitz
167 das., S. 46
168 das., S. 79
169 das., S. 39
170 Röhrbein (1962), S. 54; Kaufhold, S. 216
171 Schedlitz, S. 91
172 das., S. 92
173 das., S. 95
174 das., S. 34; 114
175 das., S. 46; 100
176 das., S. 100ff
177 NHStA Hann 76 C A Nr. 296
178 NHStA Hann 76 C A Nr. 319
179 Schedlitz, S. 94
180 das., S. 154
181 Hasselmeier, S. 120
182 Gronemann (1913)
183 Schedlitz, S. 136
184 Hasselmeier, S. 25
185 Schedlitz, S. 140f
186 Hasselmeier, S. 25
187 Eggersglüß, S. 114f
188 das., S. 116
189 das., S. 119
190 Ebeling (1987), S. 138f
191 das.
192 Schulze (1967), S. 47
193 das., S. 48

194 Aufgebauer (1984), S. 147f
195 Trepp, S. 21ff; Schnee (1955), S. 124ff
196 Hasselmeier, S. 101ff
197 das.
198 Schnee (1955), S. 154ff
199 das.; Hasselmeier, S. 111
200 Schnee (1955), S. 224
201 Ebeling (1987), S. 154
202 Rexhausen, S. 105
203 Ebeling (1987), S. 141
204 das., S. 144
205 Jago, S. 279
206 Rexhausen, S. 84
207 Hasselmeier, S. 57; 68
208 Lokers (1990), S. 75f
209 das., S. 64
210 Boehn, S. 135
211 Rexhausen, S. 79; Lokers (1990), S. 159
212 Schötteldreyer, S. 57; Ebeling (1987), S. 147
213 Sabelleck (1991), S. 40f
214 Rexhausen, S. 91
215 Lokers (1990), S. 76
216 das., S. 165
217 NHStA Hild. Br. 10 Br. 2622
218 Lokers (1990), S. 166
219 das., S. 159
220 das., S. 181; 184
221 das., S. 192f
222 Ebeling (1987), S. 211f
223 Sabelleck (1991), S. 92
224 Zuckermann, S. 12f
225 Aufgebauer (1984), S. 133
226 NHStA Hild. Br. 10 Br. 2622
227 Wilhelm (1973), S. 68
228 Ricklefs, S. 27
229 Ebeling (1987), S. 211
230 Lokers (1990), S. 112
231 Kaufhold, S. 216
232 Aßmann, S. 16ff
233 Mauersberg, S. 266
234 Kaufhold, S. 218
235 Ebeling (1987), S. 189
236 das.
237 das., S. 181f
238 das., S. 187
239 das., S. 186
240 das., S. 197
241 Boehn, S. 12
242 Schulze (1967), S. 44f
243 Wilhelm (1973), S. 83
244 Sabelleck (1991), S. 47
245 Hasselmeier, S. 40
246 das., S. 41f

247 das., S. 43
248 Glückel von Hameln, S. 87ff
249 das.
250 Sabelleck (1991), S. 45
251 das.
252 Bohmbach, S. 14
253 NHStA Hann 74 Göttingen 0 Nr. 1; Ebeling (1987), S. 162
254 Ebeling (1987), S. 170
255 Lokers (1990), S. 128
256 das., S. 129
257 das.
258 das., S. 168
259 Rexhausen, S. 110ff
260 das.
261 NHStA Hann 27, Hildesheim J Nr. 1730a
262 Lokers (1990), S. 115
263 Ballin (1979), S. 13f
264 Lokers (1990), S. 187
265 das., S. 138f
266 NHStA Hann 94 Spez. 15 (Ilfeld) AV. Nr. 23
267 das.
268 Rexhausen, S. 115; Funke-Westermann, S. 8; Busch (1972), S. 66
269 Eichenbaum, S. 172; Hegenscheid, S. 99; 103
270 NHStA Dep. 31 cap. XXVI Nr. 23
271 Rose, S. 2
272 Focke, S. 50
273 das.; Alphei, S. 98
274 das.; Busch (1972), S. 67
275 Rohmeyer, S. 113
276 Hegenscheid, S. 103
277 Keyser, S. 207
278 Rexhausen, S. 115
279 NHStA Hild. Br. 10 Br. 2622
280 Meyer (1985), S. 9
281 Ballin (1979), S. 9
282 Alphei, S. 83
283 Bachmann, S. 69
284 das.
285 Hasselmeier, S. 46
286 NHStA Hann. 76 a Nr. 1802
287 Dettmer, S. 30
288 NHStA Dep. 31 cap. XXVI Nr. 23
289 das.
290 Mundhenke
291 Rexhausen, S. 79
292 Mundhenke, S. 136
293 Trepp, S. 34

294 Trepp, S. 22
295 Mundhenke
296 NHStA Hann. 76 a Nr. 1802
297 Wehler, S. 205f
298 Kellenbenz (1958)
299 Glanz, S. 128
300 Kühling, S. 47
301 Hasselmeier, S. 72f
302 Rexhausen, S. 128
303 Ebeling (1987), S. 151f
304 Küther, S. 50
305 Ebeling (1987), S. 226
306 Eggersglüß, S. 120
307 Ricklefs, S. 22
308 das.
309 das.
310 das.
311 Müller (1989), S. 20ff
312 Asaria, S. 30f
313 Aufgebauer (1984), S. 144
314 Schulze (1967), S. 47
315 Ebeling (1987), S. 219
316 Schulze (1987), S. 10
317 das., S. 11f
318 das., S. 14
319 das., S. 14ff
320 Eggersglüß, S. 120f
321 Ebeling (1987), S. 159
322 Schulze (1987), S. 19; Rexhausen, S. 136
323 Celle, S. 135ff
324 Dettmer, S. 58f; Habben, S. 149
325 Schulze (1987), S. 18
326 Ballin (1988), S. 14f
327 Rexhausen, S. 137
328 Ebeling (1987), S. 220
329 Aufgebauer (1984), S. 140
330 Ebeling (1987), S. 222
331 AZJ 15/3/1861
332 Aufgebauer (1984), S. 141
333 Gronemann (1912)
334 Asaria, S. 49
335 Busch (1971), S. 52
336 Aufgebauer (1984), S. 143
337 Wilhelm (1973), S. 68
338 Busch (1972), S. 61f
339 Ballin (1988), S. 30f
349 Sabelleck (1991), S. 87
341 John
342 Bachmann, S. 70
343 Ballin (1988), S. 31
344 Habben, S. 157
345 Schulze (1967), S. 47
346 Asaria, S. 49
347 Ballin (1979), S. 26ff
348 Busch (1987), S. 175f
349 Sabelleck (1988), S. 17f

350 Schedlitz, S. 146f
351 das.
352 Kopitzsch; Grab; Lessings »Nathan«
353 Ebeling (1987), S. 156; zu Dohm vgl. Möller
354 Stichwort »Abraham« in Voltaires Dictionnaire philosophique; vgl. auch Hertzberg und Gay
355 Blumenkranz
356 Vierhaus (1977), S. 49
357 Ebeling (1987), S. 138; Rexhausen, S. 122
358 NHStA Dep 31 cap. XXVI, Nr. 23; Ballin (1988), S. 10
359 Rexhausen, S. 97; Hegenscheid, S. 108f
360 Knigge
361 STAH A Nr. 4163; vgl. auch Höing
362 Marx (1992) Ratsgymnasium, S. 41ff
363 Müller (1987), S. 87ff; Ziessow; Kopitzsch (1983)
364 Frerichs
365 Artelt, S. 81
366 das.
367 Wilhelm (1973), S. 85ff
368 Klockenbring, S. 235
369 Boehn, S. 12; Frerichs
370 Goertz (Zusammenleben), S. 12f
371 Focke, S. 34
372 Kretschmer, S. 212f
373 Piechorowski, S. 19
374 Sabelleck (1991), S. 70
375 Reinecke, S. 593
376 Stuhlmacher, S. 59
377 Ebeling (1987), S. 199
378 Aßmann, S. 161
379 Sabelleck (1991), S. 69
380 Teuber, S. 79f
381 das.
382 Hase, S. 142
383 Ricklefs, S. 19; Wilhelm (1973), S. 69; Rexhausen, S. 136
384 Hegenscheid, S. 97ff
385 das.
386 das.
387 das.
388 das.
389 Schoeps, S. 1

Die napoleonische Ära

1 Vgl. Anchel; Blumenkranz
2 Oberschelp, S. 37f
3 Köbler, S. 202f
4 Ballin (1988), S. 53f
5 Anchel, S. 326ff
6 Ballin (1979), S. 49
7 Marienfeld (1993), S. 272
8 das.
9 Anchel, S. 449
10 Ballin (1979), S. 55
11 Hasselmeier, S. 124
12 Sabelleck (1991), S. 120
13 Wilhelm (1973), S. 99f
14 NHStA Hann. 52 Nr. 1687
15 das.
16 das.
17 Sabelleck (1991), S. 121
18 das.
19 Vielberg, S. 16f
20 das., S. 18
21 Schrader (nicht paginiert)
22 Zuckermann (1912), S. 13
23 Wilhelm (1973), S. 97
24 Ebeling (1987), S. 253
25 Trepp, S. 47
26 Ballin (1979), S. 56f
27 Vielberg, S. 17ff; Lange, S. 32; Schrader; Kühling, S. 62
28 Focke, S. 38
29 Meiners, S. 87
30 Bohmbach, S. 21
31 Keyser, S. 233
32 Meiners, S. 87
33 Focke, S. 38f
34 Berding (1983), S. 34
35 Kühling, S. 58
36 Dettmer, S. 27
37 das., S. 51
38 Ebeling (1987), S. 245
39 Ohlendorf, S. 120
40 das.
41 Dettmer, S. 31
42 Weidemann, S. 34
43 Ballin (1988), S. 57
44 Boehn, S. 13
45 Hasselmeier, S. 50
46 Richarz (1974), S. 122
47 das., S. 123
48 Lokers (1990), S. 185
49 Hasselmeier, S. 69
50 Meiners, S. 80
51 Ebeling (1987), S. 254ff
52 das., S. 241
53 das.

54 Ballin (1979), S. 26ff
55 das., S. 31
56 das., S. 27
57 das., S. 30
58 Ebeling (1987), S. 242
59 das.
60 das., S. 243
61 NHStA Hann. 52
   Nr. 1687
62 NHStA Hann. 52
   Nr. 1539
63 das.
64 das.
65 Berding (1983), S. 43

**Deutscher Bund
und Kaiserreich**

1 Löb, S. 24f
2 Baron
3 NHStA Dep. 110 A
   Nr. 184
4 das.
5 das.
6 NHStA Dep. 110 A Nr. 96
7 das.
8 das.
9 das.
10 Baron, S. 72f
11 das., S. 76ff
12 Ebeling (1987), S. 266
13 Zuckermann (1909), S. 1
14 das.
15 das., S. 3
16 das., S. 3ff
17 Wilhelm (1973), S. 112
18 Vielberg, S. 18
19 das., S. 19
20 Kühling, S. 65
21 das., S. 66
22 StAH AR Hann. 466
23 das.
24 das.
25 das.
26 StAH AR Hann. 456
27 NHStA Hann. 26 a 4070
28 das.
29 Marx (Juden), S. 83
30 Eissing (1992), S. 291f
31 das., S. 292f
32 NHStA Hann. Dep. 92
   Nr. 493
33 Zuckermann (1909), S. 34
34 das., S. 36
35 das., S. 41ff
36 das., S. 45

37 das., S. 52f
38 das., S. 48
39 Eissing (1992), S. 301
40 Marienfeld (1993), S. 275
41 das., S. 280
42 Piechorowski, S. 32ff
43 Wilhelm (1973), S. 119
44 Marx (Juden), S. 62ff
45 Eissing (1992), S. 309ff
46 das., S. 329
47 NHStA Hann 26 a
   Nr. 4072
48 das.
49 Löb, S. 39ff
50 das., S. 44
51 Piechorowski, S. 35
52 Löb, S. 47ff
53 Sabelleck (1991), S. 146
54 das., S. 151
55 Wilhelm (1973), S. 122
56 Habben, S. 130
57 Vielberg, S. 29
58 Kühling, S. 70f
59 Sammlung der Gesetze
   (...) für das Jahr 1848,
   S. 261f
60 AZJ 19.2.1849
61 AZJ 20.8.1855
62 Richarz (1976), S. 415f
63 Löb, S. 47
64 AZJ 9.11.1857
65 AZJ 9.6.1856
66 AZJ 23.6.1856
67 AZJ 28.6.1864 und
   26.7.1864
68 AZJ 28.3.1865
69 AZJ 18.10.1864
70 Richarz (1976), S. 404
71 AZJ 28.1.1856
72 AZJ 11.7.1859
73 NHStA Hann. 71 Hann. B
   Nr. 1087
74 das.
75 das.
76 NHStA Hann. 74
   Burgdorf I Nr. 665
77 das.
78 NHStA Hann 74
   Bruchhausen Nr. 949
79 das.
80 das.
81 das.
82 Marx (Juden), S. 90ff
83 das.
84 AZJ 25.12.1866 und
   5.3.1867
85 AZJ 14.1.1868
86 AZJ 30.6.1874
87 AZJ 7.5.1867

88 AZJ 11.2.1868
89 Löb, S. 53
90 AZJ 7.4.1868
91 AZJ 9.6.1868
92 AZJ 15.3.1895
93 Löb, S. 80
94 AZJ 13.11.1896
95 AZJ 22.4.1873
96 AZJ 8.9.1868
97 StAH AR Linden Nr. 1275
98 Ebeling (1987), S. 263ff
99 das., S. 269
100 das.
101 das., S. 276f
102 das., S. 268
103 das., S. 278ff
104 das., S. 291
105 das., S. 297
106 das.
107 AZJ 17.5.1858;
    Hamburger, S. 209ff
108 Ebeling (1987), S. 297f
109 Heymann, S. 58
110 Trepp, S. 45f
111 Meiners, S. 95
112 das.
113 das., S. 104
114 das., S. 109ff
115 Trepp, S. 58ff
116 Meiners, S. 134f
117 das.
118 Marx (Juden), S. 103ff
119 Meiners, S. 136
120 Trepp, S. 104
121 AZJ 21.7.1851
122 Trepp, S. 226
123 das., S. 281
124 Siehe S. 173
125 Hasselmeier, S. 127
126 das., S. 90f
127 das.
128 das., S. 129
129 das., S. 128
130 AZJ 21.7.1856
131 AZJ 26.9.1866
132 Kropat, S. 335
133 das., S. 340
134 Dettmer, S. 134
135 das., S. 110ff
136 Berbüsse, S. 73ff
137 Zuckermann (1909),
    S. 63; Eissing (1992),
    S. 289
138 das.
139 Schmelz, S. 39
140 Toury, S. 17
141 das.
142 das., S. 21, Schmelz,
    S. 46

143 das., S. 50
144 Toury, S. 49
145 Segall, S. 8
146 Handbuch jüd.
    Gemeindeverwaltung
    1913
147 Blau (1913), S. 63
148 Schulze (1987), S. 75
149 Schmelz, S. 51
150 Toury, S. 17
151 Homeyer (1984), S. 106
152 das.
153 Handbuch jüd.
    Gemeindeverwaltung
    1909
154 Sabelleck (1991), S. 293
155 Pezold, S. 7
156 Steinbrecher, S. 61
157 Wilhelm (1978), S. 9
158 Wilhelm (1992), S. 56ff
159 Meinhardt, S. 99
160 AZJ 7.10.1879
161 Kühling, S. 72
162 Reinecke, S. 594
163 Wilhelm (1978), S. 9
164 das., S. 11
165 Blau (1912), S. 72
166 das.
167 das., S. 74
168 Blau (1913), S. 113
169 das.
170 das.
171 das.
172 das., S. 115
173 Schieckel (1972), S. 295
174 das.
175 Meiners, S. 148; 193
176 Meyer (1985), S. 35f
177 Peters (1984), S. 20
178 Toury, S. 19
179 Ebeling (1987), S. 345
180 Heymann, S. 53f
181 Rose, S. 29; Handbuch
    der jüdischen Gemeinde-
    verwaltung 1909
182 Ballin (1979), S. 182
183 Handbuch der jüdischen
    Gemeindeverwaltung
    1909
184 Toury, S. 19
185 Handbuch der jüdischen
    Gemeindeverwaltung
    1909
186 Dettmer, S. 121
187 Mehrdorf, S. 410
188 Handbuch der jüdischen
    Gemeindeverwaltung
    1909
189 Schmelz, S. 36f

190 Homeyer (1984), S. 108
191 Treue, S. 45
192 das.
193 das., S. 46f
194 das., S. 48
195 Aßmann, S. 174
196 Niemann; Grebing S. 92ff
197 das.
198 Ricklefs, S. 28
199 Eichenbaum; Habben, S. 134
200 Schieckel (1972), S. 297
201 Ebeling (1987), S. 304f
202 Focke, S. 50; Kurth, S. 33; Sabelleck (1991), S. 220ff, Funke, S. 8; Lange, S. 32ff
203 Ebeling (1987), S. 275
204 AZJ 23.12.1873
205 AZJ 14.8.1868
206 Segall, S. 65; S. 67
207 das.
208 das.
209 das.
210 Boehn, S. 14
211 Barkai
212 Segall, S. 33ff
213 Segall, S. 63
214 AZJ 15.10.1878
215 Ballin (1979), S. 74
216 Toury, S. 101
217 Dettmer, S. 40
218 Eichenbaum, S. 174
219 Habben, S. 135
220 Meiners, S. 117
221 Schieckel, (1972) S. 300f
222 das.
223 Voorts, S. 62
224 Ebeling (1992), S. 237
225 Toury, S. 108
226 Blau (1912), S. 73f
227 Barkai, S. 93
228 Blau (1913), S. 113
229 Bohmbach, S. 60
230 Meyer (1982), S. 108ff; Busch (1982)
231 Zimmermann (1963), S. 90ff
232 Schmidt
233 Schieckel (1975)
234 NHStA Hann. 74 – Hannover-Langenhagen Nr. 574
235 Schulze (1987), S. 20f
236 das., S. 233
237 Homeyer (1984), S. 52ff
238 das., S. 61ff
239 Schulze (1987), S. 50f
240 Piechorowski, S. 36
241 Ballin (1988), S. 69

242 Piechorowski, S. 37ff
243 Bohmbach, S. 33ff
244 das., S. 36f
245 AZJ 2.4.1861
246 AZJ 27.11.1867
247 AZJ 7.5.1867
248 Schulze (1987), S. 56
249 Marx (Juden), S. 128
250 Schulze (1987), S. 55
251 Löb, S. 80ff
252 Vgl. allgemein Meyer (1988)
253 Rahe
254 Trepp, S. 119ff
255 Löwenstein, S. 280
256 AZJ 9.9.1892
257 StAH AR Hann. 543
258 AZJ 10.6.1862
259 NHStA Hann. 80 Hann. II 1749
260 AZJ 4.9.1877
261 Schulze (1987), S. 76
262 Wilhelm (1978), S. 25
263 Sabelleck (1991), S. 179
264 Dettmer, S. 81
265 Eissing (1991), S. 150
266 Kurth, S. 37f
267 Alphei, S. 179f
268 Eichenbaum, S. 174
269 Wiemann, S. 166
270 Richarz (1976), S. 206
271 das., S. 396f
272 Handbuch der jüdischen Gemeindeverwaltung (1913)
273 das.
274 Wachter, S. 46; Vielberg, S. 44
275 AZJ 25.6.1872
276 AZJ 16.2.1875
277 AZJ 4.12.1866
278 AZJ 27.9.1870
279 Zimmermann (1963); Hammer-Schenk, S. 74; 197ff
280 AZJ 1.3.1858
281 Vielberg, S. 44
282 Wilhelm, S. 23
283 Kühling, S. 72; 1905/06 erfolgte ein Neubau mit Orgel, das.
284 Hammer-Schenk, S. 249
285 das., S. 330; AZJ 22.10.1878
186 Tielke, S. 189
287 Hammer-Schenk, S. 359 und 443
288 AZJ 23.10.1898 und 16.9.1898

289 Hammer-Schenk, S. 472
290 das., S. 444
291 Trepp, S. 291
292 Handbuch der jüdischen Gemeindeverwaltung 1909
293 das.
294 das.
295 das.
296 das.
297 Trepp, S. 85ff
298 das., S. 105
299 das., S. 208
300 das., S. 208ff
301 das., S. 231
302 das.
303 das., S. 232
304 das., S. 289
305 das., S. 285
306 das., S. 291
307 das.
308 das., S. 294
309 Ebeling (1987), S. 303
310 das., S. 370
311 Heymann, S. 49
312 das., S. 47
313 das., S. 50ff; Ebeling (1987), S. 365f
314 Ballin (1979), S. 128
315 Meyer (1988), S. 12
316 AZJ 17.9.1855
317 Trepp, S. 219
318 AZJ 26.10.1875
319 AZJ 21.6.1893
320 AZJ 12.5.1874; 6.7.1875
321 Brosius, S. 61
322 das.
323 das., S. 63
324 das.
325 das., S. 62
326 das., S. 61
327 Handbuch der jüdischen Gemeindeverwaltung 1909
328 Mehrdorf, S. 410
329 AZJ 5.12.1853
330 Marienfeld (1982), S. 1f
331 das., S. 4f
332 das.
333 Marx (Juden), S. 140; S. 143
334 Marienfeld (1982), S. 6
335 das., S. 7f
336 das., S. 8
337 das., S. 10ff
338 das., S. 26
339 Bohmbach, S. 34f
340 Schulze (1987), S. 50
341 Marienfeld (1982), S. 271

342 das., S. 31
343 Alphei, S. 118
344 Bohmbach, S. 34
345 Lange, S. 40f
346 Hagerott, S. 78ff
347 AZJ 3.4.1891
348 AZJ 17.8.1900
349 Junge, S. 188; Bachmann, S. 70f
350 AZJ 22.10.1878
351 StAH AR. Hann. 543
352 Marienfeld (1982), S. 30ff; Freund
353 Marienfeld (1982), S. 37
354 das., S. 54
355 Handbuch der jüdischen Gemeindeverwaltung 1909
356 Busch (1972), S. 61
357 Marienfeld (1982), S. 44ff
358 das., S. 51; Wilhelm (1992), S. 52
359 Hagerott; Richarz (1991)
360 AZJ 22.12.1874
361 Hagerott, S. 87
362 Sabelleck (1988), S. 67
363 AZJ 13.3.1891
364 Sabelleck (1988), S. 67
365 Schneider/Petersilie, S. 197
366 AZJ 7.5.1849
367 AZJ 19.1.1864
368 AZJ 13.8.1872; AZJ 4.11.1879
369 AZJ 14.6.1870
370 Marienfeld (1982), S. 55
371 AZJ 16.4.1872
372 AZJ 15.3.1895
373 AZJ 7.6.1895
374 AZJ 22.8.1902
375 Handbuch der jüdischen Gemeindeverwaltung 1909; Marx (Ratsgymnasium), S. 122
376 StAH AR Hann. 544
377 AZJ 1.4.1897
378 AZJ 6.5.1862
379 AZJ 12.4.1895
380 Homeyer (1980), S. 9
381 das., S. 34
382 Meyer (1985), S. 24; Trepp, S. 168
383 das., S. 185
384 das., S. 230
385 Handbuch der jüdischen Gemeindeverwaltung 1909
386 das.
387 Trepp, S. 207

388 das., S. 281
389 Meyer (1985), S. 36ff
390 Ebeling (1987), S. 364
391 AZJ 4.3.1879
392 Handbuch der jüdischen Gemeindeverwaltung 1909
393 das.
394 Busch (1987), S. 183
395 Brosius, S. 61; Handbuch der jüdischen Gemeinde-verwaltung 1909
396 Dettmer, S. 67
397 das., S. 68ff
398 Handbuch der jüdischen Gemeindeverwaltung 1909
399 AZJ 14.8.1860; Hand-buch der jüdischen Gemeindeverwaltung 1909
400 Dettmer, S. 97
401 Ebeling (1987), S. 376
402 das., S. 374
403 AZJ 21.7.1851
404 AZJ 17.10.1853
405 AZJ 23.6.1856
406 AZJ 11.1.1870
407 AZJ 16.7.1872; 1.1.1897
408 Teuber, S. 69
409 Bohmbach, S. 51
410 Dettmer, S. 89, Zimmer-mann (1978), S. 13ff
411 Meiners, S. 175; für Oldenburg: Goertz, Juden, S. 39
412 AZJ 8.11.1870; 11.7.1871
413 AZJ 20.9.95
414 Dettmer, S. 89
415 Segall, S. 50f
416 Lessings »Nathan«, S. 125
417 Lemmermann, S. 43ff
418 AZJ 12.6.1860
419 AZJ 6.10.1863
420 AZJ 3.5.1870
421 AZJ 9.12.1879
422 AZJ 15.11.1864; Goertz, S. 19
423 AZJ 14.1.1862; 15.11.1864
424 AZJ 29.10.1861
425 Ballin (1988), S. 68; Bohmbach, S. 46
426 Böker, S. 59
427 das. S. 60
428 das. S. 61
429 das. S. 63
430 AZJ 10.2.1880; Meiners, S. 187

431 Poliakov; Massing; Greive
432 Zmarzlik, S. 255
433 Ebeling (1987), S. 380
434 AZJ 28.3.1865
435 AZJ 12.9.1865
436 Kretschmer, S. 408; Meiners., S. 166; AZJ 20.9.1864
437 Scheuch, S. 36
438 Bohmbach, S. 29; vgl. auch die Argumentation von der Deckens 1814, oben S.
439 Lemberg; vgl. auch Joch-mann
440 AZJ 29.3.1881
441 AZJ 26.7.1889
442 AZJ 12.1.1894; 18.5.1894
443 Wahlergebnisse in Meyers Konversationslexikon Stichwort »Reichstag« 1908
444 Mommsen, S. 78ff
445 Wie Anm. 443
446 AZJ 17.3.1887
447 AZJ AZ 24.9.1883
448 Puhle, S. 125ff
449 das. 123
450 das. S. 66
451 Peters (1992), S. 19
452 das. S. 29f
453 das. S. 21; S. 202
454 Hamel, S. 63f
455 AZJ 6.10.1885
456 AZJ 10.2.1880; 11.8.1885; 15.12.1885
457 AZJ 11.8.1885
458 Eissing (1991), S. 144
459 AZJ 16.12.1892; 22.1.1897
460 Jochmann, S. 118
461 Peters (1984), S. 37
462 Marx, Ratsgymnasium, S. 112f
463 Gobineau; Chamberlain
464 Rülf, S. 101
465 AZJ 20.3.1888
466 Siebenhundert Jahre, S. 46f
467 AZJ 25.12.1890
468 Meyers Konservations-lexikon 20 Bde, Leipzig 1908
469 Dettmer, S. 103
470 Puhle, s. 126f; Wucher auf dem Lande, S. 245ff
471 AZJ 15.12.1885
472 Eissing (1991), S. 213
473 AZJ 24.6.1892

474 AZJ 17.6.1898
475 Grebing; S. 95
476 Poschmann
477 Rengstorf/Kortzfleisch Bd. II, S. 384
478 AZJ 25.10.1880
479 AZJ 21.12.1880; Röhrbein (1978), S: 23
480 Lessing (1969), S. 112
481 AZJ 26.10.1900
482 Allgemein hierzu Greive (1980)
483 Richarz (1976), S. 398
484 das. S. 401f
485 Asaria, S. 69
486 Schulze (1987), S. 38
487 Asaria, S. 64
488 Meyer (1985), S. 49

Die Weimarer Republik

1 Silbergleit, S. 30f
2 das., S. 39
3 das., S. 30f
4 Eichenbaum/Hinrichs, S. 176
5 Silbergleit, S. 30f
6 das.
7 das., S. 36
8 Kulka/Ophir, S. 25
9 Silbergleit, S. 50f
10 das., S. 67
11 Statistik Dt. Reich (1933), S. 11
12 das., S. 15
13 Wilhelm (1978), S. 13
14 Goertz, Juden, S. 50ff
15 Statistik Dt. Reich (1933), S. 69; 72; 100
16 das., S. 100
17 Goertz, Juden, S. 157
18 Ballin (1988), S. 94; Teu-ber, S. 65; Goertz, Juden, S. 54f
19 Meyer (1985), S. 64f
20 Dettmer, S. 122; Hagerott, S. 94
21 Trepp, S. 304f
22 Kulka/Ophir, S. 28
23 StAH AR Hann Nr. 552
24 das.
25 das.
26 Statistik Dt. Reich (1933), S. 28
27 Kulka/Ophir, S. 25; Marienfeld (1982), S. 56

28 das.
29 Schulze (1987), S. 75ff
30 Sabelleck (1991), S. 330f
31 Schulze (1989), S. 35
32 Maurer (1986), S. 632
33 das., S. 636
34 Asaria, S. 65
35 Kulka/Ophir, S. 29
36 Maurer (1986), S. 594
37 Zimmermann (1978), S. 14; Kulka/Ophir, S. 29
38 Schulze (1989), S. 40
39 Zimmermann (1978), S. 13
40 Richarz (1982), S. 183
41 das., S. 183f
42 das., S. 185
43 Trepp, S. 315f
44 das., S. 318
45 Meyer (1985), S. 60
46 Heymann, S. 48
47 Rose, S. 35
48 Handbuch der jüdischen Gemeindeverwaltung und Wohlfahrtspflege (1924/25)
49 das.
50 Busch (1987), S. 79
51 Eissing (1991), S. 183
52 Schulze (1989), S. 34
53 Vgl. allgemein Winkler
54 Vgl. allgemein Zechlin
55 Rogge, S. 27
56 das., S. 30f
57 das., S. 31
58 das.
59 das., S. 32
60 Vgl. allgemein Günther
61 Franz, S. 38
62 das.
63 das., S. 142
64 das., S. 212; 218; 222
65 das., S. 54
66 das., S. 56
67 Knütter, S. 328ff
68 Eissing (1991); Ebeling/Fricke (1992)
69 Ballin (1979), S. 137
70 Artelt, S. 85; Wilhelm (1978), S. 39
71 Bohmbach, S. 52
72 Dettmer, S. 125
73 Focke, S. 79
74 Peters (1984), S. 38
75 Goertz, Juden, S. 71f
76 Hieronymus; Rogge; S. 36
77 das., S. 38
78 das., S. 39
79 das., S. 30

80 das., S. 43
81 das., S. 44
82 das., S. 45
83 das., S. 29
84 Wilhelm (1978), S. 38
85 Kaiser (1970); Vgl. zu Oldenburg Goertz, Juden, S. 83ff
86 Busch (1982), S. 130
87 das., S. 137
88 Eissing (1991), S. 339
89 Rogge, S. 29f
90 Kulka/Ophir, S. 31
91 Vgl. allgemein Dunker
92 Goertz, Juden, S. 62; Vgl. auch Friedrich
93 Zitiert nach Goertz, Juden, S. 67

Die Diktatur der Nationalsozialisten

1 zit. nach Greive, S. 128ff
2 das., S. 130f,
3 Trepp, S. 313
4 Erinnern ..., S. 25f
5 Vgl. allgemein Adam
6 Dettmer, S. 133
7 Wilhelm (1978), S. 41
8 Dettmer, S. 133 ,
9 Rogge, S. 48
10 Goertz, Juden, S. 90; Vielberg, S. 106; Peters, S. 54; Funke, S. 23; Verfolgung, S. 12f
11 das., S. 13; Rogge, S. 46
12 Siebenhundert Jahre, S. 59
13 Goertz, Juden, S. 91
14 Funke, S. 23
15 Mlynek (1987), S. 297; vgl. auch ders. (1986)
16 ders. (1987), S. 297
17 das., S. 296; ders (1986), S. 41ff
18 Hüsgen, S. 256f
19 Rogge, S. 48
20 Verfolgung, S. 14
21 Goertz, Juden, S. 92
22 Dettmer, S. 133
23 das.
24 Wilhelm (1978), S. 41
25 Erinnern ..., vgl. Anhang
26 Erinnern, S. 30f
27 das.
28 Siebenhundert Jahre, S. 57

29 Rogge, S. 48; vgl. auch Dietzler
30 Genschel, S. 91
31 das., S. 109
32 das., S. 111
33 das., S. 97f
34 Alphei, S. 156
35 Verfolgung, S. 26f
36 Steinwascher (1990), S. 51
37 Meiners, S. 257; Kühling, S. 88; Rose, S. 36
38 Genschel, S. 175
39 Cuda/Erdmann; Vgl. auch Blau
40 Vgl. allgemein Adam
41 Erinnern ..., Anhang, nicht paginiert
42 Meiners, S. 249f
43 Pezold, S. 26f
44 Meiners, S. 249
45 Luge, S. 133
46 das., S. 134
47 das., S. 136f
48 das., S. 138
49 Beer
50 Verfolgung, S. 20
51 Kulka/Ophir, S. 32
52 das.
53 das., S. 33
54 das., S. 34
55 Schulze (1989), S. 57
56 Kulka/Ophir, S. 34
57 das., S. 29
58 das., S. 34
59 Goertz, Juden, S. 104f
60 Zit. nach Schulze (1989), S. 79
61 Kwiet
62 Vielberg, S. 122
63 Celle, S. 131
64 Kulka/Ophir, S. 32
65 Vahlenkamp, S. 93
66 Statistisches Jahrbuch 1939
67 Marx, Juden, S. 203
68 Pezold, S. 26
69 Tielke, S. 208
70 Dettmer, S. 142
71 Herlemann
72 Goertz, Juden, S. 105
73 Marx (Ratsgymnasium), S. 168
74 Piechorowski (1964), S. 48
75 Vgl. allgemein Klügel; Schmiechen-Ackermann
76 das., S. 494
77 das., S. 499

78 Kuessner, S. 105
79 das.
80 Steinwascher (1988), S. 52
81 Sommer, S. 469
82 das.
83 Hüsgen, S. 293
84 das., S. 255
85 Vgl. allgemein Graml; Adam; Adler
86 Maurer (1988)
87 Ivers, S. 97f; Junk-Sellmeyer, S. 96
88 das.
89 Mlynek (1978), S. 58
90 das., S. 59
91 das., S. 60ff
92 das., S. 63ff
93 das., S. 68
94 das., S. 70
95 Verfolgung, S. 40
96 Focke, S. 147
97 Küssner, S. 13
98 Pezold, S. 49
99 das.
100 das., S. 23
101 Kühling, S. 89
102 Mlynek (1978), S. 72
103 Teuber, S. 103
104 Sager, S. 121
105 Hamann, S. 193f
106 Mlynek (1978), S. 74f
107 das.
108 Genschel, S. 150ff
109 Mlynek (1978), S. 77
110 das., S. 71
111 Zit. nach Meiners, S. 269
112 das., S. 270f
113 Mlynek (1978), S. 77
114 das., S. 76
115 das., S. 71
116 Schäfer-Richter/Klein, S. 307
117 Cuda/Erdmann
118 das.
119 Teuber, S. 134
120 Teuber, S. 133
121 Piechorowski (1964), S. 48
122 Schulze (1987), S. 81
123 Buchholz/Obenaus, S. 87; Goertz, Juden, S. 104f; Homeyer (1984), S. 156f
124 Buchholz/Obenaus, S. 87
125 Schäfer-Richter/Klein, S. 308
126 Buchholz/Obenaus, S. 83
127 Zit. nach Adam, S. 278
128 Asaria, S. 525

129 Goertz, Juden, S. 125
130 Cuda/Erdmann
131 Schäfer-Richter/Klein
132 Buchholz/Obenaus
133 Focke
134 Kühling, S. 91; Verfolgung, S. 50
135 Buchholz/Obenaus, S. 85
136 das.
137 abgedruckt bei Homeyer (1984), S. 172
138 das., S. 172ff; S. 180
139 Vgl. allgemein Lichtenstein
140 Zit. nach Buchholz/Obenaus, S. 90
141 das., S. 87
142 Asaria, S. 525
143 Kühling, S. 93; Vgl. auch Junk-Sellmeyer, S. 187ff
144 Cuda/Erdmann, S. 152ff
145 Brosius, S. 83
146 Piechorowski (1964), S. 60f
147 Meyer (1985), S. 92
148 Dettmer, S. 141ff
149 Adler, S. 203
150 Bohmbach, S. 56; Meyer (1985), S. 92; Buchholz/Obenau, S. 94
151 Wilhelm (1992), S. 103
152 Bohmbach, S. 56
153 Meyer (1985), S. 149
154 Buchholz/Obenau, S. 94
155 Vgl. allgemein Mommsen (1988); Buchholz (1987)

Von der Nachkriegszeit bis zur Gegenwart

1 Vgl. Kolb
2 Feiler S. 26
3 Dam; Fischel
4 Asaria, S. 551f
5 Dam, S. 34
6 Asaria, S. 544
7 Dam, S. 35
8 Asaria, S. 545, 548
9 Fischel, S. 39f
10 Mlynek/Obenaus/ Zimmermann, S. 99
11 zit. nach Meyer (1988), S. 107
12 Fischel, S. 39
13 Asaria, S. 629
14 das., S. 634

15 das., S. 629f

16 das. S. 632f

17 Mlynek/Obenaus/
    Zimmermann, S. 99

18 Hohenstein

19 Asaria, S. 612; vgl.
    allgemein zu Hannover:
    Leben und Schicksal

20 Fischel, S. 41ff

21 Statistisches Jahrbuch
    1990, S. 88; das. 1992/93,
    S. 103; Landesverband
    der jüdischen Gemeinden
    von Niedersachsen

22 Vgl. Brumlik

23 Steinwascher, S. 39f

24 Geschichte der Auricher
    Judengemeinde, S. 9

25 Bohmbach, S. 58

26 Peters (1988), S. 110

27 Verfolgung, S. 40

28 Meiners, S. 308

29 Freundliche Mitteilung
    des Niedersächsischen
    Justizministeriums an den
    Verfasser

30 Tielke, S. 210

31 Peters (1988), S. 112ff

32 Freundliche Mitteilung
    des Niedersächsischen

    Justizministeriums an den
    Verfasser

33 Rückerl, S. 67ff

34 Luge, S. 239

35 Rüping, S. 159f

36 Müller (1989), S. 216f;
    zu Schulz: Der Spiegel 44
    (23. 10. 1972)

37 Mlynek/Obenaus/
    Zimmermann, S. 101f;
    vgl. allgemein Berg-
    mann/Erb

38 Asaria, S. 606

39 Peters (1988), S. 116

40 das.

41 Meyer (1985), S. 95

42 Rosen, S. 261ff

43 das.

44 das., S. 273

45 das.

46 das. S. 271ff

47 Focke, S. 158ff

48 Freundliche Mitteilung
    des Niedersächsischen
    Justizministeriums an den
    Verfasser

49 Hannoversche
    Allgemeine Zeitung,
    30. 8. 1994

Quellen- und Literaturverzeichnis

Benutzte Abkürzungen

NHStA: Niedersächsisches Hauptstaatsarchiv Hannover
StAH: Stadtarchiv Hannover
AZJ: Allgemeine Zeitung des Judentums

Ungedruckte Quellen

NHStA   Cal Br. 8 Nr. 761; Cal Br. 9 Nr. 315; Cal Br. 23; Nr. 546–551; Cal Br. 19; Hann. 74 Best. Hann., Nr. 1392; Hann. 76 a Nr. 1802; Cal Br. 15 Nr. 255; Hann. 74 Göttingen 0–25; Dep 31, Cap XXVI; Hild. Br. 10 Nr. 2622; Hann. 74 Göttingen 0 Nr. 1; Hann. 76 CA Nr. 296; Hann. 76 CA Nr. 319; Hann. 27 Hildesheim J Nr. 1730 a; Hann. 94 Spez. 15 (Ilfeld) AV. Nr. 23; Hann. 52 Nr. 1687; Hann. 52 Nr. 1539; Dep. 110 A Nr. 184; Dep. 110 A Nr. 96; Hann. 26 a 4070; Hann. 26 a Nr. 4072; Hann. 71 Hann. B Nr. 1087; Hann. 74 Burgdorf I Nr. 665; Hann. 74 Bruchhausen Nr. 949; Hann. 74 Hannover-Langenhagen Nr. 574; Hann. 80 Hann. II 1749

StAH   A 4161; A 4163; AR Hann. 466; AR Hann. 456; AR Linden Nr. 1275; AR Hann. 543; AR Hann 544; AR Hann. 552

Gedruckte Quellen und Statistiken

Allgemeine Zeitung des Judenthums, 1839–1922

Blau, B., Zur Statistik der Juden in Hannover. In: Zeitschrift für Demographie und Statistik des Judentums 5 (1912); 9 (1913)

Chamberlain, H.St., Die Grundlagen des 19. Jahrhunderts, München 1932 (Erstauflage 1899)

Glückel von Hameln, Denkwürdigkeiten. Hg. v. A. Feilchenfeld, Berlin 1933

Gobineau, J., Essai sur l'inégalité des races humaines, Paris 1853–55, 4 Bde.

Handbuch der jüdischen Gemeindeverwaltung und Wohlfahrtspflege. Hg. v. Deutsch-Israelitischen Gemeindebund. Jahrgänge 1909; 1913; 1924–25

Klockenbring, F.A., Aufsätze verschiedenen Inhalts, Bd. 2, Hannover 1787

Knigge, A., Über den Umgang mit Menschen Teil II, Hannover 1788. In: Ausgewählte Werke, Bd. 6, Hannover 1993

Lessing, T., Einmal und nie wieder, Gütersloh 1969 (Erstausgabe Prag 1935)

Rülf, S., Kindheit in Braunschweig. In: Brunsvicensia Judaica. Gedenkbuch für die jüdischen Mitbürger der Stadt Braunschweig, Braunschweig 1966, S. 97–104

Sammlung der Gesetze (…) für das Königreich Hannover vom Jahre 1842; vom Jahre 1848, Hannover 1842; 1848

Schneider, K./Petersilie, A., Die Volks- und Mittelschulen sowie die sonstigen niederen Schulen im preußischen Staate im Jahre 1891, Berlin 1893

Segall, J., Die beruflichen und sozialen Verhältnisse der Juden in Deutschland, Berlin 1912

Silbergleit, H., Die Bevölkerungs- und Berufsverhältnisse der Juden im Dt. Reich, Bd. 1: Preußen, Berlin 1930

Statistik des Deutschen Reiches, Bd. 451,5, Berlin 1936

Statistisches Jahrbuch für das Deutsche Reich 1941/1942, Berlin 1942

Statistisches Jahrbuch für die Bundesrepublik Deutschland 1990; 1992/93, Stuttgart 1990; 1993

Urgroßvaters Tagebuch. Aufzeichnungen von Ascher Lämle Weinberg gen. Lehmann, Verden a. d. Aller 1769–1858. Hg. v. J. Weidemann, Verden 1989

Urkundenbuch zur Geschichte der Herzöge von Braunschweig und Lüneburg und ihrer Lande. Hg. v. H. Sudendorf, Teil I., Hannover 1859

Urkundenbuch der Stadt Braunschweig. Hg. v. L. Haemelmann u. H. Mack, Band III, Berlin 1905

Urkundenbuch der Stadt Goslar. Hg. v. Georg Bode, Halle 1905

Literatur

Adam, U., Judenpolitik im 3. Reich, Düsseldorf 1972

Adler, H. G., Der verwaltete Mensch. Studien zur Deportation der Juden aus Deutschland, Tübingen 1974

Alphei, C., Geschichte Adelebsens und Lödingsens, Göttingen, 1990

Anchel, R., Napoléon et les Juifs, Paris 1928

Artelt, Y., Das Judentum in Niedersachsen von der Emanzipation bis 1933. In: Die Diözese Hildesheim in Vergangenheit und Gegenwart 57 (1989), S. 77–88

Asaria, Z., Die Juden in Niedersachsen. Von den ältesten Zeiten bis zur Gegenwart, Leer 1979

Aschoff, D., Das münsterländische Judentum bis zum Ende des 30jährigen Krieges. Studien zur Geschichte der Juden in Westfalen. In: Theokratia 3 (1979), S. 125–184

Ders., Spuren jüdischen Lebens im nordwestlichen Niedersachsen im späten Mittelalter und in der frühen Neuzeit. In: Niedersächsisches Jahrbuch für Landesgeschichte 51 (1979), S. 305–317

Aßmann, K., Zustand und Entwicklung des städtischen Handwerks in der ersten Hälfte des 19. Jahrhunderts. Dargestellt am Beispiel der Städte Lüneburg, Celle, Göttingen und Duderstadt, Göttingen 1971

Aubin, H./Zorn, W. (Hg.), Handbuch der deutschen Wirtschafts- und Sozialgeschichte, Bd. 1, Stuttgart 1971

Aufgebauer, P., Einbeck im Mittelalter. In: Geschichte der Stadt Einbeck, Bd. 1. Bearbeitet von H. Hülse und C. Spörer, Einbeck 1990, S. 73–124

Ders., Die Geschichte der Juden in der Stadt Hildesheim im Mittelalter und in der frühen Neuzeit, Hildesheim 1984

Ders., Die Juden in Niedersachsen im Mittelalter. In: Südniedersachsen. Zeitschrift für Heimatpflege und Kultur 17 (1989), S. 98–107

Ders., Judenpolitik im Zeitalter der Reformation, vornehmlich in Norddeutschland. In: Die Diözese Hildesheim in Vergangenheit und Gegenwart 51 (1989), S. 27–44

Bachmann, E./Brandt, R., Bremervörde. Bilder aus der Geschichte einer Stadt, Bremervörde 1987

Ballin, G., Die Geschichte der Juden in Osterode am Harz, Osterode 1988

Ders., Geschichte der Juden in Seesen, Seesen 1979

Barkai, A., Jüdische Minderheit und Industrialisierung, Tübingen 1988

Ders., Schicksalsjahr 1938. Kontinuität und Verschärfung der Ausplünderung der deutschen Juden. In: Der Judenpogrom 1938. Von der »Reichskristallnacht« zum Völkermord. Hg. v. W. Pehle. Frankfurt 1988, S. 94–117.

Baron, S., Die Judenfrage auf dem Wiener Kongreß, Berlin 1920

Battenberg, F., Das europäische Zeitalter der Juden, Darmstadt 1990

Ders., Gesetzgebung und Judenemanzipation im Ancien Régime. Dargestellt am Beispiel Hessen-Darmstadt. In: Zeitschrift für historische Forschung 12 (1986), S. 43–63

Ders., Judenordnungen der frühen Neuzeit in Hessen. In: Neunhundert Jahre Geschichte der Juden in Hessen, Wiesbaden 1983, S. 83–122

Beer, U., Versehrt, Verfolgt, Versöhnt. Horst Berkowitz, ein jüdisches Anwaltsleben, Essen 1979

Bei der Wieden, H., Fürst Ernst, Graf von Holstein-Schaumburg und seine Wirtschaftspolitik, Bückeburg 1961 (Schaumburg-Lipper Mitteilungen 15)

Berbüsse, V., Geschichte der Juden in Waldeck. Emanzipation und Antisemitismus vor 1900, Wiesbaden 1990

Berding, H., Die Emanzipation der Juden im Königreich Westfalen (1807–1813). In: Archiv für Sozialgeschichte 23 (1983), S. 23–50

Ders., Moderner Antisemitismus in Deutschland, Frankfurt 1988

Bergmann, W./Erb, R. (Hg.), Antisemitismus in der politischen Kultur nach 1945, Opladen 1990

Berman, H., Recht und Revolution. Die Bildung der westlichen Rechtstradition, Frankfurt/M. 1991

Blau, B., Das Ausnahmerecht für die Juden in Deutschland, Düsseldorf 1965

Blumenkranz, B. (Hg.), Histoire des Juifs en France, Toulouse 1972

Bodemann, E., Johann Georg Zimmermann, Hannover 1878

Boehn, O. v., Die Geschichte der Juden in Celle. (Geschrieben 1937). In: Zur Geschichte der Juden in Celle. Festschrift zur Wiederherstellung der Synagoge, Celle 1971, S. 9–17

Böker, D., Geschichte des Handwerks von 1585 bis zur Gegenwart. Dargestellt am Beispiel der Stadt Springe, Springe 1989

Bohmbach, J., »Unser Grundsatz war, Israeliten möglichst fernzuhalten.« Zur Geschichte der Juden in Stade, Stade 1992

Brahms, R., Geschichte der Synagoge in Varel. In: Meyer, E. (Hg.), Die Synagogen des Oldenburger Landes, Oldenburg 1988, S. 161–195

Brilling, B., Die Entstehung der jüdischen Gemeinde in Emden 1570–1613. In: Reyer, H./Tielke, M. (Hg.), Frisia Judaica. Beiträge zur Geschichte der Juden in Ostfriesland, Aurich 1988, S. 27–44

Brosius, D., Die Schaumburg-Lippischen Juden 1848–1945. In: Schaumburg-Lippische Mitteilungen 21 (1971), S. 59–98

Brumlik, M. (Hg.), Jüdisches Leben in Deutschland nach 1945, Frankfurt 1986

Buchholz, M., Die hannoverschen Judenhäuser. Zur Situation der Juden in der Zeit der Ghettoisierung und Verfolgung 1941–1945, Hildesheim 1987

Dies./Obenaus, H., Ghettoisierung, Deportation und Ermordung der hannoverschen Juden. In: »Reichskristallnacht« in Hannover, Hannover 1978, S. 82–96

Büsing, H., »… Soviel unnennbare Leiden erduldet.« Zur Geschichte der Rüstringer und Wilhelmshavener Juden, Wilhelmshaven 1986

Der jüdische Friedhof in Burgdorf, Burgdorf 1989

Busch, F.W., Schüttorfer Zeitung und Grafschafter Kreisblatt. Die Bedeutung der lokalen Presse zwischen 1918 und 1940. In: Piechorowski, A., (Hg.), Beiträge zur Geschichte der Juden in der Grafschaft Bentheim, Bentheim 1982, S. 123–188

Busch, R., Beiträge zur Geschichte der Bovender Judengemeinde. In: Plesse-Archiv 7 (1972), S. 57–73

Ders., Die jüdischen Reformschulen in Wolfenbüttel und Seesen und ihre Bibliotheken. In: Erb, R./Schmidt, M. (Hg.), Antisemitismus und jüdische Geschichte. Studien zu Ehren von Herbert A. Strauss, Berlin 1987, S. 173–183

Ders./Busch, J., Jüdische Gemeindeeinrichtungen in Celle. Synagoge, Schule und Friedhof. In: Zur Geschichte der Juden in Celle. Festschrift zur Wiederherstellung der Synagoge, Celle 1971, S. 39–66

Celle. Zur Geschichte der Juden in Celle. Festschrift zur Wiederherstellung der Synagoge. Celle 1971

Cohen, D., Die Entwicklung der Landesrabbinate in den deutschen Territorien bis zur Emanzipation. In: Haverkamp, A. (Hg.), Zur Geschichte der Juden im Deutschland des späten Mittelalters und der frühen Neuzeit, Stuttgart 1981, S. 221–242

Crusius, G. F., Geschichte der vormals kaiserlichen freien Reichsstadt Goslar am Harz, Osterode 1842 (Neudruck 1978)

Cuda, I./Erdmann, I., Staatliche Maßnahmen gegen die Juden von 1933 bis 1944. In: Brunsvicensia Judaica. Gedenkbuch für die jüdischen Mitbürger der Stadt Braunschweig 1933–1945, Braunschweig 1966, S. 131–151

Dies., Namen und Schicksale der Braunschweiger Juden von 1933 bis 1945. In: Brunsvicensia Judaica. Gedenkbuch für die jüdischen Mitbürger der Stadt Braunschweig 1933–1945, Braunschweig 1966, S. 152–228

Dam, H. G., Die Periode der Sammlung, Betreuung und Auswanderung. In: Bergen-Belsen 1945/1970. Von der Knechtschaft in die Befreiung, Hannover 1970, S. 31–35

Delumeau, J., Angst im Abendland, Reinbek 1985

Deppermann, K., Judenhaß und Judenfreundschaft im frühen Protestantismus. In: Martin, B./Schulin, E. (Hg.), Die Juden als Minderheit in der Geschichte, München 1981, S. 110–130

Dettmer, F., Juden im Amt Ritzebüttel und der Stadt Cuxhaven, Cuxhaven 1990

Dieter, E., Aus der Geschichte der jüdischen Gemeinde in Sievershausen. In: Einbecker Jahrbuch 40 (1989), S. 157–168

Dietzler, A., Bücherverbrennung in Hannover am 10. Mai 1933. In: Hannoversche Geschichtsblätter 37 (NF) (1983), S. 101–121

Dokumentation der jüdischen Friedhöfe in der Grafschaft Bentheim. In: Piechorowski, A. (Hg.), Beiträge zur Geschichte der Juden in der Grafschaft Bentheim, Bentheim 1982, S. 189–254

Ebeling, H.-H., Die Juden in Braunschweig. Rechts-, Sozial- und Wirtschaftsgeschichte von den Anfängen der jüdischen Gemeinde bis zur Emanzipation (1282–1848), Braunschweig 1987

Ders., Israhel von Halle. Ein Braunschweiger Jude aus dem 15. Jahrhundert. In: Braunschweigisches Jahrbuch 61 (1980), S. 17–35

Ders./Fricke, H.-R., Duderstadt 1929–1949, Untersuchungen zur Stadtgeschichte im Zeitalter des Dritten Reichs; Vom Ende der Weimarer Republik bis zur Gründung der Bundesrepublik Deutschland, Duderstadt 1992

Eggersglüß, G., Hofjuden und Landrabbiner in Aurich und die Anfänge der Auricher Judengemeinde (ca. 1635–1808). In: Reyer, H./Tielke, M. (Hg.), Frisia Judaica. Beiträge zur Geschichte der Juden in Ostfriesland, Aurich 1988, S. 113–125

Ehrlich, E. L., Luther und die Juden. In: Strauss, H./Kampe, N. (Hg.), Antisemitismus. Von der Judenfeindschaft zum Holocaust, Frankfurt-New York 1985, S. 47–65

Eichenbaum, E./Hinrichs, H., Daten zur Geschichte der Juden in Wittmund und die Wittmunder Judenfamilie Neumark. In: Reyer, H./Tielke, M. (Hg.), Frisia Judaica. Beiträge zur Geschichte der Juden in Ostfriesland, Aurich 1988, S. 171–187

Eissing, U., Zwischen Emanzipation und Beharrung. Studien zum Ort und Kontext des Schicksals der jüdischen Gemeinde Papenburg-Aschendorf, Frankfurt 1991

Ders., Zur Reform der Rechtsverhältnisse der Juden im Königreich Hannover (1815–1842). In: Niedersächsisches Jahrbuch für Landesgeschichte 64 (1992), S. 287–340

Elbogen, I., Der jüdische Gottesdienst in seiner geschichtlichen Entwicklung, Hildesheim 1962 (Reprint von 1931)

Ders./Sterling, E., Die Geschichte der Juden in Deutschland. Eine Einführung, Frankfurt 1966

Erinnern und nicht verdrängen! Eine Dokumentation der Veranstaltung der Braunschweiger Justiz zum Gedenken an jüdische Juristen, Braunschweig 1989

Fahlbusch, O., Die Finanzverwaltung der Stadt Braunschweig seit dem großen Aufstande im Jahre 1374 bis zum Jahre 1425. In: Untersuchungen zur deutschen Staats- und Rechtsgeschichte 116 (1913)

Feige, R./Oppermann, M./Lübbers, H., Heimatchronik der Stadt Hameln und des Landkreises Hameln-Pyrmont, Köln 1961.

Feiler, L., Über die Lagerkrankheit und ihre Folgen. In: Bergen-Belsen 1945/1970. Von der Knechtschaft in die Befreiung, Hannover 1970, S. 26–29

Fischel, S., Bergen-Belsen, Jüdische Gemeinden in Niedersachsen, Landesverband der jüdischen Gemeinden von Niedersachsen, und unser Erbe. In: Bergen-Belsen 1945/1970. Von der Knechtschaft in die Befreiung. Hannover 1970, S. 36–51

Focke, H./Greve, H./Kurth, H., Als die Synagogen brannten. Der Judenpogrom vom 9./10. November 1938 in Deutschland und im Kreis Diepholz, Syke 1989

Franz, G., Die politischen Wahlen in Niedersachsen 1867 bis 1949, Bremen 1957 (3. Aufl.)

Freimark, P., Juden in niedersächsischen Städten. In: Meckseper, C. (Hg.), Stadt im Wandel, Stuttgart 1985, S. 457–468

Frerichs, H./Rüggeberg, U., Juden und Christen im Spiegel einer Bibliothek. In: Zur Geschichte der Juden in Celle. Festschrift zur Wiederherstellung der Synagoge, Celle 1971, S. 79–94

Freund, I., Die Rechtsstellung der Juden im preußischen Volksschulrecht, Berlin 1908

Friedrichs, N., Erinnerungen aus meinem Leben in Braunschweig 1912–1937, Braunschweig 1980

Fürbringer, Die Stadt Emden in Gegenwart und Vergangenheit, Emden 1892

Funke-Westermann, L./Kratzsch, F., Geachtet und geächtet. Twistringen und seine Juden 1933–1945, Harpstedt 1985

Gay, P., The Enlightenment. An Introduction, Bd. 2, London 1970

Gay, R., Geschichte der Juden in Deutschland, München 1993

Genschel, H., die Verdrängung der Juden aus der Wirtschaft im Dritten Reich, Göttingen 1966

Gerhard, H. J., Niedersachsen und das deutsche Geld- und Währungsgeschehen der frühen Neuzeit. In: Niedersächsisches Jahrbuch für Landesgeschichte 64 (1992), S. 71–87

Germania Judaica. Bd. 2 (1238 bis Mitte des 14. Jahrhunderts). Hg. v. Avneri, Z., Tübingen 1968; Bd. 3 (1350–1519) Teilband 1. Hg. v. Maimon, A., Tübingen 1987

Geschichte der Auricher Judengemeinde, 1978

Gödeken, L., Die Frühzeit der Norder Juden (ca. 1550–1602). In: Reyer, H./Tielke, M. (Hg.), Frisia Judaica. Beiträge zur Geschichte der Juden in Ostfriesland, Aurich 1988, S. 59–76

Goertz, D., Juden in Oldenburg 1930–1938, Oldenburg 1988

Ders., Das Zusammenleben von Juden und Christen in Oldenburg. In: Die Geschichte der Oldenburger Juden und ihre Vernichtung, Oldenburg 1988, S. 9–30

Grab, W., Der deutsche Weg der Judenemanzipation. 1789–1938, München 1991

Graff, P., Geschichte des Kreises Alfeld, Hildesheim-Leipzig 1928

Graml, H., Zur Genesis der Endlösung. In: Der Judenpogrom 1938. Von der »Reichskristallnacht« zum Völkermord. Hg.v. W. Pehle, Frankfurt 1988, S. 160–175

Grauss, F., Judenfeindschaft im Mittelalter. In: Strauss, H./Kampe, N. (Hg.), Antisemitismus. Von der Judenfeindschaft zum Holocaust, Frankfurt-New York 1985, S. 29–46

Ders., Pest, Geissler und Judenmorde. Das 14. Jahrhundert als Krisenzeit, Göttingen 1987

Grebing, H., Zur Geschichte der Arbeiterbewegung in Niedersachsen 1866–1914. In: Niedersächsisches Jahrbuch für Landesgeschichte 53 (1981), S. 87–106

Greive, H., Geschichte des modernen Antisemitismus in Deutschland, Darmstadt 1988 (Erstausgabe 1984)

Ders., Zionism and Jewish Orthodoxy. In: Leo Baeck Institute Yearbook 25 (1980), S. 173–195

Gronemann, S., Gedenkblätter zur Erinnerung an den 150. Stiftungstag des Wohltätigkeitsvereins der Synagogengemeinde Hannover, Hannover 1912

Ders., Genealogische Studien über die alten jüdischen Familien Hannovers, Berlin 1913

Güde, W., Die rechtliche Stellung der Juden in den Schriften deutscher Juristen des 16. und 17 Jahrhunderts, Sigmaringen 1981

Günther, W., Parteien und Wahlen in Niedersachsen während der Weimarer Republik. In: Niedersächsisches Jahrbuch für Landesgeschichte 54 (1982), S. 19–43

Habben, H. J., Die Auricher Juden in hannoverscher Zeit. In: Reyer, H./Thielke, M. (Hg.), Frisia Judaica. Beiträge zur Geschichte der Juden in Ostfriesland, Aurich 1988, S. 127–161

Hagerott, W., Die jüdische Schule in Bentheim. In: Piechorowski, A. (Hg.), Beiträge zur Geschichte der Juden in der Grafschaft Bentheim, Bentheim 1982, S. 75–96

Hamann, V., Das Oberlandesgericht Celle im Dritten Reich. In: 275 Jahre Oberappellationsgericht-Oberlandesgericht Celle, Celle 1986, S. 143–231

Hamburger, E., Juden im öffentlichen Leben Deutschlands. Regierungsmitglieder, Beamte und Parlamentarier in der monarchischen Zeit (1848–1918), Tübingen 1968

Hamel, I., Völkischer Verband und nationale Gewerkschaft. Der Deutschnationale Handlungsgehilfenverband (1893–1933), Frankfurt 1967

Hammer-Schenk, H., Synagogen in Deutschland. Geschichte einer Baugattung im 19. und 20. Jahrhundert (1780–1933), 2 Bde., Hamburg 1981

Hase, T., Goslarer Juden im 18. Jahrhundert. Die Lebensbedingungen einer Minderheit in der städtischen Gesellschaft. In: Hauptmeyer, C. H. (Hg.), Aspekte der Geschichte Goslars vom 17. und 19. Jahrhundert. Goslar 1992, S. 133–162

Hasselmeier, H. H., Die Stellung der Juden in Schaumburg-Lippe von 1648 bis zur Emanzipation, Bückeburg 1968

Haverkamp, A., Die Judenverfolgungen zur Zeit des Schwarzen Todes im Gesellschaftsgefüge deutscher Städte. In: ders. (Hg.), Zur Geschichte der Juden im Deutschland des späten Mittelalters und der frühen Neuzeit, Stuttgart 1981, S. 27–93

Hegenscheid, E., Das Entstehen der Synagogengemeinde Neustadtgödens und der Pogrom von 1782. In: Reyer, H./Tielke, M. (Hg.), Frisia Judaica. Beiträge zur Geschichte der Juden in Ostfriesland, Aurich 1988, S. 97–112

Henning, F. W., Das vorindustrielle Deutschland (800–1800), Paderborn 1977 (3. Aufl.)

Herlemann, B., Der Bauer klebt am Hergebrachten. Bäuerliche Verhaltensweisen unter dem Nationalsozialismus auf dem Gebiet des heutigen Landes Niedersachsen, Hannover 1993

Dies., Bäuerliche Verhaltensweisen unter dem Nationalsozialismus in niedersächsischen Gebieten. In: Niedersächsisches Jahrbuch für Landesgeschichte 62 (1990), S. 59–75

Hertzberg, A., The French Enlightenment and the Jews, New York – London 1968

Hesse, J., Staat und katholische Kirche in Braunschweig, Oldenburg, Schaumburg-Lippe und Waldeck-Pyrmont vom Ende des 18. Jahrhunderts bis zur Gründung des Landes Niedersachsen, Osnabrück 1982

Heutger, N., Niedersächsische Juden, Hildesheim 1978

Heymann, V., Von der jüdischen Gemeinde in Braunschweig. In: Brunsvicensia Judaica. Gedenkbuch für die jüdischen Mitbürger der Stadt Braunschweig 1966, S. 43–58

Hieronimus, E., Theodor Lessing. In: Leben und Schicksal. Zur Einweihung der Synagoge in Hannover 1963, S. 124–138

Höing, H., Lutheraner, Reformierte, Katholiken. Zum Toleranzverständnis im 18. Jahrhundert. In: Ehbrecht, W. (Hg.), Lingen 975–1975. Zur Genese eines Stadtprofils, Lingen 1975, S. 101–113

Hohenstein, T., Die jüdische Wohlfahrt. In: Bergen-Belsen 1945–1970. Von der Knechtschaft in die Befreiung, Hannover 1970, S. 52–57

Holeczek, H., Die Judenemanzipation in Preußen. In: Martin, B./ Schulin, E. (Hg.), Die Juden als Minderheit in der Geschichte, München 1982, S. 131–160

Homann, H., Die Harburger Schutzjuden 1610–1848. In: Harburger Jahrbuch 7 (1957), S. 43–96

Homeyer, F., Beitrag zur Geschichte der Gartenbauschule Ahlem, 1893–1979, Hannover 1980

Ders., Gestern und heute. Juden im Landkreis Hannover, Hannover 1984

Hüsgen, M., Die Bistumsblätter in Niedersachsen während der nationalsozialistischen Zeit, Hildesheim 1975

Ivers, H., Die Abschiebung der polnischen Juden aus Oldenburg. In: Oldenburger Jahrbuch 89 (1989), S. 97–106

Jaeger, J., Juden im mittelalterlichen Duderstadt. In: Unser Eichsfeld (1918), S. 84–87

Jago, H., Rühle. Chronik eines Dorfes an der Oberweser, Bad Pyrmont 1984

Jochmann, W., Struktur und Funktion des deutschen Antisemitismus. In: Strauss, H./Kampe, N., Antisemitismus. Von der Judenfeindschaft zum Holocaust, Frankfurt – New York 1985, S. 99–142

John, F., Gleidingen 983–1983. (Manuskript)

Junge, W., Chronik des Fleckens Bodenfelde. Von den Anfängen bis zur Gegenwart, Bodenfelde 1983

Junk, P., Sellmeyer, M., Stationen auf dem Weg nach Auschwitz. Entrechtung, Vertreibung, Vernichtung. Juden in Osnabrück 1900–1945, Bramsche 1989

Kaiser, K., Braunschweiger Presse und Nationalsozialismus, Braunschweig 1970

Kampe, N., Jüdische Professoren im deutschen Kaiserreich. Zu einer vergessenen Enquête Bernhard Breslauers. In: Erb, R./Schmidt, M. (Hg.), Antisemitismus und jüdische Geschichte, Berlin 1987, S. 185–211

Ders., Studenten und »Judenfrage« im deutschen Kaiserreich, Göttingen 1988

Kaufhold, K. H., Wirtschaft und Gesellschaft im südlichen Niedersachsen im 18. und frühen 19. Jahrhundert. In: Kellenbenz, H. (Hg.), Weltwirtschaftliche und währungspolitische Probleme seit dem Ausgang des Mittelalters, Stuttgart – New York 1981, S. 207–225

Kaufmann, U., Jüdisches Leben heute in Deutschland, Bonn 1993

Kellenbenz, H., Norddeutsche Wirtschaft im europäischen Zusammenhang, In: Meckseper, C. (Hg.), Stadt im Wandel, Stuttgart 1985, S. 221–249

Ders., Sephardim an der unteren Elbe. In: Vierteljahresschrift für Sozial- und Wirtschaftsgeschichte. Beiheft 40 (1958)

Keyser, E., Niedersächsisches Städtebuch, Stuttgart 1952

Kisch, G., Forschungen zur Rechts- und Sozialgeschichte der Juden in Deutschland während des Mittelalters. Sigmaringen 1978 (Erstausgabe 1954)

Klügel, E., Die lutherische Landeskirche Hannover und ihr Bischof 1933–1945, Berlin – Hamburg 1964

Knütter, H. H., Die Juden und die deutsche Linke in der Weimarer Republik. (1918–1933), Düsseldorf 1971

Ders., Die Linksparteien. In: Mosse, W./Paucker, A (Hg.), Entscheidungsjahr 1932. Zur Judenfrage in der Endphase der Weimarer Republik, Tübingen 1966, S. 323–345

Köbler, G., Historisches Lexikon der deutschen Länder, München 1989 (2. Aufl.)

Köppke, J., Hildesheim, Einbeck, Göttingen und ihre Stadtmark im Mittelalter, Hildesheim 1967

Kolb, E., Bergen-Belsen. Geschichte des »Aufenthaltslagers« 1943–1945, Hannover 1962

Kolb, E., Bergen-Belsen 1943–1945, Göttingen ³1991

Kopitzsch, F., Gotthold Ephraim Lessing und seine Zeitgenossen im Spannungsfeld von Toleranz und Intoleranz. In: Grab, W. (Hg.), Deutsche Aufklärung und Judenemanzipation, Tel-Aviv 1980

Ders., Die Aufklärung in Deutschland. In: Archiv für Sozialgeschichte 23 (1983), S. 1–22

Kramer, H., Die NS-Justiz in Braunschweig und ihre Bewältigung ab 1945. In: ders. (Hg.), Braunschweig unterm Hakenkreuz, Braunschweig 1981, S. 29–60

Kraschewski, H. J., Wirtschaftspolitik im deutschen Territorialstaat des 16. Jahrhunderts. Herzog Julius von Braunschweig-Wolfenbüttel (1528 – 1589), Köln – Wien 1978

Kretschmer, P., Die Weser-Solling-Stadt Holzminden, Holzminden 1981

Kropat, W.-A., Die Emanzipation der Juden in Kurhessen und in Nassau. In: Neunhundert Jahre Geschichte der Juden in Hessen, Wiesbaden 1983, S. 325–349

Kühling, K., Die Juden in Osnabrück, Osnabrück 1969

Kuessner, D., Die Pogromnacht im Braunschweiger Land. In: »Kristallnacht« und Antisemitismus im Braunschweiger Land, Braunschweig 1988, S. 7–35

Ders., Die Braunschweigische evangelisch-lutherische Landeskirche und der Naionalsozialismus. In: Kramer, H. (Hg.)., Braunschweig unterm Hakenkreuz, Braunschweig 1981, S. 79–113

Küther, C., Räuber und Gauner in Deutschland. Das organisierte Bandenwesen im 18. und frühen 19. Jahrhundert, Göttingen 1987 (2. Aufl.)

Kulka, O./Ophir, B., Leben und Schicksal in sechseinhalb Jahrhunderten. In: Leben und Schicksal. Zur Einweihung der Synagoge in Hannover, Hannover, 1963, S. 15–40

Kurth, E. u. H., Juden in Sulingen 1753–1938, Sulingen 1986

Kwiet, K., Gehen oder bleiben? Die deutschen Juden am Wendepunkt. In: Pehle, W. (Hg.), Der Judenpogrom 1938. Von der »Reichskristallnacht« zum Völkermord, Frankfurt 1988, S. 132–145

Lange, H. G., Geschichte der Juden in Salzgitter (Bad). In: Salzgitter-Jahrbuch 7 (1985), S. 30–53

Leben und Schicksal, Hannover 1963

Lessings »Nathan« und jüdische Emanzipation im Lande Braunschweig. Ausstellung in Bad Gandersheim und Wolfenbüttel, Wolfenbüttel 1981

Lemberg, E., Nationalismus, Reinbek 1964

Lemmermann, H., Geschichte der Juden im alten Amt Meppen bis zur Emanzipation 1848, Sögel 1985 (2. Aufl.)

Lichtenstein, H., Mit der Reichsbahn in den Tod. Massentransporte in den Holocaust. 1941–1945, Köln 1985

Löb, A., Die Rechtsverhältnisse der Juden im ehemaligen Königreiche und der jetzigen Provinz Hannover, Frankfurt 1908

Lokers, J., Die Juden in Emden 1530–1806. Eine sozial- und wirtschaftsgeschichtliche Studie zur Geschichte der Juden in Norddeutschland vom ausgehenden Mittelalter bis zur Emanzipationsgesetzgebung, Aurich 1990.

Ders., Die Juden in Emden im Spannungsfeld zwischen Landesherrn und Stadt. In: Reyer, H./Tielke, M. (Hg.), Frisia Judaica.. Beiträge zur Geschichte der Juden in Ostfriesland, Aurich 1988, S. 45–58

Lotter, F., Zur Ausbildung eines kirchlichen Judenrechts bei Burchard von Worms und Ivo von Chartres. In: Erb, R./Schmidt, M. (Hg.), Antisemitismus und jüdische Geschichte, Berlin 1987, S. 69–96

Lowenstein, S., The 1840s and the Creation of the German-Jewish Reform Movement. In: Mosse, W./Paucker, A./Rürup, R. (Hg.), Revolution and Evolution. 1848 in German-Jewish History, Tübingen 1981, S. 255–297

Lücke, H., Burgen, Amtssitze und Gutshöfe um Göttingen, Clausthal-Zellerfeld 1952

Luge, J., Die Rechtsstaatlichkeit der Strafrechtspflege im Oldenburger Land 1932–1945, Hannover 1993

Marienfeld, W., Jüdische Lehrerbildung in Hannover 1848–1923. In: Hannoversche Geschichtsblätter NF 36 (1982), S. 1–107

Ders., Die Annahme unveränderlicher Familiennamen durch die Juden des Königreichs Hannover im Jahres 1828. In: Niedersächsisches Jahrbuch für Landesgeschichte 65 (1933), S. 263–296

Marx, A., Die Geschichte der Juden im Saarland, Saarbücken 1992

Ders., Die Geschichte des Ratsgymnasiums Hannover 1267–1992, Hannover 1992

Massing, P., Vorgeschichte des politischen Antisemitismus, Frankfurt 1959

Matzerath, H., Lokalgeschichte, Stadtgeschichte, historische Urbanisierungsforschung? In: Geschichte und Gesellschaft 15 (1989), S. 62–88

Mauersberg, H., Wirtschafts- und Sozialgeschichte zentraleuropäischer Städte in neuerer Zeit, Göttingen 1960

Maurer, T., Die Entwicklung der jüdischen Minderheit in Deutschland (1780–1933), Tübingen 1992

Dies., Ostjuden in Deutschland 1918–1933, Hamburg 1986

Dies., Abschiebung und Attentat, Die Ausweisung der polnischen Juden und der Vorwand für die »Kristallnacht«. In: Pehle, W. (Hg.), Der Judenpogrom 1938. Von der »Reichskristallnacht« zum Völkermord, Frankfurt 1988, S. 52–73

Mehrdorf, W./Stemler, L., Chronik von Bad Pyrmont, Bad Pyrmont 1985

Meiners, W., Geschichte der Juden in Wildeshausen, Oldenburg 1988

Meinhardt, G., Chronik der Gemeinden Ebergötzen und Holzerode, Ebergötzen 1991

Ders., Chronik der Gemeinde Rosdorf und ihrer Ortschaften, Bd. 1, Gudensberg-Gleichen 1988

Meyer, E., Geschichte der Delmenhorster Juden, Oldenburg 1985

Ders., Der Versuch, nach dem Zweiten Weltkrieg die jüdische Gemeinde Oldenburg neu zu beleben. In: Die Geschichte der Oldenburger Juden und ihre Vernichtung, Oldenburg 1988, S. 107–108

Meyer, K.-H., Jüdische Familien in der Niedergrafschaft.In: Piechorowski, A. (Hg.), Beiträge zur Geschichte der Juden in der Grafschaft Bentheim, Bentheim 1982, S. 97–109

Meyer, M. A., Response of Modernity. A History of the Reform Movement in Judaism, New York 1988

Mlynek, K./Zimmermann, H./Obenaus, H., Deutsche und Juden nach 1945. In: »Reichskristallnacht« in Hannover. Eine Ausstellung zur 40. Wiederkehr des 9. November 1938, Hannover 1978, S. 97–104

Ders., Gestapo Hannover meldet … Polizei- und Regierungsberichte für das mittlere und südliche Niedersachsen zwischen 1933 und 1937, Hildesheim 1986

Ders., Die Lageberichte der Staatspolizeistelle und des Regierungspräsidenten in Hannover 1933–1936. In: Hannoversche Geschichtsblätter NF 41 (1987), S. 273–300

Ders., Die »Reichskristallnacht«. In: »Reichskristallnacht« in Hannover. Eine Ausstellung zur 40. Wiederkehr des 9. November 1938, Hannover 1978, S. 56–81

Ders./Röhrbein, W. (Hg.), Geschichte der Stadt Hannover, Bd. 1, Hannover 1991

Möller, H., Aufklärung, Judenemanzipation und Staat. Ursprung und Wirkung von Dohms Schrift über die bürgerliche Verbesserung der Juden. In: Grab, W. (Hg), Deutsche Aufklärung und Judenemanzipation, Tel-Aviv 1980, S. 119–153

Mommsen, H., Was haben die Deutschen vom Völkermord an den Juden gewußt? In: Pehle, W. (Hg.), Der Judenprogrom 1938. Von der »Reichskristallnacht« zum Völkermord, Frankfurt 1988, S. 177ff

Mommsen, W. (Hg.), Deutsche Parteiprogramme, München 1960

Moser, J., Die Entrechtung der Juden im 3. Reich. In: Pehle, W. (Hg.), Der Judenpogrom 1938. Von der »Reichskristallnacht« zum Völkermord, Frankfurt 1988, S. 118–131

Mosse, W./Pauker, A. (Hg.), Entscheidungsjahr 1932. Zur Judenfrage in der Endphase der Weimarer Republik, Tübingen 1966

Müller, J., Furchtbare Juristen, München 1989 (Erstausgabe 1987)

Müller, K. u. H., 200 Jahre Juden in Ritterhude. In: Ritterhuder Hefte 11 (1989), S. 27ff

Müller, K., Der zu Ritterhude errichtete Judentempel. In: Ritterhuder Hefte 11 (1989), S. 18–26

Müller, S., Leben im alten Hannover, Hannover 1986

Ders., Leben in der Residenzstadt Hannover. Adel und Bürgertum im Zeitalter der Aufklärung, Hannover 1987

Müller, T./Zechel, A., Die Geschichte der Stadt Peine. Bd. 1: Von den Angängen bis zum Ende des 30jährigen Krieges, Peine 1972

Neumann, M., Geschichte des Wuchers in Deutschland bis zur Begründung der heutigen Wuchergesetze, Halle 1865 (Nachdruck 1969)

Niemann, H. W., Grundzüge der Industrialisierung in der Provinz Hannover. In: Beiträge zur niedersächsischen Landesgeschichte. Zum 65. Geburtstag von Hans Patze. Hg. v. Brosius, D. und Last, M. Hildesheim 1984, S. 388–399

Niewyk, D., The Impact of Inflation and Depression on the German Jews. In: Leo Baeck Institute Year Book 28 (1983), S. 19–36

Obenaus, H. u. S. (Hg.), »Schreiben, wie es wirklich war!« Aufzeichnungen Karl Dürkefäldens aus den Jahren 1933–1945, Hannover 1985

Oberschelp, R., Niedersachsen 1760–1820. Bd. 1. Hildesheim 1982

Ohlendorf, H., Geschichte der Stadt Wunstorf, Wunstorf 1957

Paucker, A., Die Abwehr des Antisemitismus in den Jahren 1893 bis 1933. In: Strauss, H./Kampe, N. (Hg.), Antisemitismus. Von der Judenfeindschaft zum Holocaust, Frankfurt-New York 1985, S. 143–171

Ders., Der jüdische Abwehrkampf. In: Mosse, W./Paucker, A., (Hg.), Entscheidungsjahr 1932. Zur Judenfrage in der Endphase der Weimarer Republik. Tübingen 1966, S. 405–499

Peters, H., Jever. In: Meyer, E. (Hg.), Die Synagogen des Oldenburger Landes. Oldenburg 1988, S. 41–121

Peters, H. (Hg.), Verbannte Bürger. Die Juden aus Jever. Dokumente und Darstellungen zur Geschichte der Juden Jevers 1698–1984, Jever 1984

Peters, M., Der Alldeutsche Verband am Vorabend des Ersten Weltkriegs, Frankfurt 1992.

Pezold, J. v., Judenverfolgungen in Münden. 1933–1945, Münden 1988 (2. Aufl.)

Piechorowski, A., Zur Geschichte der Juden in der Grafschaft Bentheim. In: ders. (Hg.), Beiträge zur Geschichte der Juden in der Grafschaft Bentheim, Bentheim 1982, S. 9–53

Ders., Der Untergang der jüdischen Gemeinde Nordhorn, o. O. 1964

Pitz, E., Wirtschaftliche und soziale Probleme der gewerblichen Entwicklung im 15./16. Jahrhundert nach hansisch-niederdeutschen Quellen. In: Jahrbücher für Nationalökonomie und Statistik 179 (1966), S. 200–227

Poliakov, L., Geschichte des Antisemitismus, 8 Bde., Worms 1977–1988

Poschmann, B., Politische Strömungen in Schaumburg-Lippe von der 48er Revolution bis zum Ende der Monarchie. In: Niedersächsisches Jahrbuch für Landesgeschichte 53 (1981), S. 107–138

Press, V., Kaiser Rudolf II. und der Zusammenschluß der deutschen Judenheit. In: Haverkamp, A. (Hg.), Zur Geschichte der Juden im Deutschland des späten Mittelalters und der frühen Neuzeit, Stuttgart 1981, S. 243–293

Prinz, A., Juden im deutschen Wirtschaftsleben 1850–1914, Hg. v. Barkai, A., Tübingen 1984

Puhle, H. J., Agrarische Interessenpolitik und preußischer Konservatismus im wilhelminischen Reich. 1893–1914, Hannover 1966

Rahe, T., Religionsreform und jüdisches Selbstbewußtsein im deutschen Judentum des 19. Jahrhunderts. In: Menora 1990, S. 89–121

Reichwein, H., Die Juden in Dornum in nationalsozialistischer Zeit. In: Reyer, H./Tielke, M. (Hg.), Frisia Judaica. Beiträge zur Geschichte der Juden in Ostfriesland, Aurich 1988, S. 263–277

Reinecke, W., Geschichte der Stadt Lüneburg, 2 Bde., Lüneburg 1933 (Nachdruck 1977)

Rengstorf, K. H./Kortzfleisch, S. v. (Hg.), Kirche und Synagoge. 2 Bde., München 1988 (Erstausgabe 1968)

Reuschel, A., Geschichte der Juden in Uslar. In: Sollinger Heimatblätter 4 (1989)

Rexhausen, A., Die rechtliche und wirtschaftliche Lage der Juden im Hochstift Hildesheim, Hildesheim 1914

Reyer, H., Juden in Jemgum. Von den Anfängen bis zum Beginn des 19. Jahrhunderts. In: ders./Tielke, M. (Hg.), Frisia Judaica, Beiträge zur Geschichte der Juden in Ostfriesland, Aurich 1988, S. 77–96

Richarz, M. (Hg.), Jüdisches Leben in Deutschland. Bd. 1 (1780–1871), Stuttgart 1976

Dies., Jüdisches Leben in Deutschland. Bd. 2 (1871–1918), Stuttgart 1979

Dies., Jüdisches Leben in Deutschland. Bd. 3 (1918–1945), Stuttgart 1982

Dies., Jüdische Lehrer auf dem Lande im Kaiserreich. In: Sozialgeschichte der Juden in Deutschland. Festschrift zum 75. Geburtstag von Jacob Toury. Jahrbuch des Instituts für deutsche Geschichte 20 (1991), S. 181–194

Ricklefs, J., Die jüdische Gemeinde. In: Zur Geschichte der Juden in Celle. Festschrift zur Wiederherstellung der Synagoge, Celle 1971, S. 17–38

Riemer, A., Die Juden in niedersächsischen Städten des Mittelalters, Hannover 1907 (Zeitschrift des Historischen Vereins für Niedersachsen 1907/1908)

Ries, R., Zum Zusammenhang von Reformation und Judenvertreibung. Das Beispiel Braunschweig. In: Civitatum Communitas. Studien zum europäischen Städtewesen. Festschrift Heinz Stoob zum 65. Geburtstag. Hg. v. Jäger, H./Petri, F./Quirin, H., Teil 2, Köln – Wien 1984, S. 630–654

Ristow, G., Zur Frühgeschichte der rheinischen Juden (2). In: Schilling, K. (Hg.) Monumenta Judaica, 2000 Jahre Geschichte und Kultur der Juden am Rhein, Köln 1963, S. 33–59

Röhrbein, W., Emanzipation und Antisemitismus in Hannover zwischen 1842 und 1918. In: »Reichskristallnacht« in Hannover. Eine Ausstellung zur 40. Wiederkehr des 9. November 1938, Hannover 1978, S. 16–25

Ders., Wirtschaft und Wirtschaftspolitik in den hannoverschen Kurlanden zur Zeit des deutschen Frühmerkantilismus. In: Neues Archiv für Niedersachsen 11 (1962), S. 40–63

Rogge, F. W., Antisemitismus 1918–1945. In: »Reichskristallnacht« in Hannover. Eine Ausstellung zur 40. Wiederkehr des 9. November 1938, Hannover 1978, S. 26–55

Rohmeyer, B., Geschichte von Lüthorst und Portenhagen, Dassel 1978

Rokahr, G., Die jüdische Familie Herz in Esens und ihr Haus am Herrenwall. In: Reyer, H./Tielke, M. (Hg.), Frisia Judaica. Beiträge zur Geschichte der Juden in Ostfriesland, Aurich 1988, S. 215–233

Roloff, E. A., Lebensschicksale jüdischer Mitbürger im Bereich der Pauligemeinde Braunschweig 1933–1945. In: »Kristallnacht« und Antisemitismus im Braunschweiger Land, Braunschweig 1988, S. 36–50

Ders., Bürgertum und Nationalsozialismus in Braunschweig. In: Kramer, H. (Hg.), Braunschweig unterm Hakenkreuz. Braunschweig 1981, S. 13–26

Ders., Braunschweig und der Staat von Weimar. Politik, Wirtschaft und Gesellschaft 1918–1933, Braunschweig 1964

Rose, K., Geschichte der Schöninger Juden, Schöningen 1966

Rosen, K. H., Vorurteile im Verborgenen. Zum Antisemitismus in der Bundesrepublik Deutschland. In: Strauss, H./Kampe, N. (Hg.), Antisemitismus. Von der Judenfeindschaft zum Holocaust, Frankfurt – New York 1985, S. 256–279

Rückerl, A., Die Strafverfolgung von NS-Verbrechen. 1945–1978. Karlsruhe 1979

Rülf, S., Kindheit in Braunschweig. In: Brunsvicensia Judaica. Gedenkbuch für die jüdischen Mitbürger der Stadt Braunschweig, Braunschweig 1966, S. 97–104

Rüping, H., Staatsanwaltschaft und Provinzialjustizverwaltung im Dritten Reich, Baden-Baden 1990

Rürup, R., Emanzipation und Antisemitismus: Historische Verbindungslinien. In: Strauss, H./Kampe, N. (Hg.), Antisemitismus. Von der Judenfeindschaft zum Holocaust, Frankfurt – New York 1985, S. 88–98

Sabelleck, R., Jüdisches Leben in einer nordwestdeutschen Stadt: Nienburg, Göttingen 1991

Ders., Synagogen, Schulen und Friedhöfe. Über die Entwicklung und das Ende jüdischer Gemeindeeinrichtungen im Gebiete des heutigen Landkreises Nienburg 1843–1938, Nienburg 1988

Sager, W., Ältere Bürger sagen aus: Jüdische Mitbürger in Neuenhaus bis zur Endlösung. In: Piechorowski, A. (Hg.), Beiträge zur Geschichte der Juden in der Grafschaft Bentheim, Bentheim 1982, S. 115–122

Schäfer-Richter, U./Klein, J., Die jüdischen Bürger im Kreis Göttingen 1933–1945. Ein Gedenkbuch, Göttingen 1992

Schedlitz, B., Leffmann Behrens. Untersuchungen zum Hofjudentum im Zeitalter des Absolutismus, Hildesheim 1984

Scheuch, E., Wie deutsch sind die Deutschen? Eine Nation wandelt ihr Gesicht, Bergisch-Gladbach 1991

Scheffler, W., Wege zur Endlösung. In: Strauss, H./Kampe, N. (Hg.), Antisemitismus. Von der Judenfeindschaft zum Holocaust, Frankfurt – New York 1985, S. 186–214

Schieckel, H., Die Juden im Oldenburger Münsterland. In: Jahrbuch für das Oldenburger Münsterland 1974, S. 160–175 und 1975, S. 62–86

Ders., Die oldenburgischen Juden in Wirtschaft und Gesellschaft im 19. Jahrhundert. In: Niedersächsisches Jahrbuch für Landesgeschichte 44 (1972), S. 275–303

Schmelz, U., Die demographische Entwicklung der Juden in Deutschland von der Mitte des 19. Jahrhunderts bis 1933. In: Zeitschrift für Bevölkerungswissenschaft 8 (1982), S. 31–72

Schmiechen-Ackermann, D., Nazifizierung der Kirche – Bewahrung des Bekenntnisses – Loyalität zum Staat. Die evangelische Kirche in der Stadt Hannover 1933–1945. In: Niedersächsisches Jahrbuch für Landesgeschichte 62 (1990), S. 97–132

Schmidt, H. Th., Siegmund Seligmann. In: Leben und Schicksal. Zur Einweihung der Synagoge in Hannover 1963, Hannover 1963, S. 102–109

Schnee, H., Die Hoffinanz und der moderne Staat. Geschichte und System der Hoffaktoren an den deutschen Fürstenhöfen im Zeitalter des Absolutismus. Bde. 2 und 3, Berlin 1954 und 1955

Schoeps, H. J., Philosemitismus im Barock. Religions- und geistesgeschichtliche Untersuchungen, Tübingen 1952

Schoeps, J. (Hg.), Neues Lexikon des Judentums, Gütersloh – München 1992

Schötteldreyer, U., Bleckeder Heimatbuch, Bleckede 1983

Schrader, W., Die Juden in Helmstedt. In: Alt-Helmstedt 1–3 (1955)

Schrape, J., Neue Forschungsergebnisse über die Frühzeit der Oldenburger Judenschaft und ihre erste Synagoge. In: Oldenburger Jahrbuch 89 (1989), S. 41–54

Schulze, H., Beiträge zur Geschichte der Jüdischen Gemeinde in Wolfenbüttel. Teil I: Die wirtschaftliche und bürgerliche Stellung der Schutzjuden. In: Braunschweigisches Jahrbuch 48 (1967), S. 23–61

Schulze, P., Landrabbinat und Landrabbiner in Hannover 1687 – 1938. In: »… daß die Juden in unserem Landen einen Rabbinen erwehlen …«. Beiträge zum 300. Jahrestag der Errichtung des Landrabbinats Hannover am 10. März 1987, Hannover 1987

Ders., Juden in Hannover, Hannover 1979

Seiferth, W., Synagoge und Kirche im Mittelalter, München 1964

Siebenhundert Jahre Juden in Niedersachsen. Geschichte und religiöses Leben. Ausstellung im städtischen Museum Göttingen 1973

Siegemann, T./Schramme, U., Geschichte der Stadt Gronau, Gronau 1931

Sommer, K. L., Bekenntnisgemeinschaft und bekennende Gemeinde in Oldenburg in den Jahren der nationalsozialistischen Herrschaft, Hannover 1993

Sprandel, R., Der städtische Rentenmarkt in Nordwestdeutschland im Spätmittelalter. In: Kellenbenz, H. (Hg.), Öffentliche Finanzen und privates Kapital im späten Mittelalter und in der ersten Hälfte des 19. Jahrhunderts, Stuttgart 1971, S. 14–23

Steinbrecher, F., Aus der Geschichte des Dorfes Mehle, Mehle 1961

Steinwascher, G., Machtergreifung, Widerstand und Verfolgung in Schaumburg. In: Niedersächsisches Jahrbuch für Landesgeschichte 62 (1990), S. 25–58

Ders., Judenverfolgung in Schaumburg 1933–1945, Bückeburg 1988

Stern, S., Der preußische Staat und die Juden. Bd. III, Tübingen 1971

Stille, U., Synagogen in Hannover. In: Leben und Schicksal. Zur Einweihung der Synagoge in Hannover 1963. Hannover 1963, S. 185–198

Strauss, H., Juden und Judenfeindschaft in der frühen Neuzeit. In: ders./Kampe, N., (Hg.), Antisemitismus. Von der Judenfeindschaft zum Holocaust, Frankfurt – New York 1985, S. 66–87

Die Synagoge zu Emden. Dokumente und Texte 1834–1938. Bearbeitet von Claudi, R., Emden 1994

Teuber, W., Als gute Unterthanen und Bürger … Geduldet, verfolgt, vertrieben, ermordet. Jüdisches Schicksal 1350–1945, Vechta 1988

Teuteberg, H. J., Historische Aspekte der Urbanisierung. Forschungsstand und Probleme. In: ders. (Hg.), Urbanisierung im 19. und 20. Jahrhundert. Historische und geographische Aspekte, Köln – Wien 1983, S. 2–34

Tielke, M., Judeninsel Norderney. In: Reyer, H./Tielke, M. (Hg.), Frisia Judaica. Beiträge zur Geschichte der Juden in Ostfriesland, Aurich 1988, S. 189–213

Toury, J., Soziale und politische Geschichte der Juden in Deutschland, 1847–1871; Düsseldorf 1977

Trepp, L., Die Oldenburger Judenschaft. Bild und Vorbild jüdischen Seins und Werdens in Deutschland. Oldenburg 1973

Treue, W., Niedersachsens Wirtschaft seit 1760. Von der Agrar- zur Industriegesellschaft, Hannover 1964

Tütken, H., Geschichte des Dorfes und Patrimonialgerichts Geismar bis zur Gerichtsauflösung im Jahre 1839, Göttingen 1967

Vahlenkamp, W., Vertrieben aus der Heimatstadt. Die Emigration Oldenburger Juden. In: Die Geschichte der Oldenburger Juden und ihre Vernichtung, Oldenburg 1988, S. 89–97

Verfolgung der jüdischen Bürgerinnen und Bürger Hildesheims. Hintergründe, Berichte, Dokumente, Hildesheim 1987

Vielberg, I., Jüdische Mitbürger in Northeim vom späten Mittelalter bis zur Neuzeit, Northeim 1988

Vierhaus, R., Die Landstände in Nordwestdeutschland im späten 18. Jahrhundert. In: Gerhard, D., Ständische Vertretungen in Europa im 17. und 18. Jahrhundert, Göttingen 1969, S. 72–93

Vögel, B., Antisemitismus und Verfolgung der Juden im Salzgittergebiet. In: »Kristallnacht« und Antisemitismus im Braunschweiger Land, Braunschweig 1988, S. 51–68

Voort, H., Die jüdische Gemeinde in Bentheim. Daten des Werdens – Dokumente des Untergangs. In: Piechorowski, A. (Hg.), Beiträge zur Geschichte der Juden in der Grafschaft Bentheim, Bentheim 1982, S. 55–74

Wachter, B., Juden in Dannenberg. In: Hannoversches Wendland 12 (1987/88), S. 45–50

Warnecke, R., Harpstedt in Geschichtsbildern, Harpstedt 1979

Wehler, H. U., Deutsche Gesellschaftsgeschichte. Bd. 1, München 1987

Weidemann, J., Novemberpogrom 1938. »Kristallnacht« in Verden, o. J.

Wenninger, M., Man bedarf keiner Juden mehr. Ursachen und Hintergründe ihrer Vertreibung aus den deutschen Reichsstädten im 15. Jahrhundert, Wien – Köln – Graz 1981

Wessels, F., Die Reichspogromnacht und das Ende der jüdischen Gemeinde in Weener. In: Reyer, H./Tielke, M. (Hg.), Frisia Judaica. Beiträge zur Geschichte der Juden in Ostfriesland, Aurich 1988, S. 279–306

Wiemann, H., Zur Geschichte der Juden in Bunde. In: Reyer, H./Thielke, M. (Hg.), Frisia Judaica. Beiträge zur Geschichte der Juden in Ostfriesland, Aurich 1988, S. 163–170

Wiener, M., Geschichte der Juden in der Residenzstadt Hannover, vorzugsweise während des 16. Jahrunderts. In: Monatsschrift für Geschichte und Wissenschaft des Judentums 10 (1861), S. 103ff

Ders., Die Juden unter den Braunschweigischen Herzögen Julius und Heinrich Julius. In: Zeitschrift des Historischen Vereins für Niedersachsen 1861, S. 244ff

Wilhelm, H. E., Die Gehrdener israelitische Synagogengemeinde, Hannover 1992

Wilhelm, P., Die jüdische Gemeinde in der Stadt Göttingen von den Anfängen bis zur Emanzipation, Göttingen 1973

Ders., Die Synagogengemeinde Göttingen, Rosdorf und Geismar 1850–1942, Göttingen 1978

Winkel, W., Geschichte der Stadt Neustadt am Rübenberge, o. J.

Winkler, H. A., Die deutsche Gesellschaft der Weimarer Republik und der Antisemitismus. In: Martin, B./Schulin, E. (Hg.), Die Juden als Minderheit in der Geschichte, München 1982, S. 271–289

Wiswe, H., Handel und Wandel in Wolfenbüttel vor dem Dreißigjährigen Krieg. In: König, J. (Hg.), Beiträge zur Geschichte der Stadt Wolfenbüttel, Wolfenbüttel 1970, S. 11–32

Wolf, J., Geschichte und Beschreibung der Stadt Duderstadt, Göttingen 1803 (Nachdruck 1979)

Der Wucher auf dem Lande in der Provinz Hannover. In: Der Wucher auf dem Lande. Berichte und Gutachten. Hg. v.Verein für Socialpolitik, Leipzig 1887, S. 245–250

Zechlin, E., Die deutsche Politik und die Juden im 1. Weltkrieg, Göttingen 1969

Zies, H., Geschichte der Juden in Moringen, Kreis Northeim. In: Göttinger Jahrbuch 21 (1973), S. 161–200

Ziessow, K.-H., Ländliche Lesekultur im 18. und 19. Jahrhundert. Das Kirchspiel Menslage und seine Lesegesellschaft 1790–1840, Cloppenburg 1988

Zimmermann, Harald, Das Mittelalter. Teil I, Braunschweig 1975

Zimmermann, Helmut, Die jüdische Gemeinde in Hannover seit der Emanzipation. In: »Reichskristallnacht« in Hannover. Eine Ausstellung zur 40. Wiederkehr des 9. November 1938, Hannover 1978, S. 6–15

Ders., Die Familie Berliner. In: Leben und Schicksal. Zur Einweihung der Synagoge in Hannover 1963, Hannover 1963, S. 88–101

Zmarzlik, H.-G., Antisemitismus im Deutschen Kaiserreich 1871–1918. In: Martin, B./Schulin, E. (Hg.), Die Juden als Minderheit in der Geschichte, München 1982, S. 249–270

Zuckermann, W., Kollektanea zur Geschichte der Juden im Hannoverland, Hannover 1912

Ders., Die Vorarbeiten der Hannoverschen Regierung zur Emanzipation der Juden im Königreich Hannover, Hannover 1909

Orts- und Personenregister

Bildquellennachweis

S. 9: Jüdisches Bibel- und Gebetsbuch, nordfranzösisch, 13. Jahrhundert; Archiv für Kunst und Geschichte (AKG), Berlin **S. 11:** Nach Eschwege, S. 15 **S. 12:** AKG, Berlin **S. 13:** oben Nach Asaria **S. 13:** unten Staatsarchiv Osnabrück; nach Kühling **S. 14:** Johann Schudt, Jüdische Merkwürdigkeiten, Frankfurt und Leipzig 1714; nach R. Gay, S. 34 **S. 16:** Aus der Heidelberger Bilderhandschrift des Sachsenspiegels **S. 19:** Nach R. Gay, S. 34 **S. 20:** Holzschnitt, 1531; nach Meiners, S. 27 **S. 23:** Stich, Breslau, um 1700; nach R. Gay, S. 160 **S. 25:** Lieselotte Lüddecke nach einem Entwurf von Albert Marx **S. 26:** Reisch, Margarita philosophica, 1508; nach Eschwege, S. 27 **S. 28:** Holzschnitt von Michael Wohlgemuth, 1493; nach Eschwege, S. 17 **S. 29:** Niedersächsisches Landesmuseum, Landesgalerie Hannover **S. 30:** Annalen des Gilles le Muisit, Brüssel, um 1350; nach Meiners, S. 20 **S. 31:** Holzschnitt, 1492; nach R. Gay, S. 38 **S. 32:** Holzschnitt aus dem »Seelenwurzgarten«, 1483; nach Eschwege, S. 18 **S. 33:** Schedelsche Weltchronik, Nürnberg 1493; nach R. Gay, S. 39 **S. 35:** AKG, Berlin **S. 37:** Antonius Margaritha, Der gantz Jüdisch Glaub, 1530; nach Eschwege, S. 26 **S. 39:** Herzog August Bibliothek Wolfenbüttel **S. 41:** Nach Asaria, S. 421 **S. 42:** Nach Asaria, S. 280 **S. 45:** Nach R. Gay, S. 161 **S. 47:** Kupferstich von Matthäus Merian, 1619, neukoloriert; AKG, Berlin **S. 49:** Kupferstich; nach Asaria **S. 50:** Johannes Pfefferkorn, Libellus de Judaica Confessione sive Sabbato afflictionis, Nürnberg 1508; nach R. Gay, S. 79 **S. 52:** Historisches Museum am Hohen Ufer Hannover **S. 53:** Nach Eschwege, S. 65 **S. 54:** Nach R. Gay, S. 89 **S. 57:** Braunschweigisches Landesmuseum, Abt. Jüdisches Museum, Braunschweig, Foto: Ilona Döring **S. 59:** Historisches Museum am Hohen Ufer Hannover **S. 61:** Nach Hohmeir, S. 34 **S. 63:** Nach Hohmeir, S. 23 **S. 71:** oben links S. H. D. Philipp Ernst Fürst zu Schaumburg-Lippe **S. 71:** oben rechts und unten Nach Asaria **S. 76:** Kupferstich von Christoph Weigel in: Abraham à Sancta Clara, Neueröffnete Welt-Galleria, Nürnberg 1703, nach R. Gay, S. 74 **S. 81:** Beide Braunschweigisches Landesmuseum, Abt. Jüdisches Museum, Braunschweig, Foto: Ingeborg Simon **S. 82:** Nach R. Gay, S. 100 **S. 83:** C. Suhr, Der Ausruf in Hamburg, 1808; nach Meiners, S. 51 **S. 85:** Amsterdam 1718; nach R. Gay, Tafel X **S. 89:** J. C. G. Bodenschatz, Kirchliche Verfassung der heutigen Juden, Frankfurt und Leipzig 1749; nach R. Gay, S. 49 **S. 94:** Braunschweigisches Landesmuseum, Abt. Jüdisches Museum, Braunschweig **S. 96:** Nach R. Gay, Tafel IV **S. 97:** Lieselotte Lüddecke nach einem Entwurf von Albert Marx **S. 98:** Nach Asaria **S. 100:** Braunschweigisches Landesmuseum, Abt. Jüdisches Museum, Braunschweig, Foto: Ilona Döring **S. 101:** Ebd. **S. 104:** oben Emslandmuseum Lingen, Foto: Ulrich Brinker **S. 104:** unten Braunschweigisches Landesmuseum, Abt. Jüdisches Museum, Braunschweig **S. 106:** Ebd. **S. 108:** Archiv Fackelträger-Verlag **S. 109:** Nach R. Gay, S. 105 **S. 111:** AKG, Berlin **S. 112:** AKG, Berlin **S. 115:** Nach R. Gay, S. 126 **S. 117:** Nach Eschwege, S. 98 **S. 120:** Nach R. Gay, S. 217 **S. 122:** oben Braunschweigisches Landesmuseum, Abt. Jüdisches Museum, Braunschweig, Foto: Sierigk **S. 122:** unten Ebd., Foto: Ingeborg Simon **S. 123:** Nach Zeugnisse einer zerstörten Vergangenheit, Ausstellungskatalog, Emden 1992 **S. 125:** Historisches Museum am Hohen Ufer Hannover **S. 127:** Ebd. **S. 129:** Ebd. **S. 131:** Nach Asaria **S. 135:** Niedersächsische Landesbibliothek Hannover **S. 140:** Peter Friedrich Ludwig, Gemälde von Johann Heinrich Wilhelm Tischbein, Landesmuseum Oldenburg, Foto: H. R. Wacker **S. 143:** Stadtarchiv Duderstadt **S. 145:** Nach R. Gay, S. 211 **S. 149:** Nach Junk, S. 141 **S. 150:** Nach Leben und Schicksal, S. 104 **S. 151:** Ebd., S. 91 **S. 153:** Nach Asaria **S. 154:** Ebd. **S. 155:** Ebd. **S. 157:** Ebd. **S. 159:** Ebd. **S. 161:** Historisches Museum am Hohen Ufer Hannover **S. 162–164:** Alle nach Asaria **S. 165:** Die beiden Juden, Gemälde von Felix Nussbaum 1926, Leihgabe der Niedersächsischen Sparkassenstiftung im Kulturgeschichtlichen Museum Osnabrück **S. 167:** Braunschweigisches Landesmuseum, Abt. Jüdisches Museum, Braunschweig, Foto: Ingeborg Simon **S. 171:** Nach Junk, S. 22 **S. 174:** Nach Asaria **S. 175:** Nach Junk, S. 51 **S. 177:** AKG, Berlin **S. 181:** Lieselotte Lüddecke nach einem Entwurf von Albert Marx **S. 183:** Nach R. Gay, S. 205 **S. 185:** AKG, Berlin **S. 187:** Nach Leben und Schicksal, S. 125 **S. 189:** Nach Asaria **S. 191:** Stadtarchiv Goslar, Fotosammlung Bau- und Kunstdenkmäler **S. 192:** Nach Leben und Schicksal, S. 116 **S. 195:** Nach Asaria **S. 199:** Nach Junk, S. 34 **S. 201:** Selbstbildnis mit Judenpaß, Gemälde von Felix Nussbaum, nach August 1943, Leihgabe der Niedersächsischen Sparkassenstiftung im Kulturgeschichtlichen Museum Osnabrück **S. 203:** Nach Meiners, S. 239 **S. 207:** Ebd., S. 243 **S. 211:** Nach Junk, S. 227 **S. 213:** Historisches Museum am Hohen Ufer Hannover **S. 215:** Nach Junk, S. 102 **S. 217:** Ebd., S. 106 **S. 219:** Ebd., S. 105 **S. 221:** Ebd., S. 189 **S. 223:** Ebd., S. 192 **S. 225:** Erbaut von Hermann Guttmann, Foto: Joachim Giesel **S. 227:** Nach Asaria **S. 229:** oben Niedersächsisches Landesverwaltungsamt – Landesmedienstelle **S. 229** unten Nach Asaria **S. 232:** oben Foto: Joachim Giesel **S. 232:** unten Jüdische Gemeinde des ehemaligen Regierungsbezirks Osnabrück **S. 233:** Entwurf: Michelangelo Pistoletto. Foto: Joachim Giesel **Umschlagmotiv:** AKG, Berlin